TWENTY-FIVE YEARS (1969-1994) OF ANSELM STUDIES

Review and Critique of Recent Scholarly Views

TWENTY-FIVE YEARS (1969-1994) OF ANSELM STUDIES

Review and Critique of Recent Scholarly Views

Edited by
Frederick Van Fleteren
and
Joseph C. Schnaubelt

Texts and Studies in Religion
Volume 70

The Edwin Mellen Press
Lewiston/Queenston/Lampeter

Anselm Studies Volume III

Helmut Kohlenberger
General Editor

in cooperation with
The International Committee for Anselm Studies

Editorial Consultants
G.R. Evans
R.A. Herrera
T.A. Losoncy
H.W. Richardson
J.C. Schnaubelt
F. Van Fleteren
C. Viola

ISBN 0-7734-8957-6

Copyright © 1996 The Edwin Mellen Press

All rights reserved. For information contact

The Edwin Mellen Press
Box 450
Lewiston, New York
USA 14092-0450

The Edwin Mellen Press
Box 67
Queenston, Ontario
CANADA L0S 1L0

The Edwin Mellen Press, Ltd.
Lampeter, Dyfed, Wales
UNITED KINGDOM SA48 7DY

Printed in the United States of America

Contents

Preface
    Frederick Van Fleteren — vii

Saint Anselme, ses historiens et les théologiens:
    Critiques de quelques vues récentes
    Coloman Etienne Viola — 1

Twenty-five years (1969-1994) of Anselm Studies
    in the English-Speaking World
    Frederick Van Fleteren — 29

Itinerary of Saint Anselm of Canterbury
    Walter Fröhlich — 53

Notes on the Significance of John of Salisbury's *Vita Anselmi*
    Alain Nadeau — 67

L'*Unum Argumentum* del *Proslogion* di S. Anselmo
    e la Prova del *De libero arbitrio* di S. Agostino
    Italo Sciuto — 79

Die Bedeutung des philosophisch-theologischen Denkens
    Anselms von Canterbury für heute
    Klaus Kienzler — 97

La riposte ultime de Lanfranc à l'intrusion
    des raisons dialectiques dans la science sacrée
    André Cantin — 115

Das *id quo maius cogitari non potest* als *rectitudo*:
    Anselms Gottesbeweis in Lichte von *De veritate*
    Engelbert Recktenwald — 135

The Anselm-Gaunilo Dispute about
Man's Knowledge of God's Existence
    Thomas Losoncy   161

Anselm, Scotus, and a Proof for Materialistic Times
    Robert A. Herrera   183

Questionnement et Recherche dans l'Oeuvre de saint Anselme:
Genre littéraire et méthode de penser
    Coloman Etienne Viola   191

Book Reviews
    Alain Galonnier   325

Scripture Index   331

Citation Index   333

Index of Names   341

Preface

"Resurrection" aptly describes what has occured in Anselm studies in the course of the twentieth century. With the publication of six volumes of Anselm's works from 1938 to 1961, F.S. Schmitt laid the foundation for all research on Anselm to date. By establishing both the canon and the critical texts of Anselm's works, Schmitt's scholarship led directly to Sir Richard Southern's important historical and interpretive achievements and the Concordance of St. Anselm by G.R. Evans. Thereafter, Anselm scholars from all over the world assembled periodically. The third international Anselm conference launched the series entitled *Anselm Studies*.

The present edition is the third occasional volume in the series. The first volume, edited by G.R. Evans and published in 1983, contains nineteen studies presented at the Canterbury conference in July, 1979. The second, edited principally by J.C. Schnaubelt and F. Van Fleteren and published in 1988, consists of twenty-eight essays from the Conference at Villanova University in September, 1985. This third volume of the series contains articles solicited by H. Kohlenberger and edited by F. Van Fleteren and J.C. Schnaubelt. We anticipate volumes generated from the conferences in Paris in 1990 and Canterbury in 1993.

The first two articles of Volume III present a *status quaestionis* on Anselm. C. Viola reviews and critiques Anselm research presented at L'Abbaye Notre-Dame du Bec in July, 1982. Viola's evaluation is thorough and trenchant. Along with a brief critique, F. Van Fleteren submits a bibliography garnered from English sources. Almost thirty years ago André Mandouze, the distinguished French scholar, observed the "galloping" nature of Augustinian bibliography. Similarly, Anselm bibliography has been advancing at a slow, but steady "trot." The bibliography contained in this volume does not pretend to be final, but awaits completion in the printed bibliography of Klaus Kienzler of the the University of Augsburg and the computer bibliography of Kevin Staley of St. Anselm College.

The next two articles deal with Anselm's biography. W. Fröhlich gives Anselm's itinerary from birth c. 1033 to death in 1109. Gathered from the various sources of Anselm's biography, this *uita* complements Southern's definitive life of Anselm. A. Nadeau treats the circumstances and textual tradition of the *Vita Anselmi* by John of Salisbury. Especially in later life, Anselm was crucially involved in the Church-state struggle. An understanding of his life and conflict with the English crown is essential to comprehension of the English Church, in Anselm's day and ours.

The six subsequent articles interpret Anselm's thinking on various subjects. I. Sciuto indicates the strong ties that link Anselm's argument for God's existence to Augustine's demonstration from eternal truth. K. Kienzler compares and contrasts Anselm's thought with Descartes, Feuerbach, Hegel, and Levinas. A. Cantin discusses Lanfranc's theology of the Eucharist, relates it to, and distinguishes it from Berengarius'. Of some significance in this discussion is Lanfranc's debt to Ambrose's *De sacramentis* and *De mysteriis*. E. Recktenwald then discusses the significance of truth as *rectitudo* in Anselm. In the tradition of Plato, the *Seinsfrage* is involves the *Sollensfrage*. Being and value have strong connections. T. Losoncy contributes to the discussion of human knowledge of God *aliquatenus*, and R. Herrera speaks of the sources of Scotus' demonstration of God's existence from *materia* in Anselm.

The most significant contribution in this volume is made by C. Viola's treatment of Anselm's theological method. Theological discussion in this century has been dominated since the time of Karl Barth by method. In Catholic circles, Karl Rahner and Bernard Lonergan have been the principal contributors. Viola's detailed article shows how Anselm's method is based on Augustine's exegesis of Sacred Scripture. With the certitude, according to Matthew 7:7, that the endeavor will reach fruition, searching and questioning are the very basis of Christian thought. Anselm may be not so much a rationalist as one who has confidence in reason's abilities to reach an *intellectus fidei*. Viola then compares and distinguishes Anselm's method from modern and contemporary methodologies of Kant and Heidegger. The roots of theology as a science may well be hidden somewhere in post-Augustinian, perhaps even neoplatonic, thought. In the area of theology as a science Anselm may have made his most lasting contribution. The volume ends then with reviews by A. Galonnier of several contemporary interpretations and translations of Anselm's works.

In publishing this volume, the editors can only begin to thank those who have had a hand in its production. In particular, acknowledgement must go to Helmut Kohlenberger for his patience in seeing this work through to its completion. What progress there has been in Anselm studies during the past few decades is in large measure due to his unstinting efforts. Likewise, the editors would like to thank the several contributors for their patience and benevolence in working with us while we were trying to impose editorial unity on works diverse by nature, and disparate by language, culture, and style. We should also like to thank our several colleagues at Villanova and LaSalle Universities without whose support, many times without direct knowledge, our own efforts would not accomplish their objectives. Finally, I should like to thank personally the individual contributors to this volume. Each time I have the privilege of editing such a tome, my scientific knowledge and intellectual awareness increase manyfold.

Frederick Van Fleteren
Augustinian Historical Institute
Villanova University
November 8, 1995

Saint Anselme, ses historiens et les théologiens:
Critique de quelques vues récentes

Coloman Etienne Viola[*]

C'est un imposant volume entoilé et portant l'effigie du sceau de l'abbaye du Bec qui contient les actes du Colloque International du Centre National de la Recherche Scientifique qui eut lieu à l'Abbaye Notre-Dame du Bec du 11 au 16 juillet 1982. Des chroniqueurs compétents ont déjà fait état de cet événement, rapportant l'essentiel des communications qui avaient été présentées à cette occasion.[1] Notre tâche se bornera à la présentation des Actes qui, outre les textes souvent remaniés et complétés des communications comprennent aussi les notes scientifiques à l'appui des thèses ou des thèmes développés dans les communications ainsi que des rapports de synthèse pour chaque section et, pour la partie historique, un résumé des discussions. Pour éviter de faire double emploi d'une appréciation critique des contributions, nous recommendons la lecture des rapports de synthèse (pp. 57-63 pour la Section I et pp. 421-27 pour la Section II).

Les communications en langue étrangère sont précédées d'un résumé soit remis par les auteurs et traduits par les soins de Raymonde Foreville et de Dom Philibert Zobel ou résumé, pour les communications en langue allemande, par le Fr. Jean-Marie Vanthournhout soit préparé par ces derniers.

Comme il est impossible de présenter ou de discuter — ne serait-ce que dans ses grandes lignes — le nombre considérable des contributions suscitées par les thèmes du Colloque — quarante-cinq en tout, réparties en six sections, avec des sujets très variées même si toutes sont destinées à éclaircir le personnage d'Anselme en le replaçant dans son milieu culturel et social en pleine mutation — nous nous contenterons de quelques remarques critiques, au sens objectif du terme, chaque fois que la position de l'auteur de la communication nous y invite

Ce deuxième Colloque du Bec — dont les présents Actes constituent le couronnement académique — s'insère dans une série de rencontres triennales depuis les premières journées internationales anselmiennes, organisées à Bad

Wimpfen (Allemagne Fédérale) pour célébrer le soixante-dixième anniversaire du F.S. Schmitt, éditeur bien mérité des oeuvres complètes de saint Anselme. Si le volume porte le sous-titre *Spicilegium Beccense II*, c'est qu'en 1959, neuvième centenaire de l'arrivée d'Anselme au Bec, eut déjà lieu une première rencontre internationale réunissant un nombre imposant de théologiens et de philosophes de l'époque.

L'occasion du Colloque de 1982 fut le neuvième centenaire "présumé" de la rédaction de trois traités (autour de 1082, début de l'abbatiat d'Anselme) — le *De veritate*, le *De libertate arbitrii* et le *De casu diaboli* — ayant trait, aux dires mêmes de leur auteur, [2] à l'étude de l'Ecriture Sainte. Cela explique que l'exégèse anselmienne fut l'un des principaux thèmes spéculatifs du Colloque. Cependant, ainsi que H.-R. Bautier l'a remarqué (p. 38), le Colloque aurait pu célébrer aussi — à quelques mois près — le neuf-cent-cinquantième anniversaire de la naissance d'Anselme, si l'on s'en tient à l'année 1033. [3]

Dans un liminaire, Raymonde Foreville, en qualité de responsable scientifique du Colloque, explique les circonstances et les motifs qui ont présidé à l'organisation du Colloque (pp. 13-22). Le volume reproduit ensuite les discours prononcés lors de la séance inaugurale et, notamment l'allocution de bienvenu de Dom Grammont, Abbé du Bec Hellouin, une allocution de Robert-Henri Bautier critiquant les vues dominantes d'Augustin Fliche quant à l'interprétation des effets de la réforme grégorienne, réforme dont Anselme lui-même aurait été la victime — nous y reviendrons tout à l'heure — et, enfin, le discours d'ouverture du Colloque prononcé par R. Foreville (p. 39) qui brosse le tableau du milieu socio-culturel de ce tournant de siècle où émerge la figure de saint Anselme, si simple, si candide, mais toujours impénétrable aux yeux de certains historiens. Anselme se trouve affronté à des mutations [4] "changement dans le contexte historico-politique de l'Etat anglo-normand et dans les relations de la papauté centralisatrice et réformatrice avec les pouvoirs laïques et les églises locales; croisades de Terre Sainte et interférences avec les Juifs, les Sarrasins, les Byzantins; approche nouvelle des questions théologiques." (p. 44) Et de poser la question "Comment Anselme a-t-il vécu les problèmes de son temps?" (p. 44) C'est à cette question qu'essayent de répondre les auteurs des communications. Mais avant de présenter les communications, nous nous permettons de faire quelques remarques au sujet de l'allocution de M. Bautier. [5]

Ainsi pour lui, l'"histoire est fille de son temps. Nos conceptions, actuellement ne sont plus exactement celles de la génération qui nous a précédés." (p. 38) [6] Et, pour cette "nouvelle génération" d'historiens, saint Anselme apparaît comme le "pauvre Anselme," traversant une "crise de conscience qu'ont incontestablement provoquée chez lui, et son dévouement intellectuel total à la papauté, et son légitime respect envers le pouvoir de son roi." Notons en passant que cette nouvelle génération d'historiens qui a "le devoir de regarder avec sympathie — cet appel de R.-H. Bautier, d'ailleurs, ne faisait que renouveler celui de Louis Halphen, ainsi que E.-R. Labande l'a remarqué (p. 60) — tous les acteurs de l'histoire et de tout faire pour comprendre les positions des uns et des autres" (p. 38) semble finalement davantage se soucier d'absoudre ceux qui "n'ont pas accueilli cette prétention de l'Eglise (à savoir sa primauté absolue sur le pouvoir temporel) ou qui l'ont combattue" (ibid.) que celui précisément qui, au risque même de sa vie, a su montrer du doigts l'unique valeur transcendante de l'homme à savoir Dieu.

J'admets volontiers que, souvent, le philosophe ou le théologien négligeant l'histoire rencontrent les mêmes apories contre lesquelles leurs prédécesseurs les avaient déjà prévenus, mais il existe aussi des tendances en science historique, aussi récentes soient-elles, qui ne veulent pas tenir compte, pour des raisons d'ailleurs assez discutables, des facteurs d'ordre transcendantal pour comprendre et "regarder avec sympathie" ceux qui, par leur attitude "inexplicable" dépassent les cadres de l'homme moyen. Ainsi, pour comprendre l'attitude et le comportement d'Anselme, l'historien peut-il faire abstraction du fait que pour celui-ci, du moment qu'il se place au niveau de l'*id quo maius cogitari non potest* et du *quiddam maius quam cogitari possit*, toute chose devient "relative," y compris le roi et son pouvoir et que c'est précisément par l'élévation continuelle de son esprit vers le Dieu ainsi "compris" qu'Anselme apparaît, face à la tyrannie royale, comme le défenseur intrépide de l'homme, proie potentielle de tout pouvoir qui se veut absolu? [7] Si des historiens ne le comprennent pas — à la manière de la plupart des suffragants d'Anselme — les barons laïques commencèrent à le comprendre lors de l'assemblée de Rockingham.

Aussi bien dans son allocution (p. 35) que dans les discussions (p. 149), R.-H. Bautier, prend volontiers la partie de ces évêques qui, somme toute, pour lui "n'ont pas toujours été de mauvais évêques" — à part le fait — ajoutons-le en le soulignant — qu'ils négligèrent la voie royale de l'obéissance à Dieu tracée par le Christ (*factus obediens usque ad mortem...* [Ph 2:8]) et si pleinement mise en valeur par Anselme aussi bien dans ses écrits que dans sa propre vie. [8] C'est par ailleurs à juste titre que Southern résume la vie d'Anselme comme une vie d'"obéissance." [9] — La charnière de l'argument du *Cur deus homo* est aussi le problème de l'obéissance, la soumission parfaite de la volonté de l'homme à Dieu est la clef même de son bonheur. [10] L'esprit d'obéissance chez Anselme n'est pas le résultat d'événements fortuits d'une situation historique particulière, mais celui d'une conviction théologique pleinement assumée et élaborée par sa propre raison. Pour la vérité historique, il faut noter aussi que, parfois, les mêmes prélats qui refusaient l'obéissance à l'archevêque de Canterbury et au Vicaire du Christ se signalaient par un esprit de soumission totale et servile, frôlant l'adulation, vis-à-vis du roi.[11]

D'autre part, au point de vue purement méthodologique, il y a lieu de se demander dans quelle mesure on est à même de "comprendre" à la fois deux comportements "contradictoires," comme celui d'Anselme d'une part et celui des évêques soutenant sans réserve Guillaume le Roux? Y a-t-il un commun dénominateur entre oui et non? Dans des situations de conflit, tôt ou tard, l'historien est amené, parfois même malgré lui, à prendre parti pour l'un ou l'autre des acteurs de l'histoire où le comportement opposé — puisque fondé sur des idées ou des considérations contradictoires — des acteurs ne permet guère de maintenir une "confusion des sentiments." Le conseil de "sympathie universelle" du maître de l'histoire sera tôt ou tard mis à l'épreuve et elle risque de se transformer en un "choix" — parfois douteux — qui est la négation même de l'universalité de la sympathie. Ce genre de phénomène se constate quotidiennement dans les "ateliers" d'historiens. Nous pensons que cette remarque n'est pas tout à fait dépourvue de sens si l'on veut évaluer selon ses justes valeurs certaines interventions ou certaines appréciations que l'on rencontre dans le volume.

Le volume donne donc les communications groupées autour des six thèmes proposés par le comité d'organisation du Colloque. Remarquons tout de suite que ces thèmes n'épuisent pas le contenu parfois très riche et très varié des communications (voir par exemple le problème des Juifs à l'époque). D'autre part, certaines communications ont trait également à un thème différent de celui qui les regroupe. Comme souvent l'auteur d'une communication déterminée est obligé par la nature même de l'objet de ses recherches à toucher à plusieurs thèmes ou à envisager le même thème sous des angles divers pour l'enrichir, toute classification comporte nécessairement une part d'arbitraire. Ceci est vrai notamment en ce qui concerne le thème IV (l'herméneutique de saint Anselme). En effet, malgré la méthode rationnelle qu'Anselme déploie à travers toutes ses oeuvres, ces dernières sont toujours profondément ancrées dans la foi et, en dernière analyse, elles se rapportent ou du moins elles renvoient à des thèmes bibliques particuliers, à des textes scripturaires précis, ainsi par exemple le *De veritate*.

Même s'il est légitime de remettre en question l'existence d'une "herméneutique biblique" proprement dite chez Anselme,[12] l'utilisation constante de l'Ecriture — ou du moins l'existence d'un rapport constant entre l'Ecriture et sa méthode rationnelle — est un fait incontestable dans ses oeuvres.

Certaines contributions — ainsi celle de E. Briancesco ou de M. Corbin — touchent aussi bien à des problèmes de théologie spéculative qu'à ceux de l'herméneutique biblique proprement dite. En fait, lorsqu'on parcourt le volume, l'on constate que non seulement la plupart des communications théologiques concernent finalement le problème de l'utilisation de l'Ecriture, mais que le problème de l'exégèse scripturaire se pose même dans certains communications de la partie historique des Actes. Il serait donc erroné de se borner à la lecture des communications du thème IV (herméneutique) pour quiconque désirerait voir clair en ce qui concerne l'attitude d'Anselme, champion d'une méthode rationnelle autonome, à l'égard de l'Ecriture. Ceci dit, il est incontestable qu'il existe un problème spécifiquement anselmien de l'utilisation de l'Ecriture du fait de la méthode *sola ratione* (*Monologion*) et *remoto Christo* (*Cur deus homo*), mais aussi du fait qu'Anselme entendait donner en théologie autre chose que des commentaires scripturaires à l'instar d'un Lanfranc par exemple. C'est pourquoi la méthode d'Anselme put paraître aux yeux de certains comme une provocation dans un milieu habitué à une "théologie" qui se contentait de commentaires plus ou moins littéraux des Livres Saints, même si quelques écolâtres, tel un Lanfranc, se servaient de la dialectique, ne fut-ce que pour rencontrer l'adversaire sur son propre terrain. D'autre part, il est à remarquer que ceux qui traitent dans les Actes explicitement des problèmes de l'herméneutique d'Anselme ont tous passé sous silence le témoignage — à notre avis capital — d'Eadmer concernant la foi inébranlable d'Anselme dans les Ecritures [13] de même que le texte important du *De concordia* III,6 [14] qui montre à quel point Anselme attribue une valeur absolue à l'autorité des Ecritures face aux mirages et aux pièges de la dialectique de son époque.

En raison du caractère particulier de l'oeuvre d'Anselme consistant en un petit nombre de traités relativement courts, il n'est pas étonnant de constater d'une part un certain nombre de répétitions d'idées centrales ou de textes de saint Anselme — l'Index des citations des oeuvres de saint Anselme (pp. 733ff.) permet de nous en rendre compte — et d'autre part, précisément le caractère peu développé de la pensée d'Anselme qui parfois ne nous laisse que les noyaux de celle-ci et qui de toute façon est loin de couvrir même toutes les données de la philosophie et de la théologie tentent souvent les "lecteurs" d'Anselme qui l'interprètent ou qui s'en inspirent à pousser très loin — parfois même peut-être trop loin — certaines de ses idées afin de raccrocher leurs propres pensées ou visions à celle de saint Anselme en l'érigeant en "absolu" et qui perdent ainsi de vue toute une tradition riche en pensée qui le précède ainsi que tout un développement qui lui est postérieur.

Si la "paternité" de la scolastique revient à Anselme (M. Grabmann), celle-ci ne pourrait en aucune manière être réduite à Anselme. Aussi bien certaines communications aboutissent-elles à un développement théologique très personnel, en s'éloignant et de la pensée d'Anselme et de la tradition dont elle se nourrit. Les formules anselmiennes concises induisent aisément en tentation leurs commentateurs pour y introduire leur propre pensée au lieu de les maintenir dans leurs justes limites que leur impose aussi bien le caractère de son oeuvre que les données de l'histoire littéraire. Après ces remarques générales, je vais m'efforcer de présenter impose aussi bien le caractère de son oeuvre que les données de l'histoire littéraire. Après ces remarques générales, je vais m'efforcer de présenter d'une manière synthétique et critique l'essentiel des communications tout en relevant certains points qui me paraissent particulièrement importants ou sujets de quelques réserves.

Le volume des Actes suit la répartition thématique imposée par les organisateurs, en articulant les thèmes dans deux grandes sections dont la première (Section I. Histoire, philologie, littérature monastique, pp. 57-419) demeure malgré tout prépondérante tandis que la deuxième (Section II. Philosophie, théologie, épistémologie, pp. 419-711) est moins importante. Il est vrai que le thème principal du colloque — "Les mutations socio-culturelles" — devait mobiliser parmi les spécialistes ceux qui s'intéressent plutôt aux divers aspects de l'histoire de l'époque que les philosophes et les théologiens. Pourtant, ces derniers auraient pu trouver aussi de larges champs d'investigation en essayant de replacer la pensée d'Anselme dans son histoire et dans l'histoire tout court ainsi que l'a fait par exemple André Cantin pour la méthode rationnelle d'Anselme (pp. 611ff.).

Pour en rester à la présentation générale des Actes, il convient de noter une certaine dissymétrie entre les deux sections. Tandis que les communications prononcées dans les deux sections sont précédées également par un rapport de synthèse sur l'ensemble des travaux de chacune des sections, les responsables des trois thèmes de la première section ont permis la publication des discussions concernant chacun des thèmes regroupant les communications (pp. 191, 253, 405). Il est regrettable que les discussions — parfois longues et vives — de la deuxième section n'aient pu être consignées également dans les Actes.

Avant de présenter les trois thèmes propres à chacune des deux sections, notons que les Actes se terminent par quatre indices: citations bibliques (p. 725); citations patristiques et médiévales (p. 728); citations des oeuvres de saint Anselme (p. 733); index des noms de personnes (pp. 737-53). Etant donné la grande variété des langues des collaborateurs du volume, pour des raisons pratiques, les éditeurs ont dû renoncer à la publication d'un index des noms géographiques de l'époque. Quant aux noms des personnages historiques, l'index correspondant les donne en lettres capitales dans leur forme française.

Reprenons donc les thèmes des deux sections, en commençant par ceux de la première section. Dans cette dernière, les orateurs ont étudié trois thèmes: I. Saint Anselme et son temps, Normands et Saxons, Les Juifs en Normandie et en Angleterre, La croisade (pp. 67-200); II. Ecoles et culture, L'Ecole du Bec et son rayonnement (pp. 201-56); III. Le monachisme anglo-normand et ses extensions, Réforme des monastères, Culture et Littérature monastiques (pp. 257-415). Dans cette partie proprement historique, les divers auteurs essayent de mettre en lumière la situation concrète socio-culturelle de l'époque de saint Anselme afin de mieux comprendre le comportement de celui-ci: Anselme y apparaît comme le grand Européen, non pas, certes, pacifiste au sens actuel et souvent abusé du terme, mais quelqu'un qui pacifie les esprits. Certaines communications essayent de répondre à des questions concernant l'attitude d'Anselme face aux croisades, face aux Juifs ou face aux biens temporels.

Gilbert Dahan montre dans une étude importante les rapports entre Anselme et les Juifs de l'époque et son attitude à l'égard du judaïsme en général. La communauté juive de Londres était une colonie récente. Il existait une colonie juive nombreuse à Rouen dont la destruction est évoquée par Golding (pp. 149ff.). Les Juifs étaient donc présents dans l'espace où vivait Anselme ou qu'il parcourait fréquemment. G. Dahan donne les quelques rares passages dans les oeuvres d'Anselme où celui-ci mention ne explicitement les Juifs [15] — et dont il ne veut tirer aucune conclusion particulière — pour s'étendre ensuite longuement sur le *Cur deus homo* qui, entre autres, vise les Juifs qui n'acceptent pas l'Incarnation. Dahan reconnaît — et à juste titre — que le genre de dialogue qu'Anselme propose au sujet de l'Incarnation est fondé sur une méthode rationnelle, loin des habitudes de l'exégèse rabbinique et que par ailleurs, les préoccupations "philosophiques" du judaïsme du Nord étaient totalement inexistantes. C'est pourquoi, d'après lui, Anselme aurait manqué son but.

Pareille conclusion serait exacte dans l'hypothèse où l'on ne tiendrait pas compte de toute la complexité de l'intention d'Anselme que d'ailleurs celui-ci expose longuement dans la Préface du *Cur deus homo*. Certes, la méthode rationnelle qu'adopte Anselme n'était pas exigée pour répondre à un interlocuteur Juif du milieu qui manquait de toute culture "philosophique," mais elle est devenue une exigence face aux tendances rationalistes de son époque. Anselme répond donc avant tout à l'attente du milieu culturel dans lequel il vit et qui était imbu de l'exigence de la raison partout en Europe.[16] Anselme voulut donc avant tout relever le défi général de son temps, quant à la méthode à employer. Par là même, il pouvait atteindre plus tard sur ce terrain des Juifs dont la pensée ne se limitait plus à la pure exégèse rabbinique loin de toute préoccupation philosophique.

Dahan reconnaît aussi qu'il est impossible de trouver, dans la littérature juive antérieure ou contemporaine de saint Anselme, des textes polémiques Juifs concernant le problème de l'Incarnation. Pour une comparaison, il recourt alors au livre de l'alliance de Joseph Qimhi "qui a fui l'Espagne musulmane et s'est établi en 1148 à Narbonne." [17] Cet auteur du douzième siècle argumente contre l'Incarnation en faisant appel précisément à la "grandeur de Dieu" qui, selon lui ne permets pas de croire que "le Dieu grand, caché et voilé se soit établi sans nécessité dans le ventre d'une femme, dans des entrailles impures et immondes..." [18] — Faisons tout de suite deux remarques: (1) il est intéressant de constater que le principe fondant le rejet de l'Incarnation est précisément le "Dieu grand," la "grandeur de Dieu." Vu l'immense succès du *Proslogion* et sa diffusion rapide partout, ne pourrait-on pas voir dans l'argumentation de Joseph Quimhi une sorte de rétorsion contre Anselme qui, dans le *Proslogion* conçoit Dieu précisément dans la perspective de l'idée de grandeur? [19] Il s'agirait alors d'une polémique "posthume" et tardive entre Anselme déjà décédé et cet auteur Juif. (2) Deuxième remarque on peut rapprocher la grief de Joseph Qimhi contre l'Incarnation et le thème principal du *De conceptu virginali* — suite logique du *Cur deus homo* qu'Anselme fut obligé de terminer plus tôt que prévu — à savoir *quomodo Deus accepit hominem de massa peccatrice humani generis sine peccato*. [20] Chez Anselme ce qui fait difficulté dans l'Incarnation c'est la "masse pécheresse du genre humain." La difficulté majeure qu'aborde Anselme provient donc de l'impureté morale, alors que Joseph Qimhi insiste sur l'impureté et l'immondice des entrailles d'une femme, donc sur l'impureté physique.

Qimhi essaye donc de rejeter la foi en l'Incarnation en s'appuyant sur des raisons (*sekhel*). Pour prolonger ce débat en prolongeant la pensée d'Anselme, on pourrait dire, en s'appuyant sur la *sola ratio* que dans la perspective propre du judaïsme, il est impossible de nier *a priori* la possibilité de l'Incarnation. En effet, au point de vue philosophique et rationnel, le problème de l'Incarnation se pose du fait de l'inclusion de l'infini de Dieu dans les limites du temps et de l'espace. Or, ce même problème essentiel surgit dès que l'on admet une "intrusion" quelconque de l'infini de Dieu dans le Temps et dans l'Espace, ne serait-ce que sous la forme de sa parole. Le "Dieu-qui-parle-à-l'homme" pose autant de problèmes philosophiques que l'Incarnation. Un Juif qui admet la possibilité que le Dieu infini parle dans l'espace et le temps, ne peut pas nier logiquement, la possibilité de l'Incarnation. Cette rédargution vaut aussi bien face au Juifs que face aux Musulmans. Par ailleurs, même la Parole de Dieu atteint l'homme impur, entaché par les péchés.

Quant aux relations purement historiques entre Anselme et les Juifs de son époque, il n'est pas sans intérêt de rappeler un long passage de la *Historia novorum* d'Eadmer — passage dont d'ailleurs Gilbert Dahan ne fait pas mention — qui fait état des intrigues des communautés juives de Rouen auprès de Guillaume le Roux pendant le premier exil d'Anselme.[21] En effet, Eadmer raconte comment Anselme et lui-même apprenaient pendant leur séjour en Italie des nouvelles selon lesquelles le représentant de la communauté juive de Rouen vint trouver le roi en visite dans cette ville et lui offrit des sommes d'argent afin que celui-ci force à rentrer dans le judaïsme les Juifs qui s'étaient convertis au christianisme et comment Guillaume accepta à collaborer à ce qu'Eadmer appelle l'"apostasie." Ce récit montre d'une part à quel point, pour un Juif, la conversion au christianisme était difficile voire même dangereuse et, d'autre part, la vénalité de Guillaume le Roux qui, pour l'argent, était prêt à amener à l'apostasie — même par la torture — les Juifs convertis au christianisme. Des Juifs devenus chrétiens furent donc torturés par le roi "chrétien" pour l'argent sur la demande de leurs anciens coreligionnaires.

Toujours est-il que Guillaume le Roux avait la réputation d'être prêt à tout pour l'argent. C'est à sa cupidité pour l'argent qu'on devait aussi le "veuvage" de l'Eglise d'Angleterre qui consistait à confisquer les biens ecclésiastiques et à ne pas nommer des successeurs aux sièges épiscopaux vacants, comme ce fut le cas de Canterbury après le décès de Lanfranc.[22]

Sous l'influence des idées reçues, souvent on aime présenter Anselme comme un homme absolument incompétent en matière d'administration des biens temporels, en se fondant sur sa répugnance proverbiale pour les affaires de ce monde. Golding eut raison de souligner que répugnance ne signifie point incompétence. D'ailleurs, l'étude très fouillée de Véronique Gazeau montre, avec cartes à l'appui, l'extension considérable du domaine continental du Bec, ainsi que celle de Marjorie Chibnall pour les possessions de l'abbaye en Angleterre donne une idée exacte de la croissance brusque et de l'extension géographique considérable des domaines dont fut doté l'abbaye du Bec durant la vie d'Anselme grâce à son influence et grâce à ses relations personnelles. N'oublions pas que déjà vers la fin de la vie d'Herluin, Anselme fut obligé de sortir sans cesse de l'abbaye — à la place du vieil abbé fondateur — pour visiter les domaines étendus jusqu'en Ile de France.[23] Grâce aux relations personnelles d'Anselme, très vite, l'abbaye du Bec devint l'une des plus importantes de l'Europe, non seulement à cause de la renommée de son école, mais aussi en raison de l'étendue des domaines possédés.

L'un des événements socio-culturels qui marquèrent le tournant des onzième-douzième siècles est celui des croisades. Plusieurs auteurs (Golb, Graboïs) essaient de décrire et d'analyser l'attitude d'Anselme face à cet événement capital qui bouleversait le monde chrétien et qui n'a pas manqué d'influencer l'attitude et la pensée des théologiens et des canonistes de l'époque. Certes, pour l'abbé et plus tard pour l'archevêque, l'important c'est la Jérusalem céleste. Pourtant, nous le savons, ses proches — comme Burgundio, son beau-frère, de même que ses neveux — sont partis pour la conquête de la Jérusalem terrestre. Comme tant d'autres personnages de premier rang de l'époque, ces derniers recourent volontiers à Anselme pour lui demander conseil. Mais comme toujours, en matière d'affaires — politiques ou autres — de ce monde, Anselme ne leur donne aucun conseil "politique," il les guide tout droit vers Dieu.

Cette attitude d'Anselme laisse perplexe l'historien qui voudrait savoir ce qu'Anselme pensait des croisades. Car, un Jean de Salisbury prônait des idées très précises là-dessus. Aryeh Graboïs essaie de démontrer qu'Anselme n'y attribua que très peu d'intérêt. Cependant, les textes d'Anselme permettraient de penser parfois le contraire de ce qui semble à première vue. En tout cas, on ne doit pas reprocher à Anselme de ne pas avoir composé un "traité de guerre sainte," preuve, selon Graboïs, qu'Anselme ne connaissait pas suffisamment l'Ancien Testament. Comme tous les Chrétiens, Anselme "lit" l'Ancien Testament selon la perspective de son achèvement qu'est le Nouveau Testament. A notre avis, certains passages de la correspondance d'Anselme montrent clairement à quel point celui-ci fut attaché à la Terre Sainte et à la Jérusalem terrestre. Il est difficile de lire ces passages comme des simples "formules de style" (p. 167) et de ne pas leur attribuer ce qu'il contiennent réellement. Chez Anselme, chaque mot a sa résonance dans la réalité (n'oublions pas qu'il est lui-même l'auteur du "passage" du *cogitari* vers l'*esse*), c'est pourquoi jusqu'à la preuve du contraire, je lis plutôt les passages des lettres d'Anselme se rapportant à la Jérusalem terrestre (*Epistola 235, Epistola 266, Epistola 324*) selon leur sens littéral.

Certes, la correspondance d'Anselme accuse des silences notables concernant les croisades, silence qu'il est difficile d'interpréter. Mais on pourrait dire la même chose en ce qui concerne les conflits avec les rois: là-dessus aussi, Anselme nous laisse à notre faim, tellement il est laconique et avare de renseignements, surtout quand on compare le contenu de ses lettres avec les récits détaillés d'Eadmer dans la *Historia novorum*. Et pourtant il était engagé pleinement — malgré lui — dans ces luttes où il s'agissait de mettre en vedette le caractère éminent des valeurs spirituelles. Personnellement, je ne pense pas qu'à partir des textes allégués par Graboïs on puisse inférer avec certitude le désintéressement d'Anselme à l'égard de la Jérusalem terrestre car pour Anselme la Jérusalem terrestre est sainte, parce que justement c'est la cité choisie par Dieu pour David, mais aussi pour la réalisation de la rédemption. Si cette présence divine évidente à Jérusalem ne la rend pas "sainte," je me demande ce qu'il faut entendre par une terre ou une cité "sainte."

Seulement, contrairement à ce que l'on pense (p. 166), Anselme fut beaucoup plus réaliste qu'il ne paraît à certains historiens. Précisément, son attitude à l'égard des croisades le montre. Il connaît tous les abus — pillages, convoitises, ravages — commis par certains croisés lors des croisades. Il prévient donc de ce danger ceux qui s'y préparent et, surtout, ceux qui, dans sa vision prophétique, sont appelés à vivre dans cette Jérusalem qu'est la vie monastique. Justement, la présence continuelle chez Anselme, de l'analogie entre la vie monastique et la vie à Jérusalem montre son intérêt persistant pour la Terre Sainte. La présence de cette image appliquée à la vie monastique indique aussi combien Anselme vit pleinement son temps.

Quand il "refuse" d'envoyer des hommes du royaume d'Angleterre en Terre Sainte, il ne condamne pas non plus la croisade. Si la correspondance d'Anselme ne montre pas la moindre trace de sa réaction à l'appel du pape et du concile de Clermont, son obéissance à l'égard du vicaire du Christ demeure son pain quotidien, ainsi qu'en témoignent ses lettres adressées aux papes. [24] Seulement, étant excellent pédagogue et conseiller, Anselme ne donne pas le même conseil à tout le monde, mais il tient compte des circonstances de la vie de chacun. C'est pourquoi il n'est pas étonnant qu'il exhorte l'adolescent Guillaume [25] à choisir la Jérusalem de la vie monastique tandis qu'à son beau-frère et ses neveux, il demande de se préparer spirituellement à ce pèlerinage, [26] semé de dangers corporels aussi bien que spirituels que représentait le chemin du croisé.

Personnellement, je serais beaucoup plus réservé à présenter Anselme comme quelqu'un qui se serait entièrement désintéressé de la Terre Sainte et des Croisades. Il n'est pas facile de comprendre l'attitude d'Anselme quand on ne veut pas se placer dans son unique perspective: celle de Dieu qui, ne serait-ce que par une nécessité logique, relativise toute réalité créée, qu'il s'agisse d'événements, de personnes ou de choses. Pour Anselme, l'unique nécessaire c'est Dieu [27] et tout le reste est relatif et éphémère. C'est qu'il pratique en tout la juste mesure: tout est mesuré en Dieu et par rapport à Dieu qui est pour lui "ce par rapport à quoi plus grand ne peut être pensé." C'est là, en effet, le secret de l'attitude d'Anselme face aux événements "importants" socio-culturels de ce tournant de siècle dont il fut lui-même le témoin, l'acteur, voire parfois le mobile principal.

Les questions que plusieurs historiens se posent — dans quelle mesure Anselme vit-il son temps? — dans quelle mesure Anselme se laissa-t-il influencé par les événements de son temps? — ne sont peut-être pas tout à fait fondées. Ne faudrait-il pas poser les questions différemment et se demander plutôt—: quelle fut la relation entre Anselme et les événements de son temps? quelle était la réaction d'Anselme face aux événements de son temps? Et encore, cette manière de formuler la question n'est peut-être pas tout à fait correcte. Car, concevoir simplement d'un côté Anselme et les "événements qui l'entourent" de l'autre serait une dichotomie contraire à la réalité historique. En effet, Anselme lui-même est "créateur" d'événements, ou si l'on veut, il "provoque" des événements. Si par événements on n'entend que les croisades, il est évident qu'Anselme ne les provoque pas. Si par événement on entend la création d'oeuvres impérissables de la pensée qui, d'un côté causent la joie et le soulagement, de l'autre la jalousie, la malveillance et l'hostilité, alors Anselme provoque les événements. [28] Car, en dehors des croisades ou de la conquête de l'Angleterre par Guillaume, il y a aussi la conquête des vérités dont Anselme est le champion incontestable de son époque. Si par événements, on entend des situations de crise au plus haut niveau de la politique, alors Anselme les "provoque," il en est la cause et l'acteur principal. Anselme lui-même est créateur d'événements par la profondeur de son esprit et par sa volonté de fer [29] qui ne trouve son bonheur et son repos que lorsqu'il sait que sa volonté s'inscrit dans les lignes tracées par la volonté divine. Ainsi, Anselme est-il créateur d'événements au sens propre du terme mais en même temps il les domine, il les surpasse car, par son esprit, il plane dans les hauteurs de l'Ineffable et de l'Inaccessible. Il est surtout créateur d'un événement qui marquera désormais toute l'histoire de l'Europe: celui d'un refus d'accepter l'absolutisme en matière de politique afin d'émanciper les valeurs transcendantales, telle la liberté fondamentale de l'homme, des emprises du *Wille zur Macht*, éternelle tentation de l'homme au pouvoir. [30]

Raymonde Foreville a déjà souligné à quel point l'attitude d'Anselme fut déterminante dans la postition ferme qu'adopta plus tard Thomas Becket. [31] — C'est dire combien Anselme fut créateur d'événements qui virent leur prolongation même longtemps après sa mort. [32] Loin de pouvoir juger Anselme par la réaction qu'il aurait eu face à tel événement de son époque, il faut admettre qu'Anselme crée les événements qu'il domine d'ailleurs parfaitement. Il serait insuffisant d'invoquer la réforme grégorienne pour comprendre l'attitude d'Anselme et les événements dont il fut l'acteur principal. En effet, d'autres prélats, comme Lanfranc lui-même, vivaient déjà dans la mouvance de la réforme de l'Eglise, mais ils n'étaient point créateurs d'événements comme ceux qui jalonnaient la vie d'Anselme. Pour que ces événements aient pu surgir, il fallait aussi la profondeur de la pensée et la solidité de la volonté qui caractérisa au plus haut degré l'archevêque de Canterbury.

Le Thème V (pp. 535-646) aborde le problème de la Vérité. Là encore, en raison de la division un peu artificielle de la thématique, la contribution importante de M. Corbin, consacrée elle aussi au problème de la Vérité chez Anselme, se trouve repoussée au Thème VI. Nous y reviendrons tout à l'heure. Dans cette partie, nous trouvons des articles assez hétérogènes — depuis des problèmes linguistiques et de pure logique, en passant par l'analyse des rapports entre foi et justice, foi et vérité, *ratio, fides et veritas* jusqu'au problème de sotériologie tel qu'il est esquissé dans le *Cur deus homo*. Nous voudrions dire quelques mots au sujet de ce dernier.

En effet, la contribution de E. Briancesco [33] mérite un examen particulière. Il donne dans sa communication le fruit d'"une lecture analytique" — ajoutons aussi, très personnelle — du *Cur deus homo*. Son principal effort consiste à dégager chez Anselme un "nouveau portrait du Christ" étant donné que le moine et l'archevêque trouve rebutantes certaines représentations picturales du Christ. Bref, pour Briancesco, il s'agit de "démythologiser, i.e. dénouer le noeud du 'mythe' chrétien de la rédemption" [34] au moyen d'un procédé rationnel qui permettrait de "réintégrer l'effort des infidèles comme valable du point de vue rationnel, mais tout à fait inefficace du point de vue salvifique" (p. 644). Remarquons tout de suite que cette "lecture analytique" exclue pratiquement tout dialogue avec des interprétations données précédemment de ce traité magistral anselmien. Notamment, on peut regretter toute référence au travail important accompli par René Roques en ce domaine, de même que toute référence à saint Augustin dont la connaissance est absolument indispensable pour une meilleure compréhension de la méthode, voire même des positions doctrinales de saint Anselme.

Nous nous dispensons de présenter ici toute la complexité du terme "mythe" qui est à la base du mot "démythologisation" et qui figure dans le titre de la communication. Ce mot est sans aucun doute une "réminiscence" du terme "démythisation" de J. Planicux cité par Robert Pouchet et repris à son compte par Briancesco (p. 645, n. 3). L'on peut se poser la question de savoir si, en utilisant le terme bultmannien pour interpréter le procédé d'Anselme, Briancesco ne tombe pas dans l'anachronisme. La contribution bien documenté de Goulven Madec (pp. 491ff.) sur l'"herméneutique anselmienne" permet de le penser et pourrait même servir d'"antidote" face à certaines interprétations de Briancesco. Précisons tout de suite pour éviter d'avance tout malentendu que la "démythologisation" bultmannienne concerne au sens technique du terme la Bible elle-même, source du message chrétien, son contenu, les expressions, les images qui s'y trouvent. Son dessein "pastoral" consiste à rendre accessible à nos contemporains le message du Nouveau Testament.[35] Selon lui, le Nouveau Testament participe aux conceptions intellectuelles de son temps, c'est dire qu'il est conditionné par le "mythe," dont la fin n'est nullement de donner une image objective du monde. Et de se demander quelle est derrière les expressions "mythiques" la pensée profonde, la réalité existentielle, de façon à le démythologiser. La démythologisation signifie donc chez Bultmann une interprétation critique de l'Ecriture en éliminant les "mythes," c'est-à-dire les "conceptions" — selon lui — "simplistes" que l'on se faisait autrefois des choses parce qu'incompatibles avec la "mentalité moderne."

Or, si l'effort de saint Anselme consiste à "rétablir" l'image correcte du Christ, cela ne peut s'entendre chez lui que selon une conformité parfaite avec les Ecritures qui demeurent, dans leur intégralité, le critère suprême de référence dans toute sa démarche rationnelle dirigée vers la Vérité. Il ne s'agit pas chez lui de toucher à l'Ecriture — ainsi que dans les tendances actuelles de "démythologisation" — ni dans sa forme ni dans son contenu. Saint Anselme n'a pratiqué ni la recherche de la *Formgeschichte*, ni la recherche de *Sitz im Leben*. Si l'un des apports doctrinaux d'Anselme consiste — ainsi que René Roques l'a déjà souligné — à avoir revu "le statut du diable dans l'économie de la chute et de la rédemption,"[36] il ne s'agit point là d'une image contenue dans la Bible mais de l'opinion de certains théologiens. Rejeter ou corriger celle-ci ne veut pas dire toucher à la Bible, aux récits bibliques pour les "évaluer critiquement," il ne s'agit donc pas de "démythologiser" (ou "démythiser") au sens technique du terme. Roques a montré aussi que le travail rationnel d'Anselme a permis précisément l'élimination de "plusieurs schèmes incompatibles avec les données de la Révélation,"[37] donc avec la Bible qui pour Anselme demeure la source de toute Vérité. Ces remarques me paraissent essentielles pour éviter toute fausse interprétation de la démarche rationnelle d'Anselme et pour permettre une plus juste évaluation de la contribution de E. Briancesco.

Le Thème VI (Les trois traités: *Rectitudo* Questions éthiques, ecclésiologiques et théologiques) est introduit par la contribution de M. Corbin. Après avoir identifié, selon Anselme, la vérité "à la droiture, reconnue relation constitutive à un *debitum* qui vient de Dieu" (p. 651), il propose deux "lectures" du *De veritate* XII (pp. 649-66): (1)"la justice qui rend droite la volonté" (p. 651); (2) (a) "volonté et droiture" où, entre autres, il tente un rapprochement entre la pensée d'Anselme et celle de Kant (p. 656) en ce qui concerne l'obligation morale, tout en admettant la distance qui sépare les deux penseurs et (b) "formalisme et redoublement," redoublement exprimé dans la définition anselmienne de la justice comme *rectitudo voluntatis servata propter rectitudinem voluntatis* (pp. 660-61). Dans son exégèse, bien étoffée de textes bibliques, de *De veritate* XII, l'auteur reconnaît que son affirmation "déborde manifestement la lettre des textes anselmiens. Mais parce qu'elle se veut prolongement, regard dans la même direction qu'Anselme, son débordement n'a rien d'arbitraire... (p. 660)"

Corbin commence par poser son "principe herméneutique": "Saint Anselme de Cantorbéry est un penseur chrétien, et une pensée chrétienne ne peut être pensée que par une pensée chrétienne." (p. 649) Après des discussions interminables concernant la "philosophie chrétienne," nous voilà introduits à la problématique d'une "pensée chrétienne." On peut déjà s'interroger sur le sens précis d'une "pensée qui pense" — c'est plutôt un "penseur" qui pense.

Mais l'auteur nous conduit, sous l'autorité du Kierkegaard, tout droit vers l'explicitation du terme "chrétien" "l'épithète chrétien — nous dit-il — ne détermine pas une qualité inhérente à la pensée, une possession dont elle pourrait se glorifier, mais une destination, un appel à devenir ce qu'elle est: nul n'est chrétien, disait Kierkegaard, il le devient..." Il me semble très aléatoire d'appliquer la formule kierkegardienne à Anselme. Celui-ci fut "croyant" — donc "chrétien" — avant même de commencer à penser (*cogitare*). Nous persistons à croire — en nous appuyant sur les textes d'Anselme et sur les témoignages historiques de sa vie — que l'on doit caractériser la pensée (ou la recherche) anselmienne en posant clairement que son point de départ comme son point d'aboutissement sont également la foi chrétienne. Je vois même un "dynamisme" extraordinaire dans l'effort intellectuel d'Anselme vers un "devenir," quitte à ramener ce "devenir" à son mobile et à son point de départ, à savoir la foi chrétienne. Anselme est chrétien avant d'entreprendre sa recherche, son point de départ est le *credo* aussi bien au sens subjectif qu'au sens objectif du terme, ainsi que Barth l'a déjà fort heureusement souligné. Rappelons seulement la remarque d'Eadmer caractérisant le début de la vie d'Anselme à l'abbaye du Bec.[38] Et le point d'aboutissement de cet effort fondé sur une foi inébranlable (la foi ne l'aurait pas déjà rendu "chrétien"?) est l'*aliquatenus intelligere*, une certaine saisie, par l'intelligence, grâce à l'effort déployé par la raison, de ce qu'il croyait déjà au départ.

Anselme "est" donc chrétien au point de départ, il est "chrétien" au point d'aboutissement. Est-il devenu "plus" chrétien à son point d'aboutissement? Il n'a fait qu'achever (je dirais volontiers en allemand *voll-*

ziehen) la "tâche" que précisément la "foi" lui avait imposée: à savoir se rendre compte devant la raison de tout ce que la foi enseigne et d'en rendre compte devant les autres et pour les autres. En d'autres termes, tout au long de sa recherche rationnelle, c'est le mouvement de la foi qui se déploie, mouvement qui part de la foi, mouvement qui est soutenu par la foi, mouvement qui aboutit à la foi.

A propos de la citation de Kierkegaard, on devrait aussi clarifier le sens des verbes "être" et "devenir." Quelqu'un peut-il devenir "quelque chose" sans l'"être" déjà en quelque sorte, du moins en noyau, en germe ("en puissance")? Si l'épithète "chrétien" ne se rapporte qu'à un "pur devenir," que devient le sens de la foi, le sens du baptême?

Pour M. Corbin, "penser et croire sont ici le même: *intelligimus ratione quod tenemus fide*." (p. 649) Cette citation anselmienne — pas plus que d'autres textes d'ailleurs — ne permettent pas à conclure à l'identité entre "penser" et "croire." Le *cogitare* est toujours affaire de la pure raison. Les contemporains d'Anselme qui atteignaient Dieu par la foi — donc par la voie de l'autorité — ont compris qu'il existe une différence considérable entre croire et penser, entre *credere* et *cogitare*.[39] Il suffit de rappeler aussi la préface du *Monologion*: *quidquid credimus de divina substantia . . . saltem sola ratione. . .*[40] Ce qui est identique, dans l'esprit d'Anselme, c'est l'objet visé par l'acte de penser et l'acte de croire, mais la manière dont chacun de ces actes atteint l'objet est radicalement différent: l'acte de penser sera toujours un acte qui s'appuie sur des raisons et qui atteint directement son objet qui est "rationnel" tandis que l'acte de croire est un acte qui n'atteint pas directement son objet, mais par le biais d'une autorité. Aux yeux de ses contemporains, la méthode d'Anselme apparaissait libératrice précisément parce qu'elle n'extorquait pas la crédulité de ses disciples par les seules autorités.

Corbin utilise une formule qui mériterait d'être nuancée ou "distinguée," pour le dire avec les scolastiques "Dieu toujours plus Dieu" "Ainsi — écrit-il — par l'Inouï, est signifiée l'inclusion de l'Humanité en la Divinité de Dieu, car Dieu est encore plus Dieu du fait que son Fils unique s'abaisse jusqu'à partager notre condition, notre souffrance et notre mort." (p. 649) A la page suivante, revient encore la formule "Que les textes de l'Abbé du Bec . . . soient une invitation au chemin vers Dieu toujours plus Dieu, l'appel à une reprise qui en actualise la signification, nous en verrons le bien-fondé en interprétant le douzième chapitre du dialogue *Sur la Vérité . . .*"

Il est surprenant de voir dans le contexte anselmien la formule "Dieu toujours plus Dieu" qui pourrait bien être une réminiscence de *Deus semper maior* d'Erich Przywara, à condition de le bien comprendre. S'agirait-il d'une transposition ou d'un "prolongement" (p. 660) de la formule anselmienne *id quo maius cogitari non potest* étant donné la parenté linguistique entre *maius* et *plus*? [41] A notre avis, la formule proposée par M. Corbin n'est aucunement la traduction de la vraie formule anselmienne. La démarche anselmienne dont la formule n'est que l'expression d'une dialectique de la grandeur est celle du *cogitari posse*, c'est-à-dire celle de la capacité de comprendre humaine face à la réalité infinie de Dieu. En lui-même, Dieu ne "bouge" pas, Dieu n'est pas "plus Dieu." Il ne "devient" pas "plus Dieu," même pas après l'Incarnation. C'est l'intelligence de l'homme qui essaye de s'approcher toujours davantage de l'infini de Dieu.

Par ailleurs, au point de vue purement logique, la formule "Dieu toujours plus Dieu" est ou bien une simple tautologie ou bien une contradiction. En effet, si "dieu" signifie le "dieu-qui-est-toujours-plus-dieu," nous sommes dans une tautologie. Si par contre, "Dieu" signifie le "vrai Dieu," l'infini tout court qui, par définition, n'admet ni plus ni moins, le "toujours-plus-Dieu" qui implique une "croissance de Dieu" n'est pas l'Inifini. Si Dieu est le "dieu-toujours-plus-Dieu," nous arrivons à une contradiction qui veut dire que l'infini (le vrai Dieu) n'est pas l'infini (car il admet "plus").

De toute évidence, la démarche anselmienne est une ouverture dynamique de l'âme (du "sujet connaissant" — certes, mais aussi du "sujet aimant") vers l'infini. L'âme s'ouvre à l'appel de l'infini, elle bouge, elle "grandit" dans son ouverture, sans toutefois que l'infini, lui, change. L'infini — au sens intensif — en effet, ne tolère ni le plus ni le moins, sinon il ne serait plus l'infini. Devant la pensée critique, toute addition ou soustraction à l'infini intensif est une contradiction logique.

Pour sortir de l'impasse, ne serait-il pas utile de se rappeler la distinction classique de la scolastique entre *quoad se* et *quoad nos*, distinction qui, par ailleurs, rejoint admirablement celle de *in se* et *in nobis* dans un passage d'Augustin où celui-ci, en commentant un texte de l'Evangile de saint Jean, (3:29-36) pose la question: ... *quomodo crescit Deus* — comment Dieu grandit-Il? Car, ainsi qu'Augustin le remarque, le Parfait ne peut pas croître: *Perfectus non crescit. Deus autem nec crescit, nec minuitur.* Et Augustin de formuler le dilemme: *Si enim crescit, perfectus non est si minuitur, Deus non est.*

Il ne reste donc qu'une seule issue: maintenir que Dieu est toujours Dieu — ni "plus Dieu," ni moins Dieu — il est toujours parfait, il n'est pas "plus Dieu" hier qu'aujourd'hui, même pas dans l'histoire du salut, mais c'est dans notre âme que Dieu grandit:

> *Crescat ergo in nobis gloria Dei, et minuatur gloria nostra, ut in Deo crescat et nostra ... Crescat ergo Deus qui semper perfectus est, crescat in te. Quanto enim magis intelligis Deum, et quanto magis capis, videtur in te crescere Deus in se autem non crescit, sed*

semper perfectus est. Intelligebas heri modicum, intelligis hodie amplius, intelliges cras multo amplius lumen ipsum Dei crescit in te; ita velut Deus crescit, qui semper perfectus manet. [42]
Dieu grandit dans notre âme dans la mesure où notre connaissance de Dieu progresse. Mais en lui-même, Dieu demeure toujours Dieu, ni plus, ni moins, en raison même de la nature de l'infini et du Parfait. Il n'est peut-être pas inutile de rappeler cette vérité — mise en lumière par saint Augustin — devant les tentations de certaines philosophies "modernes" qui prétendent tout voir et tout présenter dans un devenir perpétuel sans aucun point de repère solide que le devenir lui-même, pour être perçu comme tel, exige selon une logique élémentaire. [43] Par ailleurs, saint Anselme affirme aussi clairement et explicitement qu'en Dieu il n'y a ni plus ni moins:

Sed quoniam et quod nascitur et quod procedit, non est aliud quam id de quo est nascens vel procedens, quod est solus et unus deus sicut idem deus non est se ipso maior vel minor, ita in tribus, id est in patre et filio et spiritu sancto, non est aliquid maius vel minus, nec est alius alio hoc quod est magis vel minus, quamvis verum sit quia deus est de deo nascendo et procedendo. Ecce vidimus de quanta veritate et quanta necessitate sequatur spiritum sanctum procedere de filio. [44]

Dans sa conclusion, M. Corbin revient encore à la "pensée chrétienne" qu'il entendait comme une "destination" (p. 665):

Si maintenant, poursuit-il, nous remplaçons "chrétienne" par "droite" nous souvenant de la différence entre volonté et droiture, nous pouvons poser l'équivalence entre "pensée chrétienne" et "pensée droite." Une pensée droite est une pensée rendue droite par la droiture qu'elle n'est pas et qui se nomme Jésus Christ, une pensée qui se laisse reformer de l'intérieur par Celui qui porte et dit "les pensées de Dieu" (p. 665).

Nous pouvons souscrire à cette conclusion éminemment théologique, en tant que théologique et dans la mesure où l'on a bien établi la relation entre la droiture de la volonté sur le plan théologique et son exigence par rapport à l'acheminement de la pensée, également sur le plan de la théologie. Mais n'oublions pas que la notion de *rectitudo* est aussi une notion consacrée de la logique — Anselme le sait bien — et qui signifie la qualité nécessaire de toute pensée résultant de l'observation scrupuleuse des règles du syllogisme. Et dans ce sens, la "pensée droite" ne sera pas le privilège de la "pensée chrétienne," quel que soit le sens qu'on attribue à l'épithète "chrétien." Je crois qu'il n'est pas inutile de lever cette ambigüité. Par ailleurs, la présence de l'idée de la *rectitudo* chez Anselme dans ce contexte théologique montre aussi chez lui, fils de son époque, l'influence profonde de la dialectique, science par excellence du milieu où il vivait.

Nous n'avons pas pu présenter tous les problèmes. D'autres s'en sont déjà chargés juste après le Colloque. Nous n'avons pas pu discuter tous les points qui auraient mérité une attention particulière. Nous n'avons pas pu non plus mettre en valeur toutes les richesse de cet imposant volume qui recèle une mine d'informations pour quiconque s'intéresse à l'histoire de saint Anselme et à sa pensée. Mais notre tâche ressemble en quelque sorte à celle de Gaunilon: nous avons relevé quelques points qui, à nos yeux méritent la discussion, tout en admettant la grande valeur du reste. [45]

Notes

*Cette étude critique devait paraître dans un numéro spécial de *Anselm Studies* (Kraus International). A notre grand regret, pour des raisons financières, l'éditeur a dû arrêter définitivement la publication de cette série occasionnelle. Cependant, nous croyons qu'il est utile, ne serait-ce que pour poursuivre un dialogue fructueux, de porter à la connaissance de nos collègues médiévistes les réflexions critiques que nous a inspirées la publication des *Actes du Colloque du Bec Hellouin* de 1982. Par ailleurs, nous avons tenu compte de quelques publications récentes capables d'éclairer davantage nos propos.

[1] Cf. *Colloque saint Anselme. Le Bec Hellouin*. Abbaye N.-D. du Bec, 11-16 juillet 1982. *Les mutations socio-culturelles des XIe-XIIes.* dans *Cahiers de Civilisation Médiévale*. Xe-XIIe siècles. XXVIe Année N. 4 (Octobre-Décembre) 1983, pp. 385-93. Dans cette chronique, Y. et E.R. Labande donnent le résumé de toutes les communications de la Section I (pp. 385-88), tandis que nous devons au Ph. Zobel un rapport très détaillé de la Section II (pp. 388-93) avec quelques appréciations.

[2] *De veritate Praefatio*: Schmitt I,173*Tres tractatus pertinentes ad studium sacrae scripturae quondam feci diversis temporibus.*

[3] Le P. Ragey, dans son *Histoire de Saint Anselme, Archevêque de Cantorbéry* (Paris\ Lyon 1889), I,1, a proposé "la fin de l'année 1033 ou, ce qui est plus probable, le commencement de l'an 1034." Quant à R.W. Southern, il tient, sans le moindre doute ni discussion, à l'année 1033. Cf. R.W. Southern, *Saint Anselm and His Biographer: A Study of Monastic Life and Thought 1059-c. 1130* (Cambridge 1966), p. 3; voir aussi R.W. Southern, *Saint Anselm: A Portrait in a Landscape* (Cambridge 1990), p. xxvii. Il faut dire que la date de naissance exacte d'Anselme ne nous est pas connue avec précision. Eadmer ne la donne pas. Cf. *The Life of St Anselm, Archbishop of Canterbury by Eadmer*, ed. R.W. Southern, pp. 3-4. Notre seul point de repère est la date de la mort d'Anselme donnée par Eadmer et son âge: *Vita Anselmi* II,46: Southern 143: *Transiit autem illucescente aurora quartae feriae praecedentis Coenam Domini quae erat XI. Kal. Maii, anno videlicet Dominicae Incarnationis millesimo nono, qui fuit annus pontificatus illius sextus decimus, vitae vero septuagesimus sextus.*

[4] Les mutations constituent donc le thème principal du colloque. Il n'est pas sans intérêt de rappeler après coup combien Eadmer fut conscient des changements qui se produisaient à l'époque d'Anselme. En effet, l'intention principale d'Eadmer dans la rédaction de la *Historia novorum* — ainsi qu'il le reconnaît dans la préface de la *Vita Anselmi* — fut précisément la "mise en mémoire écrite" de ces *insolitae rerum mutationes* dont lui-même fut témoin pendant la vie d'Anselme: *Vita Anselmi, Praefatio*: ed. R.W. Southern, (Oxford 1972), p. 1: *Quoniam multas et antecessorum nostrorum temporibus insolitas rerum mutationes nostris diebus in Anglia*

accidisse et coaluisse conspeximus, ne mutationes ipsae posterorum scientiam penitus laterent, quaedam ex illis succincte excepta (excerpta), litterarum memoriae tradidimus. Anselme lui-même ressentait déjà les effets de ces *tot rerum inopinatae mutationes* dès le début de son priorat, ainsi qu'en témoigne la première lettre qu'il adressa à Lanfranc le lendemain de l'élévation de celui-ci au siège primatial de Cantorbéry. *Epistola I*: Schmitt III,98: *Quamvis namque tot rerum inopinatae mutationes saepe vos mihi conentur subtrahere, nullatenus tamen poterunt, ut non dicam cohaerentes animas nostras ab invicem distrahere, certe adhaerentem animam meam a vobis abstrahere.* Ces précieux témoignages semblent avoir échappé à l'attention des historiens collaborant à ce volume, c'est pourquoi nous tenions à en faire état ici.

5 Nous avons déjà répondu en détail à nos historiens dans deux études récentes. Cf. C.E. Viola, "Histoire, historiographie et théologie. Saint Anselme devant l'assemblée de Rockingham (25-28 février 1095): La relativisation du pouvoir temporel," *Mediaevalia Christiana. XIe-XIIIe siècles: Hommage à Raymonde Foreville*, ed. C.E. Viola (Paris 1989), pp. 204-36; voir aussi C.E. Viola, "Histoire, historiographie et théologie. Une approche pour comprendre le Moyen Age: Saint Anselme et l'assemblée de Rockingham (25-27 février 1095)," *Histoire et littérature au Moyen Age, Actes du Colloque du Centre d'Etudes Médiévales de l'Université de Picardie, Amiens, 20-24 mars 1985*, ed. D. Buschinger, Göppinger Arbeiten zur Germanistik, Nr. 546, (Göppingen 1991), pp. 445-72.

6 Voir aussi p. 17 où R. Foreville reprend à son compte l'idée de H.-R. Bautier.

7 Cf. C.E. Viola, "Between Canterbury and Rome. The Greatness of God as a Means of Transcending Human Limits in Saint Anselm's Thought," dans *The European Dimensions of St. Anselm's Thinking. Proceedings of the Conference organized by the Anselm Society and the Institute of Philosophy of Academy of Sciences of the Czech Republic*, Prague, April 27-30, 1992, ed. J. Zumr, Vilém Herold (Prague: Institute of Philosophy, Academy of Sciences of the Czech Republic, 1993), pp. 41-64.

8 Cf. Viola, "Histoire," pp. 212-18 et 236, n. 97.

9 "The principle of obedience to authority was the foundation of his life and thought; and by this he did not mean obedience as a code of external action and mental submission as men ordinarily interpret the word. He meant a loyalty intensely conceived and meticulously observed." Cf. R.W. Southern, *Saint Anselm and his Biographer*, p. 30. Voir aussi R. W. Southern, *Saint Anselm: A Portrait in a Landscape*, pp. 254ff.

10 Voir le résumé de l'argument chez R.W. Southern, *Saint Anselm and his Biographer*, pp. 92-93; voir également R.W. Southern, *Saint Anselm: A Portrait in a Landscape*, pp. 197-227; Anselme de Cantorbéry, *Pourquoi Dieu s'est fait Homme: Texte latin*. Introduction, bibliographie,

traduction et notes de R. Roques (Paris 1963), pp. 101ff.; M. Corbin, "La nouveauté de l'Incarnation, dans L'oeuvre de s. Anselme de Cantorbéry," (sous la direction de M. Corbin), *L'Incarnation du Verbe. Pourquoi un Dieu-homme.* Introduction, traductions et notes par M. Corbin, et A. Galonnier (Paris 1988), III, 11-163.

[11] Cf. "Histoire," p. 234, n. 84.

[12] Voir la communication de G. Madec, "Y a-t-il une herméneutique anselmienne?," pp. 491ff.

[13] *Vita Anselmi* I,7: Southern 12: *Divinis nanque scripturis tantam fidem habebat, ut indissolubili firmitate cordis crederet nichil in eis esse quod solidae veritatis tramitem ullo modo exiret. Quapropter summo studio animum ad hoc intenderat, quatinus juxta fidem suam mentis ratione mereretur percipere, quae in ipsis sensit multa caligine tecta latere.* Ce passage d'Eadmer met en lumière l'intention profonde d'Anselme qui plaça une foi inébranlable dans la vérité des Ecritures. Mais en même temps, Anselme est conscient du fait que l'Ecriture contient des choses obscures — "voilées par beaucoup d'obscurités" — qui l'invitent à une clarification par la raison (*ratione*) tout en se laissant guider par sa foi (*juxta fidem suam*).

[14] *De concordia* III,6: Schmitt II,271-72: *Siquidem nihil utiliter ad salutem spiritualem praedicamus, quod sacra scriptura spiritus sancti miraculo foecundata non protulerit, aut intra se non contineat. Nam si quid ratione dicimus aliquando quod in dictis eis aperte monstrare aut ex ipsis probare nequimus hoc modo per illam cognoscimus, utrum sit accipiendum aut respuendum. Si enim aperta ratione colligitur, et illa ex nulla parte contradicit — quoniam ipsa sicut nulli adversatur veritati, ita nulli favet falsitati hoc ipso quia non negat quod ratione dicitur, eius auctoritate suscipitur. At si ipsa nostro sensui indubitanter repugnat quamvis nobis ratio nostra videatur inexpugnabilis, nulla tamen veritate fulciri credenda est. Sic itaque sacra scriptura omnis veritatis quam ratio colligit auctoritatem continet, cum illam aut aperte affirmat aut nullatenus negat.* Anselme oppose la Vérité à l'apparence d'une raison contraignante.

[15] Pour compléter le tableau, nous y ajouterons le refus catégorique d'Anselme de l'accusation d'être "judaïsant" du fait de l'utilisation du pain azyme. Cf. *Epistola de sacrificio azimi et fermentati* III: Schmitt II,226. Pour lui, le rite chrétien acquiert un statut entièrement neuf avec une signification propre et entièrement neuve.

[16] Cf. A. Cantin, "Saint Anselme au départ de l'aventure européenne de la raison," dans *Les Mutations*, pp. 611ff.

[17] Cf. G. Dahan, "Saint Anselme," *Les Mutations*, p. 527.

18 Cf. Ibid.

19 Cf. C.E. Viola, "La dialectique de la grandeur. Une interprétation du *Proslogion*," dans *Recherche de Théologie ancienne et médiévale*, XXXVII (1970), 23-55. Voir aussi C.E. Viola, "Origine et portée du principe dialectique du *Proslogion* de saint Anselme. De l'"argument ontologique' à l'"argument mégalogique'," *Rivista di filosofia neo-scolastica*, 3, (83) 1991 (1992), 339-84; C.E. Viola, "... hoc est enim Deo esse, quod est magnum esse. Approche augustinienne de la grandeur divine," ΣΟΦΙΗΣ ΜΑΙΗΤΟΡΕΣ. "*Chercheurs de sagesse.*" *Hommage à Jean Pépin*, publié sous la direction de M.-O. Goulet-Cazé, G. Madec, et al., Collection des Etudes Augustiniennes, Série Antiquité, 131 (Paris 1992), pp. 403-20.

20 Cf. *De conceptu virginali Praefatio*: Schmitt II,139.

21 *Historia novorum* II: Southern, 99: *Ferebant igitur ii qui veniebant, quod eodem fere tempore, cum idem rex [Willelmus] Rotomagi moraretur, Judei qui in civitate ipsa degebant ad eum convenere, conquerentes nonnullos ex suis, spreto Judaismo, Christianos tunc noviter factos fuisse, atque rogantes ut sumpto pretio illos, rejecto Christianismo, ad Judaismum redire compelleret. Adquiescit ille, et sucepto pretio apostasiae, jubet Judeos ipsos adduci ad se. Quid plura? Plures ex illis minis et terroribus fractos, abnegato Christo, pristinum errorem suscipere fecit.* Voir aussi la suite où Eadmer relate en détail la persécution d'un jeune Juif par Guillaume le Roux sur la demande de son propre père. Cf. *Historia novorum* II: Southern, 100-01.

22 Cf. *Historia novorum* II: Southern 99-101; voir aussi Viola, "Histoire," p. 206.

23 *Vita Anselmi* I,22: Southern 40: *Cum vero abbas Herluinus . . . jam decrepitus monasterii causis intendere et opem ferre non valeret, quicquid agi oportebat sub Anselmi utpote prioris dispositione fiebat. Exigentibus igitur multiplicibus causis, eum extra monasterium ire sepe necesse fuit.*

24 Urbain II: *Epistola 126*; *Epistola 193 Epistola 206*; Paschal II: *Epistola 210*; *Epistola 214*; *Epistola 217*; *Epistola 218*, *Epistola 219*, *Epistola 220*; *Epistola 262*; *Epistola 280*; *Epistola 315*, *Epistola 338*; *Epistola 340*; *Epistola 388*; *Epistola 430*; *Epistola 463*. Voir aussi C.E. Viola, "Histoire," 226, n. 13.

25 Cf. *Epistola 117*.

26 Cf. *Epistola 264*.

27 *Epistola 264*: Schmitt IV,179: *in illo solo [Deo] delecteris. Illum ama, illum desidera, illum cogita, illi servi omnibus horis, in omnibus locis.* Dieu doit être aussi l'objet de sa *cogitatio*.

N'est-ce pas là une allusion à l'"expérience mystique" du *Proslogion*?

[28] Voir à ce sujet C.E. Viola, "Lanfranc de Pavie et Anselme d'Aoste." dans *Lanfranco di Pavia e l'Europa del secolo XI nel IX centenario della morte (1089-1989). Atti del Convegno Internazionale di Studi*, Pavia, Almo Collegio Borromeo, 21-24 settembre 1989, a cura di Giulio D'Onofrio, Italia Sacra, Studi e documenti di storia ecclesiastica, 51, (Roma 1993), pp. 542-78.

[29] *Epistola 317*: Schmitt V,245: *Flecte itaque, bone domine, pie pater, severitatem hanc, et ferreum — pace tua dixerim — pectus emolli.*

[30] Cf. Viola, "Lanfranc de Pavie et Anselme d'Aoste." pp. 578-91; C.E. Viola, "Le droit et saint Anselme," *Le droit et sa perception dans la littérature et les mentalités médiévales, Actes du Colloque du Centre d'Etudes Médiévales de l'Université de Picardie*, Amiens, 17-19 mars 1989, ed. D. Buschinger, Göppinger Arbeiten zur Germanistik, Nr. 551, (Göppingen 1993), pp. 211-37; Viola, "Between Canterbury and Rome," pp. 41-64.

[31] Cf. R. Foreville, *L'Eglise et la royauté en Angleterre sous Henri II Plantagenêt (1154-1189)* (Paris 1943).

[32] Voir la portée méta-historique de l'attitude d'Anselme, dans Viola, "Histoire," 218-20.

[33] "Le portrait du Christ dans le *Cur deus homo* herméneutique et démythologisation," 631-46.

[34] C'est à la page 643-44 que l'auteur essaye de justifier les deux termes clés de son exposé, à savoir l'"herméneutique" et "démythologisation": Il reste à préciser, à la lumière de ce qui a été dit, dans quelle mesure il est légitime de parler ici d'herméneutique et de démythologisation. A ce sujet trois points dovient être soulignés: (1) Anselme démythologise le discours théologique de la tradition chrétienne dans la mesure où il ne se contente pas de le répéter de façon acritique, sans réfléchir à son sens et aux conséquences possibles dans un dialogue avec des non-chrétiens — il discerne entre diverses traditions celles qui lui semblent à retenir et à réinterpréter (parallélismes Adam, Eve, Satan), et celles qui sont à écarter entièrement (droits du démon). Il ne leur ménage pas ses critiques, quoique nuancées "figmenta" d'un côté, *nullam vim habent* de l'autre — il retient ce qu lui semble digne d'être retenu après avoir accepté le détour par une herméneutique rationnelle — il tâche de les intégrer dans un contexte tout nouveau, fruit de la réflexion provoquée par le défi de ses interlocuteurs. (2) Cette tension entre tradition démythologisée et dialogue rationnel mène Anselme à une herméneutique de l'Ecriture. Il se propose de relir à nouveau frais la question unique et fondamentale de la foi chrétienne sur la rédemption de l'homme par le Christ. La lumière et la force des textes de l'Ancien et du Nouveau Testaments est le point de départ d'une réflexion rationnelle

qui révélera leur bien-fondé et leur solidité. En fait, ce qui est en jeu c'est le sens de la libre obéissance du Christ dans sa Passion, et par là même le sens de l'image de Dieu qui s'y reflète. Problème toujours actuel si l'on se réfère à la littérature sur le sujet. Enfin, c'est le sens de la philosophie anselmienne de la liberté qui trouve ici son aboutissement et peut-être son expression la plus accomplie. Le travail est mené par Anselme en franc dialogue avec des esprits religieux de son temps, bien que non-chrétiens. Il réusssit, là aussi, à réintégrer l'effort des infidèles comme valable du point de vue rationnel, mais tout à fait inefficace du point de vue salvifique. Ils n'apportent aucune réponse au problème du salut des hommes. (3) Le maître bénédictin donne une importance considérable à ce procédé. Sans vouloir mettre la foi en question (témérité), il évite de s'appuyer sur les affirmations de l'Ecriture sans avoir poussé le procédé autant qu'il est possible; surtout, il n' accepte pas de répéter de façon acritique les discours de la tradition reçue (*negligentia*). L'importance du procédé est telle à ses yeux que, comme le montre la structure du livre *Cur deus homo* I, on s'expose, en faisant autrement, à provoquer la dérision, voire l'incrédulité à l'égard du message chrétien. Il veut ainsi démythologiser, i.e. dénouer le noeud du "mythe" chrétien de la Rédemption, le libérer des discours qui empèchent son intelligiblité, des contextes simplement décoratifs (*figmenta*), et surtout de ce qui n'est que reflet des habitudes de pensée d'un auteur ou d'une certaine époque (droit du démon). Ceci, il l'a réussi sans aucunement réinvestir le "mythe" d'une théorie soi-disant féodale de la Rédemption. Il est arrivé, pour l'essentiel, à échapper entièrement au contexte historique de son temps." A notre avis, l'auteur aurait mieux fait montrer la concordance entre le discours rationnel d'Anselme et les données de la Bible dont Anselme n'a jamais eu l'intention de se départir. La méthode fondamentale d'Anselme demeure le *quomodo sit*, c'est-à-dire montrer, par la raison, comment est le mystère révélé. De toute façon, l'utilisation, dans ce contexte, du terme "démythologisation" ne peut guère éviter la reproche de l'anachronisme.

35 Récemment, nous avons montré brièvement l'incohérence logique de la tentative de démythologisation bultmannienne. Cf. Viola, "Histoire," 445-46. Nous nous permettons de rappeler qu'Henry Duméry a formulé aussi une critique pertinente de la démythologisation. H. Duméry, *La foi n'est pas un cri* (Paris 1959), pp. 237-38: "Il est vain de s'imaginer qu'on améliorera la visée en renouvelant l'enveloppe symbolique. La seule chose raisonnable est de saisir la visée dans son symbole d'origine, car c'est par lui qu'elle a pris corps. On est sûr de la rejoindre à partir de son support connaturel, congénital. On n'est jamais assuré de la maintenir après l'avoir déliée, ni, à plus forte raison, de l'affermir en lui procurant un autre appui. . . celui qui se vante de pouvoir retirer la vieille enveloppe pour la remplacer par une autre plus seyante prouve au moins une chose il s'estime capable de percevoir le sens de la formule primiteve puisqu'il prétend pouvoir le transposer. C'est donc que cette formule est compréhensible. Et si elle l'est dans sa teneur initiale, il n'est que d'inviter chacun à lui prêter attention. Supposons d'ailleurs, en esprit de concession, que le sens, au bout d'un certain temps, résiste à quelques fidèles. Que faire dans ce cas? répudier ce sens qui s'oblitère? en rejeter la formulaion pre-

mière? Une démarche plus avisée s'impose il suffit de fournir un éclaircissement, d'ajouter une définition qui élucide la difficulté.... C'est pourquoi la démythisation, la libéralisation du sens ne sont pas des moyens de préserver l'esprit par delà la lettre. Ils sont le procédé le plus répandu pour tuer l'esprit en laissant croire qu'il survivra seulement dans une lettre différente de celle où il a reçu la vie."

[36] Cf. Roques, *Anselme de Cantorbéry, Pourquoi Dieu s'est fait homme*, p. 182.

[37] Cf. ibid.

[38] *Vita Anselmi* I,7: Southern 12: *Divinis nanque scripturis tantam fidem habebat, ut indissolubili firmitate cordis crederet nichil in eis esse quod solidae veritatis tramitem ullo modo exiret.*

[39] Cf. C.E. Viola, "L'influence de la méthode anselmienne. La méthode de saint Anselme jugée par les historiens de son temps," dans *Wirkungsgeschichte Anselms von Canterbury, Analecta Anselmiana* 4 (1975) 2, 28.

[40] Pour le sens véritable de la méthode anselmienne, voir C.E. Viola, "Le *Monologion* face à la philosophie réflexive," dans *Recherche de Théologie ancienne et médiévale* 59 (1992), 97-110.

[41] M. Corbin traduit le *id quo maius...* par "cela dont plus grand ne puisse être pensé" (p. 650) Nous préférons la traduction que nous avons proposée et qui est la plus proche du latin. En effet, le *quo* est un ablatif de comparaison et qui doit être traduit "par rapport à quoi"; et ce "quoi" c'est le *id*, le pronom démonstratif "ce"; "dont" est une inexactitude grammaticale, bien qu'il se retrouve chez certains auteurs francophones qui proposaient une traduction de la formule anselmienne. Nous constatons aussi que Vuillemin — en logicien averti — a choisi notre traduction, tout en soulignant les implications dialectiques exigeant la neutralité du pronom démonstratif "ce" qui ne recevra sa "détermination" que grâce à la démarche dialectique de la grandeur que suit Anselme dans le *Proslogion*. Car si l'on suppose au départ de la dialectique que le *id* est déterminé, on retombe dans une tautologie pure et simple et la dialectique, "immobilisée," perd sa raison d'être. En effet, si nous savons d'avance ce qu'est le *id* avec une certitude et une évidence qui convient à l'objet de la recherche, alors il ne reste plus rien à chercher et par conséquent tout le mouvement dialectique tombe. D'autre part, nous pouvons aussi préciser le sens de cette "dialectique": il s'agit d'une démarche très complexe de l'esprit qui englobe à la fois l'*ars disputandi*, l'*ars quaerendi*, l'*ars inveniendi*. Cette démarche comprend la saisie, la manipulation des notions, elle se traduit en des démarches comparatives non seulement entre des objets de la connaissance, mais aussi entre ces derniers et le sujet connaissant, car il s'agit précisément de *cogitari*. La dialectique d'Anselme se résume par le mot *cogitari*,

cette démarche intellectuelle de questionnement, de recherche, qui découvre des questions, qui les clarifie et qui essaye d'y répondre. Mais en plus, la dialectique du *Proslogion* est une démarche vers l'idéal de l'Un (*unum argumentum*), c'est donc l'Un qui est le point de départ et le but de la recherche, mais son point d'aboutissement aussi. Le moyen d'y parvenir est une idée celle de la grandeur. Cette idée n'est pas justement une idée qui serait d'emblée donnée dès le départ dans toute sa clarté, mais elle est une idée dynamique qui reçoit la plénitude de son sens au cours du processus dialectique de recherche et de comparaison, au cours de la critique métaphysique de la finitude pour en arriver à la Plénitude.

42 *In Ioannis euangelium tractatus* XIV,3: *PL* XXXIV,1504-05, nn. 4-5.

43 Voir à ce sujet nos remarques, C.E. Viola, "L'oeuvre de saint Anselme de Cantorbéry: (Etude critique de M. Corbin [sous le direction de], *L'oeuvre de s. Anselme de Cantorbéry*, Vol. 4: *La Conception virgnale et le péché originel; La Procession du Saint Esprit; Lettres sur les sacrements de l'Eglise; Du Pouvoir et de l'impuissance*, Introduction, traduction et notes par Michel Corbin, SJ, Alain Galonnier, Paul Gilbert, SJ, Antoine Lauras, SJ, et Rémi de Ravinel, SJ, Paris 1990, pp. 461)," *Revue de l'Institut catholique de Paris* 39 (1991), 188-89.

44 *De processione spiritus sancti* XIV: Schmitt II,214-15.

45 Cf. *Pro insipiente* VIII: Schmitt I,129.

Twenty-five Years (1969-1994) of Anselm Studies in the English-Speaking World

Frederick Van Fleteren

During this century, a remarkable revitalization of Anselm studies has taken place. First, André Wilmart identified the authentic works of Anselm, definitively establishing the Anselmian corpus. Next, the foundation for study of Anselm, upon which all scholars of the past twenty-five years have built, and the scholars of future generations will build, was laid when F.S. Schmitt edited Anselm's works in six very readable volumes.

With Anselmian texts established, the work of interpretation began in earnest. In 1969, Schmitt himself and Sir Richard Southern, Anselm's twentieth-century Eadmer, collaborated on a two volume work, *Memorials to St. Anselm*. There, Anselm's notes for unfinished works and recordings of conversations with, or within earshot of, various friends and contemporaries, including Eadmer and his successor Alexander, two monks of Canterbury who served as Anselm's secretaries, have been edited. These volumes completed Schmitt's previous efforts and help other interpreters to complete the record of Anselm's time, life, and thought.

Another significant contribution to Anselm scholarship during the past twenty years is the *Concordance to the Works of St. Anselm*, edited by the Cambridge scholar, G. Evans, and published by Kraus International Publications. A work of four volumes, the concordance presents a complete alphabetical listing of Anselm's vocabulary in Latin, the context (within ten words) in which a word is used, and references to passages in Anselm in which the word is found. The computer has made its definitive entry into twentieth-century studies in the humanities for the better. For example, the present author, whose task it was to check the thousands of Anselm's citations in *Anselm Studies II*, found the concordance an accurate and invaluable tool. Professor Evans has also published *St. Anselm and Talking about God*, *St. Anselm and a*

New Generation, and other significant contributions to Anselm studies listed in the appended bibliography. Her insights have exerted, and will continue to exert, a telling influence.

The work of Jasper Hopkins and Herbert Richardson has also been worthwhile for students of St. Anselm. Between 1974-1976, Hopkins and Richardson collaborated on a complete translation in three volumes of the works of Anselm, entitled *Anselm of Canterbury*. Hopkins himself added a fourth volume in which he discussed the various problems involved in interpretation and translation of Anselm. These works provide an aid to the *Companion to the Study of St. Anselm*, published in 1972, wherein Hopkins had originally discussed major topics which Anselm addresses throughout his works. Some may not agree with with Hopkins' every interpretation and translation — an example would be his discussion and interpretation of *oportet esse* — but all will agree that his work, and that of his collaborator Richardson, has filled a void for students of Anselm, and not only in the English-speaking world.

Mention should also be made of Desmond Henry's interpretation of Anselm's logic. During the recent period of grammatical analysis, many past works were subject to rigorous logical analysis. Professor Henry has provided some such analysis for Anselm. Logic is, of course, important to study of Anselm, not only in analyzing his original arguments, but in his use and development of terms. While logical analysis neither constitutes the whole of philosophy nor is the prime object of Anselm's writings, Henry's discussion of Anselm's dialectic deserves special attention. Likewise, Sally Vaughn's biography, *Anselm of Bec and Robert of Meulan*, possesses a significance beyond America's borders. Published by the University of California Press in 1987, the work has attracted attention on both sides of the Atlantic.

The two volumes of *Anselm Studies*, the first edited by Helmut Kohlenberger in 1983 and the second by J.C. Schnaubelt and F. Van Fleteren in 1988, contain numerous articles of interest. Likewise, the volume edited in 1984 by R. Foreville, *Les Mutations socio-culturelles*, possesses several significant contributions.

A brief look at the essays in the following bibliography shows that the two main subjects of interest remain the *Proslogion* argument for God's existence and Anselm's atonement theory of the *Cur deus homo*. Metaphysicians and logicians of every stripe still analyze what Kant named the ontological argument. Likewise, theologians from many branches of Christendom comment on the theory of atonement which the First Vatican Council endorsed.

Prediction of future directions in Anselm studies is a precarious undertaking. *Quellenforschung* will certainly occupy an important place. In particular, more precision needs to be introduced into study of Augustine's influence on Anselm. In notes to his six volume edition, Schmitt made several suggestions of possible direct influence from Augustine and others. His work, however, needs elaboration. The problems of Augustinian *Quellenforschung* in Anselm are apparent: Augustine's thought is so much a part of Anselm's as at times to be indistinguishable from it. As such, Augustine's influence on Anselm is not as subject to rigorous analysis as twentieth century philologists might wish. Nor does Anselm cite his sources directly. Further, Augustine repeats, modifies, and amplifies his central themes throughout his many works. Despite difficulties such as these, source criticism will undoubtedly lead to a more precise appreciation of the historical roots of Anselm's thought and his distinctive contribution to the history of Western thought. The time is ripe. The tools are at hand. The opportunity must be taken to study the evolution of *philosphia et theologia perennis* in the west.

Bibliography

The following bibliography has been collated and adapted from several sources. The variety of sources accounts for the disparity in bibliographic form.

Abulafia, A. "St Anselm and Those Outside the Church." In D. Loades, ed., *Faith and Identity*, 11-37.

Adams, M. "Was Anselm a Realist: The *Monologion*." *Franciscan Studies*, 32 (1972), 5-14.

Adams, M. "*Fides quaerens intellectum*: St Anselm's Method in Philosophical Theology." *Faith and Philosophy*, 9, 409-35.

Adler, M. "The Last Lecture: Thinking about God, Believing in God." *Religion and Intellectual Life*, 4, No. 1, 71-78.

Allinson, R. "Anselm's One Argument." *Philosophical Inquiry*, 15, Nos. 1-2, (1993), 16-19.

Angelet, B. " '*Idem dicere in corde, et cogitare*' — or: What We Can Learn from an Existential Anselm." *Aquinas*, 30 (1987), 93-108.

Anscombe, G. "Russelm or Anselm?" *Philosophical Quarterly*, 43 (1973), 500-04.

Armour, L. "Newman, Anselm and Proof of the Existence of God." *International Journal for Philosophy of Religion*, 19 (1986), 87-93.

Aspenson, S. "Defense of Anselm." *Historical Philosophy Quarterly*, 33-45.

Bäck, A. "Existential Import in Anselm's Ontological Argument." *Franciscan Studies*, 41 (1981), 97-109.

Bäck, A. "Anselm on Perfect Islands." *Franciscan Studies*, 43 (1983), 188-204.

Balaban, O. and A. Avshalom. "The Ontological Argument Reconsidered." *Journal of Philosophical Resume*, 15, 279-310.

Barker, L. "Ivo of Chartres and Anselm of Canterbury." In J. Schnaubelt and F. Van Fleteren, eds., *Anselm Studies*. White Plains, NY: Kraus International Publications, 1988, II, 13-33.

Barnette, R. "Anselm and the Fool." *International Journal for Philosophy of Religion*, 6 (1975), 201-18.

Bar-on, A. "Knowledge and Belief in St. Anselm's Proof." In W. Gombocz, ed., *Philosophy of Religion* (1984), 125-30.

Barral, M. "Anselm and Contemporary Man." In H. Kohlenberger, ed., *Analecta Anselmiana* IV (1975), 197-207.

Barral, M. "Truth and Justice in the Mind of Anselm." In R. Foreville, ed., *Les Mutations socio-culturelles* (1984), 571-81.

Barral, M. "Reflections on Anselm's Friendship and *Conversatio*." In J. Schnaubelt and F. Van Fleteren, eds., *Anselm Studies* II (1988), 165-82.

Battaglia, A. "St. Anselm in the Social Science *Quod*: The Ontological Argument One More Time." *Horizons*, 7 (1980), 219-30.

Bauckham, R. "The Bishops and the Virginal Conception: 1986 Report of House of Bishops, Church of England." *Churchman*, 101, No. 4, 323-33.

Beanblossom, R. "Another Note on the Ontological Argument." *Faith Philosophy*, 2 (1985), 175-78.

Bencivenga, E. *Logic and Other Nonsense: The Case of Anselm and His God*. Princeton: Princeton Univ. Press, 1993. 132 pp.

Berthold, G., ed. *Faith Seeking Understanding: Learning and the Catholic Tradition: Selected papers from the Symposium and Convocation Celebrating the Saint Anselm College Centennial*. Manchester NH: Saint Anselm College Press, 1991. 274 pp.

Berthold, G. "Saint Anselm and the *Filioque*." In G. Berthold, ed., *Faith Seeking Understanding: Learning and the Catholic Tradition* (1991), 227-34.

Bestul, T. "The Collection of Private Prayers in the *Portiforium* of Wulfstan of Worcester and the *Orationes sive Meditationes* of St. Anselm." In R. Foreville, ed., *Les Muations socio-culturelles* (1984), 355-64.

Bestul, T. "St. Augustine and the *Orationes sive Meditationes* of St. Anselm." In J. Schnaubelt and F. Van Fleteren, eds., *Anselm Studies* (1988), II,597-606.

Bonansea, B. "The Ontological Argument: Proponents and Opponents." *Philosophical Studies in the History of Philosophy*, 6 (1973), 135-92.

Bourke, V. "A Millenium of Christian Platonism: Augustine, Anselm, and Ficino." In J. Schnaubelt and F. Van Fleteren, eds., *Anselm Studies* (1988), II,527-57.

Brady, J. "An Ontological Argument for the Existence of God: Anselm, Aquinas and Kant in Dispute." *Ultimate Reality and Meaning*, 14, 132-37.

Brecher, R. "Aquinas on Anselm." *Philosophical Studies*, 23 (1975), 63-66.

Brecher, R. *Anselm's Argument: The Logic of Divine Existence.* England: Hants; Brookfield, VT: Gower, 1985.

Brown, D. "Necessary and 'Fitting' Reasons in Christian Theology." In W. Abraham and S. Holtzer, eds., *The Rationality of Religious Belief*, 211-30.

Brown, R. "Some Problems with Anselm's View of Human Will." In J. Schnaubelt and F. Van Fleteren, eds., *Anselm Studies* (1988), II,333-42.

Brundage, J. "Anselm, Ivo of Chartres and the Ideology of the First Crusade." In R. Foreville, ed., *Les Mutations socio-culturelles* (1984), 175-87.

Butterworth, E. "On the Rationale for Proving the Existence of God." In J. Jacobson and R. Mitchell, eds. *Existence of God*, 97-114.

Butterworth, E. *The Identity of Anselm's "Proslogion" Argument for the Existence of God with the Via quarta of Thomas Aquinas.* Lewiston: Mellen Press, 1990. 371 pp.

Campbell, R. *From Belief to Understanding: A Study of Anselm's "Proslogion" Argument on the Existence of God.* Canberra: Australian National Univ. Press, 1976.

Campbell, R. "Anselm's Theological Method." *Scottish Journal of Theology*, 32, No. 6, (1979), 541-62.

Campbell, R. "Anselm's Background Metaphysics." *Scottish Journal of Theology*, 33, No. 4, (1980), 317-43.

Campbell, R. "On Pre-understanding St. Anselm." *New Scholasticism*, 54 (1980), 189-93.

Campbell, R. "Freedom as Keeping the Truth: The Anselmian Tradition." In J. Schnaubelt and F. Van Fleteren, eds., *Anselm Studies* (1988), II, 297-318.

Campbell, R. "Existential Truth and the Limits of Discourse." In A. Kee and E. Long, eds., *Being and Truth*, 85-110.

Chandler, H. "Some Ontological Arguments." *Faith and Philosophy*, 10, No. 1, 18-32.

Char, R. and Doyle, J. "On the Self-Refuting Statement 'There is No Truth': A Medieval Treatment." *Vivarium*, 31, No. 2, 241-66.

Charlesworth, M. J., trans. *St. Anselm's "Proslogion" with a Reply on Behalf of the Fool.* 2nd ed. Notre Dame: Univ. Press, 1979.

Charry, E. "The Moral Function of Doctrine." *Theology Today*, 49, 31-45.

Chibnall, M. "The English Possessions of Bec in the Time of Anselm." In R. Foreville, ed., *Les Mutations socio-culturelles* (1984), 273-81.

Clanchy, M. "Abelard's Mockery of St Anselm." *Journal of Ecclesiastical History*, 41, 1-23.

Cobb, J. and F. Gamwell, eds. *Existence and Actuality: Conversations with Charles Hartshorne.* Chicago: Univ. of Chicago Press, 1984.

Colgan, Q. "On Reasoning about That Than Which Only One Being Can Be Thought Greater." *American Catholic Philosophical Quarterly*, 65, 99-105.

Colleran, J., trans. *Why God Became Man and The Virgin Conception and Original Sin*. Albany: Image Books, 1969.

Cousins, E. "Fecundity and the Trinity: An Appendix to Chapter Three of The Great Chain of Being." In M. and P. Kuntz, eds., *Jacob's Ladder and the Tree of Life*, 73-82.

Craig, W. "St. Anselm on Divine Foreknowledge and Future Contingency." *Laval Theology and Philosophy*, 42 (1986), 93-104.

Cramer, P. "Ernest of Rochester and the Problem of Remembrance." In J. Schnaubelt and F. Van Fleteren, eds., *Anselm Studies*. (1988), II, 143-63.

Crouse, R. "Honorius Augustodunensis: Disciple of Anselm?." In H. Kohlenberger, ed., *Analecta Anselmiana* IV (1975), 131-39.

Crouse, R. "Anselm of Canterbury and Medieval Augustinianisms." *Toronto Journal of Theology*, 3, 60-68.

Daniels, D. "Anselm's Admonition (to First Study Augustine on the Trinity)." In J. Sommerfeldt, ed., *Studies in Medieval Culture* (1977), X, 69-74.

Davis, G. "The Ethics of Unbelief: Philosophy, Responsibility and the *ratio Anselmi*." In J. Jacobson and R. Mitchell, eds., *Existence of God*, 115-29.

Davis, S. "Loptson on Anselm and Rowe." *International Journal for Philosophy of Religion*, 13 (1982), 219-24.

Davis, S. "Loptson on Anselm and Davis." *International Journal for Philosophy of Religion*, 16 (1984), 245-50.

Dazeley, H., and W. Gombocz. "Interpreting Anselm as Logician." *Synthese*, 40 (1979), 71-96.

Decorte, J. "Saint Anselm of Canterbury on Ultimate Reality and Meaning." *Ultimate Reality and Meaning*, 12, 177-91.

Devine, P. "'Exists' and St. Anselm's Argument." *Grazer Philosophical Studies*, 3 (1977), 59-70.

Dicker, G. "A Refutation of Rowe's Critique of Anselm's Ontological Argument." *Faith and Philosophy*, 5 (1988), 193-202.

Dicker, G. "A Note on Rowe's Response to Dicker." *Faith and Philosophy*, 5, 206.

Dore, C. *Theism*. Boston: Reidel, 1984.

Downey, J. "A Primordial Reply to Modern Gaunilos." *Religious Studies*, 22 (1986), 41-59.

Duclow, D. "Anselm's *Proslogion* and Nicholas of Cusa's Wall of Paradise." *Downside Review*, 100 (January), 22-30.

Dupré, L. "A Note on the Idea of Religious Truth in Christian Tradition." *Thomist*, 52, 499-512.

Dupré, W. "Anselm and Teilhard de Chardin: Remarks on the Modification of the Ontological Argument in the Thought of Teilhard de Chardin." In Helmut Kohlenberger, ed., *Analecta Anselmiana* IV (1975), 323-31.

Eckardt, B. *Anselm and Luther on the Atonement: Was it "Necessary?"* San Francisco\Lewiston: Mellen Press, 1992. 222 pp.

Englebretson, G. "Anselm's Second Argument." *Sophia*, 23, 34-37.

Esmail, K. "Plantinga and the Ontological Argument." *Sophia*, 31, 39-47.

Evans, G. "St. Anselm's Images of the Trinity." *The Journal of Theological Studies*, 27 (1976), 46-57.

Evans, G. "St. Anselm and Knowing God." *The Journal of Theological Studies*, 28 (1977), 430-44.

Evans, G. "*Cur deus homo*: The Nature of St. Anselm's Appeal to Reason." *Studies in Theology*, 31, No. 1, (1977), 33-50.

Evans, G. "St. Anselm and St. Bruno of Segni: The Common Ground." *Journal of Ecclesiastical History*, 29 (1978), 129-44.

Evans, G. *Anselm and Talking about God*. Oxford: Clarendon Press; New York: Oxford Univ. Press, 1978.

Evans, G. *Anselm and a New Generation*. Oxford: Clarendon Press; New York: Oxford Univ. Press, 1980.

Evans, G. "St. Anselm and Sacred History." In J. Wallace-Hadrill ed., *Writing of History in the Middle Ages* (1981), 187-209.

Evans, G, ed., *The Concordance to the Works of St. Anselm*. 4 vols. New York: Kraus International Publications, 1984.

Evans, G. *Anselm*. Wilton: Morehouse Publishing, 1989. 108 pp.

Evans, G. "Making the Theory Fit the Practice: Augustine and Anselm on Prayer." *Epworth Review*, 18, 78-81.

Fastiggi, R. "The Divine Light Within: Reflections on the Education of the Mind of God in Augustine, Anselm, Bonaventure and Newman." In G. Berthold, ed., *Faith Seeking Understanding: Learning and the Catholic Tradition* (1991), 195-206.

Ferguson, K. "Existing by Convention." *Religious Studies*, 28, 185-94.

Ferrara, V. "Some Reflections on Being-Thought: Relationship in Parmenides, Anselm, and Hegel." In F. Schmitt, ed., *Analecta Anselmiana* (1972), II,95-111.

Forgie, J. "The Caterus Objection." *International Journal of the Philosophy of Religion* (1990), 81-104.

Forsyth, J. "C.G. Jung and the Ontological Argument." *Encounter*, 43 (1982), 309-17.

Fortin, J. "Saint Anselm, the Student." *Lyceum*, 1, No. 1, 33-41.

Fröhlich, W. "Anselm and the Bishops of the Province of Canterbury." In R. Foreville, ed., *Les Mutations socio-culturelles* (1984), 125-45.

Fröhlich, W. "Anselm's *Weltbild* as Conveyed in His Letters." In J. Schnaubelt and F. Van Fleteren, eds., *Anselm Studies*, (1988) II, 483-525.

Fröhlich, W., trans. *Saint Anselm, Archbishop of Canterbury, 1033-1109: The Letters of Saint Anselm of Canterbury*. 2 vols. Kalamazoo: Cistercian Publications, 1990.

Gale, C. "Saint Against Simoniac: A Tract of Ecclesiastical Reform Attributed to Anselm of Canterbury [investigating Anselm's reputation through the spurious *Contra simoniacos*]." *Journal of Religious History*, 17, 290-96.

Gale, R. " 'A Priori' Arguments from God's Abstractions." *Nous*, 20 (1986), 531-43.

Gale, R. "Freedom Versus Unsurpassable Greatness." *International Journal for Philosophy of Religion*, 23, 265-75.

Gale, R. " 'A Priori' Arguments from God's Abstractness." *Nous*, 20, 531-43.

Galgan, G. *God and Subjectivity*. New York: Peter Lang, 1990, 296 pp.

Gehl, P. "An Answering Silence: Claims for the Unity of Truth Beyond Language." *Philosophy Today*, 30, 224-33.

Gellman, J. "Naming, and Naming God." *Religious Studies*, 29, No. 2, 193-216.

Gersh, S. "Anselm of Canterbury." In P. Dronke, ed., *A History of Twelfth Century Western Philosophy*. Cambridge: Univ. Press, 255-78.

Geuras, D. "A Modern Orthodox Response to the Ontological Argument." *Greek Orthodox Theological Review*, 29 (1984), 243-53.

Golding, B. "*Tribulationes ecclesiae Christi*: The Disruption Caused at Canterbury by Royal Confiscation in the Time of St. Anselm." In R. Foreville, ed., *Les Mutations socio-culturelles* (1984), 283-98.

Gollinick, J. "The Monastic-devotional Context of Anselm of Canterbury's Theology." *Monastic Studies*, 239-48.

Gollinick, J. *Flesh as Transformation Symbol in the Theology of Anselm of Canterbury: Historical and Transpersonal Perspectives*. Lewiston, Ont.: Mellen Press, 1985. 224 pp.

Gombocz, W. "St. Anselm's Two Devils but One God." *Ratio*, 20 (1978), 142-46.

Grant, C. "The Theological Significance of Hartshorne's Response to Positivism." *Religious Studies*, 21, No. 4, 573-88.

Gray, C. "Freedom and Necessity in St. Anselm's *Cur deus homo*." *Franciscan Studies*, 14 (1976-1977), 177-91.

Grim, P. "In behalf of 'In behalf of the Fool.'" *International Journal for Philosophy of Religion*, 13 (1982), 33-42.

Hankey, W. "The Place of the Psychological Image of the Trinity in the Arguments of Augustine's *De trinitate* and Anselm's *Monologion*." *Dionysius*, 3 (1979), 99-110.

Hannah, J. "Anselm and the Doctrine of Atonement." *Biblia Sacra*, 135 (1978), 333-44.

Harris, M. "Lanfranc and St. Anselm." In D. Farmer, ed., *Benedict's Disciples* (1980), 154-74.

Hart, T. "Anselm of Canterbury and John McLeod Campbell: Where Opposites Meet?" *Evangelical Quarterly*, 62, 311-33.

Hartshorne, C. *Anselm's Discovery: A Re-examination of the Ontological Proof for God's Existence*. La Salle: Open Court, 1965, rpt. 1991. 333 pp.

Hasker, W. "Is There a Second Ontological Argument?" *International Journal for Philosophy of Religion*, 13, No. 2, (1982), 93-101.

Hendley, B. "Anselm's *Proslogion* Argument." In J. Beckmann, ed., *Sprache und Erkenntnis im Mittelalter* (1981), II,838-45.

Henry, D. *Commentary on "De grammatico:" The Historical-logical Dimensions of a Dialgoue of St. Anselm's*. Dordrecht: Reidel Press, 1974.

Henry, D. "Saint Anselm as a Logician: *Sola Ratione*." In H. Kohlenberger, ed., *Anselm-Studies* I (1978), 13-17.

Henry, D. *That Most Subtle Question (Quaestio subtilissima)*. Dover: Manchester Univ. Press, 1984.

Henry, D. "St. Anselm and the Linguistic Disciplines." In J. Schnaubelt and F. Van Fleteren eds., *Anselm Studies* II (1988), 319-32.

Herrera, R. "St. Anselm: A Radical Empiricist (Response to M. Allshouse)?" In F. Schmitt, ed., *Analecta Anselmiana* (1970), II,45-56.

Herrera, R. *Anselm's "Proslogion": An Introduction*. Washington, DC: Univ. Press of America, 1979.

Herrera, R. "St. Anselm's *Proslogion* Argument: A Task for Hermeneutics." In G. McLean and J. Dougherty, eds., *Philosophy and Christian Theology*, 214-19.

Herrera, R. "Augustine's Concept of Purification and the Fool of the *Proslogion*." In J. Schnaubelt and F. Van Fleteren, eds., *Anselm Studies* II (1988), 253-59.

Herrera, R. "A Point of Departure for a Proof of God's Existence for Unsettled Times." *Philosophy Today*, 30, 325-37.

Hestevold, H. "The Anselmian Single-divine-attribute Doctrine." *Religious Studies*, 29, 63-77

Holt, D. "Timelessness and the Metaphysics of Temporal Existence." *American Philosophical Quarterly*, 18 (1982), 149-56.

Hopkins, J. and H. Richardson, eds. and trans. *Anselm of Canterbury: Trinity, Incarnation, and Redemption: Theological Treatises.* New York: Harper and Rowe, 1970.

Hopkins, J. *A Companion to the Study of St. Anselm.* Minneapolis: Univ. of Minnesota Press, 1972.

Hopkins, J. and H. Richardson. *Anselm of Canterbury.* 3 vols. Toronto: Mellen Press, 1974-1976.

Hopkins, J. *Anselm of Canterbury.* Vol. 4. Toronto: Mellen Press, 1976.

Hopkins, J. *A New Interpretive Translation of St. Anselm's Monologion and Proslogion.* Minneapolis: Banning Press, 1986.

Hopkins, J. *Philosophical Criticism: Essays and Reviews.* Minneapolis: Banning Press, 1994.

Hugly, P. and C. Saywood. "Offices and God." *Sophia,* 29, 29-34.

Jambeck, T. "Anselm and the Fall of Lucifer in the Wakefield Creation Play." In G. Berthold, ed., *Faith Seeking Understanding: Learning and the Catholic Tradition* (1991), 117-26.

Jenkins, J. *The Theory of Satisfaction and the Medieval Quest for Theological Understanding: Anselm and Aquinas on the Redemptive Death of Christ* (1987), 128 leaves.

Johnson, H. "The Ontological Argument and the Languages of Being." In J. Beckmann, ed., *Sprache und Erkenntnis im Mittelalter* (1981), II,724-37.

Jones, R. "The Religious Irrelevance of the Ontological Argument." *Union School Quarterly Review,* 37 (1981-82), 143-57.

Jordan, R. "Homage to St. Anselm." In J. Edie, ed., *Patterns of the Life-Word* (1970), 40-61.

Kane, R. "The Modal Ontological Argument." *Mind,* 93, 336-50.

Kane, S. "Elements of Ethical Theory in the Thought of St. Anselm." In J. Sommerfeldt, ed., *Studies in Medieval Culture* (1978), XII,61-71.

Kenney, T. "Faith and Reason in Anselm (Bibliography)." *Coventry Quarterly*, 38 (1980), 9-27.

King, P. "Anselm's Intentional Argument." *History of Philosophy Quarterly*, 1, 147-66.

King-Farlow, J. "Nothing Greater Can Be Conceived: Zeno, Anselm, and Tillich." *Sophia*, 21 (1982), 19-24.

LaCroix, R. *Proslogion II and III: A Third Interpretation of Anselm's Argument*. Leiden: Brill Press, 1972.

Law, R. "The *Proslogion* and Saint Anselm's Audience." In G. Berthold, ed., *Faith Seeking Understanding: Learning and the Catholic Tradition* (1991), 219-26.

Leftow, B. " 'Existence in the Understanding' in *Proslogion* II." In J. Schnaubelt and F. Van Fleteren, eds., *Anselm Studies* II (1988), 261-71.

Leftow, B. "Perfection and Necessity." *Sophia*, 28, 13-20.

Leftow, B. "Individual and Attribute in the Ontological Argument." *Faith and Philosophy*, 7, No. 2, 235-42.

Leftow, B. "Anselmian Polytheism." *Religion*, 23, 77-104.

Leclercq, J. "Faith Seeking Understanding through Images." In G. Berthold, ed., *Faith Seeking Understanding: Learning and the Catholic Tradition* (1991), 5-12.

Lewis, D. "Eternity, Time, and Tenselessness." *Faith Philosophy*, 5, 72-86.

Loptson, P. "Anselm, Meinong, and the Ontological Argument." *International Journal for Philosophy of Religion*, 11 (1980), 185-94.

Loptson, P. "Anselm and Rowe: A Reply to Davis." *International Journal of Philosophy and Religion*, 15 (1982), 67-72.

Loptson, P. "Conceiving as Existent: A Final Rejoinder to Davis." *International Journal for Philosophy of Religion*, 19 (1986), 123-25.

Losoncy, T. "Anselm's Response to Gaunilo's Dilemma: An Insight into the Notion of 'Being' Operative in the *Proslogion*." *New Scholasticism*, 56 (1982), 207-16.

Losoncy, T. "Will in St. Anselm: An Examination of His Biblical and Augustinian Origins." In R. Foreville, ed., *Les Mutations socioculturelles*, 701-10.

Losoncy, T. "Did Anselm Encounter a Detour on the Way to God?" In G. Berthold, ed., *Faith Seeking Understanding: Learning and the Catholic Tradition* (1991). 127-33.

Losoncy, T. "More on an 'Elusive' Argument.' " *American Catholic Philosophical Quarterly*, 66, No. 4, 501-05.

Mahoney, M. *Saint Anselm on the Humanity and Sinlessness of Christ.* Cornell University, 1986: typescript (photocopy), 120 leaves.

Maimela, S. "The Atonement in the Context of Liberation Theology." *International Review of Mission*, 75, 261-69.

Malcolm, J. "A No Nonsense Approach to St. Anselm." *Franciscan Studies*, 41 (1981), 336-45.

Mann, W. "Definite Descriptions and the Ontological Argument." In *Philosophical Applications of Free Logic*. New York: Oxford Univ. Press, 1991.

Marion, J., "Is the Ontological Argument Ontological? The Argument according to Anselm and Its Metaphysical Interpretation according to Kant." *Journal of the History of Philosophy*, 30, No. 2, 201-18.

Martinich, A. "Scotus and Anselm on the Existence of God." *Franciscan Studies*, 37 (1977), 139-52.

Martinich, A. "*Credo ut intelligam* (St. Anselm)." In J. Sommerfeldt, ed., *Studies in Medieval Culture* (1978), XII,55-59.

Mason, P. "The Devil and St. Anselm." *International Journal for Philosophy of Religion*, 9 (1978), 1-15.

McGrath, A. "Rectitude: The Moral Foundation of Anselm of Canterbury's Soteriology." *Downside Review*, 99 (1981), 204-13.

McGrath, P. "The Ontological Argument Revisited." *Philosophy*, 63, 529-33.

McGrath, P. "Where does the Ontological Argument Go Wrong?" *Philosophical Studies*, 30, 144-64.

McKenzie, D. "Barth's Anselm and the Object of Theological Knowledge." *Foundation*, 21 (1971), 272-75.

Meyer, G. "Anselm concerning the Human Role in Salvation." In W. March, ed., *Texts and Testaments* (1980), 163-72.

Milavec, A. "Is God Arbitrary and Sadistic: Anselm's Atonement Theory Reconsidered." *Schola*, 4 (1981-82), 45-94.

Milbank, J. "The Second Difference: For a Trinitarianism without Reserve." *Modern Theology*, 2, No. 3, 213-34.

Mohler, J. *The Life of St. Anselm, Archbishop of Canterbury: A Contribution to a Knowledge of the Moral, Ecclesiastical, and Literary Life of the Eleventh and Twelfth Centuries*. Henry Rymer, trans. (microform) London: T. Jones, 1842. 178 pp.

Morreal, J. "The Aseity of God in St. Anselm." *Sophia*, 23 (1984), 35-44.

Morris, T. "The God of Abraham, Isaac, and Anselm." *Faith Philosophy*, 1, No. 2, (1984), 177-87.

Morris, T. *Anselmian Explorations: Essays in Philosophical Theology*. Notre Dame: Univ. Press, 1987.

Morris, T. "Dependence and Divine Simplicity." *International Journal for Philosophy of Religion*, 23, No. 3, 161-74.

Morris, T. "Perfect Being Theology." *Nous*, 21 (1987), 19-30.

Morris, T. "Necessary Beings." *Mind*, 94, 263-72.

Nichols, A. "Anselm of Canterbury and the Language of Perfection." *Downside Review*, 103 (1985), 204-17.

Nuth, J. "Two Medieval Soteriologies: Anselm of Canterbury and Julian of Norwich." *Theological Studies*, 53, 611-45.

Nuttall, A. "Adam's Dream and Madeline's." In J. Mackey, ed., *Religious Imagination*, 125-41.

Ohrstrom, P. "Anselm, Ockham and Leibniz on Divine Foreknowledge and Human Freedom." *Erkenntnis*, 21, 209-22,

Olsen, G. "Hans Urs Von Balthasar and the Rehabilitation of St. Anselm's Doctrine of Atonement." *Scottish Journal of Theology*, 34, No. 1, (1981), 49-61.

Olsen, G. "The Image of the First Community of Christians at Jerusalem in the Time of Lanfranc and Anselm." In R. Foreville, ed., *Les Mutations socio-culturelles* (1984), 341-53.

Olsen, G. "Anselm and Homosexuality." In J. Schnaubelt and F. Van Fleteren, eds., *Anselm Studies* (1988), II, 93-141.

Osterhaven, M. "Anselm and the Modern Mind." In M. Shuster and R. Mutter, eds., *Perspectives on Christology*, 243-52.

Owens, J. "*Deo Intus Pandente*." *Modern Schoolman*, 69, Nos. 3-4, 369-78.

Paulsen, D. "The Logically Possible, the Ontologically Possible and Ontological Proofs of God's Existence. *International Journal for Philosophy of Religion*, 16, No. 1, 41-49.

Pearl, L. "The Misuse of Anselm's Formula for God's Perfection." *Religious Studies*, 22 (1986), 355-65.

Peters, E. "Charles Hartshorne and the Ontological Argument." *Process Studies*, 14, 11-20.

Peters, T. "On the *New Christian Dogmatics* Edited by C. Braaten and R. Jensen." *Dialog*, 24, 136-46.

Pelikan, J. "A First Generation Anselmian: Guibert de Nogent." In F. Church, ed., *Continuity and Discontinuity* (1979), 71-82.

Phan, P. "The Doctrine of Reparation in Divine Principle and Anselm's *Cur deus homo*." In D. Ferm, ed., *Restoring the Kingdom* (1984), 153-63.

Plantinga, A. "Aquinas on Anselm." In C. Orlbeke and L. Smedes, eds., *God and the Good: Essays in Honor of Henry Stob*. Grand Rapids: Eerdmans, 1975, 122-39.

Power, W. "Ontological Arguments for Satan and Other Sorts of Evil Beings." *Dialogue*, 31, No. 4, 667-76.

Pranger, B. "Anselm's *Brevitas*." In J. Schnaubelt and F. Van Fleteren, eds., *Anselm Studies* (1988), II, 447-58.

Pugh, J. *The Anselmic Shift: Christology and Method in Karl Barth's Theology*. New York: Peter Lang, 1990. 178 pp.

Rabinowicz, W. "An Alleged New Refutation of St. Anselm's Argument." *Ratio*, 20 (1978), 149-50.

Read, S. "Reflections on Anselm and Gaunilo." *International Philosophical Quarterly*, 21 (1981), 437-38.

Reck, A. "Hartshorne's Place in the History of Philosophy." *Tulane Studies in Philosophy*, 34, 5-19.

Richmond, J. "The Absurdity of God's Non-existence: St. Anselm and the Study of Religion." In R. Preston, ed., *Theology and Change* (1975), 68-77.

Robertson, I. trans. *Anselm: "Fides Quaerens Intellectum": Anselm's Proof of the Existence of God in the Context of Theological Scheme* by K. Barth. Allison Park: Pickwick Press, 1985.

Robinson, W. "The Ontological Argument." *International Journal for Philosophy of Religion*, 16, No.1, (1984), 51-59.

Röd, W. "Some Remarks on the Prehistory of the Logical Form of St. Anselm's Argument in *Proslogion* II." In J. Schnaubelt and F. Van Fleteren, eds., *Anselm Studies* (1988), II,241-52.

Rodger, S. "The Soteriology of Anselm of Canterbury, an Orthodox Perspective." *Greek Orthodox Theological Review*, 34, 19-43.

Rogers, K. "Can Christianity be Proven?: St. Anselm of Canterbury on Faith and Reason." In J. Schnaubelt and F. Van Fleteren, eds., *Anselm Studies* (1988), II,459-79.

Rogers, K. "Anselm on Praising a Necessarily Perfect Being." *International Journal of Philosophy and Religion*, 34, No. 1, 41-52.

Rohatyn, D. "Anselm's Inconceivability Argument." *Sophia*, 21 (1982), 57-63.

Root, M. "Necessity and Unfittingness in Anselm's *Cur deus homo*." In *Scottish Journal of Theology*, 40, No. 2, 211-30.

Rousseau, E. "St. Anselm and St. Thomas: A Reconsideration." *New Scholasticism*, 54 (1980), 1-24.

Rowe, W. "Response to Dicker's 'A Refutation of Rowe's Critique of Anselm's Ontological Argument.' " *Faith Philosophy*, 5 (1988), 203-05.

Russell, B. "The Ontological Argument." *Sophia*, 24, 38-46.

Sagal, P. "Anselm's Refutation of Anselm's Ontological Argument." *Franciscan Studies*, 33 (1973), 285-91.

Schedler, G. "Anselm and Aquinas on the Fall of Satan: A Case Study of Retributive Justice." *Proceedings of the Catholic Philosophy Association*, 56 (1982), 61-69.

Schlesinger, G. "Divine Perfection." *Religious Studies*, 21, 147-58.

Schufreider, G. *An Introduction to Anselm's Argument*. Philosophical Monographs. Philadelphia: Temple Univ. Press, 1978.

Schufreider, G. "What It Is for God to Exist." *New Scholasticism*, 55 (1981), 77-94.

Schufreider, G. *Confessions of a Rational Mystic: Anselm's Early Writings*. West Lafayette: Purdue Univ. Press, 1993.

Schufreider, G. "Classical Misunderstanding of Anselm's Argument." *American Catholic Philosophical Quarterly*, 66, No.4, 489-99.

Shofner, R. *Anselm Revisited: A Study of the Role of the Ontological Argument in the Writings of Karl Barth and Charles Hartshorne*. Leiden: Brill Press, 1974.

Slattery, M. "Parmenides: Anselm *eminenter*." In J. Schnaubelt and F. Van Fleteren, eds. *Anselm Studies* (1988), II,229-39.

Smith, J. "Some Aspects of Hartshorne's Treatment of Anselm." In J. Cobb, ed., *Existence and Actuality*. Chicago: Univ. of Chicago Press, 103-112.

Smith, M. "A Puzzle in Anselm's Unfinished Work." *History of Philosophy Quarterly*, 3 (1986), 137-48.

Sontag, F. "Anselm and the Concept of God." *Scottish Journal of Theology*, 35, No. 3, (1982), 213-18. Also published as "God and Verification." *Encounter*, 43 (1982), 349-54.

Southern, R. *St. Anselm and His Biographer*. 2nd ed. Cambridge: Univ. Press, 1983.

Southern, R. *Anselm: A Portrait in a Landscape*. Cambridge\New York: Cambridge Univ. Press, 1990. 493 pp.

Southern, R. "Anselm and the English Religious Tradition." In G. Rowell, ed., *The English Religious Tradition and the Genius of Anglicanism*. Wantage: Ikon, 1992, 33-46.

Southern, R., and F. Schmitt. *Memorials to St. Anselm*. Paperback. London: Oxford Univ. Press, 1969.

Spade, P. "Anselm and Ambiguity." *Internatinal Journal for Philosophy of Religion*, 7, No. 3, (1976), 433-45.

Staley, K. "*Exemplum meditandi*: Anselm's Model for Christian Learning." In G. Berthold, ed., *Faith Seeking Understanding: Learning and the Catholic Tradition* (1991), 207-17.

Stengren, G. "Varieties of Ontological Argumentation." In G. Stengren, ed., *Faith, Knowledge, and Action*, 153-63.

Stone, J. "Anselm's Proof." *Philosophical Studies*, 57, 79-94.

Strasser, M. "Anselm and Aquinas: Centers and Epicenters." In E. Rozanne Elder, ed., *From Cloister to Classroom: Monastic and Scholastic Approaches to Truth: The Spirituality of Western Christendom*. Kalamazoo: Cistercian Publications, 130-53.

Stump, E. "The Problem of Evil." *Faith and Philosophy*, 2, No. 4, 392-423.

Synan, E. "Prayer, Proof and Anselm's *Proslogion*." In A. Finkel, ed., *Standing Before God* (1981), 267-88.

Synan, E. "Truth: Augustine and Anselm." In J. Schnaubelt and F. Van Fleteren, eds., *Anselm Studies* (1988), II,275-95.

Tichy, P. "Existence and God." *Journal of Philosophy*, 76 (1979), 403-20.

Tidman, P. "The Epistemology of Evil Possibilities." *Faith Philosophy*, 10, No. 2, (1993), 181-97.

Tomberlin, J. "Plantinga and the Ontological Argument." In J. Tomberlin and P. Van Inwagen, eds., *Alvin Plantinga*, 257-70.

Torrance, T. "The Place of Word and Truth in Theological Inquiry according to St. Anselm." *Studia Mediaevalia et Mariologica*, (1971), 133-60.

Travis, J. "The Ontological Argument: A Proof for the Existence of God." In G. Dragas, ed., *Aksum — Thyateira*.

Vanderjagt, A. "Knowledge of God in Ghazali and Anselm." In J. Beckmann, ed., *Sprache und Erkenntnis im Mittelalter* (1981), II,853-61.

Van Fleteren, F. "Augustine and Anselm: Faith and Reason." In G. Berthold, ed., *Faith Seeking Understanding: Learning and the Catholic Tradition* (1991), 57-66.

Vaughn, S. *Anselm of Bec and Robert Meulan: The Innocence of the Dove and the Wisdom of the Serpent*. Berkeley: Univ. of California Press, 1987.

Vaughn, S. "The Monastic Sources for Anselm's Political Beliefs." In J. Schnaubelt and F. Van Fleteren, eds., *Anselm Studies* (1988), II,53-92.

Visser, D. "St. Anselm's *Cur deus homo* and the *Heidelberg Catechism* (1563)." In J. Schnaubelt and F. Van Fleteren, eds., *Anselm Studies* (1988), II,607-34.

Visvader, J. "Anselm's Fool (*Proslogium*)." *Studies in Religion*, 9, No. 4, (1980), 441-49.

Voegelin, E. "*Quod Deus dicitur*." ed. transcript by P. Ella. *Journal of the American Academy of Religion*, 53, No. 4, 569-84.

Wainwright, W. "On an Alleged Incoherence in Anselm's Argument: A Reply to Robert Richman." *Ratio*, 20 (1978), 147-48.

Wald, R. " 'Meaning,' Experience, and the Ontological Argument." *Religious Studies*, 15 (1975), 31-39.

Walton, D. "St. Anselm and the Logical Syntax of Agency." *Franciscan Studies*, 36 (1977), 298-312.

Ward, B. "Anselm of Canterbury." In C. Jones and B. Wainwright, eds., *The Study of Spirituality*, 513-22.

Ward, B. "Anselm of Canterbury and His Influence." In B. McGinn and J. Meyendorff, eds., *Christian Spirituality: Origins of the Twelfth Century.* New York: Crossroads, 1985, 196-204.

Watson, G. "Karl Barth and St. Anselm's Theological Programme." *Scottish Journal of Theology,* 30, No. 1 (1977), 31-45.

Watson, G. "A Study in St Anselm's Soteriology and Karl Barth's Theological Method." *Scottish Journal of Theology,* 42, No. 4, 493-512.

Wells, N. "The Language of Possibility: Another Reading of Anselm." In J. Beckmann, ed., *Sprache und Erkenntnis im Mittelalter* (1981), II,847-85.

Wertz, S. "Reference in Anselm's Ontological Proof." *History of Philosophy Quarterly,* 7, No. 2, 3-57.

Wierenga, E. "Anselm on Omnipresence." *New Scholasticism,* 62 (1988), 30-41.

Williams, C. "Russelm." *Philosophical Quarterly,* 43 (1973), 496-99.

Wolterstorff, N. "The Migration of the Theistic Arguments: From Natural Theology to Evidentialist Apologetics." In R. Audi, ed., *Rationality, Religious Belief, and Moral Commitment,* 38-81.

Wyschogrod, E. "Recontextualizing the Ontological Argument: A Lacanian Analysis." In E. Wyschogrod, ed., *Lacan and Theological Discourse,* 97-113.

Yamazaki, H. "Anselm and the Problem of Evil." In J. Schnaubelt and F. Van Fleteren, eds., *Anselm Studies* (1988), II,343-50.

Zalta, E. "On the Logic of the Ontological Argument." In J. Tomberlin, ed., *Philosophical Perspectives.* Ridgeview: Atascadero, 1991.

Itinerary of Saint Anselm of Canterbury

Walter Fröhlich

Anselm was born at Aosta on the southern foot of the Great St. Bernard Pass in late 1033 or early 1034. He left his home town at the age of c. twenty-three. He spent some years at various schools in Burgundy and France and, attracted by the renown of his fellow-countryman Lanfranc of Pavia who, since 1045, had been prior and *magister scholarum* at the newly-founded monastery (1034), arrived at Bec in Normandy in 1059.

Having lived through a period of doubt and uncertainty about his future, Anselm decided to become a monk and, in 1060, took the monastic habit in order to join the community of Bec. He remained there for thirty-three years. He served his community as a simple claustural monk for three years, as prior and *magister scholarum* for fifteen years and as abbot for another fifteen years.

The *Rule of St. Benedict* requires a monk to serve God and community in *stabilitas loci* (*Regula Benedicti* 58.9.15.17). Thus, trying to become a perfect monk by observing every clause of the *Rule of St. Benedict*, Anselm exclusively lived at the monastery of Bec from 1060 to 1093, i.e., as long as he was a member of this community. The only exceptions to this firm rule occurred when the first Abbot of Bec, Herluin, was unable to travel for the good of the monastery because of old age, and sent his prior Anselm in his place, and later, when abbot of Bec himself, Anselm was required to travel for the needs of the community.

Stabilitas loci could not be observed any longer when Anselm was made archbishop of Canterbury in March,1093. Pastoral and political demands caused the archbishop of Canterbury to travel extensively in England and to journey twice through France to Rome and Bari to meet and deliberate with Popes Urban II and Paschal II. He was twice banned from returning to England, and his see at Canterbury, by Kings William II, Rufus, and Henry I. Anselm spent his two exiles (1097-1100 and 1103-1106) at Lyon whence he travelled to neighbouring Cluny and other monasteries. After his return to England in 1106 he resumed his travels because of pastoral and political reasons. Overcome by illness he died on April 21,1109 within the monastic community which served the cathedral of Canterbury.

Long distance journeys in the Middle Ages were dangerous and strenuous. Roman roads, once the lifelines of an empire and meticulously maintained at great expense by imperial authority, suffered from lack of maintenance due to disinterest and insufficiency of funds of countless medieval lords of smaller principalities. Often, these princes were also incapable of providing security and protection against brigands and robbers for the travellers on these roads. Sometimes these princes even abandoned their duty to secure safe routes along the roads of their realms and joined the highway brigands in order to rob the travellers of their money, goods and precious gifts intended for persons of high authority or for a shrine at some place of pilgrimage (*HN* 90-91, 94-95).

Anselm, Archbishop of Canterbury, left England twice to journey to Rome, in 1097 when he was sixty-four years of age and in 1103 when he was seventy years old. On his journeys to Rome Anselm was accompanied by a small party of two monks (Baldwin and Eadmer, and Baldwin and Alexander) and some servants. Being archbishop of Canterbury, Anselm and his companions travelled on horseback although the *Rule of St. Benedict* demanded monks to walk (*Regula Benedicti* 7.63). They stopped for the night at monasteries on the route, relying on monastic hospitality (*Regula Benedicti* 53) and sharing in the prayers and divine service of the respective communities.

The distance from London to Rome is some one thousand seven hundred kilometers following the route London-Canterbury-Dover-Wissant-Rouen-Paris-Sens-Chalon sur Saone-Lyon-Mont Cenis-Susa-Turin-Pavia; or the route which by-passed Paris and crossed the Alps via the Great St Bernard Pass: Wissant-Arras-Rheims-Langres-Lausanne-Great St. Bernard Pass-Aosta-Ivrea-Pavia. From there both routes would follow the medieval road of emperors and pilgrims, the Via Imperiale, to Piacenza-Parma-Passo della Cisa-Aulia-Lucca-Fucecchio-St. Gimignano-Siena-Montalcino-St. Quirico d'Orcia-Aquapedente-Bolsena-Viterbo-Sutri-Rome. [1]

In summer 990, Sigerich of Canterbury went to Rome and returned from there after a short stay. For each journey he took c. eighty days averaging c. twenty kilometers per day. The overnight stops, which he listed carefully in a detailed report about his journey, were separated from each other by five to thirty-five kilometers. [2]

The so-called Palgrave itinerary of 1161 gives a minute account of the overnight stops from London to Rome. Forty-four daily stages averaging c. thirty-eight kilometers can be deduced from this itinerary account. Thus the journey to and from Rome took about about eight weeks including the days of rest. [3]

In January, February and early March, 1254 Odo of Rouen travelled to Rome. In a carefully kept diary he described the route as well as the overnight stops during this winter journey. It took him seventy-two days including fifteen days of rest to cover the distance of c. one thousand five hundred kilometers from Rouen to Rome, averaging about twenty kilometers per day. The same journey in summer, 1254 took him only fifty-eight days including five days of rest. He then averaged c. twenty-six kilometers a day.[4] Thus, a journey from England to Rome was a long, wearisome and often dangerous undertaking. A traveller had to be in good health, determined to face up to the hardships of the journey, and to persevere to the end.

Archbishop Anselm of Canterbury, having suffered a series of illnesses, of weak physique due to his rigorous fasting, was an old man when he set out on his two journeys to Rome. Yet in both cases he was determined to meet the pope to obtain the latter's advice and so he persevered to reach his goal.

Itinerarium Anselmi

1033/34	born at Aosta (*VA* 11, 143; *HN* 206; *AEp* 156)
1056	leaves Aosta (*VA* 5, 7, 8) until
1059	in Burgundy and France (*VA* 8)
1058/59	at Avranches/Normandy (Gibson, *Lanfranc* 20)
1059	arrives at Bec (*VA* 11)
1060	becomes monk at Bec (*VA* 11; *AEp* 156; *OV* III 12)
1063	made Prior of Bec (*VA* 12; *OV* III 12)
1070	August/September at Bec (*AEp* 1)
1072/73	Winter/Spring at Bec (*AEp* 18)
1076	end of second half at Bec (*AEp* 74, 75)
1077	early Spring at Bec (*AEp* 77, 78) Summer at Bec (*AEp* 80) 23 October at Bec (*Vita Herluini* 106)
1077/78	at Bec (*AEp* 110, 109, 112; *AOO* 58*)
1078	4 April synod at Rouen from c. 20 August at Bec (*Vita Herluini* 108) 26 August death of Abbot Herluin (*Vita Herluini* 109; *VA* 44) a few days later Anselm elected second Abbot of Bec (*VA* 44; *OV* III,12)
1079	January at Gerberoy (*Reg* 115a) early February at Brionne to receive pastoral staff from William I (*De libertate Beccensis monasterii* 601) 22 February at Bec: receives abbatial benediction (*VA* 44, 45) July synod at Rouen Later that year first trip to England. Crossing from Wissant near

	Boulogne to Lympne he went to Lyminge and Canterbury and then inspected Bec's estates in England (*VA* 48; *Reg* 237a; *VA* 54; *AEp* 98, 99; *EHD* II 650; *VA* ix; *Reg* 214; *AEp* 473; *OV* IV 342)
	End of that year at Rouen (*Reg* 172)
1080	7 January at Caen (*Reg* 120)
	31 May (Whitsun) and beginning of June synod and council at Lillebonne (*OV* III 24-34)
	14 July at Caen (*Reg* 125)
1082	5 September council at Oxcessus Villa (*Oissel*) (*Reg* 146a)
1085	at Bec (*AEp* 104, 106, 108)
1086	mid-Lent (15 March) to just after Whitsun (24 May), second journey to England in connection with Domesday to inspect and secure the Bec estates (*AEp* 108, 115, 116, 117, 118, 119, 120, 121)
1087	August at Rouen to attend to the dying William the Conqueror (*HN* 24)
	August/September at Emondreville opposite Rouen (*HN* 24)
	mid-September at Caen at the funeral of William the Conqueror (*OV* IV 104)
1091	June synod at Rouen (*Reg* 317b; *OV* IV 232)
1092	soon after 26 August sets out on third journey to England (*AEp* 147; *HN* 29)
	7 September arrives at Canterbury in the evening (*VA* 63)
	8 September leaves Canterbury early in the morning (*VA* 63)
	September at the court of William II (*VA* 63-64; *HN* 49)
	end of September to end of November at Chester (*VA* 64; *HN* 29)
	early December at Westminster (*HN* 29-30; *AEp* 147)
	25 December at the court, Westminster
1093	January and February at Westminster
	early March in the neighbourhood of Gloucester (*HN* 31; *VA* 64)
	6 March at Alwestan/Gloucester (*Florence*; *HN* 31-37; *VA* 64-65)
	14 April (Easter) at Winchester (*HN* 37; *VA* 65)
	5 June (Whitsun) at Windsor (*HN* 40)

	then Rochester (*HN* 39-40)
	September at Winchester (*HN* 41; *VA* 66; *Reg* 336, 337)
	23 September at Canterbury (*Acta Lanfranci, EHD* II 635)
	25 September at Canterbury (*HN* 41)
	4 December at Canterbury (*AEp* 161, 164; *HN* 42-43; *Florence*)
	11 December leaves Canterbury (*HN* 43)
	25 December at Gloucester (*HN* 43-45; *VA* 67; *Reg* 338, 338a)
1094	January at manor at Harrow (*HN* 45; *VA* 67-68; *AEp* 170, 171)
	2 February comes to Hastings (*ASC*; *HN* 47)
	11 February at Battle Abbey (*ASC*; *Monasterii de Bello* 41)
	leaves Hastings before 19 March (*HN* 47-52; *VA* 69; *ASC*; *Reg* 348)
	9 April (Easter)
	28 May (Whitsun)
1095	January at Gillingham (*HN* 52-53)
	25-27 February at Rockingham (*HN* 54-67; *VA* 85-87)
	March at Canterbury (*HN* 67)
	25 March (Easter)
	13 May (Whitsun) at Mortlake (*HN* 70)
	14 May at Hayes near Windsor (*HN* 70-71)
	May, after Whitsun, at Windsor (*HN* 71-72)
	27 May at Canterbury (*HN* 72; *VA* 87; *Annales de Wintonia*)
	25 December at Windsor (*ASC*; *Florence*; *Symeon* 133)
1096	13 January at Salisbury (*ASC*)
	13-20 April at Winchester (*HN* 74)
	14 April (Easter)
	1 June at Westminster
	1 June (Whitsun) at Lambeth (*HN* 74)
	8 June at St. Paul's, London (*HN* 74; *Florence*)
	28 December at Canterbury (*HN* 77)
1097	4 April (Easter) at Windsor (*ASC*)
	24 May (Whitsun) at Windsor (*HN* 79-80; *VA* 88-89)
	end of May at Hayes near Windsor (*VA* 89)
	14-15 October at Winchester (*HN* 80-87; *VA* 91-93)
	16-24 October at archiepiscopal manors (*VA* 93; *HN* 87)
	24 October arrives at Canterbury (*HN* 87-88)
	October leaves Canterbury, arrives at Dover (*ASC*; *VA* 93-97)

	25 October to 9 November at Dover (*HN* 88; *VA* 97) 9 November crosses from Dover to Wissant (*HN* 89; *VA* 98-99) 10 November from Wissant to St. Bertin at St. Omer (*HN* 89) 11-17 November at St. Omer (*AEp* 207; *HN* 89; *VA* 101) 17 November-23 December travels through France and Burgundy to Cluny (*HN* 89-91) where he stays until 1098
1098	January /February, leaves for Lyon (*HN* 91) and stays there until 15 March at Lyon (*HN* 91-94; *VA* 103) 16 March leaves Lyon (*HN* 94-95) 20 March at Aspres-sur-Buech (*HN* 95) 21 March leaves Aspres-sur-Buech (*HN* 95) 21-26 March at Susa (*VA* 103) 26-28 March (Easter) at the monastery of St. Michael high above Chiusa (*VA* 104; *AEp* 328) mid-April arrives in Rome (*HN* 113; *VA* 105-106) stays at the Lateran circa ten days (*HN* 96-97; *VA* 105-06) early May from Rome to Telese near Caserta (*HN* 97) 16 May (Whitsun) May at Liberi (former Sclavia) (*HN* 97; *VA* 106-109) end of May to end of June at the siege of Capua (G. Malaterra, *De rebus gestis Rogerii Comitis* 303-307; *HN* 97-98; *VA* 109-12) c. 1 July at the abbey of St. Lawrence at Aversa (*HN* 104; *VA* 112) early July to late September at Liberi (*HN* 104; *VA* 112) 3-10 October at Bari (*Mansi* XX 951-952; *HN* 104-110; *VA* 112-113) 11 October leaves for Rome (*HN* 110) where he stays until
1099	10 April (Easter) late April 1099 in Rome (*HN* 110-115; *VA* 113-115) 1 May leaves Rome for Lyon (*HN* 114; *VA* 116) 29 May (Whitsun) early June at Lyon (*HN* 114; *VA* 116); stays there until late August 22 September at Vienne (*VA* 117)
1100	1 April (Easter) Spring Lyon-Cluny-Macon-Lyon (*VA* 120-122) 20 May (Whitsun) 30 July at Marcigny, twenty-three kilometers south of Paray-le-Monial (*VA* 124) 31 July return from Marcigny to Lyon (*VA* 124)

1 August at Lyon (*VA* 124)
2 August at Lyon (*VA* 124)
5 August journey to La-Chaise-Dieu (*VA* 125)
9-11 August at La-Chaise-Dieu (*HN* 118)
c. 15 August return to Lyon (*VA* 126)
early September at Cluny (*HN* 118-119)
23 September lands at Dover (*HN* 119)
29 September at Salisbury (*HN* 119-120; *VA* 127)
October at Lambeth (*HN* 123-125)
11 November at Westminster (*ASC; Florence; HN* 121-126)
25 December at Westminster (*ASC*)

1101
12 March at Rochester (*Reg* 516)
21 April (Easter) at Winchester (*ASC; HN* 126)
9 June (Whitsun) at St. Alban's (*HN* 126-127)
21 June-20 July at Pevensey (*ASC; Florence; HN* 127-128; *Reg* 531)
end of July at Alton (*HN* 128)
3 September at Windsor (*Reg* 544, 547-549; *HN* 128-132)
October at Winchester (*HN* 132-137; *Reg* 551; *HC* 13)
25 December at Westminster

1102
6 April (Easter) at Winchester
25 May (Whitsun) at Westminster (*Reg* 570)
September at Westminster (*HN* 137-141)
29 September at Westminster (*ASC; HN* 141-144; *Florence*)
25 December at Westminster (*ASC; HN* 144-146)

1103
8 March at Dover (*Reg* 637)
8-11 March at Canterbury (*HN* 146-147; *Reg* 634-636)
29 March (Easter) at Winchester (*ASC; HN* 148-149; *Reg* 638-639; *VA* 127)
3 April at Westminster (*Reg* 644)
6-21 April from Winchester to Canterbury (*HN* 148-149)
22-25 April at Canterbury (*HN* 149)
26 April from Canterbury to Dover (*HN* 149)
27 April lands at Wissant (*HN* 149)
28 April at Boulogne (*HN* 149)
early to mid-May at Bec (*HN* 149-151)
17 May (Whitsun) at Chartres (*HN* 151)
late May to mid-August at Bec (*HN* 151)

c. 20 August at Chartres (*HN* 151-152)
early September at St. Jean de Maurienne approaching
the Col du Mont Cenis (*AEp* 301)
early October to 18 November in Rome (*HN* 152-155; *AEp* 303;
VA 128)
November at Florence (*VA* 128-130)
December at Piacenza (*HN* 155-157, *AEp* 305)
c. 20 December arrives at Lyon (*HN* 157; *VA* 130) and stays there
for one year and four months until late April, 1105 (*HN* 159;
HN 157-164; *VA* 130-134)

1104 late January at Lyon (*HN* 159; *AEp* 310)
17 April (Easter)
5 June (Whitsun)
at Cluny for two months in that year (*Miracula, Memorials* 196,
lines 10 and 31-32)

1105 9 April (Easter)
late April travels from Lyon to Cluny (*HN* 164; *VA* 134)
early/mid-May leaves Cluny for La Charité (*HN* 164; *AEp* 411)
28 May (Whitsun)
late May to early July at Blois (*HN* 164-165)
early July at Chartres (*HN* 165)
22 July at L'Aigle c. fifty-five kilometers south of Bec (*HN* 165-167)
late July to mid-May the following year at Bec (*HN* 167-169;
AEp 392, 393, 394, 397, 398)
in autumn visit to Rheims (*detentus perplures dies HN* 168-177;
AEp 367, 368, 369, 370, 371)

1106 25 March (Easter)
13 May (Whitsun)
until mid-May at Bec
mid-May to late May at Rouen (*HN* 177-180; *AEp* 397, 398; *VA* 135;
OV VI 69)
June at Bec (*HN* 180-182; *VA* 135)
late June to late July at Jumièges (*HN* 182; *ASC*)
late July to 16/17 August at Bec (*HN* 182-183; *VA* 135-137; *Florence*)
early September lands at Dover (*HN* 183-184; *VA* 137-138)

1107 14 April (Easter) at Windsor (*ASC*; *HN* 184-185)

late April to 8 June at Bury St. Edmund's (*HN* 185; *VA* 139)
2 June (Whitsun)
1-5 August at Westminster (*HN* 186-187; *Reg* 825, 826, 828, 830, 831, 832. 833: *VA* 139)
11 August at Canterbury (*HN* 187-188)
15 August at Canterbury (*HN* 188)
18-21 September at Canterbury (*HN* 188)
18-21 December at Canterbury (*HN* 188)
25 December at Westminster

1108
19-27 February at Lambeth (*HN* 188-192; *Reg* 871)
c. 9 March at Rochester (*Florence*; *HN* 192)
5 April (Easter) at Winchester (*ASC*; *Reg* 873)
24 May (Whitsun) at Westminster (*ASC*; *HN* 193; *Reg* 878, 880, 881, 885)
27-30 May at Mortlake (*HN* 196)
29-30 June at Canterbury (*HN* 196-197)
July at Chidham or Pagham (*HN* 197; *ASC*)
26 July at Pagham (*HN* 197-198)
9 August at Canterbury (*HN* 198)
11 August at Canterbury (*Florence*)
6 September at Canterbury (*AEp* 443, 444)
27 September at Canterbury (*AEp* 445)
November to April, 1109 at Canterbury (*VA* 141)

1109
18 April at Canterbury (*VA* 141)
20 April at Canterbury (*VA* 142)
21 April, Wednesday of Holy Week, Anselm dies at Canterbury at dawn (*VA* 143; *HN* 206; *ASC*)
22 April funeral in Christ Church, Canterbury (*VA* 143-146; *HN* 206)
25 April (Easter)

Notes

1 W. Goez, *Von Pavia nach Rom* (Köln 1978), pp. 25, 74, 122, 172.

2 "Das Itinerar Sigerichs von Canterbury," *Memorials of St. Dunstan* ed. W. Stubbs (Wiesbaden 1965) pp. 391-95.

3 E. Oehlmann, "Die Alpenpässe im Mittelalter," *Jahrbuch für Schweizerische Geschichte*, 4 (1879) 286.

4 "Itinerar Odos von Rouen," F. Ludwig, *Untersuchungen über die Reise-und Marschgeschwindikeiten* (Berlin 1897) pp. 104-17.

List of Abbreviations

AEp: *Anselmi Epistola*. *AOO*. III-V; trans. W. Fröhlich. Kalamazoo. 1990-1994.

Acta Lanfranci ed. C. Plummer. *Two of the Saxon Chronicles Parallel* I,287-92; also in *EHD* II 631-36.

Annales de Wintonia. Annales Monastici I, 2 vols. ed. H.R. Luard. London. 1865.

AOO: *Anselmi Opera Omnia*. 7 vols. ed. F.S. Schmitt. Edinburgh. 1946-1961; reprint with *Prolegomena seu Ratio Editionis*. 2 vols. Stuttgart. 1968.

ASC: *Anglo-Saxon-Chronicle*, in *EHD* II, 110-203.

EHD: *English Historical Documents*. vol II. ed. D.C. Douglas and G.W. Greenaway. London. 1961.

Florence: *Florence of Worcester, Chronicle of*. ed. B. Thorpe. 2 vols. London. 1848-1849.

Gibson Lanfranc: M. Gibson. *Lanfranc of Bec*. Oxford. 1978.

HC: *Hugh the Chanter, The History of the Church of York, 1066-1127*. ed. C. Johnson. Edinburgh. 1960.

HN: Eadmer. *Historia novorum in Anglia*. ed. M. Rule. London. 1884.

De libertate Beccensis Monasterii: *Annales Ordinis Sancti Benedicti*' vol. 5. ed. J. Mabillon. Paris. 1745, 601-605.

G. Malaterra: *De Rebus Gestis Rogerii Comitis*. ed. L.A. Muratori. *Rerum Italicarum Scriptores*. vol 5.

Mansi: *Sacrorum Concilliorum Nova Collectio*. 31 vols. Venice. 1757-1798; reprint Graz. 1960.

Miracula: *Memorials of St. Anselm*. ed. R.W. Southern and F.S. Schmitt. London. 1969.

Monasterii de Bello: *Chronicle of Battle Abbey*, ed. and trans. E. Searle. Oxford Medieval Texts. 1980.

OV: *The Ecclesiastical History of Orderic Vitalis*. ed. and trans. M. Chibnall. 6 vols. Oxford Medieval Texts. 1969-1980.

Reg: *Regesta Regum Anglo-Normannorum*. vol 1. ed. H.W.C. Davis. Oxford. 1913; vol 2, ed. C. Johnson and H.A. Cronne. Oxford. 1956.

Symeon: *Symeonis Monachi Opera Omnia*. ed. T. Arnold. 2 vols. London. 1882.

VA: *Vita Anselmi*. ed. R.W. Southern. Oxford Medieval Texts. 1962.

Vita Herluini: J.A. Robinson, *Gibert Crispin, Abbot of Westminster*. Cambridge. 1911. 85-110.

The Works of Gilbert Crispin, ed. A.S. Abulafia and G.R. Evans. *Auctores Britannici Medii Aevi*. VIII. Oxford. 1986. 184-212.

Notes on the Significance of John of Salisbury's Vita Anselmi [1]

Alain Nadeau

In spite of the large amount of critical research devoted to the spectacular life and endeavours of John of Salisbury in the last two decades, [2] one of his works, the *Vita Anselmi* remains largely unknown or ignored by scholars. This neglect may perhaps be explained by the fact that the work carries little of the textual originality and strength of *Metalogicon*, *Policraticus* or *Historia pontificalis*, since it is but an *abrégé* of Eadmer's intimate account of the life of Anselm. The fact that John resorted to paraphrase has meant that the text has generally been dismissed by historians and specialists of John of Salisbury. [3] Literary critics, however, have recognized John's elegant style in the text, and have emphasized his successful description of the life and activity of Anselm. [4] The harsh judgement which historians have usually passed upon John's account of the life of Anselm shows a mistaken appreciation of the text's underlying purpose.

John of Salisbury's *Vita Anselmi* survives in a single manuscript, the London Lambeth Palace manuscript 159, [5] written for the most part in 1507 by Richard Stone, a monk of Christ Church Canterbury; it contains a collection of hagiographical material as well as other documents relating to the history of the cathedral monastery. [6] Our knowledge of the fact that John of Salisbury ever wrote a life of Anselm rests on the attribution found in the pages of this late codex, as well as in a late fifteenth- to early sixteenth-century catalogue of the library of the Jeruzalemkapel in Bruges, which mentions that the library formerly held among its books a *Vita Anselmi edita a Iohanne carnotensi episcopo*. [7] No contemporary source mentions the existence of the text, including John himself in his extensive correspondence. An inquiry into the origins and purpose of the *Vita Anselmi* will allow us to explain the silence surrounding a text of such a well known author.

Already in the seventeenth century the first editor of the *Vita Anselmi*, Henry Wharton, had accurately pointed out that the text had been written for the purpose of presenting a request for the canonization of Anselm.[8] For Wharton, it was clearly the account of the life and miracles of Anselm which Thomas Becket, Archbishop of Canterbury, had presented to the council of Tours in May, 1163 in an attempt to secure the canonization of his predecessor.[9] This request is known from a letter dated June 9, 1163, sent to Becket from Tours by Alexander III. In it, the latter writes that, in spite of the account of the life and miracles of Anselm which he had heard at Tours, any decision on the matter of the canonization of Anselm must be postponed (*differendum*). Instead, the pope instructs Becket to settle the issue in a council he is to convene of the suffragans, bishops, abbots and other religious persons of his province, adding he would confirm any decision this council should reach on the matter.[10]

A number of motives have been put forward over the years in attempts to explain Becket's very early decision — shortly after his nomination as archbishop in May 1162 — to seek Anselm's canonization. For some, this was closely linked with the well-known spiritual transformation Becket underwent following his elevation to the archbishopric.[11] This view rests essentially on the testimony of Herbert of Bosham, a close associate of Becket, who in his *Vita Thomae* provides evidence that the cult of Anselm could have been particularly dear to the new archbishop:

> *Qui etiam ob vagas et vanas cordis cogitationes reprimendas inter celebrandum, dum ministri in ea missa quae cathecumenorum dicitur spiritualibus intenderent canticis, et ipse semper aliquem libellum ethicum in manu tenere consueverat, et frequentius ea hora habebat in manibus quendam orationum libellum, quasi suum enchiridion; quem unus praedecessorum suorum, uas catholicum, haereticorum baculus, malleus tyranorum, scripturarum armarium, euangelii tuba et columna iustitiae, beatus Anselmus, stylo sicut salubriter pungitivo et pungitive salubri et eleganti, ex intimis sanctae devotionis suae medullis exceperat. Hunc, inquam, habebat, ibidem ab oratione ad lectionem se excipiens.*[12]

This statement has led R.W. Southern to propose that, following his elevation, Becket modelled himself on Anselm and, further, that this personal admiration provides the most important clue for understanding Becket's transformation.[13] Hence the suggestion that Becket's personal reverence towards Anselm — he being the source of his spiritual renewal — was the foremost motivating factor behind the request for canonization.

Examining the same evidence from a different angle, B. Smalley observed that such metaphors as "rod of heretics," "hammer of tyrants," and "pillar of righteousness" are hardly reminiscent of the good-natured wise man which has today become the traditional perception of Anselm. Rather, she suggests, these metaphors indicate that Becket may have turned to Anselm's memory not only for spiritual relief, but also for guidance in matters of archiepiscopal policy, since the fame of Anselm as a vindicator of ecclesiastical rights against royal encroachment was undoubtedly still alive in Canterbury.[14] It could therefore be suggested that, beyond any personal and spiritual motivations underlying Becket's early attempts to secure the canonization of Anselm, a number of political considerations should be addressed in order to understand better both Becket's request and Pope Alexander's refusal to proceed personally. It could be argued with some probability that, by the twelfth century, a request for canonization was never entirely devoid of a certain degree of political motivation. Canonization as a means of securing political advantages appeared in England with the canonization of its very first saint, King Edward, the Confessor.[15] First requested in 1139/40, the application had been "temporarily rejected" by Pope Innocent II on account of instability in England brought about by civil war.[16] But with the coming of the papal schism in 1159, which saw Alexander III elected by a majority of cardinals while challenged by a pro-imperial party headed by the anti-Pope Victor IV, elements in England saw that the moment had come for re-examination of the long dormant demand regarding the late Anglo-Saxon king. Following Henry II's recognition of Alexander III as the legitimate pope in 1160 — which extricated the papacy from a critical situation — Gilbert Foliot, bishop of Hereford, suggested to the pope that the canonization of Edward "would be an appropriate return for Henry's allegiance."[17] It has been shown that King Henry had excellent reasons for lending the endeavour all his support:

> the English Church (would) be honored by obtaining its first officially canonized saint. But, as this saint had been a king, he could equally serve the honor of the crown and give the kingdom prestige, and even a sanctity of its own which would set the English Church apart from the Church of Rome and subordinate it to the state and the king.[18]

Consequently, when he was named archbishop of Canterbury in May 1162, Becket may have had very practical reasons in mind for wishing Anselm's canonization as a means of thwarting the display of royal power which would certainly have followed the successful outcome of the request for the canonization of King Edward. In Anselm, Becket had the ideal candidate for sainthood. His reputation as a steadfast opponent of royal appropriation of church privileges would not only have counterbalanced Edward's canonization but would certainly have increased to a large degree the legitimacy of the ecclesiatical contention for complete independence from the secular arm and from the king's perception of the division of power between church and state in England. [19]

Internal evidence in the text of John of Salisbury's *Vita Anselmi* provides a further expression of such a political motive, namely the issue of the reassertion of Canterbury's primacy over the archbishopric of York. Three times in the text John, who by and large follows Eadmer's text throughout, departs from his source and imports episodes which illustrate Anselm's activity as a relentless defender of Canterbury's primacy. The events of October, 1103 — which saw Anselm obtain from pope Paschal II both the confirmation of his privilege as primate of the English Church and the extention of the primacy to all future archbishops of Canterbury — are not mentioned in Eadmer's *Vita Anselmi*, [20] nor in his *Historia novorum*. [21] This may perhaps be explained by the fact that Paschal's privilege to Anselm soon proved inadequate in ensuring that successive archbishops of York agree to make their profession of obedience to Canterbury. As a consequence, Eadmer may have been unwilling to commit to writing Anselm's lack of long-lasting success in this dispute. John, on the other hand, and no doubt eager to bring the issue to the fore, narrates the whole event:

> Quantum uero Anselmo Pascalis detulerit et contulerit, tempore suo, liquet ex multis. Ei namque primatum Brittanie, quem a tempore beati Augustini antecessores sui habuerant, confirmauit. Hoc quoque personaliter priuilegium dedit, ut ab omnium legatorum dicione quo aduiueret esset exemptus. Preterea Girardum Eboracensem professionem Anselmo facere detrectantem, causa cognita, coegit profiteri, etsi circumuentus quandoque in contrarium scripsit. Secutus enim est decisionem causa [que] Lanfranci temporibus ab Alexandro Romano pontifice sollemniter facta est, et in scripturam redacta. Indicant hoc littere eius, que in ecclesia Cantuariensi adhuc extant bullate. Quid multa? Non meminimus preces Anselmi reppulisse Pascalem papam, vel que innotuerant distulisse uota. [22]

John later includes in his *Vita* the text of a letter, the very last one Anselm wrote before his death, addressed to Archbishop Thomas II of York. In this letter Anselm suspends Thomas from his office until he has acknowledged the primacy of Canterbury. [23] To this letter John appends further testimony of Anselm's heartfelt frustration at York's arrogance in the form of an otherwise unknown anecdote in which the extremely ill Anselm expresses his fear of appearing before God without having first punished the archbishop of

York for his continuing disobedience:
> Verebatur enim sicut interrogatus dicebat apparere in conspectu iudicis Dei, nisi ante punisset tantam inobedienciam in iuredictione sibi commissa suo tempore emergentem. Unde idem Thomas auctoritate uiri et acerbitate sentencie territus in se rediit, et presentibus vice primatis cantuarie ecclesie suffraganeis eciam post obitum Anselmi professus est. [24]

When the request for Anselm's canonization was presented to the Council of Tours, it had to compete for papal consideration with several other such requests (including one for Bernard of Clairvaux).[25] In the letter to Becket discussed above, Pope Alexander explains his refusal to proceed with Canterbury's request, citing this large number of similar demands. The pope's decision, however, reveals him as a very shrewd politician indeed, and there are strong reasons to believe that his refusal was brought about by political motivations equally as compelling as those behind Canterbury's own request. By the time the Council of Tours was announced, in December, 1162,[26] the pope still needed King Henry II's support in asserting his rights over the pro-imperial party; at the same time, Henry had obtained a guarantee from Alexander ensuring that the attendance of English prelates at Tours would not establish any precedent injurious to the Crown.[27] In view of the political considerations surrounding the dual canonizations of Edward the Confessor and of Anselm, it could be suggested that, in order to avoid incurring Henry's wrath, Alexander decided not to proceed with Anselm's case, while appearing to assure Becket of his support, should a council of the province of Canterbury agree to the request. The fact is that, by referring the issue to a provincial council in which the rival Archbishop of York would not participate, Alexander took away from Becket, and the Canterbury party, the opportunity of securing public papal acknowledgement of Anselm's stand against York's resistance. Any decision taken by such a provincial council would have been of little consequence either to York's rights or to its prestige. Therefore, in spite of the favorable tone of Alexander's letter to Becket, the whole issue of the canonization of Anselm may be seen as a failure for Canterbury. Even if one agrees that the "formalities of canonization" had been undertaken before Becket's exile,[28] one should still admit that only by obtaining a full and public recognition of Anselm's sainthood by the pope and his council could Becket effectively counter the successful outcome of the canonization of Edward the Confessor. Anything less left Henry II with the upper hand, and deprived Canterbury of an additional weapon in its dispute against York.

It is in this context that one must consider the text of John of Salisbury's *Vita Anselmi* and its manuscript transmission. By the early twelfth century, most lives of saints have the hero's canonization as an ultimate object and, in that sense, are not so much devotional works as they are *pièces justificatives*. [29] If Eadmer's *Vita* is the very personal and touching account of a man who truly loved and admired his master, John's text is but the work of a trained clerk and civil servant, and his aim is to present, in a consise way, a "report" on the life and miracles of Anselm. [30]

Given Canterbury's lack of success in this instance, one should not be surprised that the text appears to have been rapidly forgotten, at least outside Canterbury, following its presentation at Tours. There is evidence, previously unnoticed, of another copy of John's *Vita Anselmi*, besides those mentioned earlier: a catalogue of the books of the Abbey of St. Albans, written in 1180 by a Walter, cantor of the abbey, [31] indicated that the library held among its holdings an anonymous *Legenda Anselmi Cantuariensis archiepiscopi*, the *incipit* of which was *Ad depellendas infidelitatis*, [32] clearly identifying this anonymous *Legenda* as John's text. [33] This mention is the only contemporary evidence of John's text, and the fact that it is anonymous may imply that it was a direct copy of the text presented anonymously, as such texts often were, at the Council of Tours. The Lambeth manuscript, as well as the Bruges catalogue, has, however, preserved our author's name. It could be suggested this is due to the fact that in Canterbury, where the Lambeth manuscript was written, John's text was rapidly copied in the third volume of a twelfth-century collection of hagiographical material, now known as the Canterbury *passionale*, fragments of which are preserved in manuscripts London B.L. Harleian 624 (ff. 84-143), Harleian 315 (ff. 1-39), and Cotton Nero C VII (ff. 29-79). [34] These fragments are occasionally sufficiently extensive to allow editors to show that at least three other texts included by Richard Stone in the Lambeth manuscript were copied directly from the pages of the former *passionale*. These three texts are Eadmer's *Vita Anselmi*, [35] Adelard's *Life of Dunstan*, [36] and an anonymous poem on Anselm, *Tange Syon Citharam*. [37] Furthermore, I suspect that a closer examination could reveal Osbern's *Miracles of Dunstan*, Eadmer's *Life of archbishop Oda*, Osbern's *Life and Passion of Elphege*, and Osbern's text on the *Translation of Elphege*. [38] The Bruges manuscript would have been a copy made either from the *passionale*, or from Richard Stone's personal copy.

All critics have observed that John of Salisbury's *Vita Anselmi* adds nothing to our knowledge of Anselm; with the exception of the anecdote mentioned above, this is no doubt an accurate assessment, but one which must be weighed against the fact that John was not attempting to create an original work. He was simply performing the duties of a clerk at the archiepiscopal court, and not those of the concerned intellectual. John's authorship was only preserved for us because of the special reverence in which Anselm was held at Canterbury, and the text itself survives through the diligence of a sixteenth-century monk. If, however, reading John's *Vita Anselmi* does not add to our knowledge of either Anselm or John, it does add to our understanding of the political workings of twelfth-century ecclesiastical society, not so much in its content as in its having been written in the first place.

Notes

[1] This paper surveys briefly elements discussed at length in my M.A. dissertation entitled *John of Salisbury's "Vita sancti Anselmi." Critical Edition and Commentary*, (Westfield College, University of London, 1986) which offered the first critical edition of the text. I wish to express my deepest gratitude to Professor J.B. Hall, whose assistance and friendship have always been generously dispensed to me. Extracts from the *Vita* will be taken from that edition. Since the completion of my dissertation, Msgr. I. Biffi has published an edition of the *Vita* (*Giovanni di Salisbury, "Vita di Sant'Anselmo d'Aosta,"* [Milan, 1989]), using as a source the edition of H. Wharton, imperfect as it is (*Anglia Sacra* . . . [London, 1691], II, 153-76, reprinted in J.A. Giles, *Joannis Saresberiensis, Opera Omnia* [Oxford: 1848], V, 305-57, as well as in J.P. Migne's *PL* CXCIX,1009-40). Msgr. Biffi and myself are planning a common and definitive edition of the *Vita*. I am also indebted to Siona Jenkins and Marc Paradis for their generous assistance.

[2] The latest major survey is that of M. Wilks (ed.), *The World of John of Salisbury*, Studies in Church History, Subsidia 3 (Oxford, 1984).

[3] R.W. Southern, *Saint Anselm and his Biographer. A Study of Monastic Life and Thought 1059-c.1130* (Cambridge, 1962), p. 337 ff. The *Vita* has also been called a perfunctory performance (in hagiography), cf. R. Ray, "Rhetorical Scepticism and Verisimilar Narrative in John of Salisbury's *Historia pontificalis*," E. Breisach (ed.), *Classical Rhetoric and Medieval Historiography* (Kalamazoo, 1985) p. 66.

[4] Cf. C. Schaarschmidt, *Johannes Saresberiensis nach Leben und Studien, Schriften und* (Leipzig, 1862), p. 242; J. De Ghellinck, *L'essor de la littérature latine au XIIe siècle*, (Paris, 1946), II, 172; M. Manitius, *Geschichte der lateinischen Literatur des Mittelalters*, (Munich 1911-31), III, 170 ff.

[5] ff. 160^v-176.

[6] A complete description of the manuscript is in M.R. James & C. Jenkins, *A Descriptive Catalogue of the Manuscripts in the Library of Lambeth Palace* (Cambridge, 1931), pp. 248-56.

[7] Bruges, Stadsarchief, Fonds de Limburg-Stirum, *Cartularium van Jan Adorne*, f. 221; cf. A. Derolez, *Corpus Catalogorum Belgii: De Middeleeuwse Bibliotheekscatalogi der Zuidelijke Nederlanden, I: Provincie West-Vlaanderen* (Brussel, 1966), p. 7.

[8] *Cartularium* n. 1, III, xiff.

⁹ Ibid.

¹⁰ Jaffé-labbe n. 10886; Mansi, *Concil. Nova et Ampli.*, XXI, 1198. There is no evidence that such a provincial council was ever convened, a fact that has been explained by the rapidly deteriorating relationship of Becket and Henry II, particularly following the clash at Woodstock in the first week of July, 1163, less than two months after the Council of Tours, cf. E.W. Kemp, *Canonization and Authority in the Western Church* (London 1948), p. 83. R.W. Southern, *Saint Anselm and his Biographer*, p. 338, however, argues — not unconvincingly — that the formalities of canonization had been undertaken and completed before Becket's exile in November, 1164. On such delegations of papal prerogatives in matters of canonization, cf. S. Kuttner, "La réserve papale du droit de canonisation," *Revue historique de droit français et étranger*, 4e série, 17, (1938), 173-228, here 183 ff.

¹¹ Cf. Southern, *Saint Anselm and His Biographer*, pp. 337ff.

¹² Cf. J.C. Robertson, *Materials for the History of Thomas Becket*, 7 vols., (London 1875-1885), Rolls Series; here: III, 210 ff.

¹³ Robertson, *Materials for the History of Thomas Becket*, p. 337.

¹⁴ B. Smalley, *The Becket Conflict and the Schools: A Study of Intellectuals in Politics* (Oxford, 1973), p. 79.

¹⁵ Cf. B.W. Scholz, "The Canonization of King Fdward the Confessor," *Speculum* 36, (1961), 38-60.

¹⁶ Cf. Kemp, "Canonization and Authority," 82 ff.

¹⁷ Ibid.

¹⁸ Scholz, "Canonization," 57.

¹⁹ Kemp, "Canonization and Authority," 83; R. Somerville, *Pope Alexander III and the Council of Tours (1163): A Study of Ecclesiastical Politics and Institutions in the Twelfth century* (Berkeley/London, 1977), p. 59.

²⁰ *Eadmeri: Vita Sancti Anselmi. The Life of St. Anselm Archbishop of Canterbury*, R.W. Southern (ed.) (London, 1962).

²¹ *Eadmeri: Historia novorum in Anglia, et opuscula duo de vita Sancti Anselmi et quibus-*

dam miraculis ejus, M. Rule (ed.) (London, 1884), Rolls Series.

[22] Nadeau, *Critical Edition* p. 56, n. 1; Giles: V, 343.

[23] Nadeau, *Critical Edition*, p. 60, n. 1; Giles: V,349; cf. Schmitt: V,420.

[24] Ibid. Giles: V, 348-49; cf. Southern, *Saint Anselm and His Biographer*, p. 338.

[25] Cf. Kemp, "Canonization and Authority," 83.

[26] Cf. Somerville, *Alexandeer III*, pp. 1ff.

[27] Cf. Robertson, *Materials* V, 33.

[28] Cf. supra, n. 10.

[29] Cf. De Ghellinck, *L'essor* II, 177-88.

[30] Ibid., II, 164; Kemp, "Canonization and Authority," pp. 56-81.

[31] This catalogue, now lost, was fortunately seen in the sixteenth century by John Bale, who mentioned several books taken *ex indiculo Gualteri cantoris S. Albani* in his notebook of British and foreign writers. This autograph notebook is now the manuscript Oxford Bodleian, Selden, supra n. 4; it has been published by R.L. Poole with M. Bateson, *Index Britanniae Scriptorum, quos ex variis bibliothecis non parvo labore collegit Ioannes Baleus, cum aliis* (Oxford 1902); cf. p. 100 for details on Walter of St. Albans.

[32] Ibid., p. 100.

[33] The first sentence of John's *Vita*: *Ad depellendas infidelitatis errorumque tenebras Deus mirabiliter operatur, et sic ab inicio nascentis mundi misericordiam suam semper et ubique dispensat, ut ecclesie sue ministros procuret idoneos, per quos proficiat ad uirtutem, et per fluctus labentis seculi traiecta prouehatur ad gloriam.* Cf. Nadeau, *Critical Edition*, p. 16-25.

[34] The identification of these fragments and the reconstruction of parts of the original *passionale* was carried out by N.R. Ker, "*Membra Disiecta*, Second Series" *The British Museum Quarterly*, 14 (1939-40), 83-85; cf. Ibid., *Medieval Libraries of Great Britain, A List of Surviving Books* (London, 1941), p. 22, n. 7.

[35] Harleian 315, ff. 16-39^v, Lambeth 159, ff. 117-160; cf. Southern, *Eadmeri*, p. xxiii-xxiv.

36 Nero C VII, ff. 72-77, Lambeth 159, ff. 48-53; cf. W. Stubbs, *Memorials of St. Dunstan* (London, 1874), Rolls Series, p. xlii.

37 Nero C VII, ff. 78V-79^V, Lambeth 159, ff. 176^V-178^V; cf. D.J. Sheerin, "An Anonymous Verse Epitome of the Life of St. Anselm," *Analecta Bollandiana*, 92 (1974), 109 ff.

38 A full discussion of the relationship between the *passionale* and Lambeth 159 is provided in Nadeau, *Critical Edition* p. 16-22.

L'Unum Argumentum del Proslogion di S. Anselmo e la Prova del De libero arbitrio di S. Agostino

Italo Sciuto

All'interno di quel piccolo numero di pensatori medioevali che non hanno utilizzato l'opera di S. Agostino come dogmatica fonte di citazioni autoritative, ma ne hanno riprodotto il metodo in un contatto diretto con le medesime radici profonde del *philosophari*, Anselmo d'Aosta occupa una posizione singolare. Già ai suoi contemporanei egli appare un *alter Augustinus*, ma nella perfetta ispirazione ad un modello, anzi proprio in virtù del carattere interiore di questa ispirazione è chiarissima la spiccata originalità.

Se ciò vale in generale per molti temi di riflessione teologica, diviene di particolare importanza per la questione della dimostrazione *sola ratione* dell'esistenza di Dio. Qui, il confronto col modello è fondamentale per capire natura e significato dell'argomento anselmiano. Com'è noto, Anselmo cita esplicitamente pochissimo sia la Scrittura sia, soprattutto, i Padri.[1] Vi sono però, tra le altre, due eccezioni particolarmente significative. Nel prologo del *Monologion* egli si preoccupa di ribadire che non ha detto né pensato nulla, in quest'opera, che si discosti dagli scritti dei Padri e specialmente di Agostino. Dopo aver più volte rivisto la sua opera egli può dire: "non vi ho potuto trovare nulla che non sia conforme agli scritti dei Padri cattolici e soprattutto del beato Agostino."[2] Nella lettera a papa Urbano II con cui accompagna il *Cur deus homo*, Anselmo osserva tuttavia che, poiché "brevi sono i giorni dell'uomo" (Gb. 14:5), anche i santi Padri e dottori "non hanno potuto dire tutto quello che avrebbero potuto se fossero vissuti più a lungo; inoltre l'essenza della verità (*ueritatis ratio*) è tanto vasta e profonda che da mortali non può venire esaurita."[3]

Da una parte, dunque, Anselmo dichiara di essersi attenuto rigorosamente a quanto Agostino, specialmente nel *De trinitate*, aveva già detto; dall'altra, proprio in virtù del principio squisitamente agostiniano dell'inesauribilità, per i mortali, della *ratio ueritatis*, ritiene legittimo aggiungere qualcosa di proprio. Nel *Proslogion*, anche se Agostino non vi è citato esplicitamente, è dato appunto vedere la presenza contemporanea di questi due aspetti del pensiero anselmiano, la continuità e l'originalità, secondo la modalità propria e tipica di Anselmo. Questi segue il principio agostiniano dell'inesauribilità della *Veritas*, conseguendo al tempo stesso un risultato che a lui stesso appare, ed è, completamente nuovo. Si tratta di vedere, limitatamente alla fondazione ed elaborazione dell'*unum argumentum*, entro quali termini e soprattutto con quali esiti speculativi ciò si configuri.

Il confronto col secondo libro del *De libero arbitrio*, in cui Agostino sviluppa (da II,iii,7 a II,xv,39) ex professo la sua prova più articolata (nella *Epistula CLXII, ad Evodium*, che più avanti discuteremo, Agostino cita il *De libero arbitrio*, insieme al *De quantitate animae* ed al *De uera religione*, come luogo in cui ha svolto esaurientemente l'argomento; ma il rigore e l'ampiezza del *De libero arbitrio*, specialmente dal punto di vista anselmiano del *sola ratione*, sono nettamente superiori agli spunti del *De quantitate*, mentre la trattazione del *De uera religione* non è che una ripresa, abbreviata, degli stessi argomenti del *De libero arbitrio*), risulta da questo punto di vista particolarmente illuminante.

Elementi comuni

Ad un primo esame esterno, l'*unum argumentum* del *Proslogion* e la prova *ex ueritate* del *De libero arbitrio* appaiono collocati in contesti completamente diversi. La prova di Agostino è parte di un libro complesso ed è un momento preliminare alla soluzione di altri problemi (la bontà delle cose, la libertà). Quella di Anselmo, al contrario, è contenuta in pochi e brevissimi capitoli e punta alla forza penetrante dell'evidenza più che alla solida ma troppo articolata garanzia della completezza. Tuttavia, ad un esame più approfondito nella prova agostiniana risultano diversi e fondamentali elementi, di natura metodologica e concettuale, che formano in buona parte l'armatura della ratio Anselmi.

Innanzitutto, il punto di partenza è radicale e l'esigenza metodologica di fondo rigorosamente razionale. Per quanto, infatti, si parta in entrambi i casi da contenuti forniti dalla credenza, posseduti *inconcussa fide*,[4] il chiarimento e la dimostrazione procedono secondo il programma del *sola ratione* che Anselmo esplicita nel programmatico primo capoverso del capitolo primo del *Monologion*.[5] La richiesta di Evodio è, si può dire, altrettanto "cartesiana":

ita quaeramus quasi omnia incerta sint (*De libero arbitrio* II,ii,5). Il programma anselmiano della *fides quaerens intellectum* va dunque inteso, alla luce di questo raffronto, con un forte accento su *quaerens* e su *intellectum*, perché, come chiarisce Evodio, *nos id quod credimus, nosse et intelligere cupimus*.

La stessa ipotesi dell'*insipiens* dei salmi 13 e 52, citata nel medesimo capitolo da Agostino, svolge anche in Anselmo una essenziale funzione negativa in senso dialettico; stimola cioè a *cognoscere utrum uera credideris* ed al tempo stesso garantisce la radicalità del metodo. Questo non è "fideistico," nonostante parta da ciò che si crede *inconcussa fide*. E' già stato ampiamente dimostrato, per esempio a partire dai fondamentali lavori di F.S. Schmitt, che il problema del valore dell'*unum argumentum* è questione del tutto distinguibile e distinta da quella del suo luogo di origine. Non è necessariamente vero che stabilita l'origine è anche stabilito il valore. Il valore dell'argomento è indipendente dalle credenze che l'hanno occasionato, perciò da questo punto di vista non sembrano molto significative, oggi, interpretazioni estreme del tipo "fideistico" e "mistico" modellate su quelle, celebri, di Barth e Stolz. Quel che importa è che l'oggetto cui si presta fede e che sollecita la *cogitatio* non sia un elemento formale della prova; questa necessaria e sufficiente condizione è stata appunto onorata sia da Anselmo sia da Agostino. Abbiamo su ciò testimonianze dirette ed esplicite che non si possono far tacere con interpretazioni più o meno plausibili. L'intenzione esplicita è infatti quella di svolgere una dimostrazione rigorosa partendo da premesse evidenti; con le parole di Agostino: *de manifestissimis capiamus exordium*.[6]

E' notevole, e non sufficientemente rilevato, il fatto che questo punto di partenza solido è, per Anselmo non meno che per Agostino, un'evidenza *non fattuale*: un "cartesiano" *utrum tu ipse sis* per Agostino, il concetto di *id quo maius cogitari nequit* per Anselmo. Essa è fondata sul solo principio di non contraddizione, condizione stessa del pensare. La certezza da cui parte Agostino, l'indubitabilità dell'*esse*, svolge una funzione logico-ontologica che è mantenuta identica nel punto di partenza di *Proslogion* II-IV. La definizione anselmiana dell'*id quo maius*, infatti, non è una delle possibili definizioni della natura divina quali la fede può far conoscere, ma l'unica definizione *evidente*. Quindi, per Anselmo, essa è *la* premessa dell'argomento che tutti devono ammettere, compreso l'*insipiens*.

Il *nisi credideritis non intelligetis* che, anche qui, Agostino cita (come poi farà molto spesso), ed il corrispondente anselmiano del *credo ut intelligam* (nel capitolo primo del *Proslogion* ripete però quasi letteralmente Agostino: *nisi credidero, non intelligam*) non possono essere assolutamente invocati per accreditare un'interpretazione "fideistica" in contraddizione col programma del *sola ratione*. In Agostino la soluzione è chiara ed esplicita, e si riferisce a quel nesso dialettico fra il cercare e il *trovare* che ha la sua grande elaborazione nel *De trinitate*: per "cercare," e quindi "trovare," bisogna che in qualche modo il cercato sia dato. La *fides* è appunto il luogo in cui l'oggetto viene dato e senza cui non può essere né cercato né trovato; per questo, come premessa all'inizio della dimostrazione nel *De libero arbitrio*, Agostino avverte: *neque quisquam inveniendo deo fit idoneus, nisi ante crediderit quod est postea cogniturus.* [7] Anselmo, che scrive in un contesto impregnato di agostinismo, non ha evidentemente bisogno di esplicitare una premessa che, implicitamente, muove tutto il suo lavoro teorico.

L'aspetto più rilevante che interessa qui si riferisce comunque alla "scoperta" della definizione di partenza dell'*unum argumentum*, cioè di Dio come l'*id quo maius cogitari nequit.* [8] Anselmo la considera decisiva perché "evidente"; se anche l'*insipiens* dichiarasse di non avere alcun concetto di Dio, certo non potrebbe negare di capire il significato dell'espressione: "*id quo maius cogitari nequit.*" Il che basta per la dimostrazione, perché se questa definizione viene ammessa (e si *deve* ammettere perché *si capisce*), bisogna anche ammettere l'implicazione analitica per cui l'*id quo maius* esiste *in re* oltre che *in intellectu*. Anselmo si mostra molto soddisfatto dell'intero argomento, che ritiene inattaccabile, e mostra chiaramente di averlo intuito per la prima volta lui, originalmente. Il *prooemium* del *Proslogion* ci presenta la scoperta come una illuminazione improvvisa, quando ormai Anselmo disperava di trovare un solo argomento che soddisfacesse meglio le esigenze dimostrative rimaste ancora, nel *Monologion*, incerte per essere *multorum concatenatione contextum argumentorum.* [9] E proprio mentre più non ci pensava, l'argomento, perentorio e irresistibile come un *tolle lege* agostiniano, "si mostrò" (*se obtulit*). Anselmo è dunque convinto di aver pensato un'assoluta novità. Ma a quale aspetto, o momento, del suo argomento si riferisce questa novità, a lui sopraggiunta per illuminazione? Al concetto di partenza, cioè al fatto di partire dalla definizione dell'*id quo maius*, oppure al modo di dedurre dialetticamente le implicazioni analitiche del concetto stesso?

Nonostante un'affermazione del *Responsio editoris* VII, che sembra potersi interpretare nel senso favorevole alla prima ipotesi (*non ergo irrationabiliter contra insipientem ad probandum Deum esse attuli quo maius cogitari non possit*), [10] Anselmo non può evidentemente ignorare che in realtà la definizione di Dio come *id quo maius cogitari nequit* si trova nella sostanza chiaramente formulata, sia pure con sfumature linguistiche diverse, in varie opere di Agostino (ma anche nel *De consolatione philosophiae* di Boezio e già in un passo di Seneca). [11] Per citare solo alcuni passi di Agostino: *Confessiones* VII,iv,6: *Neque enim ulla anima umquam potuit poteritve cogitare aliquid, quod sit te melius*; *De doctrina christiana* I,vii,7: *ita cogitatur, ut aliquid, quo nihil sit melius atque sublimius*; *De perfectione iustitiae hominis* XIX,41: *Altior est qui vocat altius quam omnis humana cogitatio*; *Sermo CV(A)*,2:

Extende sinum cupiditatis tuae, o avare, et inveni Deo aliquid maius, inveni Deo aliquid pretiosius, inveni Deo aliquid melius. [12]

Ma è soprattutto nel secondo libro del *De libero arbitrio* che si trovano le formule più pregnanti; il paragrafo 14 del capitolo sesto, in cui Agostino ed Evodio stabiliscono cosa vogliono cercare, parla di Dio come di ciò *quo nullus est superior* e *quo nihil superius*, mentre alla conclusione della dimostrazione condotta nello stesso libro Agostino ribadisce che si deve ritenere di aver dimostrato l'esistenza di Dio, se si conclude che *nihil esset superius* (xv,39).

Queste espressioni sono particolarmente rilevanti, in relazione all'argomento anselmiano, specialmente perché esplicitano un aspetto della definizione dell'*id quo maius* alla quale non viene data in genere tutta l'importanza necessaria per una integrale intelligenza della *ratio Anselmi*. Bisogna infatti tenere presente che Dio non è soltanto, per Anselmo, l'*id quo maius cogitari nequit* dei capitoli II-IV ma anche, insieme, il *quiddam maius quam cogitari possit* del capitolo XV: non solo dunque il massimo pensabile ma anche, insieme, ciò che supera ogni pensabile. La prima parte di questo brevissimo e fondamentale capitolo che, nonostante la distanza dai celebri II-IV, è necessario completamento dell'*unum argumentum*, dice: *Ergo, Domine, non solum es quo maius cogitari nequit, sed es quiddam maius quam cogitari possit.* [13] Questo concetto di Dio, come di ciò che è il massimo pensabile e insieme l'unico ente che supera il pensiero, è appunto esplicitamente formulato nel capitolo sopra citato del *De libero arbitrio*, dove Agostino chiede ad Evodio: "Se potremo scoprire un essere, di cui non puoi dubitare non solo che esiste, ma anche che è superiore al nostro pensiero, dubiteresti di chiamarlo Dio?" [14]

Senza questo necessario riferimento ad Agostino, richiesto dal *Proslogion* XV, si rischia di intendere soltanto che il massimo di concettualità, per essere tale, deve anche eccedere la concettualità in senso "realistico," cioè deve anche esistere *in re*; ma questo è il problema che interessa i capitoli II-IV, mentre il XV aggiunge un ulteriore problema, che è più agevolmente evidenziabile se si tiene presente appunto anche il testo agostiniano. Questo limite, nell'interpretazione dell'argomento anselmiano, è certo stato storicamente condizionato dalla polemica Anselmo-Gaunilone, in cui si discutono i soli capitoli II-IV. Ma questa polemica, se si osserva bene, non esaurisce affatto tutti i contenuti dell' *unum argumentum*; anzi, si limita soltanto a dissipare gli equivoci di natura logica nei quali, secondo Anselmo, Gaunilone è caduto, impossibilitandosi così a comprendere la vera natura dell'argomento stesso preso nella sua completezza.

L'aggiunta contenuta nel capitolo XV è a nostro avviso comprensibile più adeguatamente tenendo presente, in modo sintetico, il passaggio logico fondamentale della prova svolta nel *De libero arbitrio*. Qui Agostino, dopo aver a lungo discettato per giungere all'affermazione della superiorità del pensiero (la superiorità dell'*intelligere* nei confronti dell'*esse* e del *uiuere*), compie il passo logico decisivo con argomentazioni che si possono ridurre, senza mancare di fedeltà al senso dell'insieme, a questo sillogismo: se vi è qualcosa superiore al pensiero (*ratio, mens*), questi è Dio; ma la verità, che è una e immutabile, è superiore al pensiero, che è molteplice e mutevole; dunque Dio esiste ed è la verità stessa. Il nucleo della dimostrazione è dunque imperniato, come in Anselmo, sui due concetti di "maggiore" e di "maggiore del pensiero": "... risulterà chiaro che Dio esiste quando, come ho promesso, avrò dimostrato col suo aiuto che è superiore al pensiero." [15]

Nessuna sostanziale differenza, allora, tra l'argomento del *Proslogion* e quello del *De libero arbitrio*? Senza dubbio gli elementi essenziali dell'*unum argumentum*, i concetti dell'*id quo maius cogitari nequit* e del *quiddam maius quam cogitari possit*, sono anche gli strumenti fondamentali con i quali Agostino costruisce, nel *De libero arbitrio*, la sua prova. Tuttavia l'argomento del *Proslogion* ci è presentato da Anselmo indubbiamente come una novità, una sua folgorante intuizione. Se lo avesse ritenuto completamente agostiniano, è da presumere che non avrebbe rinunciato ad appoggiarsi a simile autorità, specialmente nella difesa dell'argomento contro le insidiose critiche di Gaunilone. Anselmo cita pochissimo, è vero, ma non manca di farlo quando, come nel *Monologion*, può a ragione temere d'essere considerato un presuntuoso assertore di novità. Perché in realtà, dice Anselmo, quanto è detto nel *Monologion*, sia pure con metodo nuovo, è nella sostanza già contenuto nel *De trinitate* agostiniano. Invece questa difesa non si può fare per l'argomento del *Proslogion*; eppure, come abbiamo visto, gli agganci ad Agostino sono evidenti. C'è dunque una "novità" molto forte che va colta. A nostro avviso essa va riferita al fatto che Anselmo ha perfettamente dedotto, esplicitandole con sobrietà ma col massimo rigore, le implicazioni di quanto, in sostanza, già Agostino aveva pensato. Ma gli effetti, le conseguenze, di questa esplicitazione, vanno più lontano delle premesse; è qui la ragione per la quale l'argomento anselmiano non può intendersi come una semplice *applicatio* di quello agostiniano: con materiali noti egli crea un'opera del tutto nuova.

Naturalmente, a spingere Anselmo in questa direzione non è e non può essere il mero desiderio di novità, sentimento contrario allo spirito suo e del suo tempo. E' invece, semplicemente, la constatazione che in questo modo il pensiero (non soltanto la riflessione teologica cristiana, ma il pensiero in quanto tale) accede ad una *superiore*, e mai prima raggiunta, approssimazione alla conoscenza di Dio. L'indicazione di questa superiorità a noi pare di coglierla non tanto nei famosi capitoli II-IV quanto nel XV, particolarmente nella seconda parte. Essa dice: *Quoniam namque valet cogitari esse aliquid huiusmodi, si tu non es hoc ipsum, potest cogitari aliquid maius te; quod fieri nequit*. Si ricordi che la prima parte di questo brevissimo capitolo afferma che Dio va inteso, necessariamente, non solo come l'*id quo maius* ma anche come il *quiddam maius quam cogitari possit*. Per comprendere il nesso tra prima e seconda parte, ossia ciò che costituisce la *superiorità* dell'*unum argumentum*, è opportuna qualche preliminare riflessione analitica.

Originalità e superiorità dell'unum argumentum.

La difficoltà maggiore del *Monologion*, per cui i suoi argomenti non si sottraggono mai completamente alle ragioni del dubbio, è da Anselmo agostinianamente espressa col fatto dell'ineffabilità di Dio: "E se è ineffabile: in che modo è così, come abbiamo dimostrato?" [16] Il tema dell'*ineffabilitas*, che Anselmo assume da tutta la tradizione che risale ad Agostino, percorre continuamente, come un tema rovesciato rispetto a quello principale del *sola ratione*, tutto il *Monologion*. Ma non sembra che il conflitto trovi adeguata soluzione. E già qui si rivela la superiorità dell'*unum argumentum*. In Agostino, infatti, e quindi nel *Monologion*, l'*ineffabilitas* rimane un ostacolo insormontabile, un limite e un enigma per la ragione perché consiste nel "dire che Dio non si può dire" e dunque è un'autocontraddizione: *una pugna verborum silentio cavenda potius quam voce pacanda*. [17] Un silenzio che il *De libero arbitrio* dichiara, con efficacia retorica, eloquente, *canorum et facundum quoddam silentium veritatis*; [18] ma la contraddizione rimane logicamente irrisolta. Come d'altra parte nel *Monologion*, ove Dio è riconosciuto come realtà ineffabile; e se è tale, come parlarne con verità? "La somma essenza è talmente al di sopra e al di fuori di ogni altra natura che, allorché si dice di essa qualcosa con parole comuni ad altre nature, il senso non è per nulla comune." [19]

L'insufficienza degli argomenti del *Monologion* non sta tanto, o non soltanto, nella loro molteplicità e lunghezza (e, si può subito dire, la superiorità dell'*unum argumentum* non sta affatto nella sola e semplice brevità in quanto tale), ma soprattutto in una difficoltà che deriva dallo stesso metodo adottato. Essi partono tutti, esattamente come gli argomenti che usa Agostino, dal presupposto (esplicito in Agostino, implicito in Anselmo) di "applicare" Romani 1:20 (che Agostino cita spesso, mentre in Anselmo appare esplicitamente solo nel *Responsio editoris* VIII; ma si può ritenere sia in realtà il presupposto di tutti gli argomenti del *Monologion*, in cui, non si dimentichi, Anselmo non cita esplicitamente mai nulla, tanto meno la Scrittura, dato l'assunto metodico del *sola ratione*). In Romani 1:20 Paolo afferma, come è noto, la possibilità, anzi la certezza, di accedere agli *inuisibilia Dei* attraverso i *uisibilia*, risalendo al creatore *per ea quae facta sunt*.

Ma è questo programma che, se tradotto in puri termini logici, risulta problematico: il passaggio *sola ratione* dal creato al creatore non s'impone con assoluta evidenza né alla ratio né all'intellectus. Il capitolo XXXI del *Monologion* ci sembra si debba interpretare in questo senso, quando considera quel passaggio un "problema non facile," analizzato e mantenuto poi variamente per i cinque successivi capitoli. Il "non facile problema" è posto in modo tipicamente agostiniano, cioè come un problema di filosofia del linguaggio. In sintesi, può dirsi così: il *Verbum* con cui Dio disse e creò tutte le cose, secondo la Genesi, se è una parola, come tutte le parole dev'essere "simile" alle cose, alle *res* che indica; ma allora il dire (*locutio*) di Dio è simile alle cose mutevoli, molteplici, imperfette? Il problema sembra insolubile, per chi vuol procedere *sola ratione*: "Da ciò si può comprendere con evidenza che il modo con cui lo stesso Spirito *dice* e conosce le cose create è incomprensibile alla scienza umana." [20] Infatti Dio dice le cose nel loro essere in se stesse, mentre noi le conosciamo solo per similitudine. L'ineffabilità divina deriva da ciò: "Come potrà la mente umana comprendere la natura di quel dire e di quel sapere che è così superiore e più vero delle sostanze create, se la nostra scenza è tanto superata da essi quanto la loro similitudine dista dalla loro essenza?" [21] Debole è dunque il filo che lega, per la ragione, le cose al loro creatore. E' il debole filo della significazione e della similitudine. Solo *per hanc tenuem significationem* si può passare dai *visibilia* agli *invisibilia*. Rimangono dunque ampi margini di oscurità per le esigenze di assoluta chiarezza della ragione, che rivela qui una intrinseca debolezza.

E' proprio sulla valorizzazione di questa debolezza che si esercita la superiorità dell'*unum argumentum*; qui l'*infirmitas* della *ratio*, se pure costituisce l'ostacolo fondamentale al pieno accesso alla conoscenza della realtà divina, diventa d'altra parte un elemento logicamente valido e necessario della prova. E' un movimento tipicamente agostiniano e dionisiano che ha il suo presupposto nell'Incarnazione; ma in Anselmo è guadagnato (ed è questo il motivo che, ci sembra, giustifica pienamente la gioia intellettuale provata da Anselmo) attraverso una traduzione logicamente rigorosa di quella dialettica agostiniana humilis-sublimis che, invece, si appoggia completamente sulla Scrittura.

Il senso del *Proslogion* XV, in apparente contrasto con la dimostrazione svolta nei capitoli II-IV, a nostro avviso è comprensibile soltanto nella direzione di questo passaggio dialettico. Il capitolo XV, insieme al XIV che lo prepara, non è un'aggiunta "mistica" e non introduce alcuna frattura all'interno del *Proslogion*.[22] Che Dio sia superiore al pensiero e che questo non possa comprenderlo appare ora, alla luce dell'*unum argumentum*, non più un difetto e una difficoltà enigmatica, l'agostiniana *pugna verborum*, ma la necessaria conseguenza e la deduttiva conferma della definizione di Dio come l'*id quo maius cogitari nequit*. Dio, cioè, dev'essere concepito come *quiddam maius quam cogitari possit* anche soltanto per coerenza logica, ossia prescindendo dal principio di creazione e dalla Rivelazione. Infatti dev'essere così concepito in virtù della "sola" definizione dell'*id quo maius*, come esige il principio di non contraddizione: si può e si deve dire che Dio è *quiddam maius* in quanto è l'*id quo maius*. E' per tenere ferma la definizione dell'*id quo maius* che si deve affermare il *quiddam maius*. Se è pensabile che esista qualcosa che supera il pensiero, e lo è, Dio dev'esserlo, altrimenti non sarebbe ciò di cui non si può pensare il maggiore. Infatti una realtà che supera il pensiero è, evidentemente, superiore a ciò che è pensabile. Il *quiddam maius* è analiticamente implicato nell'*id quo maius*. Ma la definizione di Dio come *id quo maius* è, per Anselmo, evidente e incontrovertibile; per comprenderlo è sufficiente, come viene mostrato nella disputa con Gaunilone, pensare con coerenza; soltanto uno che non pensa, un *insipiens*, lo può verbalmente negare. Dunque è evidente anche la necessaria conseguenza, ossia che Dio è *quiddam maius*. E' forse opportuno tenere sott'occhio l'intero capitolo XV del *Proslogion*: *Ergo, Domine, non solum es quo maius cogitari nequit, sed es quiddam maius quam cogitari possit. Quoniam namque valet cogitari esse aliquid huiusmodi, si tu non es hoc ipsum, potest cogitari aliquid maius te; quod fieri nequit*. Ossia, per riassumere e ribadire: l'*unum argumentum* toglie la difficoltà fondamentale del *Monologion* e della prova *ex ueritate* di Agostino, e può parlare di Dio con *certa ueritate* e *uera ceritudine* [23] perché stabilisce che l'essere Dio superiore al pensiero fa parte di, è, una conoscenza certa. Dimostra *pura ratione* che il superamento del pensiero è un'esigenza logica del pensiero stesso. Questo dice la seconda parte del capitolo XV del *Proslogion*; se Dio non fosse anche il *quiddam maius* non sarebbe neppure l'*id quo maius*, il che è contraddittorio data l'evidenza di quest'ultimo: Dio dev'essere più del pensabile, *per* essere il massimo pensabile.

La differenza tra *Monologion* e *Proslogion* comporta allora una diversa valutazione dell'apofatismo. In questo senso il punto più alto del *Monologion* consiste nel comprendere *rationabiliter* che la natura divina è incomprensibile e ineffabile; rileva cioè i limiti della *ratio*, del processo discorsivo. Invece il *Proslogion* pone il problema dal punto di vista dell'intuizione, del vedere immediato. *Proslogion* XIV dice infatti che l'anima *uidet se non plus posse uidere propter tenebras suas*; la differenza fondamentale sta (per la questione affrontata qui; per altri aspetti si può sottolineare invece, come si è fatto spesso e giustamente ma, appunto, per altri problemi, il *propter tenebras suas*) nella superiorità del *uidere* nei confronti della *ratio*. O, meglio, nel fatto che *uidere*, con i suoi derivati, è il termine che indica il carattere originale che assume la *ratio anselmiana*, quando questa indica il potere del pensiero di acquisire evidenze assolute. La *sola ratio*, invece, è mero processo discorsivo. Questa ragione che *uidet* (questo verbo, che appare nel capitolo XIV ben diciotto volte contro una sola della *ratio*, riempie tutto il capitolo di luce) bisogna intenderla come "la facoltà visiva dello spirito. Pensare significa rendere spiritualmente visibile una cosa ... *Videre* è termine fondamentale per "capire" (*Verstehen*) ed è regolarmente il risultato di una indicazione che nella sua semplicità e nella sua chiarezza ha qualcosa di inconfutabile, di evidente." [24] Il *De grammatico* e il *De ueritate*, oltre al *Monologion*, offrono molti esempi dell'uso di *uidere* in questo senso agostiniano, come cioè equivalente di "intuizione immediata." [25] Un "vedere" così chiaro è tuttavia attinto soltanto nel *Proslogion*.

Il rapporto *Monologion-Proslogion* non va comunque schematizzato nel senso di una rigida contrapposizione *ratio-intellectus*, ossia discorsività-intuizione. L'*unum argumentum*, se si tiene presente la precisa specificazione che l'apofatismo assume nel capitolo XV del *Proslogion*, *supera* la *ratio* senza abbandonarla. Anzi, la valorizza al massimo della sua possibilità, se è corretta l'interpretazione che abbiamo dato della dialettica tra *quiddam maius* e *id quo maius*: l'*unum argumentum* è opera dell'*intellectus*, ma è raggiunto nella sua completezza per un perfezionamento della discor-sività della *ratio*. Anche in questo caso, dunque, si può dire che Anselmo realizza un tipico procedimento speculativo agostiniano: bisogna usare (nel senso tecnico in cui Agostino, seguendo Cicerone, adotta il termine *uti*: apprezzare una cosa non *propter se* ma in quanto *ad aliud aliquid referendum est*) la *ratio* in vista dell'*intellectus*, affinché essa sia perfetta: *perfecta ratio utitur se ipsa ad intelligendum deum*. [26]

Tutto ciò dovrebbe indurre a considerare insufficiente l'interpretazione dell'*unum argumentum* come se fosse *soltanto* una sintesi, un compendio della varietà di prove tentata nel *Monologion*. In realtà si tratta di una prova sensibilmente diversa nella sua struttura e nel suo significato, non soltanto per la sua chiarezza e brevità. La differenza non è tanto nell'unità e semplicità dell'*unum argumentum* quanto nella sua evidenza ed autosufficienza. Mentre nel *Monologion* ogni concetto e passaggio è sostenuto *ab alio*, nel *Proslogion* tutta l'argomentazione vale *a se*. La superiorità dell'*unum argumentum* sta appunto nel fatto che non è dedotto da altro e non ha bisogno di altro per valere: *quod nullo alio ad se probandum quam se solo indigeret*, assicura il proemio del *Proslogion*. Seguendo le vie del *Monologion*, invece, "diciamo e non diciamo, vediamo e non vediamo" perché "diciamo e vediamo mediante altro." [27] La differenza di fondo è appunto qui: gli argomenti del *Monologion* sono costruiti sul principio di causalità, quello del *Proslogion* sul solo principio di non contraddizione. In questo senso va letto il "perfezionamento" introdotto dal *Proslogion*. Ciò peraltro non vuol dire che *Monologion* e *Proslogion* si debbano contrapporre come se fossero incompatibili o implicassero una svolta nel pensiero di Anselmo: il valore delle prove del *Monologion* non viene meno, per il fatto che il *Proslogion* ne ha trovata una migliore.

Come quelle del *Monologion*, anche la prova del *De libero arbitrio* è fondata sulla dipendenza *ab alio*. Il suo presupposto è infatti sempre, come si è accennato, l'*inuisibilia tua per ea quae facta sunt intellecta conspexi*,[28] cioè l'"applicazione" di Romani 1:20. Le categorie secondo cui si svolge logicamente questa prova sono quelle di relazione e di causalità, sia pure intese nell'accezione platonica per cui si risolvono nella "partecipazione." Il passaggio dal pensiero a Dio avviene come relazione dal mutevole all'immutabile, dall' imperfetto al perfetto; il vero postula e richiede, come sua causa, la *Veritas* di cui è partecipazione. E' dunque un passaggio che richiede una molteplicità di relazioni e lascia comunque immutata la differenza fra pensiero e *Veritas*. Il segno, e la conferma, della superiorità della *ueritas* è che *non de ipsa, sed per ipsam de ceteris iudices*.[29] La *ueritas* è l'assoluto in virtù del quale si può giudicare corretto e vero l'esercizio del pensiero, ma non c'è identificazione di pensiero e realtà. La prova di Agostino assume piuttosto i caratteri di un' ascensione che, per comodità di sintesi, può essere condensata in questo sillogismo: se vi è un essere superiore al pensiero, questi è Dio; ma vi è, sopra il pensare che è mutevole, la verità che è immutabile (infatti il pensiero giudica non *de ipsa* ma *per ipsam*); quindi Dio esiste ed è la verità. Agostino indugia lungamente nella determinazione delle molteplici *relazioni* con cui sviluppa questi passaggi.

L'andamento della prova del *De libero arbitrio* riproduce e segue i due momenti tipici del pensare agostiniano: (1) *ab exterioribus ad interiora*; (2) *ab inferioribus ad superiora*,[30] con tutte le necessità e le difficoltà di mediazione che questo complesso duplice movimento comporta: dalla relazione causale a quelle di ragion sufficiente e di partecipazione. La *breuitas* dell'argomento anselmiano intende appunto evitare la difficoltà e soprattutto l'insicurezza di queste mediazioni. Il fatto che in seguito, nelle riprese dell'*unum argumentum*, le varie "coloriture" abbiano avuto il tratto peculiare di presentarsi in forma rigorosamente sillogistica, non ha probabilmente giovato all'intelligenza della vera natura dell'argomento del *Proslogion* (è anche degno di nota che si siano inevitabilmente irretite nelle difficoltà di giustificazione delle premesse). L'argomento anselmiano non è una via breve tra i vari argomenti del *Monologion*; è piuttosto una via più diretta, ma in queste cose non è detto che la linea retta sia la più breve. L'argomento anselmiano diventa un sillogismo solo quando deve confutare l'obiezione dell'*insipiens*. In sé è una proposizione intuitiva, che si appoggia sul solo principio di non contraddizione.

Sostituendo alla premessa maggiore del sillogismo agostiniano il semplice concetto dell'*id quo maius cogitari nequit*, Anselmo ritiene appunto di aver conseguito un risultato evidente, valido *a se*, senza ricorrere alle articolazioni, valide *ab alio*, della discorsività sillogistica. In particolare egli può fare a meno, in questo audacissimo uso ante litteram del rasoio occamistico, del concetto che consente ad Agostino di realizzare la premessa minore, cioè il concetto platonico di partecipazione (il pensiero non può essere la ragione sufficiente delle verità che raggiunge o contiene; esso partecipa dell'unica verità che è immutabile). Per altri aspetti e questioni, Anselmo non rifiuta naturalmente il concetto di partecipazione, che rimane anzi uno dei pilastri del suo agostinismo, ma la singolare purificazione attuata con l'*unum argumentum* è svolta in modo che neppure questo concetto, che poteva passare per ovvio, venga presupposto. La *ratio Anselmi* può così nutrire l'ambizione di essere il massimo tentativo di svolgere un perfetto autosuperamento della ragione in quanto ragione "pura," l'ambizione di valere anche prescindendo dalla natura decaduta della *ratio*. Che è certamente un programma audace, tenuto conto anche del pericolo di cadere in "eccessi dialettici."

Nella prova agostiniana, invece, per quanto vi siano tutti i materiali, così almeno ci sembra, per questa soluzione e il problema vi sia esplicitamente posto, manca l'elaborazione. Dal punto di vista logico, questa mancanza è inevitabile: dati i presupposti metafisico-platonici di Agostino, è perfettamente coerente che questi tenda a fissare il problema nel senso della insuperabile contrapposizione mutabile-immutabile. E' molto significativo, a questo proposito, il modo con cui Agostino risponde alla lettera che lo stesso interlocutore del *De libero arbitrio*, Evodio, gli scrive molti anni dopo l'elaborazione del dialogo, nel 414/415. Il problema posto da Evodio nella sua lettera è mosso proprio dalla difficoltà che si presenta allorché si riflette che la dimostrazione dell'esistenza di Dio, concepito come l'essere superiore al pensiero, è opera perfetta del pensiero. Perciò egli chiede all'amico quale sia il rapporto fra Dio e ragione, perché se è la *ratio* a dimostrare l'esistenza di Dio, togliendo la ragione non ci sarebbe più Dio.[31]

Nella risposta Agostino tende a risolvere sbrigativamente, anche perché per rispondere ha dovuto distogliere il suo lavoro *ab alia magna intentione*.[32] Egli si limita a dire che la soluzione si può trovare nel *De quantitate animae*, nel *De libero arbitrio* e nel *De uera religione*. Qui Evodio potrebbe vedere come non si possa pensare che sia la ragione a fondare l'esistenza di Dio o che sia il ragionamento a far si che Dio debba esistere, così come sette più tre non "devono" ma "sono" dieci.[33]

In realtà il quesito di Evodio, che sembra aver ben presente proprio il nucleo fondamentale della prova *ex ueritate*, contiene tutti gli elementi di una vera obiezione, che rimane bisognosa di risposta anche tenendo presenti le opere citate da Agostino. Il problema può essere formulato in questi termini: se è soltanto con la *ratio* che si arriva a cogliere la necessità dell'esistenza di Dio, quale delle due metteremo prima, la ragione o l'esistenza di Dio?[34] Se, infatti, si afferma la superiorità di Dio rispetto alla *ratio*, come si può parlare di "dimostrazione" senza presupporre ciò che si deve dimostrare? L'obiezione di Evodio sembra così istituire un parallelo in anticipo della contesa Anselmo-Gaunilone. Basta ipotizzare che l'*insipiens*, anziché dire *Deus non est*, obietti che col pensiero non si può superare il pensiero. La difficoltà è della stessa natura. L'obiezione adombra in effetti il dubbio del circolo vizioso, per esorcizzare il quale Evodio non trova di meglio che ricorrere a formule richiamanti l'apofatismo agostiniano stesso. La difficoltà è essenzialmente di tipo linguistico, e forse non se ne può uscire: *Deficitur in uerbis, et quocumque dicitur, ad hoc dicitur, ne sileatur*.[35] Non diversamente, nella sostanza, dice Agostino nel *De trinitate*: *non ut illud diceretur, sed ne taceretur*.[36] Anche l'espressione classica del *De ordine*, ove si dice che Dio *scitur melius nesciendo*,[37] riappare nello sforzo che da ultimo, secondo Evodio, la ragione può compiere: *ut aliquid de deo non intelligentes intelligeremus*.[38]

In realtà, *sola ratione* diciamo che Dio è necessariamente, ma la *ratio* stessa viene da Dio in virtù del principio di partecipazione: quindi, Dio dev'essere affermato, presupposto, se si vuole dimostrarlo. Circolo evidentemente inevitabile e insuperabile finché si per mane, come Agostino con la prova *ex ueritate* ed Anselmo nel *Monologion*, entro le coordinate di una metafisica della partecipazione. O meglio: finché si fa entrare il concetto di partecipazione come elemento formale della prova. Il circolo si evita invece in una prova, come l'*unum argumentum*, ove questo e qualsiasi altro concetto, eccettuati la definizione dell'*id quo maius* ed il principio di non contraddizione, siano esclusi quali presupposti o elementi formali della prova stessa.

Note

[1] Le citazioni indirette di Agostino sono tuttavia numerose; F.S. Schmitt le ha accuratamente annotate nell'apparato critico della sua edizione dell'opera anselmiana. Su di esse G. Madec ha costruito una prima quantificazione comparativa in "Y a-t-il une herméneutique anselmienne?," *Spicilegium Beccense*, II, 492.

[2] *Monologion Prologus*: Schmitt I,8: *nihil potui invenire, quod non catholicorum Patrum et maxime beati Augustini, scriptis cohaeret.*

[3] *Cur deus homo Commendatio operis*: Schmitt II,40: *Nam et illi, quia "breves dies hominis sunt"* (Job 14:5), *non omnia quae possent, si diutius vixissent, dicere potuerunt; et veritatis ratio tam ampla tamque profunda est, ut a mortalibus nequeat exhauriri.*

[4] *De libero arbitrio* II,ii,5: *CC* XXIX,238.

[5] *Monologion* I: Schmitt I,13: *Si quis unam naturam, summam omnium quae sunt ... aliaque perplura quae de Deo sive de eius creatura necessarie credimus, aut non audiendo aut non credendo ignorat: puto quia ea ipsa ex magna parte, si vel mediocris ingenii est, potest ipse sibi saltem sola ratione persuadere.*

[6] *De libero arbitrio* II,iii,7: *CC*XXIX,239: *Quare prius abs te quaero, ut de manifestissimis capiamus exordium, utrum tu ipse sis.* Che anche il *Proslogion* sia impostato, per quanto riguarda l'*unum argumentum*, in modo rigorosamente razionale, sia cioè un'opera filosofica, risulta già dalla stretta correlazione che esiste col *Monologion*. Cf. E. Maccagnolo, "La continuità di 'Monologion' e 'Proslogion,' " *Studi di filosofia in onore di Gustavo Bontadini*, Vita e Pensiero (Milano 1975), II, 345-67.

[7] *De libero arbitrio* II,ii,6: *CC* XXIX,239. La necessità di *credere* per *comprendere* è sottolineata da R. Pouchet, *La rectitudo chez saint Anselme. Un itinéraire de l'âme à Dieu* (Paris: Etudes Augustiniennes, 1964), pp.70-72, come il principio metodico fondamentale che stabilisce la stretta affinità tra *De libero arbitrio* e *Proslogion*. L'incidenza di questo punto di partenza è però spinta troppo oltre, probabilmente per suggestione dell'interpretazione di Barth, fino ad affermare che "il termine di 'prova' nel senso moderno ci sembra improprio, quando si tratta dell'argomento del *Proslogion*" p.72. A noi pare invece che la natura dell'*unum argumentum*, il suo nucleo razionale, non sia pregiudicata dal punto di partenza. L'anteriorità del *credere* va intesa in senso temporale, non come premessa logica: è *ratio cognoscendi, non ratio essendi* della prova. La ragione è invece anteriore per natura, come dice Giovanni Scoto: *De divisione naturarum* I,68: Sheldon-Williams 196: *Non ignoras, ut opinor, maioris dignitatis esse quod prius est natura quam quod prius est tempore ... Rationem priorem esse natura, auctoritatem vero tempore didicimus.* Per inserire il pensiero di Anselmo in questo contesto basta leggere il suo *"fides*

quaerens intellectum" secondo il principio agostiniano di *De trinitate* XV,ii,2: *Fides quaerit, intellectus invenit.* Il "trovare" è per natura superiore al "cercare." *Credere* è "utile" ma l'*intelligere* è l'attività più propria e più alta dell'anima (*Epistola CXX* II,12: *Anima itaque considerata ... sed eius quod habet praecipuum, id est mentem atque intelligentiam*; *De praedestinatione sanctorum* II,5: *Quis enim non vidit prius esse cogitare quam credere? Nullus quippe credit aliquid, nisi prius cogitaverit esse credendum.* Anche per Agostino la *fides* è ratio cognoscendi dell'*intelligere* e l'*intelligere* ratio essendi del *credere*.

[8] F.S. Schmitt, per dimostrare il carattere filosofico dell'argomento anselmiano contro l'interpretazione teologica di Karl Barth, nega che Anselmo intenda col concetto dell'*id quo maius* "definire" il termine "Dio": "si rileggano attentamente a questo scopo i capitoli II-IV, e si vedrà che mai, per tutta la durata della dimostrazione, si incontra la frase *Deus est id quo nihil maius cogitari potest*, ma sempre il semplice concetto *id quo nihil maius cogitari potest* (Introduzione a S. *Anselmo d'Aosta, Il Proslogion, le Orazioni e le Meditazioni* [Padova: Cedam 1959], p. 65.). In realtà *Proslogion* IV: Schmitt I,104 dice proprio: *Deus enim est id quo maius cogitari non potest.* Comunque tutto ciò non modifica i termini della questione affrontata qui.

[9] *Proslogion Prooemium*: Schmitt I,93.

[10] *Responsio editoris* VII: Schmitt I,137: *non ergo irrationabiliter contra insipientem ad probandum Deum esse attuli "quo maius cogitari non possit," cum illud nullo modo, istud aliquo modo intelligeret.* J. Moreau, *Pour ou contre l'insensé? Essai sur la preuve anselmienne* (Paris: Vrin, 1967), p. 12, sottolineando l'*attuli* ritiene di poter concludere per la novità del punto di partenza.

[11] Luoghi citati da F.S. Schmitt nell'apparato critico: Schmitt I,102.

[12] Altri passi di Agostino sono citati da A.Koyré, *L'idée de Dieu dans la philosophie de Saint Anselme* (1923; rpt. Paris: Vrin, 1984), p. 172, n. 3.

[13] *Proslogion* XV: Schmitt I,112.

[14] *De libero arbitrio* II,vi,14: *CC* XXIX,246; *Evodius. Non enim mihi placet Deum appellare, quo mea ratio est inferior, sed quo nullus est superior. Augustinus. ... Sed, quaeso te, si non inueneris esse aliquid supra nostram rationem nisi quod aeternum atque incommutabile est, dubitabisne hunc Deum dicere?*

[15] *De libero arbitrio* II,vi,14: *CC* XXIX,247: *manifestum erit Deum esse, cum ego, quod promisi, esse supra rationem eodem ipso adiuuante monstrauero.*

[16] *Monologion* LXV: Schmitt I,75: *Aut si ineffabilis est: quomodo est ita, sicut est disputatum?*

[17] *De doctrina christiana* I,vi,6: *CC* XXXIV,9ff.

[18] *De libero arbitrio* II,xiii,35: *CC* XXIX,261.

[19] *Monologion* XLV: Schmitt I,76: *quia sic est summa essentia supra et extra omnem aliam naturam, ut si quando de illa dicitur aliquid verbis, quae communia sunt aliis naturis, sensus nullatenus sit communis?*

[20] *Monologion* XXXVI: Schmitt I,54: *Qua ex re manifestissime comprehendi potest, quomodo dicat idem spiritus vel quomodo sciat ea quae facta sunt, ab humana scientia comprehendi non posse.*

[21] *Monologion* XXXVI: Schmitt I,55: *Quomodo comprehendat humana mens cuiusmodi sit illud dicere, et illa scientia, quae sic longe superior et verior est creatis substantiis, si nostra scientia tam longe superatur ab illis, quantum earum similitudo distat ab earum essentia?*

[22] La frattura che H. de Lubac sottolinea nel suo "Sur le chapître XIV du *Proslogion*," *Spicilegium Beccense* I, 295-312, non tocca questo particolare aspetto della questione, riferendosi invece alla differenza, esterna all'*unum argumentum*, fra "provare" e "trovare," fra "successo della dialettica" e "gioia del Signore" p. 305, nella stessa direzione insiste con pertinenza su "l'extrême rationalité et l'insatisfaction extrême de la pensée anselmienne" e sul fatto che "plus Dieu est prouvé, moins il est trouvé," Y. Cattin, "*Proslogion* et *De veritate: ratio, fides, veritas*," *Spicilegium Beccense* II, 596ff.

[23] *Proslogion* XIV: Schmitt I,111: *Nam si non invenisti Deum tuum: quomodo est ille hoc quod invenisti, et quod illum tam certa veritate et vera certitudine intellexisti?.*

[24] H.U. von Balthasar, *Anselmo in Gloria*, trans. M. Fiorillo (Milano: Jaca Book, 1978) II, p. 199.

[25] Una ricca esemplificazione alle pp. 199-202 dell'opera citata alla nota precedente.

[26] *De diuersis quaestionibus LXXXIII* XXX: *BA* 10,86.

[27] *Monologion* LXV: Schmitt I,76: *Sic quippe unam eandemque rem dicimus et non dicimus, videmus et non videmus. Dicimus et videmus per aliud, non dicimus et non videmus per suam proprietatem.*

28 *Confessiones* VII,xx,26.

29 *De libero arbitrio* II,xiv,38: *CC* XXIX,263: *Ac per hoc eam manifestum est mentibus nostris, quae ab ipsa una fiunt singulae sapientes et non de ipsa, sed per ipsam de ceteris iudices, sine dubitatione esse potiorem.*

30 *Enarrationes in Psalmum CXLV* 5: *CC* XL,2108: *ex quadam uero parte, quam uocant mentem rationalem. . . reuocat se ab exterioribus ad interiora, ab inferioribus ad superiora.*

31 *Epistola CLX* 2: *NBA* XXII,660: *quae ratio si auferatur, quod dictu nefas est, non erit Deus, si ratio non ostenderit necesse esse Deum.*

32 *Epistola CLXII* 1: *NBA* XXII,670.

33 *Epistola CLXII* 2: *NBA* XXII,672.

34 *Epistola CLX* 2: *NBA* XXII, 658: *Iam nunc quoniam ratio ostendit Deum esse, vel necesse esse ut Deus esset, quid cui praeponemus? Rationem Deo . . . an Deum rationi, sine qua Deum nullatenus esse probabile est?*

35 *Epistola CLX* 3: *NBA* XXII,660.

36 *De trinitate* V,ix,10: *CC* L(A),217.

37 *De ordine* II,xvi,44: *NBA* III/1,344: *quisquis ergo ista nesciens, non dico de summo illo Deo, qui scitur melius nesciendo.*

38 *Epistola CLX* 4: *NBA* XXII,662.

Die Bedeutung des philosophisch-theologischen Denkens Anselms von Canterbury für heute

Klaus Kienzler

Ein Vorblick

Hat das philosophisch-theologische Denken eines Anselm von Canterbury, des Vaters der Scholastik — wie er gerne genannt wird — heute noch Bedeutung? Man könnte zunächst daran zweifeln, wenn man auf die heutige Anselmforschung und ihre Rezeption in Philosophie und Theologie schaut. Es bleibt der Anschein, daß man sich mit der tatsächlichen Bedeutung Anselms heute schwer tue. Vielleicht ist die relative Bedeutungslosigkeit Anselms aber auch nur das tiefere Symptom eines Rückgangs oder gar Verfalls gewisser philosophisch-theologischer Traditionen und Anstrengungen heute.

Diese Einschätzung war nicht immer so. Oft genug stand Anselm von Canterbury über Jahrhunderte im Schnittpunkt philosophisch-theologischer Überlegungen. Um zu seiner heutigen Bedeutung hinzuführen, muß man Umwege gehen. Ich will deshalb mein Thema sozusagen von hinten aufzäumen. Ich will einen heutigen wichtigen Vertreter religionsphilosophischen Denkens ins Gespräch bringen, der nicht in Deutschland lebt und in dessen Werk Anselm von Canterbury dem Namen nach keine besondere Rolle spielt, dessen religionsphilosophische Ansätze aber auf die Denkform eines Anselm von Canterbury aufmerksam machen müßten. Ich meine den jüdischen Religionsphilosophen E. Levinas, der nun über achtzigjährig in Paris lebt, viele Jahre an der Sorbonne dozierte, über Europa hinaus in vielen Ländern hohe Anerkennung genießt, im deutschsprachigen Raum lange Zeit unbeachtet blieb und erst in den letzten Jahren Aufmerksamkeit erregte, als ihm der erste Karl-Jaspers-Preis der Städte Basel und Heidelberg zugesprochen wurde. E. Levinas steht fest in der europäisch-philosophisch-theologischen Tradition und hat darin beachtenswerte Neuaufbrüche in Bewegung gesetzt.

Auf welche Weise will ich E. Levinas mit Anselm von Canterbury ins Spiel bringen? Ich will im folgenden Anselm von Canterbury an einem Grundgedanken des jüdischen Religionsphilosophen spiegeln. Ich will diesen Grundgedanken zum Anlaß nehmen, um auf die Bedeutung aufmerksam zu machen, die Anselm von Canterbury im Laufe der Jahrhunderte in Philosophie und Theologie hatte und die er in einer neubedachten Religionsphilosophie möglicherweise heute noch haben kann.

Zuerst also zu einem wesentlichen Grundgedanken E. Levinas. Es ist die "Idee des Unendlichen." So hat E. Levinas einen seiner wichtigen Artikel selbst überschrieben. Ohne Zweifel führt die "Idee des Unendlichen" auch in die Mitte eines seiner bedeutsamsten und grundlegendsten Bücher: "Totalité et infini" — "Totalität und Unendlichkeit." [1] Schon die Idee des Unendlichen reiht E. Levinas in die lange Reihe abendländisch-theologischer Philosophie ein; seine eigene Fassung von ihr geben ihm darüber hinaus eine unverwechselbare Gestalt. Auch ein Anselm von Canterbury wäre in diese Traditionsreihe einzuordnen und von ihr her sein Ort zu beschreiben. Die philosophische Idee des Unendlichen oder theologisch die Idee Gottes prägte bis vor kurzem die abendländische Philosophie und Theologie; was nicht verwundert, denn sie ist offensichtlich zugleich ein bedeutsames philosophisches wie theologisches Thema. Von daher kann man auch mit Recht sagen, die abendländische Philosophie sei bis vor kurzem theologische Philosophie gewesen. An ihren Schnittpunkten tauchte der Grundgedanken Anselms immer wieder auf, um nur Descartes, Kant oder Hegel zu erwähnen.

Des weiteren brachte die jeweilige Auslegung der "Idee des Unendlichen" unterschiedliche Denkansätze in der abendländischen Philosophie und Theologie hervor. Dies herauszuarbeiten ist ein besonderes Anliegen von E. Levinas. Er kennzeichnet darin zwei namhafte Traditionen, die sich vor der Idee des Unendlichen entweder zu einer Philosophie bzw. Theologie der Autonomie — also mit Betonung auf der Selbständigkeit der Philosophie — oder zu einer solchen der Heteronomie — also mit der Einsicht in die Abkünftigkeit des Denkens — entwickelten; d.h. eine philosophische Strömung seit den Griechen versuchte, die Idee des Unendlichen in autonome Bewußtseinsphilosophie zurückzubiegen. Eine andere weniger auffällige versuchte, die Idee des Unendlichen in ihrer Transzendenz zu wahren. Auffallend dabei ist, daß Anselm von Canterbury bei den herausragenden Spitzen sowohl einer Philosophie der Autonomie (etwa Kant und Hegel) wie aber auch bei Theologen der Heteronomie (bis hin zu Karl Barth) besondere Beachtung fand und in der jeweils eigenen Richtung interpretiert wurde. Anselm von Canterbury wird dadurch zu einer schillernden Gestalt, der offensichtlich nach allen Seiten etwas zu sagen hatte, wobei nicht ausgemacht war, wohin er eigentlich gehörte.

Für unseren Vergleich zwischen Anselm von Canterbury und E. Levinas kommt es mir nun darauf an, daß der französische Religionsphilosoph vor allem bei Descartes eine originäre Ausformung der Idee des Unendlichen wiedergefunden hat, die ihn zu seinem eigenen Grundgedanken anregte. Ich meine nun, daß diese Idee des Unendlichen, wie E. Levinas sie bei Descartes findet und wo sie auf komplizierte Weise ausgesprochen wird, bei Anselm von Canterbury einfacher und deutlicher da ist. Dies ist der Anlaß, warum ich meine, in Anselms Werk ein philosophisch-theologisches Denken am Werk zu sehen, das von ihm über Descartes bis herüber zum wichtigen Gedanken eines E. Levinas heute reicht. Es handelt sich dabei um ein Denken, das sich nicht einfach in eine Philosophie der Autonomie einordnen läßt (wie es etwa Hegel gerne wollte), sondern auf besondere Weise von der Heteronomie des philosophischen wie theologischen Denkens zeugt und dafür ein herausragendes Dokument darstellt. Autonomie oder Heteronomie sind aber ein Grundproblem der Philosophie bis heute geblieben. Auf die geschichtlichen und wirkungsgeschichtlichen Zusammenhänge der bisher genannten Philosophen wie Theologen kann ich (etwa von Anselm von Canterbury und Descartes) jetzt und später nicht näher eingehen. Wichtig bleibt mir dabei allein, auf eine philosophisch-theologische Denkform hinzuweisen, die bei Anselm von Canterbury anzutreffen ist und heute bei E. Levinas wieder im Mittelpunkt des Denkens steht.

Welche Bedeutung hat aber "die Idee des Unendlichen" in jener zuletzt genannten Tradition theologischer Philosophie bis heute? Um es kurz vorwegzunehmen, was später noch zur Sprache kommen muß: Diese "Idee des Unendlichen" führt bei E. Levinas zu einer Philosophie des "Anderen," zu einer Philosophie der Transzendenz, wo die Autonomie des Denkens nicht das letzte Wort hat, sondern die philosophische Autonomie von dem "Anderen," von dem Unendlichen oder Gott, betroffen und aufgebrochen ist. Damit ist zwar noch recht wenig zu einer Philosophie des "Anderen" eines E. Levinas gesagt, die keineswegs nur als philosophische Aussage verstanden sein will, sondern in alle Lebensbereiche eingreift. Aber die Idee des Unendlichen (im Denken) ist der Stoß des Anderen ins höchste Geistvermögen des Menschen hinein, ins Denken, der unendliche Folgen für die Philosophie hinterläßt. Was E. Levinas philosophisch in die Idee des Unendlichen faßt, hat Anselm von Canterbury auf vielleicht theologischere Weise im Sinn, wenn er ebenfalls auf das Denken achtet und bemerkt, was im höchsten Vollzug des Denkens geschieht und daß dort der heteronome Gott einen Ort hat und daß er wirklich dieses Denken selbst bewegt. Bei Anselm von Canterbury wie bei E. Levinas geht es daher um ein Ereignis im Denken. Aber dort bezeugt sich für beide die Heteronomie aller Philosophie und Theologie. Wenn wir uns also auf dieses Grundproblem abendländischer Philosophie und Theologie, von Autonomie oder Heteronomie des Denkens nämlich, einlassen, dann wird uns die bleibende Bedeutung eines Anselm von Canterbury zu Gesicht kommen, eine Bedeutung, die heute noch nicht überholt ist, sondern sich in den verschiedensten Abwandlungen desselben Problems immer wieder auftut. Dann dürfte Anselm von Canterburys Kurzformel vom "größeren Gott" noch Sprengkraft für Philosophie und Theologie haben, insofern sich eine heutige Zeit mit den Grundproblemen des Geistes noch befaßt.

"Idee des Unendlichen" bei Anselm von Canterbury

Ich will mich im folgenden nicht in Einzelheiten verlieren, sondern auf Anselms damalige und heutige Bedeutung abheben. Ich will den sicher zu kurz greifenden Versuch machen, einige wenige Merkmale seiner Philosophie und Theologie zu nennen und damit seine besondere geschichtliche Stellung zu verdeutlichen. [2]

Die besondere Zuspitzung auf das rationale und philosophische Moment innerhalb seines Theologisierens ist Anselms besonderes Merkmal. Dafür können verschiedene Zeitumstände angeführt werden, die eine solche Zuspitzung auf den rationalen Diskurs nahelegten. Daß aber Anselm von Canterbury so sehr auf die *ratio* und ihre Vernunftgründe setzte, bleibt seine Eigenheit. Es hatte zur Folge, daß Anselm von Canterbury das philosophische Denken nicht nur in die Theologie einführte, sondern mehr: Anselm von Canterbury thematisierte schließlich das philosophische Denken selbst, wie es für einen christlichen Theologen bisher unerhört war. Anselm von Canterbury hatte offensichtlich ein ungeheures Vertrauen in die menschliche Vernunft, um ihr in der Theologie ein Heimatrecht zu geben; er lotete aber auch die *ratio* in ihren Tiefen aus, um ihren Wert für die Theologie zu erkennen. Und Anselm von Canterbury fand offensichtlich sein Vertrauen bestätigt: Das Denken hat seinen berechtigten Platz in der Theologie, ja der Glaube muß sich geradezu der Vernunft anvertrauen. Damit ist Anselm von Canterbury zu einem eigenständigen und genuinen Vertreter einer philosophischen Theologie geworden. Er hat damit nicht nur eine neue Zeit angekündigt, die sich seit dem Mittelalter in einer langen philosophisch-theologischen Tradition breit machte, sondern er hat über die Jahrhunderte hinweg allen denen bleibende Anregungen gegeben, die das Verhältnis von Philosophie und Theologie als wesentlich erkannten. Und dies war ohne Zweifel die beste Zeit abendländischer Philosophie und Theologie.

Aber Anselm von Canterbury wäre wohl nur noch als Promotor einer neuen Zeit und eines neuen Geistes erwähnt worden, wenn sein theologisch-philosophisches Denken nicht bedeutsamste Anstöße und Ergebnisse für Philosophie und Theologie gebracht hätte. Diese sind besonders mit zwei seiner Schriften verbunden, mit dem *Proslogion* (*Anrede*), in dem das berühmt gewordene sogenannte "ontologische Argument" formuliert ist, und mit der Schrift *Cur deus homo* (*Warum Gott Mensch geworden ist*), in der Anselm von Canterbury die Menschwerdung Gottes auf philosophische und theologische Weise erörtert.

Die Inhalte dieser beiden Schriften müssen hier nicht referiert werden.[3] Es ist nur der eine Grundgedanke festzuhalten, der — so verschieden die beiden Schriften sind — sich hier wie dort durchhält und der eine ausgezeichnete Frucht des neuen Denkens Anselms ist: Wird der Gottesgedanke in das philosophische Denken eingebracht, so erkennt dieses Denken für sich, daß dieser Gott der "je größere" ist. Mag diese Erkenntnis auf den ersten Blick geringfügig anmuten, so hat sie doch ungeheure Konsequenzen. Denn die Grundüberzeugung Anselms vom "je größeren Gott" hat sowohl der Philosophie wie der Theologie wesentliche Anregungen gegeben. Sie appelliert etwa an die Philosophie, sich mit allen ihren vornehmsten Geisteskräften mit dem Gottesgedanken zu beschäftigen, um zu erkennen, daß Gott in aller Wahrheit mit dem Denken zu tun hat, er aber so mit dem Denken zu tun hat, daß er als der "größer als menschliches Denken" aus ihm hervorgeht. Ein solcher Gottesgedanke kann einer Philosophie nicht gleichgültig sein. Und die Grundüberzeugung Anselms appelliert an die Theologie, am Maß rationaler Philosophie zu ermessen, was der christliche Gott (etwa in der Menschwerdung) für den Menschen vollbracht hat, um zu erkennen, daß Gottes Handeln auf unermeßliche Weise übersteigt, was sich menschliche Weisheit (in ihrem höchsten Aufstieg) zu erdenken vermöchte. Anselms Grundgedanke vom "größeren Gott" schließt den Gottesgedanken für eine jede Philosophie auf und verweist andererseits die Theologie an die Philosophie, um von ihrer höchsten Möglichkeit des Erkennens Gebrauch zu machen.

Diese Herausforderungen, die Anselms These vom "größeren Gott" enthält, mögen der Grund gewesen sein, warum Philosophie und Theologie über lange Zeiten vor allem mit dem *Proslogion* und *Cur deus homo* beschäftigt blieben. Es muß noch hinzugefügt werden, daß die Auseinandersetzung allerdings oft in sehr viel formaleren Bahnen verlief und die Quintessenz des größeren Gottes nicht in jener kompakten Gestalt rezipiert wurde, wie ich sie eben wiedergegeben habe. Aber im Untergrund mögen diese Motive doch dafür ausschlaggebend gewesen sein. Im folgenden will ich diese Bedeutung Anselms für die Philosophie und für die Theologie im einzelnen etwas näher erläutern.

Anselms Bedeutung für eine theologische Philosophie.

In der abendländischen Philosophie hat der Gottesgedanke bis vor kurzem eine höchst bedeutsame Rolle gespielt. Sie war darum in ihrer Spitze oft theologische Philosophie. Dies zu sagen heißt nicht, der Philosophie ihre Autonomie bestreiten, heißt auch nicht, daß Theologie auf ungerechtfertigte Weise in die Philosophie hineingetragen würde. Es meint nur, daß Gott der höchste Gegenstand solchen Philosophierens war. Und Gott war nicht nur der höchste Gegenstand der Philosophie, sondern er betraf das Wesen der Philosophie selbst zutiefst. In der Beschäftigung mit Gott ging dem philosophischen Denken immer wieder auf, daß es endliches Denken ist und auf den unendlichen Gott im Denken verwiesen bleibt. Gott hatte einen Platz im philosophischen Denken; ohne Gottesgedanke schien philosophisches Denken nicht begriffen werden zu können. Daß Gott in den jeweiligen philosophischen Systemen ein unterschiedlicher Ort zukam, muß nicht eigens betont zu werden. Aber, insofern sich solches philosophisches Denken im Anfang oder an seinem Ende auf Gott bezog, war es allemal theologisches Philosophieren.

Welche Bedeutung ist nun Anselm von Canterbury in dieser Tradition theologischer Philosophie zuzuweisen? Von den Philosophen dieser Tradition ist ihm immer wieder ein hoher Rang zuerkannt worden. Anselms philosophischer Beitrag ist in seinem berühmten Argument des *Proslogion* enthalten, das seit Kant "ontologischer Gottesbeweis" genannt wird und wohl zu Unrecht unter diesem Namen tradiert wurde. Aber in diesem Argument erhält die Denkform Anselms nur ihre äußerste Zuspitzung, die sein Denken insgesamt bewegt. Deshalb ist nicht auf die komplizierte Gestalt des Arguments im einzelnen einzugehen, sondern hervorzuheben, worum es ihm im Grunde dabei geht. Anselm von Canterbury ist natürlich ein christlicher Theologe. Aber das Erstaunliche an ihm ist, daß er dabei die *ratio* und die Philosophie nicht vereinnahmt, sondern sie voll und ganz zu ihrem Recht kommen läßt. Wir haben darüber schon gesprochen. Anselm von Canterbury thematisiert den ersten Gegenstand der Philosophie, das Denken selbst. Er achtet darauf, was in der *ratio*, im Denken, geschieht und wie es sich vollzieht. Dabei kommt er zu der grundstürzenden und famos gewordenen Erkenntnis, daß im philosophischen Denken eine Bewegung im Gange ist, die über das Denken selbst hinausweist. Dies ist die Quintessenz seines berühmten Argumentes, daß im Denken etwas wirkt und anwesend ist, was "größer" ist als das Denken und doch als Grenzbegriff des Denkens gedacht werden muß. Es ist zugleich der berühmte philosophische Gottesbegriff, den Anselm von Canterbury entdeckte, und den er im *Proslogion* formuliert: Wenn das Denken auf sich selbst achtet, dann ist Gott *id quod maius cogitari nequit* — Gott ist derjenige, der größer nicht gedacht werden kann — und größer als das Denken gedacht werden muß, würde ich interpretierend hinzufügen. Gott ist auch philosophisch gesprochen der "je größere Gott." Wenn wir diesen Beitrag Anselms für eine theologische Philosophie anerkennen können, dann werden wir sehen, daß Anselm von Canterbury dabei die Philosophie nicht theologisch unterwandert hat, sondern daß er dem endlichen Denken seinen eigenen Platz und sein Recht, aber auch seine Möglichkeiten und seine Grenzen zugewiesen hat. Er hat menschliche Vernunft und Gottesgedanken in ein erhellendes und wegweisendes Zueinander gebracht. Damit hat er das Programm einer theologischen Philosophie auf seine Weise neu formuliert. Sie hat wenigstens bis Hegel weitergewirkt.

Es darf aber auch nicht der Verdacht verschwiegen werden, der seit Anselm von Canterbury und vorher schon gegen eine solche theologische Philosophie vorgetragen wurde. Es ist der Verdacht, den vor allem dann L. Feuerbach geäußert hat, ob sich denn das Denken nicht selbst etwas vormache, wenn es auf sich schaut und dabei meine, über sich hinaus zu einem philosophischen Gott weiterschreiten zu müssen. L. Feuerbach hat dabei — wie bekannt — von Projektion oder Spiegelfechterei des Denkens gesprochen. Denn dieser Gott sei letztlich vom Denken selbst ausgedacht, das in seine eigenen Fallstricke geraten sei. Dieser ausgedachte Gott stamme also aus dem Denken selbst und sei einem Selbstbetrug des abendländischen Denkens entsprungen. Dieser Verdacht L. Feuerbachs ist in seinem ganzen Ernst zu nehmen. Es scheint mir bis heute nicht recht gelungen zu sein, diesen Verdacht weder von Seiten der Philosophen noch von Seiten der Theologen auszuräumen. Es kann zwar viel Einzelnes und Wichtiges dazu geäußert werden, aber die grundsätzliche Verdächtigung bleibt bestehen.

Nun ist es interessant zu sehen, wie Anselm von Canterbury gegen seinen berühmten Gegner Gaunilo schon eine ähnliche Auseinandersetzung führte.[4] Denn dieser scharfsichtige Ordenstheologe hielt Anselm von Canterbury unumwunden vor, sein Gottesbegriff führe in Wahrheit gar nicht über das Denken hinaus, sondern sei die originäre Leistung der subjektiven Seelenkräfte. Anselm von Canterbury hat Gaunilo noch scharfsichtiger geantwortet. Und in dieser Antwort scheint mir in der Tat ein Argument vorzuliegen, das nicht nur gegen den Zeitgenossen Gaunilo standhält, sondern auch die Gesprächsebene eröffnet, um den Verdächtigungen eines L. Feuerbach und aller seiner Epigonen zu entgegnen. Und die Zahl der Verdächtigenden ist bis heute groß. In Wirklichkeit ist es wohl so, daß L. Feuerbachs Verdacht in hundertfältigen Abwandlungen bis heute immer wieder wiederholt wird. Die Antwort, die Anselm von Canterbury einem Gaunilo gegeben hat, wäre deshalb heute unter geänderten Voraussetzungen zu überdenken und in ihrem

Gewicht ins Spiel zu bringen. Hier würde die Bedeutung Anselms auf besondere Weise zutage treten können.

Was ich zuletzt am Beispiel Anselms zur Sprache gebracht habe, wird bei E. Levinas auf ähnliche Weise in der Problematik von Autonomie oder Heteronomie der Philosophie thematisiert. Für ihn ist der Gottesgedanke eine Einbruchsstelle in die Philosophie, die das Denken vor einer stolzen Autonomie mit allen ihren verheerenden Folgen bewahren könnte und sie zu lehren vermöchte, daß sie nur am Anderen — und Gott ist so verstanden der Andere — zu sich selbst kommt. Was E. Levinas in einer Durchsicht der neueren Philosophie zu unserem Thema entdeckt hat, will ich im folgenden kurz Revue passieren lassen. Demnach wäre die neuere Philosophiegeschichte diese Auseinandersetzung von Autonomie und Heteronomie. Anselm von Canterbury spielte dabei im Hintergrund eine bewegende Rolle. Wie steht Anselm von Canterbury in der neueren Philosophiegeschichte:

(1) **Descartes und Anselm von Canterbury**: Mit Descartes, so sagt man gemeinhin, beginnt die neuere Philosophie und damit ihre Geschichte immer größerer Autonomie. Wir kennen die Suche Descartes nach einem tragenden philosophischen Fundament, das er letztlich im denkenden Ich, im "Ich denke," findet. Das denkende Ich wird zum alles tragenden Grund und zum autonomen Philosophen. In der Gewißheit des Denkens bekommt der Philosoph Boden unter die Füße. Die neuere Philosophie hat diesen Ausgangspunkt aufgenommen, ihn entwickelt und auf immer größere Autonomie des Denkens hin entfaltet. In dieser Richtung vor allem hat Descartes weitergewirkt.

E. Levinas hat auf eine Zweideutigkeit Descartes aufmerksam gemacht. Er hat den Finger auf eine scheinbare Seitenlinie gelegt, die immer auch bemerkt worden ist, aber dann keine große Aufmerksamkeit fand. In den *Meditationen* Descartes spielt nämlich Gott plötzlich auf eine eigenartige Weise herein. Denn indem Descartes das Denken in allen seinen Vermögen überprüft, stellt er sich die überraschende Frage, wie es sich denn mit der Idee Gottes verhalte, die ohne Zweifel dem Menschen gegeben und seinem Denken aufgegeben sei. Und er stellt fest, daß die Idee Gottes nicht vom Menschen ausgedacht sein könne, sondern ihm von Gott selbst eingegeben sein müße. Die Idee von Gott sei also keine nur subjektive menschliche Idee, sondern das Denken habe eine unausrottbare Beziehung zum Gottesgedanken. Das Denken selbst stehe insgesamt in dieser Beziehung zum Unendlichen oder zu Gott. Soweit in Kurzfassung Descartes Überlegungen in seiner *Dritte Meditation* — auf sie hat E. Levinas vor allem den Finger gelegt. Diese Überlegung stellt aber auch keine Episode in den Meditationen Descartes dar, sondern sie verbindet sich mit dem ontologischen Argument, das

Anselms Bedeutung für heute   105

Descartes dann vor allem in der *Fünfte Meditation* ausführt, das wir bereits von Anselm von Canterbury kennen und das Descartes in eigenständiger Formulierung wiederum einsetzte. Zum Schaden des ganzen Verständnisses Descartes hat sich die Rezeptionsgeschichte vor allem auf die *Fünfte Meditation* mit dem Thema des ontologischen Beweises gestürzt, ohne auf dessen Verankerung in der "Idee des Unendlichen" der *Dritte Meditation* Rücksicht zu nehmen. Aber auch Descartes ontologisches Argument darf nicht aus diesem Zusammenhang gerissen werden, wie E. Levinas überzeugend dargelegt hat. Zum Schluß bleibt die Zweideutigkeit Descartes stehen, daß ihm das "Ich denke" gewiß zum Fundament seiner neuen Philosophie geworden ist, dieses Denken selbst aber in der nicht weniger fundamentalen Beziehung zu Gott steht.

Ich habe Descartes nur äußerst grob referiert. Seine Argumentation ist sehr kompliziert und ist ohne philosophische Voraussetzungen schwer zu erkennen. Aber der Grundgedanke ist mir wichtig. Und diesen Grundgedanken haben wir auf einfachere und vielleicht strengere Weise bei Anselm von Canterbury schon gefunden: Das philosophische Denken, das sich radikal auf seine eigene Bewegung einläßt, entdeckt bei Anselm von Canterbury wie bei Descartes seine innere Ausrichtung auf Gott. Diese Beziehung zu Gott ist dabei solchem Denken so wesentlich, daß es ohne sie unverständlich wird und seine höchsten Gedanken nicht mehr begreift. Philosophie kann sich in diesem Sinn ohne Groll und ohne Eigenstolz als theologische Philosophie begreifen. E. Levinas hat seinen Fund bei Descartes mit Worten wiedergegeben, wie man Anselms Grundgedanken auch nicht besser zur Sprache bringen könnte: Bei Descartes unterhalte das Ich, das denkt, eine Beziehung zum Unendlichen. (E. Levinas spricht überall verhalten von der "Idee des Unendlichen" und selten von der "Idee Gottes.") Diese Idee des Unendlichen oder Gottes ist aber nicht nur eine Idee des Menschen, wie der Mensch zugestandenermaßen viele Ideen hat. Sondern diese Idee kommt von anderswoher; sie ist größer als das, was sich das Denken ausdenken kann. Die Idee des Unendlichen charakterisiert das Denken selbst. In den Worten E. Levinas, die ganz an Anselm von Canterbury erinnern: "Indem es das Unendliche denkt, denkt das Ich von vornherein mehr, als es denkt." Das Denken ist zutiefst so zu charakterisieren, daß es eine "Beziehung des Mehr im Weniger" unterhält. Im Denken ist ein "Mehr" oder mit Anselm von Canterbury ein *maius*, auf das das Denken selbst stößt, wenn es sich in seinem Vermögen erkennt. Dieses Mehr ist der Gottesgedanke, der sich dem Denken unabweisbar stellt, den es aber aus sich nicht zu erklären vermag. Und dies ist der Grund für die fundamental heteronome Struktur des Denkens, die E. Levinas damit angezeigt findet:

Die Idee des Unendlichen ist also die einzige, die uns etwas lehrt, was wir nicht schon wissen. Sie ist in uns hineingelegt ... Hier haben wir (im Denken) eine Erfahrung im einzig radikalen Sinne des Wortes: eine Beziehung mit dem Äußeren, mit dem Anderen, ohne daß dieses Außerhalb dem Selben (oder Selbstbewußtsein) integriert werden könnte.... Der Denker, der die Idee des Unendlichen hat, ist mehr als er selbst, und dieses Mehr kommt nicht von innen.... Die Andersheit des Anderen wird nicht annulliert, sie schmilzt nicht dahin in dem Gedanken, der sie denkt (195).

So verstandenes Denken im Sinne eines Anselm von Canterbury, eines Descartes und in den Worten eines E. Levinas ist ein ausgezeichnetes Zeugnis einer philosophischen Tradition, die sich dem Gottesgedanken nicht verschließt, sondern sich selbst auf Gott verwiesen weiß. Sie ist eine wahrhafte Alternative zu einer sich ausschließlich autonom verstehenden Philosophie.

(2) **Hegel und Anselm von Canterbury:** Hegel ist ohne Zweifel ein Höhepunkt theologischer Philosophie. Er ist es aber in einem besonderen Sinn, da er gerade in eine andere Richtung weist, als wir sie bei E. Levinas und Descartes vorfanden. Jedenfalls hatte Hegel ein besonderes Gespür für wichtige Ansätze einer theologischen Philosophie. Ihm ist auch die Bedeutung Anselm von Canterburys nicht verborgen geblieben. Er kommt in seinem Werk oft auf diesen frühmittelalterlichen Denker zurück. Die besondere Bedeutung Anselms für Hegel fällt in seinen großen "Vorlesungen zur Geschichte der Philosophie" sofort auf.[5] Hegel hat über Anselm von Canterbury allein mehr zu sagen als über alle anderen großen Scholastiker zusammen (Thomas von Aquin eingeschlossen). Und Hegel macht auch keinen Hehl daraus, warum dem so sei.

"Vater der Scholastik": Hegel ist des öfteren auf Anselm von Canterbury zu sprechen gekommen. Er hat den Titel vom "Vater der Scholastik" übernommen und in seinem Recht bestätigt. Der Grund dafür dürfte in den Äußerungen Hegels selbst zu finden sein. Hegel führt immer wieder jene Aussage aus einem der Hauptwerke Anselms *Cur deus homo* an, daß es eine unentschuldbare Nachlässigkeit der Theologen wäre, es beim baren Glauben zu belassen und sich nicht um eine rationale Durchdringung des Glaubens und um seine vernünftige Verantwortung zu bemühen. Dies ist in der Tat dieses Hauptkennzeichen der mittelalterlichen Scholastik, daß sie nun der rationalen Begründung in Theologie auf eine Weise Einlaß gewährt, wie es zuvor nicht geschehen ist. Hegel führt das Programm Anselm von Canterburys in seinen Vorlesungen mit einem Zitat ein, das nur als Kundgabe seiner Sympathie zu werten ist, daß nämlich "der Christ durch den Glauben zur Vernunft fortgehen müsse (554)." Hegel dürfte diese Aufgabe sehr wörtlich gemeint haben: Die Theologie muß zur Philosophie fortschreiten, wie er es selbst getan hat. Diese Forderung ist zugleich der Aufruf zu einer theologischen Philosophie. Den ersten Schritt zu einer solchen theologischen Philosophie getan zu haben, rechnet Hegel Anselm von Canterbury hoch an. Damit habe Anselm von Canterbury die "Grundlagen zur scholastischen Theologie (und Philosophie) gelegt." Hegel hatte auch das Gespür, daß mit der Scholastik durchaus eine neue Zeit im Christentum angebrochen war, und er hatte dabei vor allem Anselm von Canterburys philosophische Theologie im Blick. Hegel:

> Anselm war es, der die Philosophie der Scholastiker erregte und mit der Philosophie die Theologie verband; die Theologie des Mittelalters steht so viel höher als die der neueren Zeit. Nie sind Katholiken solche Barbaren gewesen, daß über die ewige Wahrheit nicht erkannt, sie nicht philosophisch gefaßt werden sollte (560).

Hegel hatte Grund, Anselm von Canterbury so sehr herauszuheben. Denn im Argument des *Proslogion* fand Hegel einen Anfang, den er selbst vollenden wollte. Er fand in diesem Argument ein Denken vor, das Hegel "reines" und "absolutes" Denken nennt, und das sein eigenstes Anliegen war. Wir hatten schon darauf hingewiesen, daß sich Anselm von Canterbury auf radikale Weise auf das Denken selbst einließ und dabei auf eine Bewegung des Denkens stieß, das über sich hinausführt und auf Gott verweist. Gerade dies bestätigt nun Hegel und erregt sein höchstes Interesse. Hegel weist darauf hin, daß "wir hier das Denken nicht bloß subjektiv — also als Leistung des denkenden Subjekts nur — nehmen dürfen, sondern hier sei größeres im Spiel": für Hegel der " absolute, reine Gedanke (558)." Hegel unterstreicht also die Erkenntnis Anselms auf seine Weise, daß das Denken nicht nur subjektiv mit sich allein befaßt ist, sondern mitten im Denken das Unendliche und Absolute aufbricht. Soweit, so könnte man sagen, reiht sich Hegel gut in die bisherige Reihe von Anselm von Canterbury bis Descartes ein. Auch Hegel sieht in Anselms Argument die Spitze theologischer Philosophie formuliert.

Aber dann biegt Hegel von dem uns bisher bekannten Weg ab und schlägt einen ureigensten Ton an. Er gesteht Anselm von Canterbury zwar zu, daß er mit seinem Argument einen guten Anfang gemacht habe, aber auf halbem Weg stehen geblieben sei. Den Mangel, den Hegel Anselm von Canterbury vorwirft, können wir hier nicht ausführen, da er uns zu weit in Hegels eigene Philosophie hineinbrächte. Es ist nur die Richtung anzuzeigen, in welcher Hegel den Gedanken Anselms gerne vollenden wollte. Es ist der Weg des absoluten Denkens, das erst noch zu sich selbst kommen muß. Dieses absolute Denken ist zuhöchst davon erregt, daß es in sich den Gottesgedanken und die Idee des Absoluten vorfindet. Dieses Bewußtsein von

Gott in sich trägt nach Hegel das Denken über jedes begrenzte und endliche Denken hinaus. Statt sich in der Beziehung zum Unendlichen zu sehen, wie es Anselm von Canterbury tat, muß deshalb nach Hegel das Selbstbewußtsein größer werden. Es muß sich weiten. Das Denken muß erkennen, daß es größer als endliches Denken ist, und daß sich in ihm letztlich absolutes Denken vollzieht. Wird das Denken in sich des Gottesgedankens gewahr, so soll das Selbstbewußtsein nach der Forderung Hegels in sich zurückkehren (556), um sich als absolutes Denken zu erkennen. Hegel spricht es deutlich aus, daß von Anselm von Canterbury bis zu dem eigentlichen theologischen Philosophen, nämlich ihm Hegel, noch ein weiter Weg wäre. Denn er Hegel habe allein diesen Weg zu Ende gebracht, daß "Gott im Denken das absolute Wesen ist" und sich dieser Gott "im denkenden Ich selbst vollzieht, und daß jedes Ich, das diesen Gottesgedanken denkt, nicht nur denkendes Ich, sondern Moment im absoluten Selbstbewußtsein ist (560)." Damit hat Hegel das reine Denken als göttliches Denken charakterisiert. Er hat den Kreis des Denkens geschlossen. Der Kreis des Denkens ist göttliches Denken. In dieser Spitze ist es aber zugleich Höhepunkt autonomen und in sich bleibenden Denkens.

Allerdings hat Anselm von Canterbury wohl nie daran gedacht, sein Denken in solchem göttlichen Denken zu schließen. Im Gegenteil scheint Anselm von Canterbury gegen die Autonomie jeden absoluten Denkens gerade seine heteronome Herkunft zu betonen. Dies wäre aber nicht Schwäche, sondern Stärke des anselmianischen Gedankens. Es zeigt sich aber, wie weit Anselms Denken reichte, wie tief er sein Denken ansetzte, so daß sich beide philosophischen Traditionen einer autonomen wie einer heteronomen Philosophie auf ihn berufen konnten.

(3) **L. Feuerbach und Anselm von Canterbury**: Was geschieht, wenn die Philosophen dem Weg Hegels zum absoluten Denken nicht mehr folgen werden? Und es waren nicht viele, die mit Hegel weitergegangen sind. Das autonome göttliche Denken bröckelte sehr bald ab. Was ist dann noch von Anselm von Canterbury zu retten? Hegel hat in seinen Vorlesungen zu Anselm von Canterbury folgendes vermutet: Die Einheit des göttlichen Denkens tritt auseinander; es treten sich gegenüber das "endliche Bewußtsein" und das "absolute Wesen," wobei letzteres in ein Jenseits geworfen wird. Aber damit entfremde sich das Selbstbewußtsein von sich selbst; es wisse zwar von hehren Dingen, wisse aber nichts von sich selbst und daß diese hehren Dinge in ihm selbst lägen (560).

Genau diesen Weg ist im Grund L. Feuerbach nach Hegel gegangen. Er ist Hegel einesteils gefolgt und hat ihn andererseits auf den Kopf gestellt. Er hat Hegels Autonomie mitgenommen; sie aber vom Kopf auf die Füße gestellt. Er hat das göttliche Selbstbewußtsein Hegels aufgegeben und daraus ein irdisches gemacht. Nun ist alles, was dem Denken unterkommt, nicht mehr Ausdruck göttlichen, sondern menschlichen Denkens. L. Feuerbach ist den Weg des Selbstbewußtseins nicht weniger zu Ende gegangen, nur daß er das göttliche als Hirngespinst ausgab und dafür ein rein irdisches Bewußtsein eintauschte. Es erhebt sich die Frage, ob L. Feuerbach nicht eine gewisse Folgerichtigkeit zuzusprechen ist, und ob die Überhebung der menschlichen Vernunft durch Hegel nicht ihren eigenen Fall produzierte. Ob göttliche oder menschliche Autonomie — das Spiel um Begriffe scheint beliebig zu werden und einmal in dieser oder jener Richtung gespielt werden zu können.

Gegen ein christliches Denken, wie es uns in Anselm von Canterbury vorliegt, hat aber L. Feuerbach bezeichnenderweise wie Hegel argumentiert. Im Grunde hatte ja schon Hegel den grundlegenden Verdacht L. Feuerbachs geäußert. Christliches Denken sei eine rohe und vorletzte Möglichkeit. Es sei entfremdendes Denken. Im christlichen Denken träten das denkende Ich und die Idee des Absoluten auseinander. Die christlichen Theologen projizierten ihre hehrsten Gedanken in ein Jenseits. Das Christentum sei ein heteronomes System, ein System der Fremdherrschaft und des Jenseits. Die Wahrheit des Christentums müsse erst zu sich kommen, um zu erkennen, daß seine Wahrheiten nicht im Jenseits festgemacht sind, sondern im Menschen selbst liegen.

Meines Wissens nach hat sich L. Feuerbach nie mit Anselm von Canterbury befaßt. Aber einige Äußerungen treffen genau den Nerv, wo sich Anselm von Canterbury und L. Feuerbach trennen. Es ist kein Zweifel, daß L. Feuerbach gerade das in der christlichen Theologie kritisiert, was uns Anselm von Canterbury bedeutet. Hören wir in die Auseinandersetzung hinein, die L. Feuerbach in der dreizehnten Vorlesung über das "Wesen der Religion" mit christlichen Theologen von der Provenienz eines Anselm von Canterbury führt. Dort greift L. Feuerbach die christliche Vorstellung an:

> Gott soll nicht nur im Denken, im Geiste, sondern auch außer dem Geiste, unabhängig von unserem Denken existieren, ein von unserem Geiste, unseren Gedanken und Vorstellungen von ihm unterschiedenes Wesen sein.... Hierin haben wir die Lösung von den Schwierigkeiten, die die Existenz den Philosophen und Theologen gemacht, wie die sogenannten Beweise vom Dasein Gottes zeigen, die Lösung von Widersprüchen, die sich in den Erklärungen und Vorstellungen über die Existenz Gottes finden; hieraus begreifen wir, warum man Gott eine geistige Existenz zuschreibt.

Darum geht es in der Tat. Die Auseinandersetzung L. Feuerbachs setzt auf dem höchsten Niveau des Denkens ein. Es geht um die Auseinandersetzung von Gott und Denken. Nach Anselm von Canterbury ist Gott auf solche Weise im Denken, daß er nicht nur im Denken, sondern auch größer als das Denken ist. Gott ist im Denken und außerhalb des Denkens. Der Angriff L. Feuerbachs ist ein Angriff auf den "größeren Gott" Anselms. Denn könnte L. Feuerbach diesen Gott "größer als das Denken" anerkennen, müßte er auch das außerhalb Gottes begreifen. Darum ist im Zitat die Grenzscheide zwischen Hegel und L. Feuerbach nicht zu erkennen. Beide sehen es als ihre Aufgabe an, Gott in den Geist aufzuheben (den Gott im Geist und außerhalb des Geistes zu versöhnen), nur daß Hegel damit den göttlichen Geist meint und L. Feuerbach dafür in letzter Konsequenz etwas banal das psychologische Selbstbewußtsein des Menschen einsetzt. Wiederum ist zu sagen, auf welche Weise auch immer die Autonomie des Geistes betont wird, beide Male versucht man, den "größeren Gott" Anselm von Canterburys aus dem Denken zu tilgen.

Autonomie oder Heteronomie? E. Levinas

E. Levinas ist den Gründen nachgegangen, warum sich die theologische Philosophie des Abendlandes von Descartes bis Hegel auf eine einseitige Weise entwickelte und bei L. Feuerbach ihren gottlosen Charakter enthüllte. Und er verwies auf die andere Tradition, in der ein Anselm von Canterbury und auch ein Descartes genannt werden müssen, die eine heutige Alternative bieten kann und der er zu neuem Leben verhelfen will. E. Levinas formuliert das Problem lapidar auf folgende Weise:

> Autonomie oder Heteronomie? Die europäische Philosophie hat sich meistens für die Freiheit und das Selbe (das Selbst, das Ich, das Selbstbewußtsein) entschieden.... So schien das abendländische Denken sehr oft das Transzendente auszuschließen, alles Andere im Selben zu umfassen und die Autonomie als philosophisches Erstgeburtsrecht zu verkünden. [6]

Gegenüber der vorherrschenden autonomen Philosophie plädiert E. Levinas für eine Philosophie der Transzendenz und des "Anderen," für eine im Grunde heteronome Philosophie, die von der "Idee des Unendlichen" und dem Gedanken Gottes angeleitet und geführt wird.

Die von E. Levinas heraufbeschworene Alternative von Autonomie oder Heteronomie ist keine Gedankenspielerei, sondern infiziert unser geistiges Leben insgesamt. Hören wir seine Gedanken zur Entscheidung der abendländischen Philosophie:

> Die abendländische Philosophie fällt mit der Enthüllung des Anderen zusammen; dabei verliert das Andere, das sich als Sein

manifestiert, seine Andersheit. Von ihrem Beginn an ist die Philosophie vom Entsetzen vor dem Anderen, das Anderes bleibt, ergriffen, von ein er unüberwindlichen Allergie. Aus diesem Grunde ist sie wesentlich Philosophie des Seins, ist Seinsverständnis ihr letztes Wort und die fundamentale Struktur des Menschen. Aus diesem Grunde auch wird sie Philosophie der Immanenz und der Autonomie oder Atheismus. Von Aristoteles bis Leibniz über die Scholastiker ist der Gott der Philosophen ein der Vernunft entsprechender Gott, ein verstandener Gott, der die Autonomie des Bewußtseins nicht zu trüben vermöchte; durch alle Abenteuer hindurch findet sich das Bewußtsein als es selbst wieder, es kehrt zu sich zurück wie Odysseus, der bei allen Fahrten nur auf seine Geburtsinsel zugeht.[7]

Die neuzeitliche autonome Philosophie ist der philosophische Gegensatz zum "größeren Gott" des Anselm von Canterbury. Sie hat auch Folgen für die Theologie. Sie ist in ihrem Ansatz atheistisch oder entpuppt sich spätestens an ihrem Ende als gottlos. L. Feuerbach ist dafür nur Zeuge. Die autonome Philosophie befaßt sich letztlich nur mit sich selbst, ihr Interesse ist ausschließlich das eigene Selbstbewußtsein. Sie kreist um sich selbst, und worauf sie ihr Denken auch immer richtet, das Selbstbewußtsein vereinnahmt alles und kehrt beständig zu sich selbst zurück. Das neuzeitliche Denken schließt sich in sich. Ohne Zweifel befaßte sich dieses Denken immer auch mit Gott. Aber selbst dieser höchste Gegenstand des Denkens wurde ihm einverleibt. Gott wurde immer mehr zu einem vernunftgerechten und verstandenen Gott, der die Autonomie des Denkens nicht mehr aufzubrechen vermochte, sondern immer mehr auf die Maße des vernünftigen menschlichen Geistes zurückgeschnitten wurde. Selbst Gott entkam nicht der Autonomie des philosophischen Geistes. Dagegen ist die "Idee des Unendlichen oder Anderen" E. Levinas und der "größere Gott" Anselm von Canterburys eine Alternative. E. Levinas beruft sich dabei auf Traditionszeugen wie Anselm von Canterbury. Auch Anselm von Canterbury hat sich auf das autonome und philosophische Denken eingelassen. Auch er war von der Größe des menschlichen Geistes und der Tiefe philosophischen Denkens überzeugt. Aber seine philosophische Versenkung führt zu ganz anderen Ufern. Sie verschloß sich nicht im Selbstwissen des Geistes. Sondern der Gottesgedanke wurde ihm zur Bruchstelle des Geistes. In der Tiefe des Geistes begegnete ihm der Andere, begegnete ihm das Andere des Denkens, das größer ist als alles menschliche Denken und das den Menschen zwingt, über sein Denken hinauszugehen. In der Tiefe seines Denkens widerfuhr ihm der "größere Gott," erfuhr er den lebendigen Gott des Glaubens. Dieser Gott ist nicht auszudenken, nicht zu vereinnahmen; dieser Gott steigt nicht aus den Vermögen der Seele hervor, er entspringt nicht den menschlichen Seelenkräften. Er ist der transzendente Gott, der das Denken von außen zu sich selbst ruft.

Anselm von Canterbury machte in der Mitte seines Denkens diese Erfahrung des anderen Gottes. Und dies ist für E. Levinas das Entscheidende: die Begegnung mit dem Anderen. Nach seinen Worten hat die abendländische Philosophie nichts mehr gemieden als die Begegnung mit dem Anderen. Sie versuchte, den Anderen zu entmündigen, ihn zu vereinnahmen, ihn ins eigene Bewußtsein aufzuarbeiten, ihn seiner Rechte als Anderer zu beschneiden. Dagegen fordert E. Levinas eine umfassende Philosophie des "Anderen." Und sie beginnt mit der Begegnung des transzendenten und anderen Gottes. Gott ist der ganz Andere. Dies ist die Bedeutung, die der "größere Gott" eines Anselm von Canterbury für eine Philosophie des Anderen haben könnte. Denn dieser größere Gott ist für Anselm von Canterbury der Stoß in das höchste Geistvermögen des Menschen, wo dem Denken aufgeht, daß es nicht allein ist und nicht allmächtig, sondern es dem ganz Anderen, dem größeren Gott, gegenüber ist. Der größere Gott versetzt dem autonomen Denken jenen Stoß, der es aufweckt aus seinem Schlummer, so daß es des Anderen in sich gewahr wird. Sicher — wird man sagen — Anselms Gott begegnet zuerst im Denken. Die Erfahrung des größeren Gottes ist zunächst "nur" ein Ereignis im Denken. Aber dieses Ereignis kann nicht weniger als unseren Geist erschüttern. Und solche Erschütterung mag dann wohl auch den ganzen Menschen ändern. Jedenfalls hat es E. Levinas unternommen, von dieser Erschütterung aus, die die "Idee des Unendlichen" in seinem Denken hervorrief, eine ganze "Philosophie des Anderen" zu erarbeiten. Wir können diese Philosophie des Anderen nach E. Levinas hier nicht erörtern. Aber wir können feststellen, daß die Begegnung mit Gott im Denken für E. Levinas so etwas wie die Urerfahrung des Anderen schlechthin geworden ist. Diese Urerfahrung des anderen und größeren Gottes inauguriert und motiviert jede weitere Begegnung mit dem Anderen, sei dieser Andere nun Gott, der andere Mensch oder die Welt als das nicht vereinnehmbare, sondern zu verantwortende Andere. E. Levinas könnte uns dort weiterführen, wo Anselm von Canterbury begonnen hat, und uns bis an die bedrängendsten und aktuellsten heutigen Fragen heranbringen.

Anselms Bedeutung für heute 113

Anmerkungen

1 "Die Philosophie und die Idee des Unendlichen," E. Levinas, *Die Spur des Anderen. Untersuchungen zur Phänomenologie und Sozialphilosophie* (Freiburg: Alber 1983), 185ff.; idem, *Wenn Gott ins Denken einfällt. Diskurse über die Betroffenheit von Transzendenz* (Freiburg: Alber, 1985); idem, *Ethik und Unendliches* (Wien: Böhlau, 1986); idem, *Totalität und Unendlichkeit. Versuch über die Exteriorität* (Freiburg: Alber, 1987); idem, "Gott und die Philosophie," ed. B. Casper, *Gott nennen* (Freiburg: Alber, 1981), 81-123.

2 Anselm von Canterbury, *S. Anselmi Cantuariensis Archiepiscopi Opera Omnia*. Tomus I-II. ed. F.S. Schmitt, (Stuttgart: Frommann, 1968). Ich zitiere die deutschen Übersetzungen nach *Anselm, Proslogion*, Ausgabe von F.S. Schmitt (Stuttgart: Frommann, 1962).

3 K. Kienzler, *Glauben und Denken bei Anselm von Canterbury* (Freiburg: Herder, 1981) p. 413; K. Kienzler, "Zur philosophisch-theologischen Denkform bei Augustinus und bei Anselm von Canterbury," in J.C. Schnaubelt and F. Van Fleteren, eds., *Anselm Studies II. Proceedings of the Vth International St. Anselm Conference* (New York: Kraus International Publications, 1988) 353-87; K. Barth, *Fides quaerens intellectum: Anselms Beweis der Existenz Gottes im Zusammenhang seines theologischen Programms*, Forschungen zur Geschichte und Lehre des Protestantismus, Band 3 (München: C. Kaiser, 1931).

4 Ed. B. Mojsisch, *Kann Gottes Nicht-Sein gedacht werden? Die Kontroverse zwischen Anselm von Canterbury und Gaunilo von Marmoutier* (Dieterichsche Verlag, 1989); R. Schönberger, "Anselms Selbstinterpretation in seiner Replik auf Gaunilo," *Freiburger Zeitschrift für Philosophie und Theologie* (1989), 1ff.

5 G.W.F. Hegel, Band 19, *Werke in zwanzig Banden*, ed. E. Moldenhauser und K.M. Michel (Frankfurt: Suhrkamp, 1969), pp. 554ff.

6 Levinas, "Die Philosophie und die Idee des Unendlichen," (n. 1) p. 189ff.

7 Levinas, *Die Spur des Anderen*, (n. 1) p. 211

La riposte ultime de Lanfranc à l'intrusion des raisons dialectiques dans la science sacrée

André Cantin

"Par raison seule," *sola ratione*. [1] Quelque effort qu'on ait fait pour l'expliquer, le projet de saint Anselme étonne toujours. Quel besoin avait-il de prononcer cette exclusive en faveur de la raison? Alors qu'il ne s'agissait de rien d'autre, pour ce saint moine du Bec, que de l'intelligence de la foi: comprendre, avec l'Esprit de Dieu, ce qui n'a pu être connu que par l'autorité de la Parole de Dieu. Cette révélation qu'il trouvait dans l'Ecriture, comment a-t-il pu vouloir établir la vérité de son contenu en ne tirant aucun argument de l'Ecriture, absolument rien, *penitus nihil*? en démontrant tous les mystères révélés, à commencer par la Trinité, par la seule puissance du raisonnement? en faisant abstraction du Christ pour prouver la nécessité de l'incarnation du Christ? en dissimulant la foi sous la "nécessité de la raison," [2] alors qu'il n'obéit qu'à elle seule et lui laisse le pouvoir d'annuler même l'évidence rationnelle. [3] Et, par tout cela, en faisant entrer l'intelligence de la foi dans la voie d'une science d'un genre nouveau, dont le développement ultérieur ne sera point exempt de contradictions. Comment a-t-il été possible, en 1076, de former et de conduire à bien un tel projet?

Pour mieux le comprendre, il peut être utile d'examiner ce qui s'écrivait autour de lui, parmi ses plus proches, dans les années où il préparait, consciemment ou non, son *Monologion*. Vers 1066, celui qui avait été son Maître au Bec, Lanfranc de Pavie, se trouva lui-même devant une entreprise menée au nom de la *ratio* appuyée sur son évidence dans le champ de l'étude sacrée. Il s'agissait de corriger par des raisons logiques la croyance traditionnelle de l'Eglise touchant la conversion eucharistique. Lanfranc avait devant lui le problème difficile et confus de la *ratio*, notion complexe entre toutes, qui renferme en elle-même une bonne demi-douzaine de concepts différents, proposée, ou plutôt imposée, et sur quel ton! et avec quelle exigence! par l'hérésiarque Bérenger, entouré de ses disciples et d'émules encore plus nombreux dans tout le monde latin, comme l'agent normal et souverain de l'intelligence de la foi, source et critère de la vérité, "incomparablement supérieure à l'autorité," même sacrée. [4] Face à une telle ambition rationnelle ou prétendue telle, entraînant déjà, avant le coup de maître du *Monologion*, la science héritée des Pères dans une voie nouvelle, il nous est donné, à travers le texte de son traité *De corpore et sanguine Domini*, [5] d'apercevoir l'attitude et le système de défense du maître d'Anselme.

Lanfranc a trois façons successives de s'opposer à l'assaut des "raisons dialectiques" jetées par Bérenger comme un filet sur l'intelligence de la foi. La première est comme une mesure disciplinaire. Elle est si simple qu'elle ne peut que provoquer l'adversaire à prendre encore plus ouvertement le parti de la *ratio*. Elle consiste à lui rappeler la distinction classique de la *ratio* et de l'*auctoritas*, en lui enjoignant d'avoir à préférer la seconde à la première, puisqu'il s'agit de recevoir selon Dieu ce qui vient de Dieu. [6] C'est lui fixer une hiérarchie des sources de la vérité, et c'est presque le provoquer à la renverser. Ce qu'il ne manquera pas de faire. [7] Et, pour lui, Dieu même et l'autorité sacrée seront garants de "l'incomparable prééminence de la raison," même en une question de foi comme l'Eucharistie. Lanfranc ayant perdu sa peine, il fallait donc trouver autre chose.

La deuxième façon dont Lanfranc essaie de tenir en respect l'audace dialectique à l'égard des mystères de la foi est son aveu d'un véritable débat de conscience où il ne craint pas d'exposer, comme se parlant à lui-même, ce qui le pousserait, sous certaines conditions, à user des raisons dialectiques dans les questions sacrées, et ce qui l'en détourne plutôt et semble l'emporter dans son esprit, face au danger présent. [8] Cette fois, c'est l'embarras qu'il laisse voir sur la question décisive, qui commande, en ce moment même, le sort et l'avenir de la science sacrée, à savoir le rôle à donner à l'argumentation logique dans l'examen des vérités révélées, qui poussera encore plus son adversaire à trancher cette question dans le sens des prétentions rationnelles. Depuis les années 1050, Bérenger de Tours est celui qui porte ces prétentions le plus loin et le plus haut, allant jusqu'à soumettre au jugement de la dialectique l'interprétation des paroles du Christ: "Ceci est mon corps, ceci est mon sang." [9]

Mais le moyen décisif dont Lanfranc veut se servir pour en finir avec les "raisons dialectiques" qui détruisent la foi, est son exposé final d'autres "raisons" (*rationes*), par lesquelles il pense d'abord établir irréfutablement la vraie foi de l'Eglise, et détruire ensuite les raisons de son adversaire. [10] Ainsi voyons nous, dans les dernières pages de son texte, comment il s'y prenait pour répondre à des objections contre la foi inspirées par la dialectique, et combien cette réponse laissait encore tout à faire pour normaliser le jeu de la raison dans l'intelligence de la foi. Nous allons donc traduire les raisons annoncées par Lanfranc. Il ne faudra pas beaucoup de commentaires pour qu'il y apparaisse que tout autre chose, un procédé beaucoup plus radical et nouveau s'imposait, si l'on voulait venir réellement à bout des objections dialectiques et tourner au service de la foi le raisonnement logique, trop utilisé, dans la génération de Lanfranc et de Pierre Damien, à son détriment. [11]

"Raisons brèves et évidentes" annoncées par Lanfranc [12]

Devant tant de lumière des autorités divines, tu ne cesses de leur opposer le brouillard épais d'une question, en disant:
> Ce que toi, tu affirmes être le vrai corps du Christ, cela dans les lettres sacrées est appelé "espèce," "similitude," "figure", "signe," "mystère," "sacrement." Or, ces mots sont des relatifs. Mais aucun relatif ne peut être ce qu'il est en étant ce à quoi il est relatif. Donc, ce n'est pas le corps du Christ.

Cela, je l'ai trouvé dans un écrit de toi, sous des expressions variées et assez prolixes, mais sans que le propos soit changé. Cela est ressassé par tes disciples et tes partisans, en vérité pervertisseurs d'autrui et eux-mêmes pervertis par toi, par ton or, par ton argent, par ton avoir, errants et plongeant les autres dans l'erreur, "ne comprenant, comme le dit l'apôtre, ni ce qu'ils disent, ni à quel propos ils affirment." [13] A la vérité, dans ces vocables, rien ne détermine la foi selon laquelle nous croyons et la vérité que nous défendons. "Espèce" en effet et "similitude" sont des vocables qui désignent les choses existant auparavant et à partir desquelles sont procurés le corps et le sang du Christ, je veux dire le pain et le vin. D'où il est dit, à la fin d'une messe, dans une prière: "Que tes sacrements, Seigneur, nous te le demandons, achèvent de produire en nous ce qu'ils contiennent, à fin que ce que nous administrons maintenant en espèces, nous le recevions en vérité." En réalité, le prêtre demande que le corps du Christ, qui est administré sous les "espèces" du pain et du vin, soit un jour perçu, dans une vision manifeste, tel qu'il est réellement. "Vérité" en effet se trouve souvent pour "manifestation" dans les lettres sacrées. C'est de cette vision manifeste que le Seigneur dit dans l'Evangile selon Jean: "Celui qui m'aime, mon Père l'aimera, et moi aussi je l'aimerai et je me manifesterai à lui." [14] Et David, parlant pour Dieu le Père: "Je le rassasierai de longs jours, et je lui ferai voir mon salut." [15] Cependant, dans ce passage, certains expliquent non sans preuves possibles que la "vérité" de la chair et du sang est leur efficacité même, c'est-à-dire la rémission des péchés. En effet la chair et le sang du Christ se révèlent vrais sous tous ces modes pour ceux qui les reçoivent dignement, qui en les recevant, obtiennent le pardon de leurs fautes. C'est pourquoi, au canon de la messe, le prêtre dit: "Que cela devienne pour nous le corps et le sang de notre Seigneur Jésus Christ." "Pour nous," dis-je, c'est-à-dire pour ceux qui ont la foi et qui, par ta miséricorde, les reçoivent dignement. Car "qui mange et boit indignement, mange et boit sa propre condamnation." [16]

D'où cette parole de saint Grégoire, au quatrième livre des *Dialogues*: la victime offerte à Dieu sera vraie pour nous, quand nous nous serons faits nous-mêmes victime." [17] C'est bien pour les pécheurs eux-mêmes et pour ceux qui les reçoivent indignement la vraie chair et le vrai sang du Christ, mais par leur essence, non par leur efficacité salutaire. De cela est témoin le bienheureux Augustin lorsqu'il dit, en son *De baptismo*:

> De même que Judas, à qui le Seigneur tendit une bouchée, fit entrer le diable en lui en recevant non une chose mauvaise, mais en la recevant dans un coeur mauvais, ainsi quiconque reçoit indignement le sacrement du Seigneur, ne fait pas qu'il soit mauvais parce qu'il est est mauvais lui-même, ou qu'il n'ait rien reçu parce qu'il ne l'a pas reçu pour son salut. En effet, c'était tout autant le corps et le sang du Seigneur pour ceux-là mêmes à qui l'Apôtre disait: "Qui mange et boit indignement, mange et boit sa propre condamnation." [18]

Ambroise, au *De sacramentis* VI: "Comment est-ce sa vraie chair? Je vois une similitude, je ne vois pas la vérité du sang." Et peu après: "C'est pourquoi tu reçois le sacrement sous une similitude, mais tu obtiens la grâce et la vertu de sa vérité même." [19] Par "similitude," en ce passage, sans qu'on en puisse douter, il entend les "espèces" du pain et du vin, sous lesquelles la nature du corps du Christ est cachée et, sans l'horreur du sang répandu, reçue pour leur salut par ceux qui la prennent dignement. On trouve aussi "espèce," "similitude," "figure" employés pour "vérité." Ainsi le Seigneur dans l'Evangile selon Jean: "Vous n'avez jamais entendu sa voix ni vu son apparence (*speciem*); [20] l'apôtre aux Corinthiens: "Nous cheminons dans la foi et non dans la claire vision (*speciem*)." [21] Ambroise, en son livre *De mysteriis*: "Qu'apparence (*speciem*) soit à prendre pour 'vérité', nous le lisons au sujet du Christ, lui-même: "par l'apparence il a été reconnu homme"; et de Dieu le Père: "Et vous n'avez pas vu son apparence." [22] De même, dans le *De fide*: "Ma chair est en effet vraiment une nourriture et mon sang vraiment un breuvage. Tu entends 'chair,' tu entends 'sang,' et tu reconnais les sacrements de la mort du Seigneur." [23] Et un peu après: "Et nous, chaque fois que nous recevons les sacrements, qui sont transformés en son corps et en son sang par le mystère de la prière sacrée, nous annonçons sa mort." [24] Augustin, dans

De catechizandis rudibus: "Comme nous l'espérons et attendons de lui, nous serons rendus égaux aux anges et avec eux, pareillement, nous jouirons par la vue (*per speciem*) de cette Trinité en laquelle nous cheminons maintenant par la foi." [25] L'apôtre dit aux Philippiens: "Rendu semblable (*in similitudinem factus*) aux hommes et par sa manière d'être reconnu pour un homme. [26] Egalement aux Hébreux: "Lui qui est le resplendissement de sa gloire et l'image (*figura*) de sa substance." [27] Allons plus loin: "signe," "mystère," "sacrement," et tous les termes analogues, sont des noms désignant la passion du Seigneur, si du moins "sacrement" est pris au sens ou le bienheureux Augustin, dans *De ciuitate dei*, le définit comme un signe sacré. [28]

Aussi, le bienheureux Grégoire, dit-il, au *Dialogues*: "Cette victime unique sauve l'âme de la mort éternelle, elle qui renouvelle pour nous, dans un mystère (*per mysterium*), cette mort du Fils unique." [29] Et un peu plus loin: "De là apprécions donc la valeur qu'a pour nous ce sacrifice qui reproduit toujours pour notre pardon la passion du Fils unique." Et après quelques phrases: "Puisque nous célébrons les mystères de la passion du Seigneur, nous devons imiter ce que nous vénérons." [30] De même, dans une homélie pascale: "Sur les deux Montants des portes est appliqué le sang de l'Agneau, quand la bouche reçoit pour la rédemption le sacrement de sa Passion, et quand un esprit attentif médite sur lui pour l'imiter." [31] "Sacrement," en fait, dans les livres divins, ne se trouve pas employé avec une seule signification.

Enfin saint Ambroise, dans *De fide*, dit que le Fils unique du Père est apparu aux hommes par le sacrement de l'humanité qu'il a assumée." [32] Ce qui signifie la même chose que s'il disait qu'il est apparu à travers l'humanité qu'il a assumée et qu'il a consacrée comme un habitacle digne de sa divinité. Le mot "sacrement" a d'ailleurs d'autres significations, dont il a été plus haut suffisamment parlé.

Lanfranc, dans ce qui suit, répond à une deuxième objection. Pour ce qu'on dit: "du pain," cela se fait suivant l'usage habituel des livres sacrés qui souvent désignent toutes sortes de choses avec les noms de celles dont elles ont été faites, ou pour lesquelles on les prend, mais qu'elles ne sont pas, ou auxquelles, d'une certaine façon, elles ressemblent. Ainsi le bienheureux Jérôme, *Commentarii in prophetas minores* (sur Osée II, a la fin du prologue): "Quand la terre sera revenue à sa terre et que la pâle mort aura emporté aussi bien nous qui écrivons que ceux qui jugent de nous..." [33] Et à un homme orgueilleux il est dit par un sage: "Pourquoi t'enorgueillir, terre et cendre?" [34] On lit aussi qu'Abraham vit "trois hommes," alors que c'étaient des anges. [35] A ce sujet, le bienheureux Augustin dit, dans *De trinitate* II: "Sous le chênevert de Mambré, Abraham vit trois hommes, qu'il invita, reçut en hospitalité et servit à table." [36] Et, dans les livres des Juges, une femme stérile dit à son mari, parlant d'un ange: "un homme de Dieu est venu à moi." [37] Et un peu plus loin: "Voici que m'est apparu un homme que j'avais vu auparavant." [38] Et après d'autres phrases: "Et Manoah ne savait pas que c'était l'Ange de Dieu." [39] Et le bienheureux Jérôme dit de Dieu dans ce même livre des *Commentarii in prophetas minores* (Osée II): "Il est devenu comme vermine et pourriture, non pas que Dieu soit vermine et pourriture, mais parce que toutes ces choses se voient en ceux qui subissent des châtiments." [40] Et dans l'Evangile selon Jean: "Ils le maudirent et ils dirent: Serais tu son disciple?" [41] alors que ce n'est pas malédiction, mais bénédiction d'être disciple du Christ. Aussi le bienheureux Augustin dit-il dans son *Tractatus in Ioannis euangelium*: "Qu'une telle malédiction soit sur nous et sur nos enfants! C'est en effet une malédiction si tu juges le coeur, mais non si tu considères les mots." [42] Et dans l'Evangile selon Matthieu, et pareillement selon Luc: "Si donc vous qui êtes mauvais, savez donner de bonnes choses à vos enfants..." [43] Sur cette parole, le bienheureux Augustin dispute ainsi, dans son *De sermone Domini in monte*:

> Comment des gens mauvais peuvent-ils donner des choses bonnes? En réalité il a appelé "mauvais" ceux qui aiment ce monde et les pécheurs. Quant aux biens qu'ils donnent, on peut les appeler "biens" à leur propre sens, parce qu'ils les tiennent pour des biens? [44]

Et le Seigneur Jésus, à cause de certaines similitudes, est appelé dans les mêmes textes "lion," "agneau," "ver," "bois," "roche," "pierre angulaire," et de beaucoup d'autres noms de ce genre. C'est ainsi que le corps du Christ est aussi appelé "du pain," soit parce qu'il est fait à partir du pain, soit parce qu'aux yeux de ceux qui le regardent, alors qu'il est chair, il apparaît pain, soit parce qu'il est associé au pain corporel et visible par une certaine similitude. En effet, de même que ce pain matériel, pris à part, nourrit et sustente la chair humaine, ainsi le corps spirituel et invisible du Christ alimente et fortifie l'âme de qui le reçoit dignement.

Réponse à une troisième objection

Tu fais encore une objection et tu t'efforces de réfuter l'autorité d'Ambroise lui-même en disant: "Ambroise, dans son livre *De sacramentis*, dit: "De même que tu as pris la similitude de la mort, de même aussi tu bois la similitude du précieux sang." [45] Expliquant ces paroles, quoi de plus apparié, dis-tu, quoi de plus semblable? On ne peut nier que le bienheureux Ambroise ait rapproché du sacrement du baptême les sacrements de l'autel. Or, dans le baptême, il n'y a pas la vraie mort du Christ. Donc, dans le sacrement de l'autel, il n'y a pas non plus son vrai sang. Ne t'en déplaise, je dirai que tu te trompes grandement en essayant de comprendre ces paroles, et que les adverbes de comparaison ne signifient pas identité ou égalité partout où ils sont employés. Ainsi, dans l'Evangile, le Sauveur dit: "Soyez miséricordieux comme votre Père est miséricordieux." [46] Et pourtant il ne se peut que la même ou une égale miséricorde soit en Dieu et dans les hommes. Et dans l'Evangile selon Jean: "Et moi, dit-il, la gloire que tu m'as donnée, je la leur ai donnée, pour qu'ils soient un comme nous sommes un." [47] Et ailleurs: "Tu les as aimés comme tu m'as aimés." [48] Ce qui fait dire au bienheureux Augustin dans son *Tractatus in Ioannis euangelium*: "Celui qui dit: De même que cela, ainsi également cela, n'exprime pas toujours une égalité, mais quelquefois seulement; parce que cela est, cela est aussi, ou bien: parce que cela est, que cela soit aussi." [49]

Réponse à une quatrième objection

Il y a encore une autre objection que vous faites, que vous clamez en bien des lieux où le droit de parler vous est accordé, vous dites:
> Si le pain est converti en la vraie chair du Christ, ou bien le pain est enlevé au ciel, pour y être transmué en la chair du Christ, ou bien la chair du Christ est apportée sur la terre, pour que le pain, ici-bas, soit changé en elle. Et pourtant ni le pain n'est enlevé, ni la chair n'est apportée. Il n'y a donc pas de vraie chair en laquelle le pain est converti.

Cela, vous l'inférez selon une sagesse humaine, non selon la divine sagesse. Mais l'apôtre interdit que les oeuvres divines soient scrutées par une sagesse humaine, lorsqu'il dit aux Romains: "Qu'on ne soit pas plus sage qu'il ne convient d'être sage, mais qu'on soit sage avec mesure." [50] Et aux Corinthiens: "Ma parole et ma prédication ne consistent pas en des discours persuasifs d'une sagesse humaine, mais en une démonstration d'Esprit et de puissance, afin que votre foi ne repose pas sur la sagesse des hommes, mais sur la puissance de Dieu." [51] Et aux Colossiens: "Veillez à ce que nul ne vous abuse par la philosophie et une vaine duperie selon une tradition tout humaine, selon les éléments du monde." [52]

Et le bienheureux Grégoire, dans une homelie pascal: "Il nous faut savoir, dit-il, que l'opération divine, si elle est comprise par la raison, n'est pas admirable. Et la foi perd son merite si la raison humaine lui fournit une preuve." [53] C'est pourquoi, en des choses d'une telle profondeur, il te fallait plutôt prier Dieu, afin ou bien de comprendre ce qui peut être compris à la mesure de la capacité humaine, ou bien de supporter patiemment et humblement, et de croire cependant ce qui, dans un tel mystère, dépasse les forces de l'esprit humain et ne peut qu'extrêmement peu être compris en cette vie au lieu de soulever un litige, de t'écarter du sentiment de l'Eglise universelle, d'introduire un nouveau schisme par des paroles et des écrits contraires aux enseignements des saints Pères. De cette façon-là, en vérité, tu agirais comme le législateur a enseigné qu'il fallait agir, en disant: "Ne dépasse pas les bornes des Pères. [54]

Et le bienheureux Augustin, dans *De sermone Domini in monte* I: "Ce qui pour lui, dit-il, sonne obscur ou absurde, qu'il n'en tire pas de quoi exciter des joutes contradictoires, mais qu'il prie pour comprendre." [55] Et en *De trinitate* III: "Pour moi, dit-il, il est utile que je me souvienne de mes forces et que je rappelle à mes frères d'avoir à se souvenir des leurs, afin que la faiblesse humaine ne s'avance pas au-delà de ce qui est sûr." [56] Et dans *Contra Felicem Manichaeum*: "Me contentant de l'autorité des Ecritures, je m'efforce d'obéir à la simplicité plutôt qu'à l'enflure." [57] Et un peu plus loin: "Quelle raison peux-tu apporter en prêchant la maternité de la Vierge? en ne niant pas la vue rendue aux aveugles? en montrant que des ensevelis sont revenus d'entre les morts? Si donc à la fois la raison de ces choses est incompréhensible et leur vérité manifeste, il est plus facile, en ces choses de la foi, de croire aux témoignages que d'en chercher la raison." [58]

*****

Lorsqu'on arrive au bout de cette enfilade de citations, exclusivement tirées des deux Testaments et des principaux Pères latins, on a besoin de se reporter au passage qui les annonce pour se convaincre qu'il s'agit bien, dans l'esprit de Lanfranc, non pas d'"autorités," mais de "raisons." [59] Les *rationes* sont donc encore d'autres "autorités," mais distinguées des premières en ce que la glose qui les accompagne est un peu plus étendue, de manière à en faire des réponses pertinentes à des objections. On ne peut que donner raison à J. de Montclos constatant que "l'argumentation (de Lanfranc) par les *rationes* ne nous éloigne pas des textes sacrés. Son rôle est d'interpréter ces textes, de les expliquer, de confirmer leur signification, d'écarter les objections fallacieuses qui peuvent être faites à leur propos." [60] Ce sont donc bien des arguments scripturaires, des paroles des saintes Ecritures interprétées aussi brièvement que possible, mais droitement, c'est-à-dire selon la tradition transmise par les Pères eux-mêmes, Ambroise, Augustin, Jérôme, Grégoire, de manière à ramener les opinions qui s'en écartaient à cette unique et constante tradition.

Pour nous assurer que Lanfranc désormais n'emploiera pas d'autres méthodes pour détruire les raisons à la fois grammaticales et dialectiques de son adversaire, lisons, en les traduisant, les dernières preuves, encore présentées par lui comme des *rationes*, par lesquelles il prétend en finir avec elles.[61]

Ultimes raisons données contre Bérenger par Lanfranc

Ayant prouvé ce qu'il fallait prouver et exclu ce que la raison persuadait d'exclure, voyons enfin à présent ce que tu crois et les conséquences de ta croyance. Tu crois que le pain et le vin de la table du Seigneur demeurent inchangées, quant à la substance, au moment de la consécration, c'est-à-dire qu'il y avait du pain et du vin avant la consécration, et qu'il y a du pain et du vin après la consécration, et on les appelle "chair" et "sang" du Christ pour cette raison qu'ils sont honorés dans l'Eglise en mémoire de sa chair crucifiée et du sang sorti de son côté, pour qu'avertis par ce rite, nous nous rappellions toujours la Passion du Seigneur, et, nous la rappelant, nous crucifiions sans cesse notre chair avec ses vices et ses convoitises.[62]

Si cela est vrai, les sacrements des juifs furent plus grands et plus divins que ceux des chrétiens. Qui, en effet, ne saura que la manne que le Seigneur faisait pleuvoir du ciel, ou que les créatures animées et sensibles que ce peuple avait coutume de sacrifier valaient mieux qu'une petite bouchée de pain et qu'un peu de vin? Ou encore, qui ne comprendrait qu'il fut plus divin d'annoncer l'avenir que de raconter le passé, alors qu'on ne peut faire le premier qu'en étant rempli de l'Esprit de Dieu, tandis que le second, le premier venu ou n'importe quel ignorant le fait souvent? Mais que se gardent d'une telle pensée l'esprit des fidèles et l'intelligence chrétienne! Aussi bien le soldat du Christ Ambroise confirme-t-il, dans son livre *De mysteriis*, que les sacrements des juifs sont inférieurs, ceux des chrétiens meilleurs et plus élevés, lorsqu'il dit: "Nous voulons avec l'application la plus ferme prouver que les sacrements de l'Eglise sont plus anciens que ceux de la Synagogue, et de plus de valeur que n'est la manne."[63] Et un peu plus loin: "Il a été prouvé que les sacrements de l'Eglise sont plus anciens. Apprends maintenant qu'ils sont supérieurs.[64] Et, au bout de quelques phrases, on apprend qu'ils ont une plus grande valeur: "La lumière l'emporte sur l'ombre, la vérité sur la figure."[65] De même, à *De sacramentis* IV: "Ecoute ce que je dit: que les sacrements des chrétiens sont plus divins que ceux des juifs." [66] Donc, ce que tu avances est faux.

Davantage: si ce que tu crois et affirmes du corps du Christ est vrai, ce qui est cru et affirmé par l'Eglise, dans tous les pays, est faux. En effet, tous ceux qui ont la joie d'être et d'être dits chrétiens se glorifient de recevoir en ce sacrement la vraie chair du Christ et son vrai sang, pris l'un et l'autre de la Vierge. Interroge tous ceux qui ont connaissance de la langue latine et de nos lettres. Interroge les Grecs, les Arméniens, ou les chrétiens de quelque nation que ce soit sans exception; d'une seule voix ils attestent que telle est leur foi. Mais si la foi de l'Eglise universelle se trouve être fausse, ou bien il n'y a jamais eu d'Eglise catholique, ou bien elle est morte. Car il n'y a rien de plus efficace pour tuer les âmes qu'une erreur funeste. Mais que l'Eglise n'ait pas existé ou soit morte, aucun catholique ne l'admettra. Autrement ne serait pas vrai ce que la Vérité a promis à Abraham en disant: "En ta postérité seront bénies toutes les nations." [67] De même, dans le psaume: "Demande et je te donnerai les nations en héritage et pour domaine les extrémités de la terre." [68] De même: "Que se souviennent et reviennent au Seigneur de l'univers tous les confins de la terre." [69] Et ailleurs: "Ceux qu'il a rachetés de la main de l'ennemi, il les a rassemblés du milieu des pays, du Levant et du Couchant, de l'Aquilon et de la mer." [70]

De même le bienheureux Augustin, dans la première partie de son *Enarrationes in Psalmos*: "Qu'est-ce que la grande Eglise, frères? Est-ce que la grande Eglise peut être une petite partie de la terre? La grande Eglise, c'est la terre entière." [71] Et aussi, dans la même partie: "J'ai annoncé ta justice dans la grande Eglise." Combien grande? Autant que toute la terre. Combien grande? En tous les peuples. Pourquoi en tous les peuples? Parce que leur voix a retenti sur toute la terre." [72] Et aussi, dans la troisième partie du même ouvrage: "Le corps du Christ est formé de nombreux croyants sur toute la terre." [73] Et aussi, dans la même partie: "Le tabernacle du Seigneur est cette sainte Eglise répandue sur toute la terre." [74] Et ailleurs: "Le choeur qui entoure le Christ est désormais le monde entier. Le choeur du Christ chante d'une même voix de l'Orient à l'Occident." [75] De même, dans le livre *De agone christiano*:

"N'écoutons pas ceux qui nient que la sainte Eglise, une et catholique, soit répandue sur toute la terre." [76] Et, après quelques considérations: "Son peuple, dit-il, quand il n'écoute pas les prophètes et l'Evangile, où il est écrit très clairement que l'Eglise du Christ est répandue à travers toutes les nations, et quand il écoute les schismatiques qui ne cherchent pas la gloire de Dieu, mais la leur, ce peuple montre assez qu'il est esclave et non libre." [77]

Et le Seigneur, dans l'Evangile: "Le champ, c'est ce monde." [78] Et un peu après: "Le Royaume des cieux est semblable à un filet jeté dans la mer et qui recueille toute espèce de poissons. [79] Et à ses disciples: "Allez dans le monde entier, annoncez l'Evangile à toute créature." [80]

Contre les témoignages si clairs du Seigneur lui-même et de son Esprit Saint concernant l'Eglise et la nature de l'Eglise, toi, tu fais des objections, et en font aussi ceux qui, trompés par toi, essaient de tromper les autres. Ainsi donc vous dites: "L'Evangile a été prêché en toutes les nations, le monde a cru, l'Eglise s'est formée, a grandi, a fructifié, mais par l'ignorance de gens conprenant de travers elle a ensuite erré et périe; en nous seuls et en ceux qui nous suivent est demeurée la sainte Eglise sur la terre."

Cette vanité sacrilège, la vérité évangélique et l'autorité inviolable des prophètes et des saints Pères la renversent. Aussi, dans son Evangile, le Seigneur fait-il cette promesse à sa sainte Eglise: "Voici que je suis avec vous tous les jours jusqu'à la fin du monde." [81] Ce qu'il ne dirait en aucune façon s'il savait à l'avance que son Eglise devait périr avant la fin du monde. Et ailleurs: "Alors, si quelqu'un vous dit: 'le Christ est ici?' ou: 'il est là,' ne le croyez pas." [82]

Augustin, dans la seconde partie de son *Enarrationes in Psalmos*: "Le corps, c'est l'Eglise, non celle-ci ou celle-là, mais l'Eglise répandue sur toute la terre." [83] Et aussi, dans la même partie: "l'espérance de tous les fils de la terre; non pas espérance d'un seul canton, non pas espérance de la seule Judée, non pas espérance de la seule Afrique, non pas espérance de la Pannonie, non pas espérance de l'Orient ou de l'Occident, mais l'espérance portée à tous les confins de la terre et, au loin, sur la mer." [84] Dans la même partie: "Cette prophétie a été placée là à l'avance à cause de ceux qui pensent que la religion portant le nom chrétien est appelée à vivre jusqu'à un certain moment dans ce siècle, et ensuite a ne plus être. Or, elle durera sous le soleil, aussi longtemps que le soleil se lève et se couche. C'est-à-dire: aussi longtemps que se dérouleront le temps, l'Eglise, c'est-à-dire le corps du Christ sur la terre, ne faillira pas." [85] Et aussi, dans la même partie: "A ta maison convient la sainteté, Seigneur; [86] à ta maison, à toute ta maison; non pas ici, ou ici, ou là, mais ta maison tout entière à travers le monde tout entier. Pourquoi à travers le monde tout entier? Parce qu'"il a corrigé la terre, qui ne sera pas ebranlée." [87] La maison du Seigneur sera forte, elle s'étendra à toute la terre. Et aussi, dans la dernière partie du même ouvrage: "Pourquoi, dis-tu, hérétique, que l'Eglise a déjà disparu de toutes les nations, alors que l'Evangile est encore prêché a fin qu'elle puisse être en toutes les nations? Donc, jusqu'à la fin du monde, l'Eglise sera en toutes les nations." [88] Dans la même partie: "Où sont ceux qui disent que l'Eglise a disparu du monde, alors qu'elle ne peut être renversée?" [89] Et aussi, dans la même partie: "Quiconque pensera que l'Eglise est dans une seule partie du monde, et ne reconnaîtra pas qu'elle est répandue sur toute la terre, et croira ceux qui disent: "Le Christ est ici, ou: il est là," comme vous venez de l'entendre à la lecture de l'Evangile, alors qu'il a acquis le monde entier, lui qui a payé un tel prix, celui-là, comme il est scandalisé en son prochain, il est tourmenté par la lune." [90]

Est donc faux ce que tu crois et affirmes du corps du Christ. C'est donc sa vraie chair que nous recevons, et son vrai sang que nous buvons.

Les dernières "raisons" de Lanfranc disent bien le rôle de frein qu'il entend jouer dans l'évolution qui s'accélère. Dans la première partie de son ouvrage, il a envisagé de pouvoir opposer à des "raisons dialectiques" allant à détruire la foi une réfutation sur le même terrain, empruntant ses arguments, non à l'autorité sacrée, mais aux règles de la logique. Il s'y est essayé avec une conviction mitigée, nous l'avons entrevu, [91] et avec un résultat si faible que le parti adverse pourra en tirer de nouvelles raisons d'être confirmé dans sa doctrine. [92] Puis, au moment de prouver définitivement, comme nous l'avons entendu, la fausseté de ce qui est affirmé du corps du Christ par Bérenger et "sa secte," il renonce entièrement à ce mode d'argumentation et s'en tient, pour toutes raisons, à des autorités scripturaires. En fin de compte, pour lui, les raisons dialectiques ne sont pas de mise dans l'interprétation des mystères de la foi. Les y introduire est une entreprise pleine de risques, qu'il ne favorisera pas. Il reprend à son compte, comme son dernier mot, une profession d'Augustin tout opposée à celle qu'il avait dû rappeler en faveur de l'instrument dialectique.

> Me contenant de l'autorité des Ecritures, je m'efforce d'obéir à la simplicité plutôt qu'à l'enflure. Si la raison des choses de la foi est incompréhensible et leur vérité absolument sûre, il est plus facile, en ces choses de la foi, de croire aux témoignages que d'en chercher la raison. [93]

Que cette citation soit apocryphe est comme un signe de plus de ce qu'il voulait en fin de compte tenir pour la sûre doctrine du bienheureux Augustin en une question aussi disputée que celle du rôle de la logique et de la *ratio* dans l'élucidation de la Parole sacrée.

Il n'ignore pas pour autant que ce n'est pas cet Augustin-là que les dialecticiens qu'il voit monter à l'assaut de l'étude sacrée prennent pour autorité protectrice. Et il voit aussi qu'il n'y a pas d'autre moyen efficace d'enlever sa force à un argument logique que de l'annuler par un autre argument logique d'une évidence mieux fondée. Dans cette deuxième moitié du XIe siècle latin, c'est ce qui achemine l'étude sacrée vers un nouveau type d'exposition de l'intelligence de la foi, basé sur la démonstration logique, sur "la nécessité de la raison et l'évidence de la vérité." Cela, Lanfranc le verra, et son regard fera trembler saint Anselme. Il n'y participera pas. Il s'en tiendra, pour ce qui est des documents qui nous restent, à une position de grande prudence, mais peu définie et peu tenable. Avant d'aller s'asseoir sur le siège de Cantorbéry où d'autres questions l'occuperont. Un autre que lui, qui lui est tout proche, aura la charge de montrer comment l'intelligence de la foi peut être rigoureusement rationnelle en même temps que fidèle à l'Ecriture et spirituelle. Il ne mettra pas fin au débat, mais il lui aura donné une altitude et une acuité nouvelles.

Notes

[1] *Monologion* I.

[2] *Monologion Prologus.*

[3] *Monologion* I (traduction M. Corbin): "Cependant si ce que je dis n'est pas couvert par une autorîté plus grande, je veux qu'il soit ainsi reçu: bien que les raisons qui m'apparaîtront concluent presque nécessairement, je ne les dis pas pour cela absolument nécessaires, mais seulement qu'elles peuvent le paraître (à titre) provisoire."

[4] Bérenger, *Rescriptum contra Lanfrancum*, ms. f. 36, éd. R.B.C. Huygens, p.85.

[5] *De corpore et sanguine Domini*: *PL* CL,407-42. Texte analysé par J. de Montclos, *Lanfranc et Bérenger, la controverse eucharistique du XIe siècle* (Louvain 1971), pp. 272ff.

[6] *De corpore et sanguine Domini*: *PL* CL,416: *Et quidem de mysteriis fidei auditurus ac responsurus quae ad rem debeant pertinere, mallem audire ac respondere sacras auctoritates quam dialecticas rationes.* Préférence qu'on peut dire raisonnable ou même rationnelle. Lanfranc lui-même appellera *rationis expertes* (*PL* CL,427) les "hérétiques" qui pervertissent la foi de l'Eglise avec des raisonnements inadaptés.

[7] *Rescriptum*: Huygens, p. 85.

[8] *De corpore et sanguine domini*: *PL* CL,416-17.

[9] On trouvera dans l'ouvrage de J. de Montclos déjà indiqué l'exposé historique et doctrinal le plus clair et le plus complet de l'immense controverse eucharistique suscitée par Bérenger de Tours au milieu du siècle.

[10] *De corpore et sanguine Domini*: *PL* CL,414: *De hac re opportunius tibi respondebo, cum fidem hanc, auctore Deo, diuinis auctoritatibus et manifestis rationibus ueram esse monstrauero... PL* CL,430: *Reliquum est ut fidem sanctae ecclesiae atque opinionem tuae sectae compendiose exponamus; expositas paucis auctoritatibus breuisque rationibus, unam probemus, alteram improbemus.* Les raisons annoncées commencent en haut de la colonne 430.

[11] Cf. A. Cantin, "Ratio et auctoritas dans la prmière phase de la controverse eucharistique entre Bérenger et Lanfranc," *Revue des Etudes Augustiniennes*, XX (1974),155-86; *Les sciences séculières et la foi, les deux voies de la science au jugement de saint Pierre Damien, 1007-1072* (Spolète 1975); "La raison dans le De sacra coena de Bérenger de Tours av. 1070,"

Recherches Augustiniennes XII (1977), 174-211.

[12] Le texte que nous traduisons à la suite correspond aux deux dernières divisions soulignées par l'analyse de J. de Montclos, pp. 310 et 320: Preuve de la croyance de l'Eglise par les *"rationes"*: *PL* CL 436-40 et: Bref exposé de la doctrine eucharistique de Bérenger, suivi de sa refutation par l'absurde: *PL* CL 440-42, fin du traité. "Ce dernier type d'argumentation appartient encore au domaine des *rationes*, lesquelles n'excluent pas l'emploi des *auctoritates*." de Montclos, p. 321.

[13] 1 Tm 1:7.

[14] Jn 14:21.

[15] Ps 91 (90):16.

[16] 1 Co 11:29.

[17] *Dialogorum libri IV* IV,59: *PL* LXXVII,428.

[18] *De baptismo* V,viii,9: *PL* XLIII,181.

[19] *De sacramentis* VI,i,2-3: *PL* XVI,454-55.

[20] Jn 5:37.

[21] 2 Co 5:7.

[22] *De mysteriis* IV.

[23] *De fide*, IV,10,: *PL* XVI,641. Cf. Jn 6:56.

[24] Ibid.

[25] *De catechizandis rudibus* XXVII,54.

[26] Ph 2:7.

[27] Heb 1:3.

[28] *De ciuitate dei.*

[29] *Dialogorum libri IV* IV,58-59: *PL* LXXVII,425-28.

[30] Ibid.

[31] *Homiliae XL in euangelia* II,xxii,7: *PL* LXXXVI,1178.

[32] *De fide* II,v,44. Cf. de Montclos, p. 317, n. 3.

[33] *Commentarii in prophetas minores* II, *prologus*.

[34] *Siracide* X,9.

[35] Gn 18:2.

[36] *De trinitate* II,x,19.

[37] Jg 13:6.

[38] Jg 13:10.

[39] Jg 13:16.

[40] *Commentarii in prophetas minores II*.

[41] Jn 9:28.

[42] *In Ioannis euangelium tractatus* CX,5.

[43] Mt 7:11; Lk 11:13.

[44] *De sermone domini in monte* II,vi,21.

[45] *De sacramentis* IV,4,124.

[46] Lk 6:36.

[47] Jn 17:22.

[48] Jn 17:23. En Jean: "Je les ai aimés..."

⁴⁹ *In Ioannis euangelium tractatus* X.

⁵⁰ Rm 12:3.

⁵¹ 1 Co 2:4.

⁵² Col 2:8.

⁵³ *Homiliae XL in euangelia* II,xxvi,1.

⁵⁴ Pr 22:28.

⁵⁵ *De sermone domini in monte* I,xi,32.

⁵⁶ *De trinitate* III,x,21.

⁵⁷ Cf. Pseudo-Augustinus, *Contra Felicianum arianum* II.

⁵⁸ Ibid.

⁵⁹ *De corpore et sanguine domini*: *PL* CL,430 (n. 10).

⁶⁰ J. de Montclos, pp. 310-11; cf. p. 290. Usage semblable chez Pierre Damien, cf. *PL* CXLV,375-80.

⁶¹ *De corpore et sanguine Domini*: *PL* CL,440-42.

⁶² Ga 5:24.

⁶³ *De mysteriis* VIII,44.

⁶⁴ *De mysteriis* VIII,47.

⁶⁵ *De mysteriis* VIII,49.

⁶⁶ *De sacramentis* IV,iii,10.

⁶⁷ Gn 22:18.

⁶⁸ Ps 2:8.

[69] Ps 22(21):28.

[70] Ps 107(106):2-3.

[71] *Enarratio in Psalmum XXI* II,26

[72] *Enarratio in Psalmum XXXIX* 15.

[73] Ibid.

[74] Ibid.

[75] de Montclos, p. 323, n. 8.

[76] *De agone christiano* XXIX,31.

[77] Ibid.

[78] Mt 13:38.

[79] Mt 13:47.

[80] Mk 16:15.

[81] Mt 28:20.

[82] Mt 24:23.

[84] *Enarratio in Psalmum LXXI* 8.

[85] *Enarratio in Psalmum XCII* 8.

[86] Ps 93(92):5.

[87] *Enarratio in Psalmum XCII* 8.

[88] *Enarratio in Psalmum CI* II,9.

[89] Ibid.

[90] Ibid. Cf. Mt 24:23.

[91] Cf. supra, n. 8

[92] Cf. *Rescriptum contra Lanfrancum*, ms f. 37, Huygens, p. 87.

[93] Cf. supra, n. 57.

Das id quo maius cogitari non potest als rectitudo:
Anselms Gottesbeweis im Lichte von De veritate

Engelbert Recktenwald

Die Definition der "Gerechtigkeit" in De veritate

Ein Blick in die reichhaltige Forschungsliteratur zum Anselmschen Gottesbeweis im *Proslogion* kann schnell davon überzeugen, wie sehr sich die Diskussion auf den logischen Aspekt von Anselms Gedankengang konzentriert. Vor allem im englischsprachigen Raum scheint seit Malcolms Versuch einer modallogischen Rekonstruktion des Anselmschen Beweises [1] die Kontroverse von dem Konsens bestimmt zu sein, daß die Logik die zuständige Disziplin ist, die über die Stichhaltigkeit des Beweises entscheidet. Selten dagegen wird der Versuch unternommen, den Beweis als *die Explikation einer originären Einsicht* zu verstehen, die durch kein noch so durchdachtes logisches Schlußverfahren ersetzt werden kann. Genau dies aber ist die These, die ich hier stützen möchte.

Meine These lautet, daß Anselms Denken im Ganzen und sein Gottesbeweis im Besonderen von der Evidenz einer sittlichen Erfahrung getragen ist. Diese wird erst in der Schrift *De veritate*, die einige Jahre nach dem *Proslogion* entstanden ist, [2] eigens thematisiert. In *De veritate* XII arbeitet Anselm eine Definition der Gerechtigkeit heraus, indem er Schritt für Schritt die allgemeine Charakterisierung der *iustitia* als einer *rectitudo* im Sinne des Vollzugs eines *debere* immer mehr spezifiziert, bis er zu seiner bekannten Definition gelangt: *Iustitia igitur est rectitudo voluntatis propter se servata.* [3] Wenn wir die Begriffselemente, die in die Definition der Gerechtigkeit eingehen, in der Reihenfolge ihrer Herausarbeitung überschauen wollen, ergibt sich folgendes Bild: Gerecht ist, wer

(1) *facit quod debet*;
(2) *volens facit quod debet*;
(3) *percipiens rectitudinem facit quod debet*;
(4) *rectitudinem voluntatis habet*;
(5) *sciens se debere vult*;
(6) *volendo se debere vult*;
(7) *volendo propter quod debet*, i.e. *propter rectitudinem vult*.

Das erste Element bestimmt die Gerechtigkeit als Rechtheit in einem so allgemeinen Sinn, daß auch noch die *rectitudo* des Steines darunter fällt. Die Elemente 2 bis 4 spezifizieren die Gerechtigkeit als eine besondere Art der *rectitudo* dadurch, daß sie das mögliche Subjekt der Gerechtigkeit bestimmen: Das zweite Element schränkt den in Frage kommenden Bereich auf die Gattung des *animal* ein, das dritte auf das *animal rationale*, das vierte auf ein bestimmtes Vermögen dieses *animal*, nämlich auf den Willen. Die Gerechtigkeit ist also die *rectitudo voluntatis* eines vernunftbegabten Wesens, das tut, was es soll. Die Elemente 5 bis 7 werden in einer Handlungsanalyse herausgearbeitet, indem die Bedingungen untersucht werden, die eine Handlung erfüllen muß, damit der Handlungswille gerecht sei. Daß die Handlung gesollt ist, wird bereits durch das erste Element sichergestellt. Das fünfte Element besagt, daß jene Folge der Handlung, die sie zur gesollten macht, beabsichtigt sein muß. Das sechste Element fordert, daß die Gesolltheit selber bejaht wird, und das letzte, daß sie um ihrer selbst willen bejaht wird.

Es ist von großer Bedeutung zu sehen daß die Bestimmung des Wesens der Gerechtigkeit ohne jeden Rückgriff auf metaphysische Theoreme geleistet wird. Die Untersuchung ist ganz konzentriert auf die Analyse dessen, was in der menschlichen Handlung gegeben ist, wenn wir sie nach dem befragen, was sie zu einer moralischen macht. Die Analyse kann geradezu als Paradebeispiel einer phänomenologischen Untersuchung bezeichnet werden, die sich ganz von dem leiten läßt, was dem phänomenologischen Blick im Verlauf der fortschreitenden Herausarbeitung des befragten Phänomens sichtbar wird. Es handelt sich nicht um eine metaphysische Spekulation, die aus irgendwelchen Theoremen Folgerungen ableitet, sondern um eine ganz an der Sache orientierte Analyse, die von Einsicht zu Einsicht, von Sehen zu Sehen fortschreitet. Das Ergebnis ist eine Wesensshau der Gerechtigkeit, die dieselbe als ausschlaggebenden, motivierenden Letztwert und als letzte sittliche Instanz für die ethische Beurteilung menschlicher Handlungen erkennt.

Der ontische Status der "Rechtheit" in De veritate

Bevor ich mich an Hand des *Proslogion* dem Versuch eines Erweises der These, daß die in *De veritate* explizierte Einsicht in die Eigenart der Gerechtigkeit, bzw. Rechtheit den intuitiven Hintergrund des Anselmschen Gottesbeweises bildet, zuwende, möchte ich noch auf eine wichtige Passage in *De veritate* aufmerksam machen, die zeigen kann, welche Tragweite Anselm selber der Einsicht in die *rectitudo* zutraut. Im dreizehnten Kapitel vergleicht Anselm den ontischen Status der Farben mit dem der Rechtheit von Aussagen. Der Parallelismus der sprachlichen Struktur, in der wir die Farbe von Körpern und die Rechtheit von Aussagen prädizieren, scheint auch die Vergleichbarkeit ihres ontischen Status' nahezulegen. Anselm dagegen legt Wert auf die Erkenntnis, daß es sich damit genau umgekehrt verhält: Während die Farbe in ihrem Sein vom Körper abhängig ist und mit ihm vergeht, wenn er zugrunde geht, bleibt das Sein der Rechtheit von der Vergänglichkeit der Aussage, deren Rechtheit sie ist, unberührt: *Non similiter se habent color ad corpus et rectitudo ad significationem.* [4] *Rectitudo igitur qua significatio recta dicitur, non habet esse aut aliquam motum per significationem, quomodocumque ipsa moveatur significatio.* [5] Zur Begründung rekurriert Anselm auf den Umstand, daß die Frage, ob es recht ist, daß die Aussage anzeigt, was sie soll, unabhängig beantwortet werden kann davon, ob jemals eine Aussage gemacht worden ist. *M. Si nullus aliquo significare velit signo quod significandum est: erit ulla per signa significatio? D. Nulla. M. An ideo non erit rectum, ut significatur quod significari debet? D. Non idcirco minus erit rectum, aut minus hoc exiget rectitudo.* [6] Der Verdacht auf Tautologie, der hier auftauchen könnte, weil doch das *rectum* nur das *debet*, bzw. den im Gebrauch des Gerundivums (*significandum*) ausgedrückten Sollenscharakter wiederholt, greift zu kurz. Es geht nicht um irgendeinen allgemeinen Grundsatz, wie etwa denjenigen, daß alles Gesollte recht sei, der sich tatsächlich als Tautologie herausstellen würde. Vielmehr bedeutet der Gebrauch des Gerundivums bzw. des *debere* nur eine abkürzende Bezeichnung des Gegenstandes dieses Sollens, nämlich der gnoseologischen Wahrheit der Aussage. Daß die Aussage anzeigen soll, daß ist, was ist, d.h. daß die Aussage wahr sein soll, ist alles andere als eine Tautologie. Vielmehr stellt sie gerade eine Einsicht in den axiologischen Charakter der Wahrheit dar, der das Eigentümliche des Anselmschen Wahrheitsbegriffs ausmacht und im Verlauf der Untersuchung den Begriff der *rectitudo* zu etablieren ermöglichte.

Wenn aber keine Tautologie vorliegt, dann impliziert die Aussage, daß es auch dann recht ist, die (gnoseologische) Wahrheit zu sagen, wenn nie jemand irgend etwas gesagt hat, eine Aussage über den Status der Rechtheit:

M. Ergo non existente significatione non perit rectitudo qua rectum est et qua exigitur, ut quod significandum est significetur. [7]

Die Einsicht in diesen ontischen Status der Rechtheit, der ihre Unabhängigkeit von allem was ist, bedeutet, ist also nicht das abgeleitete Ergebnis irgendwelcher metaphysischer Prinzipien, sondern die Frucht der Einsicht in die Eigenart der Rechtheit selber. Sie ist der Inbegriff des zurecht um seiner selbst willen Gesollten. Wenn jemals etwas als gesollt erkannt wird, dann wird gleichzeitig miterkannt, daß dieses Sollen nicht selber eine zeitliche Entität ist, die mit dem, was gesollt wird, entsteht und vergeht. Modern ausgedrückt: Die Geltung ist unabhängig von der Genesis — und nicht nur von der Genesis, sondern von allem Sein. Was immer auch als Sein wirklich ist oder gedacht werden kann: es kann und muß immer als unter einem Sollen stehend gedacht werden, das ihm immer schon voraus ist. Wenn dieser Zusammenhang anders konzipiert wird, ist es schon nicht mehr das Sollen, das gedacht wird, sondern ein Surrogat. Versuche, das Sollen nach dem Muster von etwas anderem zu interpretieren, z.B. als Ausdruck irgendeines Willens, lassen wieder die Frage nach der Gesolltheit dieses Willens zu. Diese Unausweichlichkeit des Sollens führt uns Anselm vor Augen, wenn er den Schüler auf die zuletzt zitierte Behauptung des Lehrers antworten läßt: *D. Si interisset, non esset hoc rectum, nec ipsa hoc exigeret.* [8] Es handelt sich hier nicht bloß um eine Retorsion im Sinne des Aufweises einer Unhintergehbarkeit, die Ausdruck einer rein faktischen Denknotwendigkeit wäre, die ihrerseits gerade zur Debatte steht. Vielmehr wird hier nur die Konsequenz gezogen aus der Vermeidung dessen, was Moore den naturalistischen Fehlschluß genannt hat. Diese Vermeidung ist gerade keine bloß Denknotwendigkeit, sondern die Frucht der Einsicht in die Eigenart der *rectitudo* als die letzte, sich selbst rechtfertigende Instanz jeden Sollens. Jeder Versuch, dieses Sollen wegzuerklären, kann nur mit dem Preis des naturalistischen Fehlschlußes bezahlt werden. Gerade weil in diesem Fehlschluß der Begriff des Sollens selber substituiert wird durch den Gedanken eines Faktischen, kann dieser Gedanke wieder sinnvoll der Instanz des wahren Sollens unterworfen werden — ohne daß es sich um eine sinnlose Iteration der Anwendung des Sollens auf sich selbst handelte. Die scheinbar bloß faktische Unvermeidlichkeit des Sollensgedankens stellt sich als intelligible Konsequenz des Charakters der Rechtheit heraus, deren ontischer Status niemals an den irgendeines Faktums gekettet sein kann. Dieser Status wird, wenn die Rechtheit selbst erst einmal fest ins Auge gefaßt wird, nicht nur miterkannt, sondern es wird gleichzeitig durchschaut, wie und warum es um der Rechtheit willen gar nicht anders sein kann. Wir haben es nicht nur mit einem bloß konstatierbaren Konnex zu tun, sondern mit einem sinnvollen Zusammenhang, dessen Intelligibilität identisch ist mit der der *rectitudo* selber.⁹

Der Begriff der "Größe" im Proslogion

Dasjenige, worüber hinaus Größeres nicht gedacht werden kann, ist der Dreh- und Angelpunkt des Beweises. Entscheidend für das Verständnis des Beweises ist deshalb die klare Auffassung dessen, was Anselm unter jenem versteht.

Der Begriff der Größe ist hier kein rein formaler, sondern im Kern ein axiologischer Begriff. Ein erstes Indiz finden wir dafür bereits im Vorwort Anselms, wo er als Beweisziel nicht nur die Existenz Gottes angibt, sondern auch dessen Kennzeichnung als *summum bonum*: *..ad astruendum quia Deus vere est, et quia est summum bonum...*¹⁰ Zwar kann Anselms Begriff des *bonum* nicht auf die ethische Dimension beschränkt werden, doch kann er auch umgekehrt niemals unabhängig von ihr konzipiert werden.

Dieser Beschreibung des Beweisziels entspricht ein Wechsel vom *maius* auf das *melius*, der im dritten Kapitel stattfindet, ohne daß Anselm ihn begründet oder erläutert. Offensichtlich hält Anselm ihn deshalb für so wenig erklärungsbedürftig, weil er von vorneherein das *melius* im *maius* mitgedacht hat. Der Wechsel findet an einer Stelle im *Proslogion* statt, an der der Beweis der Existenz des *id quo* ¹¹ und der Denkunmöglichkeit seiner Nichtexistenz gerade zum Abschluß gekommen ist. Anselm geht zur Anredeform über, um in ihr das *id quo* mit dem angeredeten Gott zu identifizieren: *Et hoc es tu, domine deus noster. Sic ergo vere es, domine deus meus, ut nec cogitari possis non esse. Et merito. Si enim aliqua mens posset cogitare aliquid melius te, ascenderet creatura super creatorem, et iudicaret de creatore; quod valde est absurdum.* ¹² Das enim deutet eine Kausalbeziehung an. Es bezieht sich offensichtlich auf das *merito* und verbindet das *melius* des angeführten Grundes mit der Denkunmöglichkeit der Nichtexistenz Gottes, die ein Indikator seiner Größe ist. Das bedeutet mit anderen Worten: Gott muß nicht nur faktisch als existierend gedacht werden, sondern soll es auch, weil sonst etwas Besseres gedacht werden könnte. ¹³ Das Größere ist also immer auch das Bessere. Etwas Besseres als Gott zu denken aber bedeutete, über Gott zu Gericht zu sitzen. Daß Anselm dies als absurd bezeichnet, darf als Hinweis darauf gewertet werden, daß Anselm sich hier Gott gleichzeitig als höchsten sittlichen Maßstab denkt. Denn wenn Gott selbst Quelle aller Werthaftigkeit ist, dann kann es keinen weiteren Maßstab geben, an Hand dessen das Geschöpf über den Schöpfer urteilen könnte. Gott selbst ist letzter Beurteilungsmaßstab, letzte sittliche Instanz. Dieser Begriff aber entspricht genau der Anselmschen *rectitudo*.

In der weiteren Explikation der Eigenschaften des *id quo* wird das *melius* zum Kriterium dessen, was von Gott ausgesagt werden kann: Gott ist all das, von dem es besser ist, daß es sei, als daß es nicht sei: *Tu es itaque iustus, verax, beatus, et quidquid melius est esse quam non esse. Melius namque est esse iustum quam non iustum, beatum quam non beatum.* [14] Aus diesem Grund kann Anselm die Formel des *id quo* auch auf die Eigenschaften Gottes anwenden: Gott ist z.B. so gerecht, daß er nicht gerechter gedacht werden kann: *Justum quippe est te sic esse iustum, ut iustior nequeas cogitari.* [15]

Der Begriff des *Großen* im *id quo* kann nicht auf das Gute im ethischen Sinn beschränkt werden. Das zeigt die Aufzählung außersittlicher Werte wie Seligkeit, Macht und Ewigkeit. Aber die Gerechtigkeit als der Inbegriff des ethisch Guten macht gewissermaßen das Rückgrat der Größe aus. Die *beatitudo* beispielsweise wäre für Anselm kein Moment von Größe, wenn sie nicht die *beatitudo* dessen wäre, der wegen seiner Gerechtigkeit ihrer würdig wäre. Das Gleiche gilt für die anderen Eigenschaften. Die *rectitudo* bleibt das entscheidende Moment jeder Größe. Der Gedanke des *melius* als des Kriteriums dessen, was als größer zu gelten hat, wird auch in der Antwort auf Gaunilo wiederholt, wenn zur Erläuterung des *id quo* gesagt wird: *Credimus namque de divina substantia, quidquid absolute cogitari potest melius esse quam non esse.* [16] Allerdings zeigen die anschließenden Ausführungen, daß das *melius* auch außersittliche Güter umfaßt: *Verbi gratia melius est esse aeternum quam non aeternum, bonum quam non bonum, immo bonitatem ipsam quam non ipsam bonitatem.* [17] Doch zehrt der Werthaftigkeitscharakter der außersittlichen Güter ganz vom sittlichen Wert.

Dieser Zusammenhang zwischen "Größe" und "Gutheit" wird auch bestätigt durch einen Blick auf das *Monologion*. Dort heißt es bereits im ersten Kapitel lapidar: *Sed quod est summe bonum, est etiam summe magnum.* [18] Im kurzen zweiten Kapitel, wo es um den Erweis der Größe Gottes geht, wird der Gedanke wiederholt: *Et quoniam non potest esse summe magnum nisi id quod est summe bonum...* [19] Größe im räumlichen Sinn schließt Anselm aus: *Dico autem non magnum spatio, ut est corpus aliquod; sed quod quanto maius tanto melius est aut dignius, ut est sapientia.* [20]

In Kapitel fünfzehn des *Monologion* wird das *melius* als Kriterium dessen eingeführt, was als Eigenschaft von der *summa essentia* ausgesagt werden kann. Denn alles, von dem es besser ist, daß es sei, als daß es nicht sei, muß von Gott ausgesagt werden, z.B. Leben, Weisheit, Macht, Wahrheit, Gerechtigkeit, Glückseligkeit, Ewigkeit. [21] Das Kriterium des *melius* gilt in diesem Zusammenhang nur zur Entscheidung der Alternative zwischen Existenz oder Nichtexistenz derselben Eigenschaft. Es dient nicht der Hierarchisierung der Eigenschaften untereinander. Diese Frage wird von Anselm nicht thematisiert. Einem Einwand, den er sich selber stellt, können wir aber entnehmen, daß er die Gerechtigkeit der Weisheit gegenüber als höherrangig erachtet: *Quamvis enim iustus non sapiens melior videatur quam non iustus sapiens, non tamen est melius simpliciter non sapiens quam sapiens.* [22] Wenn auch das *videatur* eine solche Zurückhaltung ausdrückt, daß aus dieser Stelle allein die Meinung Anselms über die Höherrangigkeit des ethischen Wertes gegenüber der Weisheit — die man einen intellektuellen Wert nennen könnte — nicht mit Sicherheit erschlossen werden könnte, so fügt sich dennoch diese Meinung so harmonisch in das Gesamtbild der Anselmschen Lehre ein, daß an eine umgekehrte Hierarchisierung nicht im Ernste gedacht werden kann. Die Stellung der *iustitia* als entscheidendem Letztwert ergibt sich nicht nur aus dem schon untersuchten zwölften Kapitel von *De veritate*, sondern wird noch einmal explizit verdeutlicht, wenn Anselm sie in *Cur Deus homo* mit der einzigen und ganzen Ehre identifiziert, die wir Gott schulden: *Haec est iustitia sive rectitudo voluntatis, quae iustos facit sive rectos corde, id est voluntate. Hic est solus et totus honor, quem debemus deo et a nobis exigit deus.* [23] Das bedeutet nichts anderes, als daß Anselm überzeugt ist, daß die Gerechtigkeit nicht nur von uns als der letzte gültige Selbstzweck gefunden wird, sondern daß sie dies auch tatsächlich — nämlich in den Augen Gottes — ist. Sie macht deshalb die Mitte jeder Größe aus. Niemals darf deshalb im Verständnis des *id quo* als des denkbar Größten von dessen ethischem Charakter abgesehen werden.

Die Beweiskraft des id quo maius cogitari non potest

Die entscheidende Bedingung, um den Anselmschen Gottesbeweis zu verstehen, besteht meines Erachtens in der Erkenntnis, daß nicht der Begriff des *id quo* qua Begriff der Ausgangspunkt des Beweises ist, sondern der Gehalt dieses Gedankens. Der aber besteht, wie wir aus der Untersuchung des Begriffs der "Größe" gesehen haben, zum entscheidenden Teil im sittlichen Wert, in der Gerechtigkeit. Aus diesem Grund gibt es, wenn der Tor den Ausdruck *id quo* hört, auch etwas zu verstehen: *Sed certe ipse idem insipiens, cum audit hoc ipsum quod dico: aliquid quo maius nihil cogitari potest, intelligit quod audit; et quod intelligit in intellectu eius est, etiam si non intelligit illud esse."* [24] Das *intelligere* gebraucht Anselm zur Kennzeichnung jener Einsicht in die Rechtheit, die ein Schauen im starken Sinne ist. Deshalb kann der Gegenstand des *intelligere* nicht bloß der Begriff sein. Die intelligierte Bedeutung der gehörten Formel *id quo* kann sich nicht erschöpfen in einem bloß Gedachten, das den Rang eines sogenannten *ens rationis* hat. Von vorneherein ist ein Gehalt im Spiel, der den Status eines bloß Ausgedachten transzendiert und einem *intelligere* als geistigem Intuitionsakt zugänglich ist. Der entscheidende Akt ist also nicht das *cogitare* innerhalb des *id quo*, sondern das *intelligere* desselben. Bleibt man beim *cogitare* stehen, kommt man nicht über einen Begriff hinaus, dessen Bildung sich einem Willkürakt verdankt. Der Gedanke einer "vollkommensten Insel" etwa hat diesen Status. Das *intelligere* aber weist auf einen Gehalt hin, der dem Erkennen vorgegeben ist. Der Begriff qua Begriff ist Produkt eines Denkens, niemals ist aber der Gegenstand eines *intelligere* dessen Produkt. Den Anselmschen Beweis deshalb als einen Schluß zu verstehen von einem Begriff, über dessen Herkunft man zudem noch rätselt, auf die Existenz, bedeutet eine verhängnisvolle Verkennung desselben.

Ein weiteres Indiz für diese Interpretation finden wir in dem im Zitat zuletzt auftauchenden *intelligit*, das nur ein Verstehen im eigentlichen Sinne meinen kann, da es ja auf die Existenz geht, deren Erkenntnis das Beweisbemühen gilt. Da aber das Beweisziel ohne Zweifel ein *intelligere* im starken Sinne ist, legt sich dieselbe Deutung bezüglich des *intelligit quod audit* nahe, wenn man nicht annehmen will, daß Anselm, ohne es zu erkennen zu geben, innerhalb desselben Satzes das *intelligere* einmal in einem schwachen, einmal in einem starken Sinne verwendet. Vielmehr geht es beide Male um ein Verstehen im vollen Sinne eines geistigen Aktes von Erkenntniswert, einmal um die noch ausstehende Einsicht in die Existenz, ein anderes Mal um die Einsicht in die Eigenart der Entität, deren Existenz begriffen werden soll. Eine Bestätigung dieser Interpretation finden wir im vierten Kapitel, wo Anselm sich mit dem Problem auseinandersetzt, wie eine Gottesleugnung angesichts seines Beweises möglich ist. Die Antwort lautet: *aliter enim cogitatur res cum vox eam significans cogitatur, aliter cum id ipsum quod res est intelligitur. Illo itaque modo potest cogitari deus non esse, isto vero minime.* [25] Hier finden wir wieder die Bezogenheit des *intelligere* auf die *res* selber. Das *cogitare* erlaubt eine zweifache Verwendung: die Verwendung im schwachen Sinn, die sich auf die *vox* bezieht, und die Verwendung im starken Sinn, die in dies em Falle auf ein *intelligere* hinausläuft und auf eine res geht, die auf Grund ihrer Vorgegebenheit möglicher Gegenstand eines Intuitionsaktes ist.

Wenn nun der Existenzbeweis seinen Ausgang nimmt von einem Intuitionsakt, dann bedeutet das mit anderen Worten, daß die Suche nach dem Beweis der Existenz identisch ist mit der Untersuchung des ontischen Status des Gehaltes, der intelligiert wird. *Welchen* ontischen Status der Gehalt hat, kann nur der Gehalt selbst beantworten. Anselm kennzeichnet ihn als das, worüber hinaus Größeres nicht gedacht werden kann. Wenn *Größe* wesentlich den sittlichen Wert (mit)aussagt, dann meint das denkbar Größte jenen Wert, der nicht noch einmal an einem höheren Wert gemessen werden kann. Dieser

Wert kann unmöglich nur im Verstand sein. Denn *er* macht es möglich, das, was bloß im Verstand ist, mit dem, was darüber hinaus auch in der Wirklichkeit ist, zu vergleichen. Er stellt sich immer wieder ein, auch wenn er aufgrund eines naturalistischen Fehlschlußes mit etwas identifiziert wird, was nicht er selber ist. Aus diesem Grund kann Anselm im dritten Kapitel des *Proslogion* aus demselben Gehalt des *id quo* die Unmöglichkeit des Denkens seiner Nichtexistenz schließen: *Quod utique sic vere est, ut nec cogitari possit non esse.* [26] Dies entspricht der schon besprochenen Unvermeidlichkeit des Sollens. Gerade weil es sich um das alles richtende Sollen handelt, um die letzte sittliche Instanz, ist es unmöglich, ihr zu entrinnen und sie *in actu exercito* nicht zu veranschlagen, auch wenn sie *in actu signato* geleugnet wird. *Nam potest cogitari esse aliquid, quod non possit cogitari non esse; quod maius est quam quod non esse cogitari potest.* [27] Das *id quo maius cogitari non potest* holt mich immer wieder ein, und zwar als es selbst. Wenn ich es mit irgendetwas anderem unterhalb (eine Wertung!) seiner identifiziere, stellt es sich unweigerlich wieder ein als das, was diese Lokalisierung überhaupt möglich macht. Und es macht sie deshalb möglich, weil es in Wahrheit nicht das ist, womit ich es fälschlicherweise identifiziert habe. Denn es ist gerade das, was jede wertmäßige Lokalisierung umgreift und deshalb auch die Differenzierung zwischen *in intellectu* und *in re* und deren Bezug auf einen gemeinsamen Wertungsmaßstab möglich macht. Jedes faktische Sein ist ihm genauso unterworfen wie jeder Gedanke. Wenn es schon nicht mit einem faktischen Sein identifiziert werden darf, dann noch weniger mit einem bloß Gedachten. Es bedeutet deshalb ein radikales Mißverständnis, Anselms Beweis als einen Übergang zu konzipieren von einem zunächst bloß Gedachten zu einer Existenz, die erst faktisch gedacht wird, aus der dann wiederum in einem nächsten Schritt ihre Notwendigkeit gefolgert wird. Vielmehr ergibt sich das, was in der entfalteten Darstellung des Beweises nacheinander ausgeführt wird, in Wirklichkeit mit einem Schlag aus dem Gehalt des *id quo*, *sobald* es intelligiert wird. Deshalb kommt es darauf an, den Gehalt selber tatsächlich zu intelligieren. Es ist nicht möglich, von einem formalen Begriff des "Großen" auszugehen, den Beweis logisch zu formalisieren — wie es heute üblich geworden ist — und dann mittels eines logischen Kalküls seine Existenz abzuleiten. Das bleibt ein Glasperlenspiel, wie geschickt und komplex es auch aufgebaut werden mag. Ich muß des Gehaltes des *id quo* ansichtig werden, und dies ist die Gerechtigkeit als der Inbegriff des höchsten, sich selbst rechtfertigenden Wertes, über den hinaus ich einsichtigerweise nichts Größeres denken kann. [28] Es genügt, ihn selbst wahrhaft zu denken, um mit einem Schlag zu erkennen, daß er nicht bloß in meinen Gedanken existieren kann, ja sogar — mit demselben Schlag — seine Notwendigkeit zu erkennen.

Solange dies geleugnet wird, ist er selbst noch nicht intelligiert. In der *Responsio* auf Gaunilo besteht Anselm darauf, daß auf das Denken des Gehaltes selber ankommt: *Tantam enim vim huius prolationis in se continet significatio, ut hoc ipsum, quod dicitur, ex necessitate eo ipso, quod intelligitur vel cogitatur, et revera probetur existere et id ipsum esse, quidquid de divina substantia oportet credere. Credimus namque de divina substantia, quidquid absolute cogitari potest melius esse quam non esse.* [29] Hier finden wir den beschriebenen Sachverhalt im *eo ipso, quod intelligitur* in aller Deutlichkeit ausgedrückt. Es handelt sich nicht um eine logische Schlußfolgerung, auch wenn die Darstellung im *Proslogion* notgedrungen diesen Anschein erweckt. Der Satz, der die Existenz des *id quo* ausdrückt, ist nicht ein logisch aus Prämissen abgeleiteter Satz, so daß es genügen würde, sich der logischen Korrektheit zu vergewissern, sobald die Wahrheit der Prämissen feststeht — sei es aus der natürlichen Einsicht, sei es aus dem Glauben. Vielmehr geht es um eine Einsicht in die Eigenart des *id quo*, in dessen Licht wir, sobald die Einsicht gelingt, gleichzeitig sehen, daß sein ontischer Status ein von jeglicher Einsicht unabhängiger ist. Was Anselm durch die "Schlußfolgerung" aufweist, ist ja nur, daß man zum Gedanken des *id quo* in Widerspruch gerät, wenn man seine Existenz leugnet — daß man es also noch gar nicht gedacht hat. Mit klassischer Prägnanz drückt er dies an anderer Stelle seiner Antwort aus: *Dum ergo cogitatur quo maius non possit cogitari: si cogitatur quod possit non esse, non cogitatur quo non possit cogitari maius.* [30] Es genügt, es zu denken, und zwar als es selbst, d.h. es zu intelligieren, [31] um es als existierend zu erkennen. Es ist deshalb kein Zufall, daß Anselm ausgerechnet in diesem Zusammenhang, wo er die Notwendigkeit der Realisierung des Gehaltes herausstellt, das *melius* statt des *maius* benutzt. Der Sache nach denkt Anselm an jene Wirklichkeit, der er in *De veritate* den Namen *rectitudo* gibt. So wie dort die *rectitudo* unabhängig existiert von der Aussage, so hier das *id quo* unabhängig vom Denken. So wie dort die *rectitudo* sich herausstellt als das, was nicht noch einmal in seiner Gesolltheit hinterfragt werden kann, so hier das *id quo* als das, was nicht noch einmal dadurch beurteilt werden kann, daß es an einem *melius* gemessen wird. Aus diesem Grund verwendet Anselm das *melius* auch in der schon erwähnten Stelle des dritten Kapitels des *Proslogion*, wo er den Gedanken als absurd zurückweist, über den Schöpfer zu urteilen: *Si enim aliqua mens posset cogitare aliquid melius te, ascenderet creatura super creatorem, et iudicaret de creatore; quod valde est absurdum.* [32] Auch hier wird deutlich, daß das von Anselm gemeinte und intelligierte *id quo* jene sittliche Instanz ist, als welche wir die *rectitudo* kennengelernt haben.

Ein Blick auf die Forschung

Zwar hat sich seit Gilson in der Forschung die Ansicht etabliert, daß *De veritate* eine Schlüsselstellung zum Verständnis des Anselmschen Oeuvres einnimmt, doch habe ich im Laufe meiner Nachforschungen nur drei Autoren entdeckt, die sich dieses Schlüssels zur Deutung des Anselmschen Gottesbeweises zu bedienen versucht haben: Kurt Flasch,[33] Hans-Joachim Werner[34] und Adolf Schurr.[35]

Schurr interpretiert in seiner ausführlichen Arbeit das *id quo* im Lichte von *De veritate* als absolutes *debere*.[36] Merkwürdigerweise läßt er in der Erklärung des Existenzbeweises (2. Kapitel des *Proslogion*) diesen Ansatz ungenutzt und interpretiert, indem er auf das *Monologion* zurückgreift (!), das *maius esse* als jenes Moment, das in einem Grund-Folge-Verhältnis der Grund der Folge voraushat.[37] Daraus soll sich dann ergeben: "... die geistige Wirklichkeit Gottes ist der Ermöglichungsgrund des Wirklichseins der Gottesvorstellung im Bewußtsein."[38] Doch es erscheint vollkommen unplausibel, warum der *Gedanke* des *id quo* allein durch die *Wirklichkeit* des *id quo* möglich sein soll, wenn nicht gleichzeitig aufgezeigt wird, daß im Unterschied zu allen anderen möglichen Gedanken der Inhalt dieses Gedankens dies erheischt. Erst im nächsten Kapitel,[39] das sich mit dem dritten Kapitel des *Proslogion*, also mit dem Nachweis der Notwendigkeit des *id quo* beschäftigt, rekurriert Schurr auf den Inhalt des Gedankens und faßt ihn als "unbegrenzte Wertfülle."[40] Der "Absolutheitscharakter der Wertevidenz" wird nach Schurr erst verständlich durch die "transzendentale Reduktion" auf den "Ermöglichungsgrund" von Bewußtsein überhaupt. Im Unterschied zu Schurr reißen Flasch und Werner unser Thema in ihren Artikeln nur an. Flasch kommt in seiner Untersuchung des Anselmschen Wahrheitsbegriffes auf das *Proslogion* zu sprechen, um dieses vom *rectitudo*-Gedanken her zu interpretieren.[41] Dieser Ansatz entspricht der These dieser Arbeit, doch Flasch verankert ihn nicht in der Intuition des sittlichen Wertes, sondern in der Denknotwendigkeit desselben, da er die Denknotwendigkeit für Anselms Wahrheitskriterium hält.[42] Deshalb kann Flasch den Gedankengang des *Proslogion* mit dem des *Monologion* parallelisieren, ohne die Revolution in der grundsätzlichen Erkenntniseinstellung, die bei Anselm zwischen der Abfassung der beiden Werke stattgefunden hat, zu berücksichtigen.[43] Da Flasch Anselms Beweis für einen aus "reinem Denken" hält (p. 343), kommt er zu so fatalen Aussagen wie: "Die *mens humana* ist der letzte Maßstab alles unseres Wissens" (p. 344) "Nach Anselm hat das menschliche Denken normative Kraft." (p. 349) Flasch schreibt damit dem Denken jene Stellung zu, die in Wirklichkeit die *rectitudo* hat. Ganz deutlich wird dies bei der Aussage:

"Dann ist es das Privileg Gottes, als einziges Wesen dem Maßstab von Werthaftigkeit zu entsprechen, der unser Geist ist." (p. 350) Unser Geist ist hier also zum Wertmaßstab geworden, und Gott zum Bewerteten und damit zu etwas minder Großem! Beim späteren Flasch ist aus dem *id quo* als Index dieses hohen Anspruchs des reinen Denkens "Anselms theoretisches Konstrukt" geworden. [44]

Hans-Joachim Werner stellt in seinem Artikel Anselms *De veritate* in den Kontext der modernen Diskussion über die Möglichkeit der Ableitung von Sollens- aus Seinssätzen und stellt Anselms Idee der Rechtheit bzw. des Wahren als einen Lösungsvorschlag vor. In dieser Idee begegne uns ein apriorisches Richtmaß, das allen Seins- und Sollensverhältnissen vorausgehe. In ihr sei "eine Identität von Sein und Sollen gedacht." [45] Werner erkennt die Bedeutung dieses Gedanken für die Gotteserkenntnis und deutet den Weg an, den eine Interpretation des *Proslogion* einschlagen müßte. [46] Er selber führt diesen Gedanken nicht mehr aus: in erster Linie sicherlich, weil es den Rahmen seines Artikels sprengen würde, vielleicht aber auch, weil er, wie er selber bekennt, diese Auswertung des Gedanken für "problematisch" hält. Die drei genannten Autoren bieten eine Ausnahme in der Forschungsliteratur. Am meisten ist eine Deutung des Anselmschen Beweises verbreitet, die das Intuitionsmoment übergeht und stattdessen den Beweis im Sinne einer reinen Begriffsanalyse versteht. In diesem Fall kann er nur interpretiert werden im Sinne eines Schlußes von der Bedeutung eines Ausdrucks auf die Wirklichkeit dessen, was er bedeutet. Das *intelligere* des Toren, von dem im Beweis die Rede ist, ginge nicht auf eine denkunabhängige, sondern lediglich auf die Bedeutung der gehörten Worte. Wenn wir Freges Terminologie zugrundelegen, können wir die Frage, die sich hier stellt, auch in der Gestalt formulieren, ob das *intelligere* sich bloß auf den Sinn oder auch auf eine von Anselm angesetzte Bedeutung der Formel *id quo* bezieht.

Nun zeigt gerade ein Blick in Anselms Werk *De grammatico*, daß Anselm der Sache nach die Unterscheidung zwischen Sinn und Bedeutung bekannt war. [47] In *De grammatico* unterscheidet Anselm zwischen der *significatio* und der *appellatio* eines Wortes. Neuestens hat Wolfgang Röd wieder darauf aufmerksam gemacht. Er stellt heraus, daß Anselm sich klar bewußt ist, daß man aus der Analyse des Sinnes eines Ausdrucks nicht auf einen Gegenstandsbezug folgern kann. [48] Anselms Gottesbeweis im *Proslogion* interpretiert er als die einzige Ausnahme von dieser Regel. [49] Nun macht gerade die Entdeckung, daß Anselm sich über das Verhältnis von Intension und Extension eines Begriffs im klaren war, die Interpretation des Anselmschen Beweises auf der Begriffsebene nur unwahrscheinlicher. Wenn Anselm im *Proslogion* die schon zitierte Auskunft gibt: *aliter enim cogitatur res cum vox eam significans cogitatur, aliter cum id ipsum quod res est intelligitur. Illo itaque modo potest cogitari deus non esse, isto vero minime,* [50] dann zeigt dies deutlich, daß es um die mit dem Ausdruck *id quo* bezeichnete geht, die intelligiert wird, daß also von Anfang an der Ausdruck *id quo* eine *appellatio* besitzt, die so lange jeder logischen Analyse des Anselmschen Beweises verborgen bleibt, wie man sich nicht die Frage stellt, welche Wirklichkeit mit dem Begriff der "Größe" gemeint ist.

In *De grammatico* finden wir eine interessante Unterscheidung zwischen dem *intelligere* des Gesagten und dem *considerare* der bezeichneten Wirklichkeit: *Unde iam intelligo quid dixeris quia bene intellexi sed non bene consideravi. Bene enim intellexi quid loquendo mihi significares, sed idipsum quod significabas non bene consideravi, quia quomodo me deciperet ignoravi.* [51] *De grammatico* ist ein Dialog zwischen *Magister* und *Discipulus*. Es handelt sich bei der zitierten Passage um einen Redeteil des Schülers, der sich auf die Behauptung des Lehrers bezieht: *Bene intellexisti quid dixi sed forte non bene considerasti quod dixi.* [52] Der Gegenstand des Gespräches sind Erwägungen über den Zusammenhang der Bedeutungen von *grammaticus* und *homo*. Was der Schüler verstanden hatte, waren zwei Beispielfälle von Syllogismen, was seiner mangelnden Aufmerksamkeit entging, war die Tragweite der verstandenen Syllogismen, indem er unbewußt in dem einen Fall etwas mitdachte, [53] was beipielbedingt nur für den anderen Fall galt. Das *intelligere* bezieht sich also auf einen logischen Zusammenhang, das *considerare* über diesen Zusammenhang hinaus auf die Wirklichkeit, an Hand derer der logische Zusammenhang beispielhaft demonstriert wurde. Dies zeigt, daß die, auf die sich das *intelligere* bezieht, nicht unbedingt die dinghafte Erfahrungswirklichkeit sein muß, sondern auch etwas von der Art sein kann, wie es die logischen Zusammenhänge sind. Aber auch hier wird deutlich, daß diese logischen Zusammenhänge — welchen Seinsmodus sie auch sonst haben mögen — etwas Vorgegebenes und damit etwas der Erkenntnisbemühung Würdiges sind. Wenn Anselm z.B. den Dialog auf die Weise verlaufen läßt, daß der Meister auf das Bekenntnis des Schülers *intelligo quod dicis* mit der Aufforderung antwortet: *Si ergo bene intelligis quae dixi: dic quomodo tu dissolveres hunc syllogismum ...,*[54] dann zeigt dies die Möglichkeit an, durch das *intelligere* des Gehörten sich von der Abhängigkeit vom Sprechenden so zu emanzipieren, daß der Verstehende eigenständig im Erkenntnisprozeß fortschreiten kann. Das *intelligere* bleibt also nicht bei dem Verstehen des Sprechenden und von dessen Aussageintention stehen, sondern dringt zum Verstehen des Gemeinten als einer vom Sprach- und Erkenntnisvollzug unabhängigen Wirklichkeit vor. Anselm gebraucht in diesem Zusammenhang einmal den bezeichnenden Ausdruck *secundum veritatem intelligere* von *propositiones.* [55] Diesen Status der Vorgegebenheit haben die logischen Gesetze mit dem Gedanken des *id quo* gemeinsam. Weder sind die logischen Zusammenhänge von uns erfunden, noch ist das *id quo* ein theoretisches Konstrukt oder eine "virtuose Begriffskonstruktion," [56] sondern beides sind Entdeckungen. Der Unterschied ist nur der, daß die *rectitudo*, wenn sie erst einmal entdeckt und intelligiert ist, sich als eine Wirklichkeit offenbart, deren Seinsmodus der der realen Existenz ist.

Man kann deshalb Kienzler zustimmen, wenn er über das *intelligere* schreibt: "Der Bezug auf die *res* ist für das *intelligere* Anselms in zweifacher Hinsicht konstitutiv: Zum einen beginnt das *intelligere* gerade mit einer Erfahrung von außen, d.i. mit einem Vernehmen, *auditum vel dictum*. Damit ist der Bezug zu Erfahrung überhaupt gewahrt. Andernfalls käme das *intelligere* auch gar nicht in Gang. Zum anderen schließt das *intelligere* das Erkennen der *res* nicht aus, sondern kommt im Erkennen der *res* gerade zur Vollendung ... und das *intelligere* vollendet sich im Erkennen der *res*." [57]

Dieser Sonderstatus bringt es mit sich, daß die Leugnung der Existenz den Gedanken des *id quo* zerstört. Es wird in diesem Falle nicht etwa dasselbe *id quo* gedacht, nur eben als nichtexistierend, sondern etwas Anderes, nämlich Geringeres. *An enim si est vel in solo intellectu, non potest cogitari esse et in re? Aut si potest, nonne qui hoc cogitat, aliquid cogitat maius eo, si est in solo intellectu?* [58] Das *aliquid maius* ist, indem es etwas Größeres ist, ein Anderes als ein als nichtexistierend gedachtes (und deshalb nur noch vermeintliches!) *id quo*. Selten wird diese Möglichkeit der Deutung des Anselmschen Gedankenganges gesehen und gewürdigt. Zuletzt hat Brian Davies darauf aufmerksam gemacht, wenn er zur *Proslogion*-Stelle [*e*]*t certe id quo maius cogitari nequit non potest esse in solo intellectu. Si enim vel in solo intellectu est potest cogitari esse et in re quod maius est,* [59] schreibt:

> What does Anselm mean here? The text can be translated in two ways (people rarely seem to see that there are two possibilities here): (1)"And for sure, that than which a greater cannot be conceived cannot exist only in the intellect. For if it is only in the intellect it can be thought to be in reality as well, which is greater." (2) "And for sure that than which a greater cannot be conceived cannot exist only in the intellect. For if it is only in the intellect, what is greater can be thought to be in reality as well." [60]

Die *Proslogion*stelle habe ich hier so wiedergegeben, wie Davies sie anführt. Sie unterscheidet sich durch ein wichtiges Detail von der Schreibart in den von F.S. Schmitt besorgten *Opera omnia*: In diesen ist zwischen *re* und *quod* ein Komma gesetzt, das in der Wiedergabe von Davies fehlt. Nun hat Schmitt einen Faksimile-Abdruck aus dem Codex Oxoniensis Bodleian, Bodley 271, fol. 30v. in seine Ausgabe eingefügt,[61] der unsere Textstelle enthält. In seiner *Ratio editionis* geht Schmitt ausführlich auf den Codex Bodley 271 ein[62] und stellt ihn als die wichtigste erhaltene Handschrift heraus: "Der Text im einzelnen wird gleichfalls von keiner anderen Hs. mehr erreicht, ja darf als fast vollkommen bezeichnet werden, weshalb er bei der Herstellung des Textes meiner Ausgabe der *Opera omnia* von ausschlaggebender Bedeutung war."[63] Der Faksimile-Abdruck läßt nun aber deutlich erkennen, daß zwischen dem *re* und dem *quod* ein Satzzeichen nicht gesetzt ist. Indem Schmitt ein Komma eingefügt hat, lenkte er zwangsläufig die Interpretationsmöglichkeiten in eine bestimmte Richtung, so daß die Bemerkung Davies, daß nur wenige Anselm-Interpreten die doppelte Deutungsmöglichkeit unserer Stelle bemerkten, nicht mehr verwunderlich ist.[64]

Legt man die zweite Interpretationsmöglichkeit zugrunde, dann ist es nicht mehr notwendig, Existenz als eine Vollkommenheit zu verstehen. Für die Schlüssigkeit des Gedankengangs genügte es, reale Existenz als *Bedingung* für das Größersein aufzufassen. Wenden wir diese Überlegung auf die *rectitudo* an, wird sie unmittelbar plausibel: Ein unbedingter Wert, der den Willen dem Anspruch eines kategorischen Imperativs unterwirft, würde, wenn er als ein bloßes *ens in solo intellectu* entlarvt würde, so fort als ein täuschender Schein zusammenfallen, der überhaupt keine bindende Kraft hätte. Er wäre gerade in seinem Wertcharakter zerstört und hätte sich als etwas *Anderes* herausgestellt. Der *Begriff* des Wertes schließt notwendigerweise, wenn er der Evidenz der sittlichen Erfahrung gerecht werden will, einen Existenzmodus seines Gehaltes jenseits bloßen Gedachtseins ein.

Erst recht ist durch die zweite Interpretationsart ein angebliches Prinzip Anselms ausgeschlossen, das ganz allgemein die Existenz gleich welcher Entität für größer hält als die Nichtexistenz. Röd z.B. glaubt dieses Prinzip als eine von vier "axiomatischen Voraussetzungen" Anselms festmachen zu können, und zwar in der Formulierung: "Etwas, das Sein im Intellekt und zugleich in der Wirklichkeit hat, ist 'größer' (seinsmächtiger) als etwas mit denselben Eigenschaften, das nur im Intellekt ist."[65] Die Unzulässigkeit der Unterstellung dieses Prinzips wird allein schon durch den Umstand erkennbar, daß Anselm ein Kriterium einführt, um zu entscheiden, wann das Größersein die Existenz involviert und wann nicht.[66] Dies setzt voraus, daß die Existenz von sich aus, unabhängig von dem, was existiert, gerade nicht eine Steigerung der Größe mit sich bringt.

Röd dagegen faßt "größer" von vornherein im Sinne von "seinsmächtiger" auf.[67] Ist dies einmal getan, *dann* bildet es freilich keine Schwierigkeit mehr, dem Anselmschen Gottesbeweis nachzuweisen, daß er lediglich eine analytische Wahrheit zutage fördert: "So wie 'Mensch' als 'vernünftiges Lebewesen' definiert und daher der Satz 'Menschen sind Lebewesen' analytisch wahr ist, so enthält 'Unüberbietbar' die Bestimmung 'in Wirklichkeit seiend', so daß sich der Satz, das Unüberbietbare habe ein Sein in der Wirklichkeit, ebenfalls als analytisch wahr erweist." [68] Tatsächlich wird diese Kritik unvermeidlich, wenn der Zusammenhang zwischen den Begriffen des *maius* und des *esse in re* ein bloß von uns *durch Begriffsbildung gestifteter* ist. Nur eine Interpretation, die diesen Zusammenhang als einen durch *eine Intuition entdeckten* und im Charakter des intelligierten Gehaltes selber gründenden anerkennt, kann den Gottesbeweis Anselms vor dieser Kritik bewahren. Kann deshalb die Kritik als dem Selbstverständnis Anselms nicht entsprechend aufgewiesen werden, hätten wir ein weiteres Indiz für diese Interpretation, die die These dieses Artikels ausmacht. Dieser Aufweis aber ist möglich. Denn wenn der Nerv des Anselmschen Beweises auf eine analytische Wahrheit hinausläuft, dann ist nicht einzusehen, warum allein beim *id quo* ein Existenzbeweis aus dem Begriff möglich ist. Der Gedanke des *id quo* würde seine von Anselm so sehr hervorgehobene Singularität verlieren. [69] Denn *per definitionem* können beliebig viele Begriffe gebildet werden, die die Bestimmung "in Wirklichkeit seiend" in sich enthalten. Allein schon der Begriff eines "notwendigen Wesens" enthält diese Bestimmung, aber auch Mackies "Marsbewohner" [70] und Gaunilos "vollkommeste Insel."

Umgekehrt zwingt aber das Ernstnehmen der von Anselm so beteuerten Singularität des *id quo* zur Identifizierung desselben mit der Gerechtigkeit. Denn eine reale Unterscheidung beider würde dem *id quo* in der Gerechtigkeit eine Konkurrenzinstanz bescheren, die es der Ehre der Singularität berauben würde: sowohl in Hinsicht der Erkenntnisordnung wie der Axiologie. Denn weder wäre weiterhin das *id quo* das *unum argumentum*, da es neben seinem Licht noch das der Gerechtigkeit gäbe, das in *De veritate* so hell leuchtet, daß es mit Gott identifiziert werden kann, noch wäre einzusehen, wie es das denkbar Größte sein können sollte, wenn der Selbstzweckcharakter der Rechtheit ihm die Ehre streitig macht, als letztes Motiv sittlichen Handelns anerkannt werden zu dürfen. An *beidem* festzuhalten, am Selbstzweckcharakter der Rechtheit von *De veritate* und am denkbar Größten des *Proslogion*, ist nur möglich, wenn die Rechtheit das denkbar Größte ist. Wir dürfen deshalb die Entdeckung des *unum argumentum* mit der sittlichen Evidenz der Gerechtigkeit und der Intuition ihrer Tragweite identifizieren. Diese Intuition strukturiert das ganze Denken Anselms bis in die Gotteserkenntnis hinein. Solange diese ethische Struktur seines Denkens nicht mit Entschiedenheit ins Auge gefaßt und kontinuierlich in der Deutung seines Werkes berücksichtigt wird, kann ein gelungener Nachvollzug seiner Einsichten nicht erhofft werden.

Anmerkungen

1 N. Malcolm, "Anselm's Ontological Argument," *The Philosophical Review* 69 (1960), 41-62. Zu dieser Diskussion cf. die Literaturangaben bei W.L. Gombocz, "Anselm von Canterbury. Ein Forschungsbericht über die Anselm-Renaissance seit 1960," *Philosophisches Jahrbuch*, 87 (1980), 109-34; K. Kienzler, *Glauben und Denken bei Anselm von Canterbury* (Freiburg i. Br. 1981), pp. 275ff.; K. Jacobi, "Begründen in der Theologie. Untersuchungen zu Anselm von Canterbury," *Philosophisches Jahrbuch* 99 (1992) 225-44.

2 Zur Chronologie der Werke Anselms, Schmitt I,41-63.

3 *De veritate* XII: Schmitt I,194.

4 *De veritate* XIII: Schmitt I,197.

5 *De veritate* XIII: Schmitt I,198.

6 *De veritate* XIII: Schmitt I,197.

7 *De veritate* XIII: Schmitt I,197.

8 *De veritate* XIII: Schmitt I,198.

9 Verweyen, *Gottes letztes Wort* (Düsseldorf 1991), pp. 119ff., beschreibt denselben Sachverhalt in Zusammenhang seiner Kant Interpretation sehr schön: "Der *Begriff* [Hervorhebung von Verweyen] 'Ich soll' wird nur wirklich gedacht, wenn sich darin zugleich das Hoheitliche eines Seins zeigt, das seine Festigkeit über alle sinnlich feststellbare Realität hinaus behauptet." Später, aber, schreibt er: "Im Unterschied zum Ausgangspunkt des transzendentallogischen Arguments ist Kants Faktum der reinen Vernunft allerdings keine unhinterfragbare Selbstgewißheit der Vernunft, die etwa über die methodisch versuchte Negation eben dieser Gewißheit gesichert werden könnte. Die sittliche Evidenz bildet nicht den apodiktischunaufhebbaren Konstitutionsgrund von Bewußtsein überhaupt. ... Erst wenn sich zeigen ließe, daß eine endliche Vernunft überhaupt ohne die Anerkennung eines unbedingten Sollens nicht als widerspruchslos vernünftig zu denken ist, wäre jenes 'Faktum' als der adäquate Ausgangspunkt einer letzte Fragen thematisierenden Wissenschaft kritisch gesichert." (Ibid., p. 145) Das bedeutet, daß in den Augen Verweyens das Retorsionsverfahren Verifizierungsinstanz der sittlichen Evidenz sein soll. Doch dieses Verfahren kann immer nur faktische Denknotwendigkeit zutage fördern. In Wirklichkeit muß diese in einer Evidenz verankert werden, die die Wahrheit der Denknotwendigkeit durchschaut. Daß Verweyen dies der sittlichen Evidenz nicht zutraut, liege daran, daß er sie im Anschluß an Kant nur als ein "Faktum der praktischen Ver-

nunft" ansieht, also das "Ich soll" als einen Begriff interpretiert, nicht als eine Anschauung, in deren Licht ich mit dem sittlichen Wert gleichzeitig die Genesis der Erscheinung seiner Notwendigkeit *intelligere*.

[10] *Proslogion Prooemium*: Schmitt I,93. Der Ausdruck *ad astruendum* bietet Heinzmann Gelegenheit, den Beweischarakter des Anselmschen Gedankenganges im *Proslogion* zu leugnen. Er übersetzt *astruere* mit stützen und schreibt. (R. Heinzmann, *Philosophie im Mittelalter* [Stuttgart 1992], p. 173): "Was dann denkend entfaltet wird, ist strenggenommen kein Gottesbeweis, sondern der Aufweis der inneren Sinnhaftigkeit, der Rationalität dieses Glaubensinhaltes. Im *Prooemium* spricht Anselm ausdrücklich von einem Argument, das allein hinreicht, um zu stützen, daß Gott in Wahrheit existiert. Stützen kann man aber nur etwas, das vorher und auf andere Weise gegeben ist, in unserem Falle eben durch den Glauben. Die *ratio* beweist dann nicht, sondern sie versucht zu verstehen (*intelligere*), daß es rational verantwortbar ist, solches zu glauben." Ohne auf diese bei Karl Barth virulente Frage ausführlich eingehen zu können, sei hier nur so viel vermerkt, daß Heinzmann verschweigt, daß im selben Satz (!) des *Prooemiums* auch von beweisen (*probare*) die Rede ist. Wie willkürlich das Herausgreifen des *astruere* ist, zeigt die Übersicht über das Vokabular, die Schönberger zusammenstellt: "Besonders deutlich wird Anselms rationaler Anspruch durch das verwendete Vokabular: Er spricht von *argumentatio* (*Proslogion* II: Schmitt I,132; X: Schmitt I,138), *argumentum* (*Proslogion* V: Schmitt I,135), *probatio* (*Proslogion* V: Schmitt I,134), *probari* — in Abwandlungen (*Proslogion* V: Schmitt I,135; VI: Schmitt I,136), *monstrare* (*Proslogion* II: Schmitt I,132; X: Schmitt I,138), von *concludere*, *inferri*, *astruere*"; siehe R. Schönberger, "*Responsio Anselmi*: Anselms Selbstinterpretation in seiner Replik auf Gaunilo," *Freiburger Zeitschrift für Philosophie und Theologie*, 36 (1989), 3-46, 42. Schließlich zeigt auch der Gebrauch des *astruere* an anderer Stelle, wie wenig dieser Ausdruck einen Rückschluß auf ein Gegebensein durch den Glauben erlaubt, cf. *De grammatico* I: Schmitt I,146: *quidquid valet ad astruendam unam partem, destruit alteram, et quidquid unam debilitat, alteram roborat*. Es geht dabei um die Frage, ob *grammaticus* eine *substantia* oder eine *qualitas* sei, eine Frage, von der Anselm an dieser Stelle ausdrücklich bekennt, daß sie von *philosophi* behandelt werde.

[11] Ich erlaube mir, hier und in Zukunft das *id quo maius cogitari non potest* abkürzend nur mit *id quo* zu bezeichnen.

[12] *Proslogion* III: Schmitt I,103.

[13] Diesen Aspekt hebt Karl Barth hervor, wenn er das *id quo* vor allem als Verbot interpretiert, etwas Größeres als Gott zu denken (*"Fides quaerens intellectum." Anselms Beweis der Existenz Gottes im Zusammenhang seines theologischen Programms*, ed. E. Jüngel und J.U. Dalferth, *Karl Barth Gesamtausgabe* II/13 [Zürich, 1981], p. 84). Der Fehler Barths liegt darin, daß er die Bedeutung des *id quo* auf dieses Verbot beschränkt: "... weil ontischer Gehalt

Id quo maius als rectitudo 153

diesem Gottesnamen ja eben abgeht. " "Es handelt sich um einen Begriff streng noetischen Inhalts, den Anselm hier als Gottesbegriff bezeichnet. Er sagt nicht, daß und nicht, was Gott ist, sondern, in Form eines vom Menschen vernommenen Verbotes, wer er ist. Er ist *une définition purement conceptuelle* (A. Koyré, *L'idée de Dieu* p. 203). Nichts ist in ihm enthalten an Aussagen über die Existenz und über das Wesen des bezeichneten Gegenstandes. Nichts Derartiges wird also nachträglich analytisch aus ihm zu erheben sein." (p. 77, Hervorhebung durch Sperrdruck und Kursiv bei Barth). Durch diese Beschränkung raubt Karl Barth dem Verbot seine Intelligibilität. Für Anselm ist es genau umgekehrt: Weil man es dem *id quo* ansehen kann, daß nichts Größeres und Besseres gedacht werden kann, handelt es sich hier um den einzigen Fall eines Verbotes, das keiner weiteren Rechtfertigung bedarf. Denn es handelt sich um jenes Sollen, das als Rechtheit mit seinem materialen Gehalt zusammenfällt und deshalb nicht nur alle davon abgeleitete Werthaftigkeit unter sich läßt (*melius*), sondern auch jedes denkbare werthafte Sein immer schon in sich enthält (*maius*).

[14] *Proslogion* V: Schmitt I,104: *Sic ergo vere et sensibilis, omnipotens, misericors et impassibilis, quemadmodum vivens, sapiens, bonus, beatus, aeternus, et quidquid melius est esse quam non.* Cf. *Proslogion* XI: Schmitt I,110.

[15] *Proslogion* XI: Schmitt I,109.

[16] *Responsio Editoris*: Schmitt I,139.

[17] Ibid.

[18] *Monologion* I: Schmitt I,15.

[19] *Monologion* II: Schmitt I,15.

[20] *Monologion* I: Schmitt I,15. Evans beschreibt m.E. den Anselmschen Begriff der "Größe" am besten (*Anselm and Talking about God* [Oxford 1978], p. 51): "But the idea of greatness was chosen by Anselm in preference to the idea of goodness — or blessedness or justice or mercy or omnipotence, or any one of dozen other possibilities mentioned by him in the *Monologion*. It may be that the reason for his choice lies in the particular properties the idea of magnitude possesses in the Categories tradition. Anselm shows that he has the category of quantity in mind in Chapter 2 of the *Monologion*, where he explains that when he says that God in the *summum magnum*, the ultimate greatness, he means, not magnitude of bodiliy or spatial dimension, but greatness of another kind. We call God great because he is 'better' or 'more worthy', rather as we might speak of 'greater wisdom'; it is an evaluative greatness which is intended here." Gar nicht nachzuvollziehen ist dagegen die Meinung Boeders, der die Anselmsche "Größe" mit dem Begriffsumfang identifiziert; siehe Boeder, *Topologie der Meta-*

physik (Freiburg und München 1980), p. 277.

[21] Im selben Kapitel finden wir auch die Kennzeichnung der höchsten Natur als einer solchen, über die hinaus es nichts Besseres gibt. *Monologion* XV: Schmitt I,29: *Illa enim sola est qua penitus nihil est melius et quae melior est omnibus quae non sunt quod ipsa est.*

[22] *Monologion* XV: Schmitt I,28.

[23] *Cur deus homo* I,11: Schmitt II,68.

[24] *Proslogion* II: Schmitt I,101.

[25] *Proslogion* IV: Schmitt I,103.

[26] *Proslogion* II: Schmitt I,102.

[27] *Proslogion* III: Schmitt I,102.

[28] Dieses einsichtigerweise entfällt, so bald ich von der Intuition des Gehaltes des *id quo* absehe und bei seinem Begriff stehenbleibe. Was dann übrigbleibt, ist ein Denkzwang, eine "verwirrende Notwendigkeit der Vernunft," wie Verweyen den Anselmschen Beweis wertet: *(Gottes letztes Wort,* p. 122): "Nein, evident ist lediglich eine verwirrende Notwendigkeit der Vernunft, ein berückendes Paradox: Wo die Vernunft hingreift, begreift sie Wesen, die keinen zweifellos gesicherten Bestand in der Wirklichkeit haben. Wo sie aber über alles hinausgreift, denkt sie ein Wesen, das sie nicht ernsthaft zu konzipieren vermag, ohne es als seiend, und zwar notwendig seiend zu denken. Diesem Zwang kann sie nicht entrinnen. Warum sollte dieser Zwang aber, über die bekannten Absurditäten des Denkens hinaus, nicht vielleicht die äußerste Verrücktheit der Vernunft darstellen? Warum muß der Denknotwendigkeit, jenseits des in sich schlüssigen Zirkels der Vernunft, unbedingt eine Seinswirklichkeit entsprechen? Wer sagt, daß die Denkzwänge der menschlichen Denkzwänge der menschlichen Vernunft nicht letztlich, ohne Fundament im wirklichen Sein, in der ihr eigenen Leere belassen sind?" Diesen Fragen sind alle Denknotwendigkeiten ausgesetzt, die nur durch Retorsion gesichert sind. Dem Anselmschen Gottesbeweis kann Verweyen sie nur deshalb entgegensetzen, weil er denselben nicht als einen solchen versteht, der von einer Intuition initiiert und getragen wird. Die Erfahrung sittlicher Evidenz bedeutet den Einbruch eines Lichtes in den Zirkel der Vernunft, dem diese es ansieht, daß es nicht von ihr stammt.

[29] *Responsio editoris* X: Schmitt I,138.

[30] *Responsio editoris* IX: Schmitt I,138.

Id quo maius als rectitudo 155

31 Deshalb die Parallelisierung *intelligitur vel cogitatur*. Dies ist kein Widerspruch zur Beobachtung, daß das *intelligere* ein weitaus stärkerer Ausdruck ist als das *cogitare*. Wir finden diesen Rangunterschied in der Erkenntnisrelevanz, z.b. deutlich in der *Responsio editoris* I: Schmitt I,131: *Falsum est igitur non esse aliquid quo maius cogitari non possit, si vel cogitari potest. Multo itaque magis, si intelligi et in intellectu esse potest.* Die Parallelisierung des *intelligere* und des *cogitare* ist allein beim *id quo* möglich, weil dies der singuläre Fall dessen ist, was nur dann (als es selbst) gedacht wird, wenn es intelligiert wird. Treffend dazu Schönberger: "Gott anders denn wirklich zu denken heißt nicht, ihn anders denken, sondern ein Anderes denken"; siehe *Responsio editoris*: Schmitt I,146.

32 *Proslogion* III: Schmitt I,103.

33 "Zum Begriff der Wahrheit bei Anselm von Canterbury," *Philosophisches Jahrbuch*, 72 (1965), 322-52.

34 "Anselm von Canterburys Dialog *De veritate* und das Problem der Begründung praktischer Sätze," *Salzburger Jahrbuch für Philosophie*, 20 (1975), 119-30.

35 *Die Begründung der Philosophie durch Anselm von Canterbury. Eine Erörterung des ontologischen Gottesbeweises* (Stuttgart 1966).

36 Ibid. p. 80.

37 Ibid. Im Kapitel "Die Explikation des *terminus a quo*": a) Erster Schritt: Zur Wirklichkeit des Absoluten," 89 heißt es: "Anselm formuliert einen Grundsatz, der eine Lösung andeutet: *Quidquid ... per aliud est ... minus est quam id, per quod est ....* Stehen zwei Glieder in einem Grund-Folge-Verhältnis, so wird dem einen ein *maius esse*, dem anderen ein *minus esse* zugesprochen." (Hervorhebung durch Kursiv und Auslassungen bei Schurr.) Das Zitat entstammt, wie eine Anmerkung referiert dem *Monologion* IV: Schmitt I,17.

38 Ibid., p. 90.

39 "(b) Zweiter Schritt: zur Undenkbarkeit des Nichtseins des Absoluten," pp. 93-113.

40 Ibid. p. 98.

41 "Jedenfalls ist Anselms Lehre von der *mens* als dem Ort der Wahrheit und Notwendigkeit vorausgesetzt in seinem ontologischen Argument. Es beruht zwar auch darauf, daß das *esse in intellectu* nicht ohne weiteres das *esse in re* besagt, daß das objektiv Reale "größer", d.h. vollkommener ist als das nur Gedachte. Aber es verbürgt uns Gottes Dasein nicht, weil es einen

entsprechenden "Gegenstand" oder eine seiner Wirkungen vorweisen könnte, auch nicht nur, weil die objektiven Fundierungsverhältnisse ein qualitativ Größtes als Voraussetzung fordern, sondern weil das Denken seiner eigenen Gesetzlichkeit nach nicht anders denken kann, als die Existenz dessen, worüber hinaus Vollkommeneres nicht gedacht werden kann, bejahend zu denken. Der realistische Wahrheitsbegriff muß hier versagen. Denn jedes einzelne Objekt, auf das er als auf die *causa* der Wahrheit verweist, kann auch als nichtseiend gedacht werden und erweist sich durch diese Wegdenkbarkeit als zufällig, als nichtseiend und nicht wahr im Vergleich zur unbedingten *rectitudo*." ("Zum Begriff der Wahrheit," p. 346.)

[42] "Wahr ist alles das, was von uns nicht anders gedacht werden kann. . . . Anselm sieht in der Notwendigkeit [Hervorhebung von Flasch] das eigentliche Kriterium des Wissens." p. 344. Flasch unterstellt Anselm sogar eine "Identifikation von Wahrheit und Notwendigkeit" Ibid. Zur Kritik sei auf die Bemerkungen zu Verweyen verwiesen (siehe nn. 9, 20).

[43] Ibid. p. 348: "Um auf den Zusammenhang von *De veritate* und *Proslogion*-Beweis zurückzukommen: Im Dialog wird die Wahrheit als unbedingt, als eine, als identisch mit der Gutheit dargestellt. Muß nun nicht, wer sie denkt, sie auch als Seiendheit denken, und zwar im prägnanten Sinne des 'muß,' daß sie nicht anders als seiend gedacht werden kann? Dann ist es denkunmöglich, daß die Wahrheit, d.i. die unbedingte Vollkommenheit nicht sei. Dieser Gedankengang, der sich aus platonischen Prämissen wie von selbst ergibt, findet sich bereits in *De veritate* I: Schmitt I,176; X; Schmitt I,190), ja bereits im *Monologion* (XVIII: Schmitt I,33; cf. als Quelle Augustin, *Soliloquia* II,ii,2; xiv,28) — und zwar als Beweis für die Ewigkeit der Wahrheit. Das ist der ontologische Beweis *in nuce*. Übrigens scheint Flasch (wie auch K. Kienzler: p. 273) *De veritate* für älter zu halten als das *Proslogion* (cf. auch p. 349). In Wirklichkeit macht die spätere Datierung von *De veritate* und damit der phänomenologischen Herausarbeitung der *rectitudo* die Tatsache plausibel, daß im *Proslogion* der Wertgedanke nur sehr unausdrücklich gegenwärtig ist.

[44] Cf. die ausführliche Einleitung zur zweisprachigen Ausgabe der Kontroverse mit Gaunilo: B. Mojsisch (ed.), *Kann Gottes Nicht-Sein gedacht werden,* (Mainz 1989), pp. 7-48.

[45] "Anselm von Canturburys Dialog *De veritate*," p. 128.

[46] pp. 128ff.: "Ein näheres Eingehen auf den im *Proslogion* entwickelten Gottesbeweis würde nun zeigen, daß damit [sc. mit der ursprünglichen, denknotwendigen Einheit von Sein und Sollen] für Anselm zugleich auch die Notwendigkeit eines Transzendierens der nur idealen Sphäre gegeben ist. Die im Gedanken der höchsten Wahrheit erreichte Einheit von Sein und Sollen ist mehr als nur ideales Regulativ, sie zeigt, wenn man den Gedanken der höchsten Wahrheit als höchsten Gedanken überhaupt interpretiert, vielmehr an, daß diesem Gedanken notwendig reale Existenz entspricht, wobei die Betonung auf "notwendig" liege. Im *Proslogion*

zeigt Anselm, daß das Denken demjenigen, worüber hinaus nichts Größeres denkbar ist, notwendig das Prädikat der Existenz zuerkennt. Es erkennt, daß es sich in Widersprüche verwickeln würde, wenn es dem, was in dies em Gedanken gedacht wird, die Existenz absprechen würde."

47 W. Gombocz spricht davon, daß "Anselm die Unterscheidung zwischen Sinn und Bedeutung nachdrücklich eingeführt und verwendet" habe ("Forschungsbericht," 118). Die Aufmerksamkeit auf *De grammatico* hat vor allem D.P. Henry gelenkt (*The De grammatico of St. Anselm* [Notre Dame 1964]; *St. Anselm's "De grammatico,"* [Dordrecht 1974]), dessen Arbeiten zur Logik Anselms Gombocz für den bedeutendsten Anstoß zur "Wiedergeburt" der Anselm-Forschung hält, p. 112.

48 W. Röd, *Der Gott der reinen Vernunft* (München 1992), p. 36: "Durch Analyse des Inhalts (der In tension bzw. des Sinnes) eines Begriffs läßt sich nichts über dessen Extension ausmachen, wenn außer dem Sinn keine weiteren Faktoren berücksichtigt werden. Anselm hat sich mit diesen Zusammenhängen in der kleinen Schrift *De grammatico* auseinandergesetzt.... Daraus, daß ein Ausdruck wie 'grammaticus' einen Sinn (*significatio*) hat, kann somit nicht gefolgert werden, daß er einen Gegenstandsbezug (*appellatio*) hat, d.h. auf Dinge referiert."

49 Röd, p. 37. "Anselms Theorie von *significatio* und *appellatio* schließt den Übergang von der Analyse des Begriffsinhalts zu Behauptungen über den Begriffsumfang aus; wenn Anselm in einem Fall dennoch diesen Übergang vollziehen zu können meinte, dann wird klar, daß er dem Begriff Gottes als des Unüberbietbaren eine Ausnahmestellung zuweisen wollte: er gilt als der einzige Begriff, zu dessen Inhalt die Bestimmung des Seins in der Wirklichkeit gehört, dessen *significatio* somit die *appellatio* eines wirklichen Wesens einschließt. Die Frage, ob "Wirklich-Sein" nicht dadurch, daß es in den Inhalt eines Begriff aufgenommen wird, ungeeignet wird, etwas über den Umfang eines Begriffs auszusagen, hat sich Anselm offensichtlich nicht gestellt."

50 *Proslogion* IV: Schmitt I,103.

51 *De grammatico* VII: Schmitt I,151.

52 *De grammatico* VII: Schmitt I,150.

53 Anselm spricht von *subauditio*: *De grammatico* VII: Schmitt I,152.

54 *De grammatico* VI: Schmitt I,150.

55 *De grammatico* VI: Schmitt I,150.

158 *Anselm Studies*

[56] So Flasch in seiner Einleitung, 1989, p. 36.

[57] K. Kienzler, *Glauben und Denken*, 239. Cf. außerdem P. Michaud-Quantin: "L'*intelligere* implique une confrontation, un contact permanent entre l'esprit et la réalité extérieure... Cogitare, qui s'applique à la pensée pure..." ("Notes sur le vocabulaire psychologique de Saint Anselme," Spicilegium Beccense I, 25. (Hervorhebung von Michaud-Quantin). Michaud-Quantin sieht also im Realitätskontakt den Unterschied des *intelligere* zum *cogitare* und wendet diese Erkenntnis auf das *unum argumentum* an: "L'argument du *Proslogion* pourrait alors s'exprimer sur le plan psychologique par la formule: il existe un *cogitare* tel que de soi il constitue un *intelligere*, c'est-à-dire dont l'objet comporte et inclut obligatoirement sa réalité."

[58] *Responsio editoris* II: Schmitt I,132.

[59] *Proslogion* II: Schmitt I,101.

[60] B. Davies, *An Introduction to the Philosophy of Religion* (Oxford 1993), p. 56.

[61] Davies, p. 122

[62] Davies, p. 226, 231.

[63] Davies, p. 234.

[64] Cf. zu den Editionsprinzipien Schmitts die Würdigung Gomboczs, "Forschungsbericht," 112-15.

[65] W. Röd, *Der Goff der reinen Vernunft*, 33.

[66] Cf. pp. 6-7 dieses Artikels.

[67] Röd, p. 32," 'Größer' ist somit als 'seinsmächtiger' aufzufassen."

[68] Ibid., p. 37. Dieselbe Kritik hat neuerdings auch K. Jacobi, "Begründen in der Theologie. Untersuchungen zu Anselm von Canterbury," *Philosophisches Jahrbuch* 99 (1992), 225-44 vorgebracht, der Shaffer zitiert: "Ich zitiere die besonders klare Fassung, die Jerome Shaffer dem Gegenargument gegeben hat: 'Gleich was sein Gehalt sein mag, dieser Begriff von Gott ist immer noch schlicht ein Begriff. Was gezeigt werden muß und was durch bloße Analyse des Begriffs nicht gezeigt werden kann [Hervorhebung bei Jacobi], ist, daß wirklich etwas existiert, was auf diesen Begriff antwortet. Selbst wenn wir hier den Begriff eines notwendigerweise

existierenden Gegenstands haben, bleibt doch die weitere Frage, ob irgendein Existierendes den begrifflichen Spezifikationen entspricht." Weiter schreibt Schaffer: "Wenn jemand den Satz 'Gott exisitiert' auf tautologische Weise gebraucht, dann teilt er uns nur mit, daß Existent-sein ein logisches Erfordernis von Gott-Sein ist. Wenn andererseits jemand auf nicht-tautologische Weise behauptet 'Gott existiert,' dann behauptet er, daß der Terminus 'Gott' eine Extension hat, daß er auf ein Existierendes Anwendung findet. . . . Daß das Argument auf den ersten Blick so plausibel erscheint, liege daran, daß hier ein Satz intensional gebraucht wird, dessen typischer Gebrauch extensional ist." Jacobi zitiert bzw. übersetzt aus: J. Shaffer, "Existence, Predication, and the Ontological Argument," *Mind* 71, 283 (1962), 307-25.

69 Z.B. *Responsio editoris* III: Schmitt I,133. Cf. dazu sehr gut Schönberger: "Die Singularität des Gedankens, die das Gebet gleichsam atmosphärisch werden läßt, ist in der *Responsio* Gegenstand vielfältiger und nachdrücklicher Betonung. Gerade an der [soll wohl heißen: die] Art, wie Anselm das Inselbeispiel von sich weist, zeigt, daß keine inhaltsinvariante Argumentationsstruktur bloß auf einen Sonderfall angewendet werden sollte. Die Stellung des Gedankens als eines vollständig uniken setzt umgekehrt voraus, daß nicht ein allgemeiner Realismus nun auch hier seine Geltung hat, sondern es sich einzig im Denken von Quelle so verhält, daß seinen Sinn zu erschließen heißt, ihm eine Bedeutung zu geben. Alle Universalisierung mithin, ob kritisch oder apologetisch gemeint, geht an dem vorbei, was Anselm sagen will;" siehe *Responsio Editoris* X: Schmitt I,139.

70 *Das Wunder des Theismus: Argumente für und gegen die Existenz Gottes* (Stuttgart 1985), p. 70 ff.: "Wir kennen z.B. schon den Begriff 'Marsbewohner', definiert als 'ein intelligentes Wesen, das vom Planeten Mars stammt.' Dennoch bezweifeln wir aus guten Gründen die Existenz solcher Wesen. Um solche Zweifel auszuräumen, wollen wir den Begriff 'Remarswohner' (als Kurzformel für 'realer Marsbewohner') so definieren, daß er die Existenz als Teil seiner Bedeutung einschließt und der andere Teil das meint, was wir bereits unter 'Marsbewohner' verstehen. In diesem Fall wäre der Satz 'Der Marsbewohner existiert nicht' in sich widersprüchlich, wir müßen ihn also verwerfen und dem Satz zustimmen 'Der Marsbewohner existiert' und daher folgern, daß es wenigstens ein intelligentes Wesen gibt, das vom Mars stammt."

The Anselm-Gaunilo Dispute about Man's Knowledge of God's Existence: An Examination

Thomas Losoncy

The existence of major disagreement between Saint Anselm and Gaunilo concerning reason's ability (unaided by faith) to attain any knowledge of God's existence is easily recognized by reading their famous exchanges. What has received minimal notice is the extent of this disagreement and its significance for interpreting Anselm's argument in the *Proslogion*.[1] This study will seek to establish to what extent knowledge of God's existence is/is not attainable and just what said knowledge includes according to these two thinkers. The method for conducting this endeavor will be to examine the kinds, range, and origins of human knowledge of existence as variously held and disputed by Anselm and Gaunilo. Such a survey should help to place this aspect of the two protagonists' thought in sharper relief. Moreover, expanding the parameters of our consideration of Anselm's argument in this fashion will free us from the, for many, enslaving fascination of Anselm's logic in *Proslogion* II-IV and allow a clearer insight into the metaphysics at work in these three chapters and the work as a whole. Additionally, such freedom of inquiry will permit a due recognition of chapter one's role in posing the problematic according to Anselm. Finally, the metaphysical notions stated obliquely in *Proslogion* II-IV, and especially in III, will be better heard by examining their elaboration in later chapters of *Proslogion* and the subsequent exchanges between Anselm and Gaunilo. It is necessary, then, to turn to the originals to see if, indeed, such insights are forthcoming.

Types of Knowledge

The kinds of knowledge and noetic acts which Anselm and Gaunilo disclose over the course of *Proslogion* and their later respective exchanges are numerous and varied. Two types of knowledge are recognized as due to the distinction between "what something is" and its "actual existence or being." [2] Gaunilo is specific about these different kinds of knowledge in his objection to Anselm's claim that something is in our understanding when we hear the expression, "that whose greater cannot be thought." Gaunilo asserts:

> ... on the one hand I cannot understand when I hear nor possess in my intellect that which is greater than all things thinkable (which we say can be no other than God Himself) in terms of a thing specifically or generically known to me; and on the other hand I cannot think that that which is greater than all things thinkable is God himself of whose nonbeing I can think for this very same reason. For I cannot know the thing itself. [3]

He further clarifies the distinction he is asserting by citing a reference to a man that someone might make. It could happen that we would know perfectly well what is meant without knowing whether or not such a man actually exists:

> Now, should I hear something said about a man entirely unknown to me (I would not even know whether he existed) I would still have that special or generic knowledge by which I would know what a man is or men are and I could think of that is given man in terms of what a man is And for all that it could happen, if it were a liar who spoke to me, that the very man of whom I was thinking would not exist; nevertheless when I was thinking of him I would be thinking in terms of truth, not the terms wherein that man is a man, but the terms wherein any man is a man. [4]

Earlier Gaunilo had touched on the same distinction when he somewhat sarcastically suggested that maybe Anselm intended his expression, "that whose greater cannot be thought," to be different from false or dubious expressions. For, perhaps, Anselm intended the phrase to involve a comprehensive knowledge of the greatest being, that is, a knowledge that included both its actual existence and also its meaning. [5]

This same distinction between the ways in which we may know things receives Anselm's recognition as well. For instance, he does not see how a false or dubious thing could logically be considered such and, at the same time, involve a comprehensive knowledge of that very thing, that is, a knowledge that would include both the meaning of the false or dubious or dubious statement as well as the actual existence of what the false or dubious proposition asserts. He presents the distinction as follows:

> Of course, there are two things that need to be reconciled: For one thing you say that when anyone speaks falsely you under-

stand whatever he says; and for another thing that you cannot be said to think what you hear or to have it in thinking which is not present in your thinking in the manner in which even false things are present; but you are said to understand it and to have it in understanding, the reason alleged being that you could not otherwise think this without understanding it, that is, by comprehending in your knowledge that the thing does in very fact exist. How in the world, I ask, does one identify the understanding the presence in the understanding of a falsehood and the comprehensive knowledge of the existence of something? [6]

Both writers again agree that there are two quite distinct types of noetic activity regarding existence itself. Gaunilo claims there is a vast gulf between the mental existence of something and its extramental existence and, moreover, that knowledge of the one does not automatically entail knowledge of the other. [7] Gaunilo explicitly applies this distinction to Anselm's mention of the painter and the picture he contemplates painting at some future time. Pointedly, Gaunilo instructs Anselm that the existence of the picture in one's mind in no wise implies its extramental existence, as if believing Anselm somehow or other intended this as an illustration of his argument for God's existence:

> ...it is one thing at an antecedent time to have a thing in the understanding, and it is another thing at a subsequent time to understand that the thing is. Such is the case with the picture which at first is in the mind of the artist and later in his product. [8]

In reacting to Gaunilo's charge, Anselm once more concurs with the distinction made but expresses surprise at Gaunilo's apparent belief that he, Anselm, had ever intended the *Proslogion* example of the artist and the picture he was about to paint [9] to typify his own argument:

> Now for your objection that any false or dubious thing whatever can in the same way be understood and be in the understanding if one follows the method which I used. I keep on wondering what it was at this point that made you think you could establish me as favoring something doubtful, whereas initially this sufficed for me: to show that in some way or other the nature was understood and present in the understanding so that the question could in consequence be raised whether it was in the intellect alone, as false, or also among things, as true. [10]

Later Anselm explicitly names the painter-picture example:

> For my purpose in producing the prior-in-thought picture was

not my wish to make such an assertion about the point in question, but only to be able to point to something with being in the understanding whose existence would not be understood. [11]

Gaunilo, for his part, even offers the Lost Island Argument as a parody of Anselm's argument to demonstrate that the mental existence of something does not necessitate concluding to its extramental existence. [12] Gaunilo insists, in this case, not only that we are unaware of "what" to think but, indeed, that there is no present experience upon which we can draw to gain any reliable information about the thing's, here God's, actual existence. [13] Then, as a tour de force, Gaunilo cites Saint Augustine in support of his position. He claims that only something previously drawn from extramental experience can justify either a reference to that thing itself or to something actually beyond the thing itself, such as God. [14] Here Anselm and Gaunilo reach an impasse.

Anselm introduces a kind of knowledge and a noetic activity that separates him from Gaunilo. This knowledge of being is a sort that extends the range of human knowing beyond that which Gaunilo recognizes. It is appropriate here to turn to an analysis of this peculiar knowledge of being that Anselm thinks is possible for man and then, in the next section of this study, to discuss how such knowledge is at the basis of the division between his and Gaunilo's views of the range of human knowledge of existence. Anselm's account of this additional kind/level of human knowledge about existence is interspersed throughout a number of chapters in the *Proslogion*. It also receives comment and analysis in his *Responsio editoris* to Gaunilo, as well as mentions in the earlier *Monologion*. In *Proslogion* I, Anselm writes: I do not try, Lord, to reach your heights, for there is no way at all to measure this intellect of mine against them; but I do desire to understand in some measure your truth. [15]

The kind of knowledge that is mentioned here is unusual in being assessed as an understanding "in some measure" (*aliquatenus*) of God's truth or "to some degree" of God's truth, however we render the Latin. The problem arises in trying to decipher how much knowledge constitutes "to some extent" or "in some measure." Certainly we can foresee difficulties in any attempt to estimate how great or how small an amount is "some measure of knowledge" about God.

This same sort of knowledge is again referred to in *Proslogion* XIV. Anselm, after the sequence of *Proslogion* II-IV (and his seeming confidence at the end of *Proslogion* IV of having satisfied reason's quest), [16] is once more reflecting the sentiments of *Proslogion* I. This time he has reached "to some extent" a knowledge of God and finds himself in a quandary about the knowl-

edge he has achieved. He voices his perplexity in the following manner:
> Lord God, why does my soul have no sense of you if my soul has discovered you? Has my soul not discovered you? Has my soul not discovered that you are light and truth? More, how did it understand this, except by seeing the light and the truth? Or was it able to understand anything at all about you except "through your light and your truth (Ps 42:3)?" Therefore, if it saw the light and truth it saw you. If it did not see you, it did not see the light and truth. Or is it the truth and the light that it saw; and for all that has not yet seen you because it saw you to some extent, (*aliquatenus*) but did not see you as you are? (Cf. Jn 3:2) [17]

The same puzzled notes are sounded in *Proslogion* XVI when, once again in a manner reminiscent of *Proslogion* I, Anselm speaks of having reached God in his inaccessible light but not being sure of how much knowledge he has actually realized. Anselm tries to alleviate the plight of the reader by means of an example: the workings of the human eyes and intellect in their respective orders of gathering information. In this instance his explanation of the situation is as follows:
> Lord, this is truly that inaccessible light in which you dwell. For truly there is no other thing which penetrates this light so as to see you there. Therefore, I do indeed not see this light: it is much too much for me; and for all that, whatever I see I see through that light. Just so the weak eye (which does see) sees through the light of the sun — the light it cannot look up to in the sun itself. That light is far too strong for my understanding to grasp; nor is the eye of my soul really able to concentrate on that light for long. [18]

In his *Responsio editoris*, Anselm twice more refers to this type of knowledge. In the first instance he rejects Gaunilo's claim that nothing is made present in our understanding through his phrase, "that whose greater cannot be thought," by repeating the "sun-eyes analogy." [19] He follows this, in the *Responsio editoris* VII, with a reference to an understanding that illustrates again how this peculiar type of knowledge "to some extent" is central in the aim of *Proslogion*. Anselm meticulously argues his point against Gaunilo in the following:
> Let them answer for me who have achieved just a little knowledge in disputation or skill in argumentation. For is it reasonable at all that one should deny what he does understand on the ground that it is the thing which he does deny because he does

not understand it? Or if at times one denies what he understands to some extent (*aliquatenus*), is this the same thing as not understanding at all? Surely it is easier to point to that as doubtful which at one time or another is in an intellect than to that which is never in any intellect, is it not? For this reason it can hardly be credited that somebody denies "that than which no greater is thinkable" on the grounds that when he hears about it he understands only to some extent (*aliquatenus*); and that he denies God whose meaning he does not get in any way at all. [20]

How, then, should we appraise the nature of this type of knowledge that Anselm holds so important and, indeed, as the objective of the *Proslogion*? Perhaps, *Proslogion* XV best captures the sense of this type of knowledge and guides the reader in a further direction towards realizing what Anselm intends. When Anselm says in that chapter "...Lord, you are not only that whose greater is unthinkable; but you are something greater than the thinkable. For something of this sort can indeed be thought to be," [21] he is both keeping God beyond human comprehension and yet allowing human reason, human thinking, some degree of knowledge, knowledge or insight "in some measure" of God. God is to be known as "that whose greater is unthinkable." It is precisely this thinking about God that is to serve as the crucial and central kind of knowledge "to some extent" or "somewhat" that must be a continuing lead to Anselm's position.

The Range of Human Knowledge

It has been the ill fate of one of the terms in Anselm's *Proslogion* argument to be abused sorely by translators and commentators alike. The term, specifically, is the passive infinitive *cogitari* found in his famous phrase, *aliquid quo nihil maius cogitari possit*. Anselm simply indicates a "thinking" about God. In other words, God is that whose greater is unable "to be thought." But what sort of thinking is meant by Anselm?

To insist that the *cogitari* must be rendered as "having an idea (concept) of God" is clearly to prejudge the issue since neither the Latin word justifies such a translation nor does Anselm textually assert such a view. [22] Textually he asserts the impossibility of comprehending God's nature (by means of a concept) in *Proslogion* XV, I, and XVI respectively. In these chapters, he observes that God is "greater than the thinkable," [23] "beyond the reach of one's intellect in his heights," [24] and a "light far too strong for my understanding to grasp." [25] He removes any ambiguities about his stand when he explains the kind of thinking that is exercised in both his *Responsio editoris* to Gaunilo and the *Monologion*. In both cases, explanation reveals that it is a "knowing to some extent" that Anselm is speaking about and that this type of knowledge is both the objective and the result of his argument in the *Proslogion*. However, to place all these pieces of the *Proslogion* in perspective, it is necessary to clarify Anselm's use of "thinking" in the *Proslogion*, as it pertains to the range of human knowledge.

In their acknowledgement of such noetic acts as the knowledge of what something is with regard to species and genus, the knowledge of a thing's being as existing, and Anselm's peculiar knowledge of God "to some extent," Anselm and Gaunilo allot human knowing considerable extention. It is Anselm's last kind of knowing, "knowledge to some extent," that is an item of sharp division between him and Gaunilo. It marks an area of decided disagreement between them as to the range of human knowing. When man's knowledge of existence is involved, Gaunilo has some very forceful, clear and limiting remarks to make. One might, of course, recall his previously noted citation of Augustine. There he rigorously insisted that all knowledge of existence is a matter of commencing with external, direct and immediate experience. One might, subsequently, proceed from knowledge gained from the extramental world to rework or expand upon that knowledge, and then return to the extramental world in some particular way whenever an occasion might warrant it. [26] For, as previously noted, [27] Gaunilo contends that we can properly differentiate the knowledge of a man whereby he is the sort of thing we call a man from the knowledge of the very existence or being of that man whereby he or any man actually is a man. In light of his preliminary observations about our knowledge of existent beings, Gaunilo makes two decisive comments about man's knowledge of God's existence or of "that whose greater cannot be thought." First, he claims no one can obtain the "general sort of knowledge" that is gained in reference to the species or genus of things of this universe when it comes to God. Second, we can never appeal to any actual experience of such a being as God for knowledge of God's existence. Consequently anything that we might choose to think about God will be nothing more than mere idle and empty conjecture. [28] Finally, by means of a dilemma, Gaunilo adds that no knowledge of existence can possess greater certainty for one than that which is immediately experienced. He observes that either (1) our own most certain existence might be doubted (an existence about which we are more certain than about any other existence including God's and so God's existence is obviously a matter of doubt and not knowledge); or (2) our own existence is so certain and absolute as to be beyond all doubt or possibility of nonbeing, and thus God's is not the only being that is so unique [29] This latter side of the dilemma is intended to eliminate any benefit reason might derive from Anselm's phrase that God's being is somehow the "greatest that can be thought."

If Gaunilo is immoveable on the point that any knowledge or noetic activity undertaken by man cannot reach beyond the extramental knowledge of existence or being as directly and immediately experienced (something Anselm clearly disallows), then Anselm is equally adamant that one can go further noetically via recourse to what he characterizes as a "knowing to some extent." Anselm challenges Gaunilo's intransigent either/or position by claiming one must recognize the implications of an important distinction between one's "understanding" (*intelligere*) and one's thinking (*cogitare*) of being or existence. On the basis of this distinction he proposes to solve Gaunilo 's dilemma and to demonstrate how one can succeed in achieving knowledge "to some extent" of God. First, as to the dilemma, Anselm notes that one cannot avoid being certain of one's present existence, when actually existing, and so too regarding all other things experienced as immediately and presently existing. This he explains is simply a matter of the principle of noncontradiction. After all, a thing is unable to both be and not be for our understanding. [30] Second, in the instance of one's thinking about being or "existence," the situation is markedly different. Here one can both know a thing to exist (in the present) and still think its nonbeing or nonexistence, that is, its nonbeing at some time in the past or in the future. [31] This, he continues, is true of all beings except God. This remarkable passage in Anselm's *Responsio editoris* proceeds:

> Indeed, we can think that a thing is not, all the while being sure that it is for this reason: simultaneously, we are equal to the former, thinking, and we are sure of the latter, being. And we cannot think that a thing is not, all the while being sure that it is for this reason: we are not equal to thinking simultaneously being and nonbeing. Let one then grasp the distinction I have made in the two preceding sentences and he will understand that nothing, so long as it is known to be, can be thought not to be; and that everything apart from that than which no greater can be thought even when it is known to be can be thought not to be. In this way, then, it is God alone who is unthinkable as nonbeing; and there are, for all that, many things which cannot be thought not to be just so long as they are. Nevertheless, how one may call God thinkable as nonbeing, has been well enough said, I believe, in the little book [*Proslogion*]. [32]

In other words, "thinking about God" or "that whose greater cannot be thought" is such that it will not permit one to think God's nonbeing in either the past or the future. But why, one might inquire, is this so? How does such a "thinking" come about? It is exactly at this moment that Anselm, in contrast to Gaunilo, endeavors to increase the range of human reason's knowledge of being.

Origins of Anselm's Peculiar Knowledge of a Transcendent Being

Gaunilo had declared that God cannot be an object of present or immediate experience, and, consequently, any grasp of God's existence remains closed to human reason. Anselm too will concur that God's existence is outside of immediate human experience as 1 he explicitly keeps repeating in the *Proslogion*:

> ... come now teach my heart where and how to seek you, where and how to find you; Lord, if you are not here, where do I seek you in absence? And if you are everywhere, why do I not see you present? But for sure you dwell in an inaccessible light (1 Tm 6:16). And where is that inaccessible light? Or how may I approach that inaccessible light? Or who will lead me and lead me into that light that I may see you? I have never seen you, Lord my God, and I do not know your face. [33]

But Anselm also insists that, when we think carefully about the existence of things presently experienced, our intellect is led beyond such existence to think of another way of existing, a way of being that must exist if the existence of these other beings is to occur at all. What then does the intellect know and think about in its reflection on the being of a thing immediately present in experience that will propel it to such an insight? How does this encounter take one further noetically? Anselm replies in the *Proslogion, Responsio editoris* and the *Monologion*. His answer provides the basis for his argument in the *Proslogion* and an explanation of just what, in the final analysis, knowledge of God "to some extent" comprises. First, Anselm notes that, when we think about the existence of things presently experienced, we find it easy to think of their non-existence either in terms of the past or the future. Or, as he observes, anything of this sort is such that at some time or other it simply might not be.

> Indubitably whatever is not somewhere or at some time — if it be somewhere or at some time — can be thought as being nowhere and at no time, just as it is not somewhere or at some time. For what yesterday was not and is today, just as it is understood not to have been yesterday, so it can further be

understood never to be. And what is not here and is there; just as it is not here so it can be thought to be nowhere. The situation is the same when a thing's individual parts are not either where or when there are other parts. All of its parts and the whole as well can be thought to be never or thought to be nowhere. For even if time be said to be ever and the world be said to be everywhere, nonetheless it is not the whole of time which is ever or the whole of the world which is everywhere. And as the individual parts of time are not when others are, so they can be thought as being never. And the individual parts of the world just as they are not where others are, can be further understood as being nowhere. But that which is made up of parts is capable of dissolution by thought and capable of nonbeing. For this reason whatever in some place or at some time is not a whole can be thought, even if it is, not to be. But that "whose greater is unthinkable," if it is, cannot be thought as not being. Otherwise, if it is, it is not that than which no greater is thinkable; which is surely awkward. In no way at all then is such a nature in any place or at any time a whole but it is always and everywhere a whole. [34]

Second, this very condition, at the heart of the being of things of our immediate experience, their impermanence, leads the intellect to further considerations. This way of being, on the part of things, confronts the metaphysician in Anselm as an existence that is lesser or a way of existing he depicts as "less truly being":

And, indeed, whatever there is other than you alone can be thought not to be. You alone, then, more truly than all, and therefore more than all have being. For whatever else there is has being not so truly and for that reason has being less. [35]

Still the metaphysician is able to pursue further this state of affairs attributed to the beings of experience and to inquire as to the source of this lesser or less true way of being one finds. One might entertain the view that all being, as a less true way of existing, originates from nothing. This possibility Anselm maintains is unthinkable. [36] Consequently, he considers "being truly" or a "true way of existing" as the source of a less true mode of being and existing.

For whatever is one thing as a whole and another as to its parts, and contains something mutable in it, is not wholly what it is. So too in the case of that which rose from nonbeing and which can be thought not to be and which returns to nonbeing unless it subsists through something else; and the same holds for that which has a past that no longer exists and a future that does not yet exist; — such a thing does not exist in a strict and absolute sense. [37]

What Anselm recognizes here is that the being of presently experienced things is, in terms of our thinking about it, open to a weakness, to nonbeing either past or future or both. Such being can only exist and occur if being that always is, that is, past, present, and future exists as the source of this lesser way of being. In this fashion he goes beyond a knowledge of present existence to reach the lone cause which can account for the way of existing that we discover in things. In *Responsio editoris* VIII [38] he offers a model of this procedure and the same notion is clearly, albeit in a highly abbreviated manner, present in *Proslogion* III [39] as well. But if this is the foundation of Anselm's argument and the additional ingredient he wishes to include in the range of human knowing, how does such a knowing activity relate to his famous phrase and the repeated assertion of a "knowledge to some extent?"

Anselm portrays the knowing activity that goes from the being of things to a unique way of being that is "being truly" and simultaneously the greatest of all beings as a kind of "conjecturing or puzzling out of something" that reason can conduct. In *Responsio editoris* VIII, Anselm uses this phrase repeatedly and in the *Monologion* LXV, he also comments on how such a knowing activity functions. Thus he writes in *Responsio editoris*:

> For every lesser good is similar to a greater good at least insofar as it is good. Therefore to every reasonable mind — since from lesser goods we rise to those greater goods from which another greater is thinkable — it is clear that we are able to conjure up that than which nothing greater is thinkable. [40]

and in the *Monologion*, he explains:

> And often we do not see a thing precisely, as it is itself, but through a kind of similitude or image; as when we look at the face of someone in a mirror. And in just this way we say one and the same thing and do not say it, see and do not see it. We say and we see through another, and we do not speak and do not see the thing itself precisely. And so for this reason, nothing prohibits what has been demonstrated so far about the Supreme Nature from being true, and nevertheless this same nature remains none the less unspeakable if it is held that it has never been expressed through what is precisely its own essence, but somehow has been designated through another.... In this way therefore, this Nature is ineffable because words cannot at all

express it as it is; and yet, if by the working of reason we can intimate something about it obliquely, as in conjecturing (speaking through riddles), [this understanding] is not false. [41]

Such are the similarities and differences of the noetic positions of Anselm and Gaunilo, as they identify them in their treatment of the philosophical problem of man's knowledge of God's existence. Both men subscribe to a sizeable number of noetic modes of activity. Anselm adds a distinctive noetic activity simply identified as a "knowing somewhat" or "to some extent." This peculiar type of knowing, in turn, enlarges the scope of human knowledge generally and enables us to proceed from the existence of beings presently and immediately experienced to that of a being wholly beyond the range of immediate human experience. This knowledge act is described as a "kind of reasoning or conjecturing" that takes us from the immediately known to what is necessary and known remotely or, as it was to be understood later in the Middle Ages, from effect to cause.

When Anselm refers to God as "that whose greater is unable to be thought," he has a specific manner of thinking in mind, a type of thinking which is only fully appreciated by exploring Anselm's development of the notion in various chapters of the *Proslogion*, in parts of *Responsio editoris*, and in *Monologion* LXV. What is of paramount importance is the "thinking activity involved" and not the formulation of some sort of "concept" of God. There is, perhaps, a special irony about Anselm's elaborate and involved effort in his treatment of this question of God's existence. Not only is it a strange facet of the history of philosophy that his proper intent has generally gone unrecognized, but his own satisfaction with his accomplishment is a mixed one. For it seems his greatest disappointment (as a metaphysician, not as a believer) comes from the realization that he can never know God fully in this life, an objective he would dearly like to fulfill, [42] but his greatest joy (as a metaphysician, not as a believer) must come from the attainment of a "knowledge to some extent," namely, the knowledge that a being "whose greater cannot be thought" exists.

Notes

1 There exist various treatments of the Anselm-Gaunilo confrontation. Some are direct and others merely tangential. Two direct studies are those by B. Adlhock, OSB, Anselme et Gaunilon," *Revue de Philosophie*, 15 (1909), 673-91, and F. Spedalieri, SJ, "Anselmus an Gaunilo seu recta argumenti sancti doctoris interpretatione," *Gregorianum*, 28 (1947), 55-77. Of these two studies, Adlhock's covers a number of the passages cited in this article, but for somewhat different purposes and with a reading that is not similar to our own in some instances.

Adlhock first provides a resumé of Gaunilo's points of attack against Anselm's *Proslogion* (pp. 675-81, sections I-VII and then, in the announced intent of the article, to provide an assessment, free from the influences/entanglements of subsequent philosophers in the history of philosophy (p. 674), takes the reader back to earlier times. A critique of Gaunilo by a thirteenth-century glossator, Witelo, as published by C. Baeumker, *Witelo, ein Philosoph und Naturforscher des XIII Jahrhunderts* (Münster 1908) is employed as a means of showing the original thought of Anselm in contrast to Gaunilo's portrayal.

Since this critique covers the numerous objections of Gaunilo by presenting first the glossator's views "inspired by Anselm" and then the supporting Anselmian passages, only a few relevant passages are mentioned here: (1) Gaunilo's misrepresentation of Anselm, "Ainsi dès le début, l'état de la question est essentiellement différent pour les deux adversaires. Cette phrase par example: *Et, si illud in solo est intellectu, maius illo erit, quidquid (!) etiam in se fuerit* (*Pro insipiente* VII), n'est point d'Anselme, comme le prétend Gaunilon." (p. 682), (2) Gaunilo's view of the Anselmian example of the painter, "Mais à supposer même qu'intelligere soit pris dans le sense que lui attribue Gaunilon, sa discussion sur l'argument analogique du tableau idéal et du tableau réel reste une pure chicane. La priorité de temps n'est pas en question pour le penseur du *Proslogium*." (p. 684. cf. p. 686), and (3) The Neoplatonic strain in Anselm's thinking that stresses an ascent in the hierarchy of being to that whose greater cannot be thought: "Anselme connait une autre voie, celle du *Monologium*. Il y a dans l'esprit comme une force vivante, une poussée en haut vers l'unité suprême et parfaite; la connaissance expérimentale du monde où nous vivons fournit à l'esprit un bon nombre de points d'appui et de degrés pour cette ascension; puis, il y a un moment où ce mouvement de la pensée s'arrête, c'est lorsque le Dieu réel est atteint et que l'aspiration de l'esprit est pleinement satisfaite." (p. 687)

Spedalieri's claim is that Gaunilo's charge of an ontological argument that moves from a concept/idea of God in the intellect to the extramental and actual existence of a being, "than which no greater can be thought," is simply erroneous (pp. 66-67). He summarizes the point in the following: *Igitur, potius ad artem studiumque attendas, quibus sanctus Doctor ad opusculum istud conscribendum processit, atque animadvertas illum plane dicere omnique vi asserere se non ex mero conceptu, verum ex iudicio argumentum deducere: ... et hoc quidem non, ut supra iam adnotavimus, quia mens nostra Deum quodammodo intueatur, sed quia omne, quod intelligitur vel iudicatur, cum sit in intellectu quia et sicut intelligitur, independenter a mentis cogitatione, quadantenus saltem, ordinem ad esse dicit.*" (p. 68) See also his extended statement of this point and the pertinent Anselmian texts (pp. 73-75). Spedalieri's argument is that Anselm's phrase involves an enthymeme (pp. 56-58) that maintains a necessary order of what is understood in/by the intellect to *esse* or what actually exists. He maintains that this "order to existence" escapes Gaunilo. The moments of the argumentative process and the charge are made in the following: *Porro talis argumentandi processus certo haec quatuor continet momenta:* [a] *quo maius cogitari nequit intelligitur et est in intellectu;* [b] *quo maius cogitari nequit, necessario intelligitur ut realiter existens;* [c] *reapse, ex objecto illa necessitas in intellectum provenit;* [d] *ergo objectem i.e., quo maius cogitari nequit, necessario existit. Quoad primum vero, haud satis quid animadvertet S. Doctorem quasi ex duplici capite in argumentatione sua procedere, ex eo nempe quod "quod maius cogitari nequit" est in intellectu, et est in intellectu consequenter quid intelligitur." Hoc autem penitus effugerat etiam Gaunilonem qui proinde peculiarem eiusdem argumenti connexionem perspicere minime potuit* (p. 58). Using two arguments to illustrate that Anselm's formula is derived *a posteriori* I (pp. 64-65), Spedalieri demonstrates the order to *esse* (existence) that is involved and concludes: *His alia duo subiunxit argumenta in quibus, potius contraria procedens via, assertum suum tandem ex eo conatus est comprobare, quod veritas ontologica sit mensura veritatis logicae ita, ut haec in omnibus illi esse conformare debeat."* (p. 65) In this connection, Spedalieri adds the force of *Responsio editoris* VIII-IX with its elaboration of an *a posteriori* procedure (p. 67).

The latter, nearly one-third of the article, is directed to reconciling Anselm's argument with St. Thomas's own requirements for an *a posteriori* argument for the existence of God. While this writer can accept Spedalieri's contention that Anselm's argument is *a posteriori* and that many of the texts cited support this claim, there still remain two points of difference. First, Spedalieri does not adequately examine Anselm's clarification and differentiating of *intelligere* and *cogitare*. (See, especially, *Responsio editoris* IV). Second, he fails to explore the connection between Anselm's *cogitari* and *coniicere* as found principally in *Responsio editoris* VIII. (For a discussion of these issues, see my "Language and Saint Anselm's *Proslogion* Argument," *Acta Conventus Neo-Latini Bononensis, NY* (Binghamton: CEMERS, 1985), pp. 284-91.) Quite distant from these earlier direct studies in both time and thought are some of the indirect contemporary studies of the Anselm-Gaunilo disagreement. Allan Bäck, "Existential Import in Anselm's Ontological Argument," *Franciscan Studies,* XIX (1981), 97-107, discusses the *cogitare* and *intelligere* distinction present in *Proslogion* IV and *Responsio editoris* IV and VI; but he thinks Anselm's use of the distinction is "not relevant to the analysis of *Proslogion* II," (p. 99) nor to his own contention that one should read a progression from *Proslogion* II to *Proslogion* III (p. 100) and that he shall in any case ignore this distinction (p. 100) "in order to concentrate on a problem that I consider to be more central to the success of the ontological argument." (ibid.) Just as discouraging are the approaches of other contemporaries such as M.J. Charlesworth's *St. Anselm's Proslogion*. Oxford: Clarendon Press, 1965, that takes a decidedly conceptual approach to Anselm's use of existence in his introductory commentary and mention of Gaunilo. He will regard the Anselmian phrase, "that than which no greater can be thought," as a definition of God (pp. 55-56), worries with Kant about whether or not existence can be a predicate (pp. 63-67), beginning with an assertion that, "... when St. Anselm speaks of 'that than which nothing greater can be thought' as existing in the mind (*in intellectu*), he does not mean this to be taken in any psychological sense, as though there were existents of two distinct kinds, real existents and mental existents." (p. 63) — a pronouncement that clearly disagrees with Anselm's unequivocal comment in *Responsio editoris* IV, and adds that Anselm may actually be holding that "exists" in one unique case, that of God, may be a predicate analytically contained within the notion of a subject. (pp. 67-68). In a similar vein, and taking this approach to its limits, Robert Brecher's, *Anselm's Argument* (Great Britain & Vermont: Gower Pub. Co., 1985) comments that, "Anselm's argument, in accurately reflecting this internal tension in the Gods of Christianity, exemplifies the problems surrounding the concept of the being whose existence it sets out to prove. This is its central, albeit inadvertent, achievement: in demonstrating how and why the question of the existence of the God of Christianity is a logical question, it points up what is peculiarly problematic about it. In fine it shows how it is that the question of the existence of God is one and the same as the question of the intelligibility and coherence of 'God': to ask whether God exists is to ask whether it is possible to talk coherently of God; and in discussing the possibility of such talk, one is discussing the possibility of the existence of God (p. 115)." Such approaches and interpretations are remarkably distant from an Anselm who could and did in *Responsio editoris* VIII explain how one could be judgmental about the sorts (levels) of existence one encounters in the world. But then, unlike those who are logicians first and, perhaps, metaphysicians second, Anselm is here a metaphysician first who recognizes a metaphysical question when one is asked. His concern is to find a way for the intellect to cope, at least somewhat, with the problem it has recognized. But this is only to say that there is a serious need to examine Anselm's account of existence, as such, and, in addition, to recover the unity of the *Proslogion*, a matter that escapes those obsessed with chapters 2-4. Such, however, are projects outside the purpose of this study.

[2] For a discussion of this issue, see my, "Did Anselm Encounter a Detour on the Way to God?" *Faith Seeking Understanding* ed. G. Berthold (Manchester, NH: St. Anselm College Press, 1991), pp. 127-33.

[3] *Pro insipiente* IV: Schmitt I,126-27: ...*tam ego secundum rem vel ex specie mihi vel ex genere notam, cogitare auditum vel in intellectu habere non possum, quam nec ipsum deum, quem utique ob hoc ipsum etiam non esse cogitare possum. Neque enim aut rem ipsam novi aut ex alia possum conicere simili, quandoquidem et tu talem asseris illum, ut esse non possit simile quicquam. Quid ad haec respondeat quidam pro insipiente.* Translations throughout are mine, but have been made after consulting those of many others whose efforts are appreciated and happily acknowledged.

[4] *Pro insipiente* IV: Schmitt I,127: *Nam si de homine aliquo mihi prorsus ignoto, quem etiam esse nescirem, dici tamen aliquid audirem: per illam specialem generalemve notitiam qua*

quid sit homo vel homines novi, de illo quoque secundum rem ipsam quae est homo cogitare possem. Et tamen fieri posset, ut mentiente illo qui diceret, ipse quam cogitarem homo non esset; cum tamen ego de illo secundum veram nihilominus rem, non quae esset ille homo, sed quae est homo qulibet, cogitarem.

⁵ *Pro insipiente* II: Schmitt I,125-26: *Nisi forte tale illud constat esse ut non eo modo quo etiam falsa quaeque vel dubia, haberi possit in cogitatione habere, sed intelligere et in intellectu habere; quia scilicet non possim hoc aliter cogitare, nisi intelligendo, id est scientia comprehendendo re ipsa illud existere.*

⁶ *Responsio editoris* VI: Schmitt I,136: *Quomodo autem sibi conveniant, quod dicis quia falsa dicente aliquo quaecumque ille diceret intelligeres, et quia illud quod non eo modo quo etiam falsa habetur in cogitatione, non diceris auditum cogitare aut in cogitatione habere, sed intelligere et in intellectu habere, quia scilicet non possis hoc aliter cogitare nisi intelligendo, id est scientia comprehendendo re ipsa illud existere; quodomo inquam conveniant et falsa intelligi et intelligere esse scientia comprehendere existere aliquid:* ... *Quid ad haec respondeat editor ipsius libelli.*

⁷ *Pro insipiente* V: Schmitt I,127-28: ... *Si esse dicendum est in intellectu, quod secundum veritatem cuiusquam rei nequit saltem cogitari: et hoc in meo sic esse non denego. Sed quia per hoc esse quoque in re non potest ullatenus obtinere: illud ei esse adhuc penitus non concedo, quousque mihi argumento probetur indubio.*

⁸ *Pro insipiente* II: Schmitt I,126: *iam aliud idemque tempore praecedens habere rem in intellectu, et aliud idque tempore sequens intelligere rem esse; ut fit de pictura quae prius est in animo pictoris, deinde in opere.*

⁹ *Proslogion* II: Schmitt I,101.

¹⁰ *Responsio editoris* VI: Schmitt I,136: *Quod autem obicis quaelibet falsa vel dubia similiter posse intelligi et esse in intellectu, quemadmodum illud quod dicebam: miror quid hic sensisti contra me dubium probare volentem, cui primum hoc sat erat, ut quolibet modo illud intelligi et esse in intellectu ostenderem, quatenus consequenter consideraretur, utrum esse in solo intellectu, velut falsa, an et in re, ut vera.*

¹¹ *Responsio editoris* VIII: Schmitt I,137: *Non enim ad hoc protuli picturam praecogitatam, ut tale illud de quo agebatur vellem asserere, sed tantum ut aliquid esse in intellectu, quod esse non intelligeretur, possem ostendere.*

¹² *Pro insipiente* VI: Schmitt I,128.

13 *Pro insipiente* IV: Schmitt I,127: *cogitare auditum vel in intellectu habere non possum, quam nec ipsum deum, quem utique ob hoc ipsum etiam non esse cogitare possum. Neque enim aut rem ipsam novi aut ex alia possum conicere simili, quandoquidem et tu talem asserts illam, ut esse non possit simile quicquam.*

14 *Pro insipiente* III: Schmitt I,126: *At vero quid quid extra illa quae ad ipsam mentis noscuntur pertinere naturam aut auditum aut excogitatum intellectu percipitur verum: aliud sine dubio est verum illud, aliud intellectus ipse quo capitur. Quo circa etiam si verum sit esse aliquid quo maius quicquam nequeat cogitari: non tamen hoc auditum et intellectum tale est quails nondum fact a pictura in intellectu pictoris.*

15 *Proslogion* I: Schmitt I,100: *Non tento, domine, penetrare altitudinem tuam, quia nullatenus comparo illi intellectum meum; sed desidero aliquatenus intelligere veritatem tuam.* For an abbreviated evaluation of the importance of *Proslogion* I for the argument for God's existence, in particular a study of the language Anselm selects in fashioning his argument, see my "Language" supra, n. 1.

16 *Proslogion* IV: Schmitt I,104: *Gratias tibi, bone domine, gratias tibi, quia quod prius credidi te donante, iam sic intelligo te illuminante, ut si te esse nolim credere, non possim non intelligere.*

17 *Proslogion* XIV: Schmitt I,111: *Cur non te sentit, domine deus, anima mea, si invenit te? An non invenit, quem invenit esse lucem et veritatem? Quomodo namque intellexit hoc, nisi videndo lucem et veritatem? Aut potuit omnino aliquid intelligere de te, nisi per lucem tuam et veritatem tuam? Si ergo vidit lucem et veritatem, vidit te. Si non vidit te, non vidit lucem nec veritatem. An et veritas et lux est quod vidit, et tamen nondum te vidit, quia vidit te aliquatenus, sed non vidit te sicuti es?*

18 *Proslogion* XVI: Schmitt I,112: *Vere, domine, haec est lux inaccessibilis, in qua habitas. Vere enim non est aliud quod hanc penetret, ut ibi te pervideat. Vere ideo hanc non video, quia nimia mihi est; et tamen quidquid video, per illam video, sicut infirmus oculus quod videt per lucem solis videt, quam in ipso sole nequit aspicere. Non potest intellectus meus ad illam. Nimis fulget, non capit illam, nec suffert oculus animae meae diu intendere in illam.*

19 *Responsio editoris* I: Schmitt I,132: *Quod si dicis non intelligi et non esse in intellectu quod non penitus intelligitur: dic quia qui non potest intueri purissimam lucem solis, non videt lucem diei, quae non est nisi lux solis. Certe vel hactenus intelligitur et est in intellectu "quo maius cogitari nequit," ut haec de eo intelligantur.*

20 *Responsio editoris* VII: Schmitt I,136-37: *Respondeat pro me, qui vel parvam scientiam*

disputandi argumentandique attigerunt. An enim rationabile est, ut idcirco neget aliquis quod intelligit, quia esse dicitur id, quod ideo negat quia non intelligit? Aut si aliquando negatur, quod aliquatenus intelligitur, et idem est illi quod nullatenus intelligitur: nonne facilius probatur quod dubium est de illo quod in aliquo, quam de eo quod in nullo est intellectu? Quare nec credibile potest esse idcirco quemlibet negare "quo maius cogitari nequit," quod auditum aliquatenus intelligit: quia negat deum, cuius sensum nullo modo cogitat.

[21] *Proslogion* XV: Schmitt I,112: *Domine, non solum es quo maius cogitari nequit, sed es quiddam maius quam cogitari possit. Quoniam namque valet cogitari esse aliquid huiusmodi.*

[22] See my "Language," supra, n. 1.

[23] *Proslogion* XV: Schmitt I,112.

[24] *Proslogion* I: Schmitt I,100.

[25] *Proslogion* XVI: Schmitt I,112: *Vere, domine, haec est lux inaccessibilis, in qua habitas. . . . Vere ideo hanc non video, quia nimia mihi est.*

[26] Cf. supra, n. 14.

[27] Cf. supra, n. 4.

[28] *Pro insipiente* IV: Schmitt I,127: *Nec sic igitur, ut haberem falsum istud in cogitatione vel in intellectu, habere possum illud cum audio dici "deus" aut "aliquid omnibus maius," cum quando illud secundum rem veram mihique notam cogitare possem, istud omnino nequeam nisi tantum secundum vocem, secundum quam solam aut vix aut numquam potest ullam cogitari verum; sequidem cum ita cogitatur, non tam vox ipsa res est utique vera, hoc est litterarum sonus vel syllabarum, quam vocis auditae significatio cogitetur; sed non ita ut ab illo qui novit, quid ea soleat voce significari, a quo scilicet cogitatur secundum rem vel in sola cogitatione veram, verum ut ab eo qui illud non novit et solummodo cogitat secundum animi motum illius auditu vocis effectum significationemque perceptae vocis conantem effingere sibi. Quod mirum est, si umquam res veritate potuerit.*

[29] *Responsio editoris* VII: Schmitt I,129: *Et me quoque esse certissime scio, sed et posse non esse nihilominus scio. Summum vero illud quod est, scilicet deus, et esse et non esse non posse indubitanter intelligo. Cogitare autem me non esse quamdiu esse certissime scio, nescio utrum possim. Sed si possum: Cur non et quidquid aliud eadem certitudine solo? Si autem non possum: non erit iam istud proprium deo.* For an analysis of this dilemma and Anselm's response as revealing the metaphysics at work in the *Proslogion*, see my, "Anselm's Response to

Gaunilo's Dilemma — An Insight into the Notion of Being Operative in the *Proslogion*," *The New Scholasticism*, 56 (1982), 207-16.

[30] See n. 28 for the full text.

[31] Ibid.

[32] *Responsio editoris* IV: Schmitt I,134: *Scito igitur quia potes cogitare te non esse, quamdiu esse certissime scis; quod te miror dixisse nescire. Multa namque cogitamus non esse quae scimus esse, et multa esse quae non esse scimus; non existimando, sed fingendo ita esse ut cogitamus. Et quidem possumus cogitare aliquid non esse, quamdiu scimus esse, quia simul et illud possumus et istud scimus. Et non possumus cogitare non esse, quamdiu scimus esse, quia non possumus cogitare esse simul et non esse. Si quis igitur sic distinguat huius prolationis has duas sententias, intelliget nihil, quamdiu esse scitur, posse cogitari non esse, et quid quid est praeter id quo maius cogitari nequit, etiam cum scitur esse, posse non esse cogitari. Sic igitur et proprium est deo non posse cogitari non esse, et tamen multa non possunt cogitari, quamdiu sunt, non esse. Quomodo tamen dicatur cogitari deus non esse, in ipso libello puto sufficienter esse dictum.*

[33] *Proslogion* I: Schmitt I,98: *Eia nunc ergo tu, domine deus meus, doce cor meum ubi et quomodo te inveniat. Domine, si hic non est, ubi te quaeram absentem? Si autem ubique es, cur non video praesentem? Sed certe habitas "lucem inaccessibilem." Et ubi est lux inaccessibilis? Aut quomodo accedam ad lucem inaccessibilem? Aut quis me ducet et inducet in illam, ut videam te in illa? Deinde quibus signis, qua facie te quaeram? Numquam te vidi, domine deus meus, non novi faciem tuam. Quid faciet servus tuus anxius amore tui et longe proiectus "a facie tua?" Anhelat videre te, et nimis abest illi facies tua.*

[34] *Responsio editoris* I: Schmitt I,131-32: *Procul dubio quid quid alicubi aut aliquando non est: etiam si est alicubi aut aliquando, potest tamen cogitari numquam et nusquam esse, sicut non est alicubi aut aliquando. Nam quod heri non fuit et hodie est: sicut heri non fuisse intelligitur, ita numquam esse subintelligi potest. Et quod hic non est et alibi est: sicut non est hic, ita potest cogitari nusquam esse. Similiter cuius partes singulae non sunt, ubi aut quando sunt aliae partes, eius omnes partes et ideo ipsum totum possunt cogitari numquam aut nusquam esse. Nam et si dicatur tempus semper esse et mundus ubique, non tamen illud totum semper aut iste totus est ubique. Et sicut singulae partes temporis non sunt quando aliae sunt, ita possunt numquam esse cogitari. Et singulae mundi partes, sicut non sunt, ubi aliae sunt, ita subintelligi possunt nusquam esse. Sed et quod partibus coniunctum est, cogitatione dissolvi et non esse potest. Quare quid quid alicubi aut aliquando totum non est: etiam si est, potest cogitari non esse. At "quo maius nequit cogitari:" si est, non potest cogitari non esse. Alioquin si est, non est quo maius cogitari non possit; quod non convenit. Nullatenus ergo alicubi aut aliquando totum non est, sed semper et ubique totum est.*

180 *Anselm Studies*

[35] *Proslogion* III: Schmitt I,103: *Et quidem quidquid est aliud praeter te solum, potest cogitari non esse. Solus igitur verissime omnium, et ideo maxime omnium habes esse: quia quidquid aliud est non sic vere, et idcirco minus habet esse.*

[36] While this observation is mentioned in passing in the *Proslogion, Prooemium* and is implicit in *Proslogion* III, it receives unambiguous statement and supportive argumentation in *Proslogion* XXII and *Monologion* VIII et XIX.

[37] *Proslogion* XXII: Schmitt I,116: *Nam quod aliud est in toto et aliud in partibus, et in quo aliquid est mutabile, non omnino est quod est. Et quod incoepit a non esse et potest cogitari non esse, et nisi per aliud subsistat redit in non esse; et quod habet fuisse quod iam non est, et futurum esse quod nondum est: id non est proprie et absolute.*

[38] *Responsio editoris* VIII: Schmitt I,137: *Quoniam namque omne minus bonum in tantum est simile maiori bono in quantum est bonum: patet cuilibet rationabili menti, quia de bonis minoribus ad maiora conscendendo ex iis quibus aliquid maius cogitari potest, multum possumus conicere illud quo nihil potest maius cogitari.*

[39] Cf. supra, n. 35. This passage is taken to imply the same methodology employed in the *Responsio editoris* VIII. Here, however, "good-better" is replaced by "true-truer."

[40] Cf. supra, n. 38

[41] *Monologion* LXV: Schmitt I,76-77: *Et saepe videmus aliquid non proprie, quemadmodum res ipsa est, sed per aliquam similitudinem aut imaginem; ut cum vultum alicuius consideramus in speculo. Sic quippe unam eandemque rem dicimus et non dicimus, videmus et non videmus. Dicimus et videmus per aliud, non dicimus et non videmus per suam proprietatem. Hac itaque ratione nihil prohibet et verum esse quod disputatum est hactenus de summa natura, et ipsam tamen nihilominus ineffabilem persistere: si nequaquam illa putetur per essentiae suae proprietatem expressa, sed utcumque per aliud designata. Nam quaecumque nomina de illa natura dici posse videntur: non tam mihi eam ostendunt per proprietatem, quam per aliquam innuunt similitudinem. Etenim cum earundem vocum significationes cogito, familiarius concipio mente quod in rebus factis conspicio, quam id quod omnem humanum intellectum transcendere intelligo. Nam valde minus aliquid, immo longe aliud in mente mea sua significatione constituunt, quam sit illud ad quod intelligendum per hanc tenuem significationem mens ipsa mea conatur proficere. Nam nec nomen sapientiae mihi sufficit ostendere illud, per quod omnia facta sunt de nihilo et servantur a nihilo; nec nomen essentiae mihi valet exprimere illud, quod per singularem altitudinem longe est supra omnia et per naturalem proprietatem valde est extra omnia. Sic igitur illa natura et ineffabilis est, quia per verba sicuti est nullatenus valet intimari; et falsum non est, si quid de illa ratione docente per aliud velut in aenigmate potest aestimari.*

42 This is manifestly the tenor of *Proslogion* XXIV-XXVI. See *Proslogion* XXVI: Schmitt I,121: *Oro, deus, cognoscam te, amem te, ut guadeam de te. Et si non possum in hac vita ad plenum, vel proficiam in dies usque tum veniat illud ad plenum. Proficiat hic in me notitia tui, et ibi fiat plena; crescat amor tuus, et ibi sit plenus: ut hic gaudium meum sit in spe magnum, et ibi sit in re plenum.*

Anselm, Scotus, and a Proof For Materialistic Times

Robert A. Herrera

One of the most profound Christian philosophers of the century, Xavier Zubiri, still known only imperfectly in the English-speaking world, indicated several years ago that the key to the God problem resides in the ability to apply the concept of being to God without radical distortion. [1] This is so because God is rationally knowable to the extent that he can be encountered within being. Zubiri added that this is complicated by the pervasive influence of what he called the "historical sin" of the contemporary world — atheism. Because of this, the believer is forced to swim against the tide as did the atheist in ages past when religious belief predominated. [2]

It does not require the gift of the discernment of spirits to realize that the contemporary world is slipping towards a new paganism in which nature overshadows God. Attempts have been made to deify existence as part of a massive effort to fill the void left by God's withdrawal. [3] These efforts have the effect of excluding God from the only domain in which he can be encountered noetically by the human mind. Zubiri's remarks are more than a then-timely anti-existentialist blast. They are, above all, a commentary on the terrible fact signified by Nietzsche's "death of God" and its derivatives such as Buber's "eclipse of God," all of which follow in the wake of Hegel, who, in 1802, stated that "God himself is dead," referring to Pascal's chilling words concerning "the lost God." [4]

Nearly a century after Hegel, Engels boldly stated that philosophy came to an end when Hegel, even though unconsciously, made the transition from "the labyrinth of systems" to "positive knowledge of the world." [5] Fewer than twenty years ago, Etienne Gilson referred to Nietzsche as the first to voice the "capital discovery" of modern times: God is dead. He went on to excoriate Nietzsche's contemporary disciples who believe that to build they must first demolish, to create a new world they must first destroy the existing one. Gilson suggested that the principal obstacle to their ambition is being itself. [6]

Even Heidegger, whose merit consists in having forced contemporary thought "to pose again the question about the sense of Being" [7] may have been a negligent shepherd. From the beginning of the quest spurred by his reading of Brentano to his later speculations on the absolutely ultimate, the "e-vent" of truth, [8] Heidegger in effect proclaimed the autonomy of being, at this point following Nietzsche's lead in returning to pagan categories for his inspiration. Although he moved from his early position that being itself is necessarily finite to a rather mystagogical conception in which it is "Wealth," "Treasure," "a hidden Fullness," he insists that this must be left in obscurity; nothing can be said about it. [9]

Zubiri's remarks are above all else a commentary — a Christian commentary — on the capital discovery that the traditional relation between God and man has been shattered and that the world in which we live is very much the product of this shattering. The conquest or deification of being has erased both the value and the intelligibility of the traditional proofs for God's existence, which leave contemporary man nonplussed, seldom if ever convinced. The withdrawal of being has made these "proofs" singularly unattractive even for those with a marked distaste for the contemporary world.

Undoubtedly, the notion of being has changed. A remythologization of the *kosmos* has taken place and supplanted the biblical categories of medieval and early modern thought. While the classical mind philosophized from the notion of autonomous being, the medieval and early modern mind philosophized from the perspective of nothingness. When being is viewed from the perspective of non-being, its fragility and contingency is made manifest. This is to say that it is viewed from the perspective of creation, an outrage to the classical mind as it violates the unity of reality and rejects universal necessity. [10] This return to classical categories deifies being and by doing so detaches it from its role as point of departure to the biblical God.

Being then seems to be ruled out. A case can be made that being is a non-concept. But if we find ourselves at an impasse, it becomes imperative to explore alternative routes. St. Anselm in *Proslogion* gave us a prime example of indirect approach when he prescinded from the word "God" and worked out the demonstrative phase of his argument by means of the description "something than which nothing greater can be thought." [11] It acts as his representative or vicar — dare we say surrogate? — in the noetic domain. This stratagem circumvents the objections which can be launched against the word "God," makes the reasoning clustered around the principle of non-contradiction possible, and provides a bridge by which to cross from religious meditation to rational proof. It paves the way for the discovery of God's unique (necessary) existence which distinguishes him from everything else. [12]

Given the present situation, in which being has been co-opted by God's gravediggers, it is imperative to take Anselm's stratagem at least one step farther, especially as twentieth century efforts to elaborate a proof, while worthy of note, have not, in my opinion, successfully surmounted the obstacles presented by the phenomenon under discussion. Unamuno's *Dios eternizador*, Duméry's "fifth reduction," Marcel's argument from hope, C.S. Pierce's *musement*, Simone Weil's *attention*, and, on a lighter note, Father Nichol's *argumentum a gaudio* rank among the best. While Dumery's speculations are probably the most valuable from a strictly philosophical viewpoint, it is challenged by the charm of Unamuno's unabashedly self-serving argument: God must exist to give me immortality, to prevent me from lapsing into nothingness.

Leaving these to one side, it is imperative to return to the alternate route adumbrated by St. Anselm and furthered by Duns Scotus, which is not limited to his "coloring" or modification of the *Proslogion* demonstration. Strange to say, Karl Marx provided a valuable hint when he observed that Duns Scotus made theology preach materialism when he asked if it was possible for matter to think. [13] It is possible that Marx's belief that the material mode of existence was the *primum agens* sensitized him to certain aspects of Scotus' thought. C.S. Pierce, a thinker scarcely in the Marxist mold, credited Scotus with contributing to the formation of a philosophy which could harmonize with physical science. [14]

Their remarks pointed in the right direction. Scotus made matter, apart from form, an actual reality. He was able to skirt the Aristotelian notion of matter to follow, as did Alexander of Hales and Roger Bacon, the neoplatonic inspiration of Ibn Gabirol (Avicebron). [15] Matter provides a metaphysical ground for the doctrine of creation. An entity in its own right, *potentia subjectiva*, not merely *potentia objectiva*, matter is a sign of creaturehood. It possesses *esse* of its own and is *esse absolutum* in the sense that it could exist by itself, without form, at least through divine power. [16] Scotus finds in matter an excess or surplus which is not explicable on its own terms but only through reference to its ultimate ground and support: God.

Scotus did not believe that his modification of the *Proslogion* argument was demonstrative. [17] To advance it, he uses a stratagem of his own: adding "without contradiction" to the God-description of *Proslogion* II, [18] advancing to the existence of the most perfect being which can be thought without contradiction. This is the *primum effectivum*, God as infinite being, who is "intuitively visible" [19] This is a perplexing statement, as Scotus denies intuitive knowledge of God in this life. But God is a natural object of the human mind and will be known intuitively *extra statum vitae*. Moreover, things which impress their ideas on the mind can also impress the ideas of those attributes which belong in common to them and to God, in effect constituting a bridge between the human mind and God. [20]

Scotus' insistence on the univocal character of being helps to clarify the problem. The natural object of the mind is being *qua* being which would include both God and the self. But it is limited to sensible being (physical things) in this life because of the Fall and man's status as wayfarer. Some years ago, Professor Muñoz-Alonso made the perceptive observation that Scotus insisted on the fallen status of cognition because he may have feared the possibility of a massive atheistic turn. [21] If the post-lapsarian condition of cognition were *de jure*, part of the original fabric of mankind, a temptation to veer away from God to idolatry, would be close to insurmountable. This turn, whatever its historical vicissitudes, is very much in evidence in the contemporary world as a cursory reading of Nietszche, Heidegger, and others will verify. This obliges us to make a further move and follow Scotus in approaching God as the hidden in the manifest and the infinite within the finite.

One last point. Anselm stressed the radical dependence of all created things on God in *De casu diaboli*. Even the world is not possible prior to creation, as its possibility is not rooted in itself, but in God. Were the world possible prior to creation, it would not have been created *ex nihilo*. [22] Duns Scotus, in his polemic against Henry of Ghent, reiterates Anselm's negation of possibility before creation. If even a stone had *esse verum reale*, when produced by an efficient cause it is not produced *ex nihilo*. [23] It is simply impossible for a finite being to be the bearer of its own possibility, which is to say, to be absolute. The mind moves from the world of material things to an intuition of the totality of being which acts as an indirect manifestation of God's existence. The natural object of the human mind, being *qua* being, which includes even God, though inoperative in this life, still exercises an attraction on the mind which results in the constitution of a pointer — such as Anselm's "something than which nothing greater can be thought" — which transcends its *de facto* limitations in the present life.

Scotus' thought presents a unique opportunity, as he insists on both the radicality of matter and the transcending powers of the human mind. [24] As matter contains an implicit awareness of its Creator, any capitulation to its totalitarian pretensions frustrates not only the quest for God but the quest for knowledge. Perhaps it is possible to penetrate the darkness of matter to discover "the dearest freshness deep down in things," to encounter the divine face in spite of the eclipse of being.

Matter as the privileged point of departure for demonstration of God's existence, matter in its protean manifestations, is assuredly in tandem with the world-picture and aspirations of contemporary man. Is modern physics as proto-theology totally out of the question? Duns Scotus was an anomaly in the medieval world. Matter was considered to be a near-nothingness in quest of form, the last and least important link on the great chain of being. Thought wavered between the aristotelian and the neoplatonic perspectives. Scotus adumbrated the modern conception of matter. It would be highly ironic if the presence of the infinite God were to be discovered at the very center of the *euangelion* which was first proclaimed to Marx and Engels by Feuerbach's *Das Wesen des Christentums*.

Notes

[1] X. Zubiri, *Naturaleza, Historia, Dios* (Madrid: Editora Nacional, 1963), pp. 384ff.

[2] Ibid., pp. 394-95.

[3] Ibid., p. 395.

[4] Cited by M. Buber, *The Eclipse of God* (New York: Harper & Row, 1957), p .20, n.

[5] "Ludwig Feuerbach and the End of German Philosophy," *Marx and Engels: Basic Writings in Politics and Philosophy* (Garden City: Doubleday Anchor, 1959), pp. 202-03.

[6] "The Terrors of the Year Two Thousand" (Rpt.), *The Canadian Catholic Review*, 2, 11 (December, 1984), pp. 19; 22; 23; 26

[7] Cf. W. Richardson, SJ, *Heidegger: Through Phenomenology to Thought* (Hague: Martin Nijhoff, 1967), p. 634.

[8] Ibid., pp. 631, 638ff.

[9] Ibid., p. 640.

[10] Cf. X. Zubiri, "Sobre el problema de la filosofía," *Revista de Occidente*, 118 (April,1933), 9ff.; É. Bréhier, "Logos Stoïcien, Verbe Chrétien, Raison Cartésienne," *Études de Philosophie Antique* (Paris: PUF,1955), p. 166.

[11] *Proslogion* II: Schmitt I,101.

[12] *Proslogion* III: Schmitt I,103.

[13] Cited by F. Engels, "On Historical Materialism," *Basic Writings* (n. 5), p. 47.

[14] *Collected Papers of Charles Sanders Pierce*, ed. C. Hartshorne and P. Weiss, 6 Vols. (Cambridge: Harvard Univ. Press, 1931-1935), vol. 1, pp. 6, 29. Also J. Boler, *Charles Pierce and Scholastic Realism* (Seattle: Univ. of Washington Press, 1963).

[15] Isaac Husik indicates that the Franciscans, with Duns Scotus at their head, adopted Ibn Gabirol's thesis of a universal matter underlying all existence outside of God. In Scotus' discussion of matter, *Ergo autem redeo ad sententiam Avicembronis* is a familiar refrain.

I. Husik, *A History of Medieval Jewish Philosophy* (New York: Atheneum, 1973), p. 61.

16 *Opus Oxoniense* II,xii,1, no. 10; II,xii,2, nos. 3-7; *Reportatio Cantabrigiensis* II,xii,2.

17 *Cantabrigiensis* I,ii,3, no.8.

18 *Oxoniense* II,ii,2, no. 31.

19 *Oxoniense* I,ii,3, no. 17; I,viii,1, no. 15.

20 *Oxoniense* I,iii,2, no. 18; *Quodlibeta* VII,8.

21 Typescript of paper by Prof. Muñoz-Alonso, "Actualidad y Vigencia de la Doctrina de Juan Duns Escoto sobre Dios," Third International Scotist Congress, Vienna, 1971.

22 *De casu diaboli* I: Schmitt I,233; XII: Schmitt I,253. Cf. D.P. Henry "Remarks on St. Anselm's Treatment of Possibility," *Spicilegium Beccense*, 1 (Paris: J. Vrin, 1959), pp. 19-22. Also my "The *Proslogion* Argument viewed in the Light of *De casu diaboli*," *Les Mutations Socio-Culturelles au tournant de XIe-XIIe Siècles* (Paris: Editions du CNRS, 1984), 2, pp. 623-30.

23 *Oxoniense* I,xxxvi, no. 3; I,xxx,2, no. 15.

24 Muñoz-Alonso (n.21).

Questionnement et Recherche dans l'Oeuvre de Saint Anselme: Genre littéraire et méthode de penser

Coloman Etienne Viola

Doce me quaerere te, et ostende te quaerenti; quia nec quaerere te possum nisi tu doceas, nec invenire nisi te ostendas. Proslogion I.

Ut occulta manifestentur, quantum in via possibile est. Thomas d'Aquin, *In libro Boetii De trinitate, Prologus.*

Prologue

Depuis toujours, l'homme est travaillé par des questions. Le questionnement fait partie de sa nature.[1] Les fragments des Présocratiques en témoignent et, depuis les απορίαι — *dubitationes* — d'Aristote, les écrits de toutes les époques prouvent que l'homme est un être qui questionne. La nature des choses qui l'entourent — où les énigmes[2] sont légion et qui persistent en dépit de tous les progrès que les sciences inventées par l'homme puissent réaliser — en sont l'une des causes principales sans oublier l'autre: l'homme lui-même, ou plus exactement, sa propre nature douée de raison, ainsi que Kant nous le rappelle. Le questionnement et la question — projection et formulation par le discours et dans le discours de cette activité — sont propres à l'homme en tant qu'homme.

Cependant, le questionnement ne représente pas chez l'homme un acte voire une activité isolée. Il s'inscrit dans un élan profond qui porte et qui passionne l'homme: celui de la recherche. Le questionnement est le moyen mis à la disposition de l'homme dans son élan de recherche orienté vers ce qui n'est présent à son esprit que d'une manière opaque et imparfaite. L'homme ne chercherait pas s'il n'avait pas l'espoir de trouver ce qu'il cherche. A travers l'opacité et une saisie imparfaite de ce qui le travaille, apparaît à l'homme toujours une orientation. Quand l'homme cherche, il ne cherche pas à l'aveuglette, mais dans une certaine direction où il soupçonne trouver ce qu'il cherche. Ce n'est pas dû au hasard si le paléontologue découvre un nouveau fossile dans une couche déterminée de l'écorce terrestre. Il sait qu'à tel endroit précis les conditions de fossilisation étaient réunies pour que, à travers les âges, les témoins d'une vie plus ou moins développée puissent être excavés et dévoilés. Celui qui cherche sait qu'il trouvera et ce qu'il trouvera préfigure déjà dans le déclenchement de son élan de recherche. Ainsi le questionnement et la recherche se retrouvent-ils dans une union étroite grâce à l'élan qui les porte dans l'esprit humain.

Dans l'intention d'illustrer cette vérité par un exemple parmi tant d'autres, nous avons choisi saint Anselme. Le choix de cet auteur est justifié surtout par le fait que c'est lui qui formula le premier dans l'histoire de la pensée tout un programme de recherche qui, d'une part, s'alimente d'objets mystérieux à savoir les données de la foi et qui, d'autre part utilise comme voie la raison: *fides quaerens intellectum*. [3] C'est pourquoi nous nous proposons d'analyser dans sa vie et dans ses oeuvres le sens du *quaerere* et de la *quaestio* qui, à partir d'un mouvement spontané et naturel prend la forme précise de genres littéraires. [4]

Mais il y a plus. En effet, chez lui, le questionnement et la recherche s'identifient au questionnement et à la recherche de la plus haute portée, à savoir celui de Dieu. Chercher Dieu, chercher le "visage du Seigneur": [5] son maître, saint Augustin, en fut déjà le témoin dans toute sa vie, même si, selon son propre aveu, il tarda à aimer Celui qu'il cherchait: *sero te amavi* . . . [6]

Cependant, si la recherche de Dieu remplit et accompagne toute la vie d'Augustin, elle revêt chez Anselme une forme particulière, celle de voies précises: celle de la *sola ratio*, celle d'une méthode, celle de méthodes qui se concrétisent sous la forme de plusieurs genres littéraires. C'est en cela qu'à notre avis, saint Anselme marque une étape importante dans l'histoire de la pensée occidentale imprégnée et dominée depuis le cinquième siècle par l'héritage spirituel et intellectuel de l'évêque d'Hippone. Certes, celui-ci montre au jeune Prieur du Bec, le chemin de la *ratio*, il le prévient même, d'une voix prophétique, des dangers que ce chemin peut receler devant quiconque ne veut pas se prémunir contre les "raisons illusoires." [7] Mais avec la hardiesse qui le caractérise et pleinement conscient de son projet, Anselme pousse jusqu'à l'extrême la méthode de la raison en l'érigeant en exclusive pour lui permettre d'exploiter au maximum les ressources de cette dernière. C'est le sens et la portée de la *sola ratio*. Cependant, au lieu de céder à la tentation — ainsi que le feront plus tard les coryphées de certains mouvements philosophiques postérieurs — d'ériger d'emblée la raison en absolu,

Anselme met toutes les ressources de celle-ci au service de la Vérité révélée qui, d'une manière paradoxale, assume pleinement la raison et l'authentifie dans son usage.

La méthode d'Anselme — surtout telle qu'elle apparaît dans le *Monologion*, le *Proslogion* ou le *Cur deus homo* — fut déjà maintes fois étudiée et analysée par d'éminents connaisseurs de sa pensée. Toutes ces études essayaient de mettre en valeur la rationalité de la démarche anselmienne, ses lois, son axiomatique. Mais la démarche anselmienne est avant tout un élan qui jaillit directement de son être, qui s'éclot tout naturellement en questions et qui se traduit en une activité de recherche incessante.[8] Anselme est quelqu'un qui cherche et qui entrevoit des questions même là où d'autres se dérobent ou n'osent pas pénétrer avec leur intelligence. Il nous paraissait donc indispensable de regarder de près comment cet élan naturel se manifeste chez Anselme et comment il se transforme en questionnement et en recherche, car c'est bien cet élan qui est le fondement vital et existentiel de sa méthode.

Pour faire ressortir la figure de saint Anselme parmi ceux qui, comme lui, portaient dans leur âme cet élan de recherche, nous montrerons d'abord comment cet élan se concrétisa dans la vie du moine et de l'archevêque pour esquisser ensuite les formes littéraires à travers lesquelles il s'exprima, les principales questions qui constituèrent la visée de cet élan et pour dévoiler comment cet élan de recherche appela chez Anselme une véritable dialectique entre recherche et questionnement, dialectique qui, à notre avis, dépasse le simple *jedes Fragen ist ein Suchen* de Heidegger.

Nous devons à Pierre Hadot d'avoir attiré l'attention sur la portée morale de tout effort philosophique depuis l'Antiquité jusqu'à nos jours si bien que toute philosophie authentique apparaît comme un "exercice spirituel" visant à l'amélioration de l'homme.[9] A notre tour, nous essayerons de montrer combien l'élan de recherche, tel qu'Anselme l'a vécu et tel qu'il l'a communiqué à son entourage, doit reposer sur de solides fondements moraux. Enfin, tout en constatant combien chez Anselme l'élan de recherche fut continuellement soumis au contrôle par une prise de conscience des méthodes que celui-ci entendait mettre en oeuvre dans la réalisation de ses projets, l'histoire de la vie d'Anselme et celle des époques postérieures attestent que ce contrôle critique fut exercé aussi par d'autres parfois sans ménagement. Nous terminerons donc notre exposé par une confrontation de la recherche anselmienne avec Hugues de Saint-Victor, figure dominante des Victorins.

I. Anselme, Homme de Recherche et de Questionnement

1. Les témoignages d'Eadmer

Dans la *Vita Anselmi*, Eadmer décrit Anselme comme un homme qui cherche avec passion depuis son entrée dans la communauté monastique du Bec à l'âge de vingt-sept ans. Si après de longues hésitations Anselme décida de se consacrer à la vie monastique ce fut pour s'adonner entièrement et définitivement à la vie contemplative. [10] L'on peut dire que malgré les péripéties politico-religieuses de l'époque dont il devint plus tard l'un des principaux témoins et acteurs, [11] toute la vie d'Anselme se déroule sous le signe de la recherche passionnée [12] dès son entrée dans la communauté du Bec. Or, cette vie de recherche fut bien des fois contrariée jusqu'aux dernières limites de la rupture en raison des événements graves auxquels Anselme fut associé ou engagé souvent malgré lui. [13]

En feuilletant la *Vita Anselmi*, on constate à chaque étape de cette vie mouvementée la nostalgie d'Anselme de retrouver la vie paisible du moine du Bec qu'il fut. [14] Pour le même motif, il demanda un jour d'être déchargé du priorat; [15] après la mort d'Herluin, il supplia ses frères de ne pas le choisir comme abbé; à la cour royale d'Angleterre, il dut être forcé physiquement pour accepter la crosse de l'archevêque; pendant son premier exil, il demanda avec insistance à Urbain II de le décharger de l'archevêché de Canterbury afin de retrouver sa vie de recherche paisible. [16]

1. Cette vie de recherche est déclenchée et soutenue chez lui par la foi. En effet, c'est la foi qui lui propose des vérités qui le passionnent et qui mettent en branle tout son être, notamment ce qu'il y a de plus précieux en lui, à savoir son intelligence. [17] Cependant, la recherche anselmienne au sens fort et technique du terme ne se situe pas au niveau de la foi — celle-ci est essentiellement un accueil, [18] une "écoute," une adhésion pure et simple, ainsi qu'Eadmer en témoigne — mais au niveau de la raison ou de l'intelligence. [19] Dans ce sens, le *quaerere* et la *quaestio* se situeront également au niveau de la raison et non pas à celui de la foi, malgré l'étroite relation qui existe dans la pensée anselmienne entre foi et raison, entre le *credere* et l'*intelligere* (*credo ut intelligam*). [20]

Ainsi que Dom Pouchet l'a déjà remarqué, la "*quaestio* est la recherche de la *ratio* chez Anselme." [21] En effet, la *ratio* constitue chez lui l'objet direct de la recherche: *rationis indago*; *investiganda ratio*; *ratio quaestionis*: ce qu'Anselme cherche, ce sont les *rationes* qui mènent vers l'*intellectus* qui, dans cette vie, est à mi-chemin entre la foi et la *species*. [22] La recherche aussi bien que la *quaestio* ont donc la *ratio* comme objet direct. Cependant, il ne s'agit pas de n'importe quelle *ratio*, mais de la *ratio veritatis*. Car chez Anselme, tout comme dans le milieu chrétien, la recherche est toujours orientée vers la "vérité." [23] De plus, la recherche de cette *ratio veritatis* débouche chez lui sur une véritable métaphysique. En effet, les raisons que le Prieur du Bec cherche inlassablement dès le *Monologion* relèvent des profondeurs de la métaphysique — même s'il ne pouvait pas encore connaître l'oeuvre du Stagirite désignée par ce nom. [24]

L'un des titres qu'Anselme proposa pour le *Proslogion* mais que finalement il ne retint pas, le *Fides quaerens intellectum*, demeure l'expression de tout son programme de vie. Eadmer nous présente le jeune prieur du Bec comme un homme passionné par la recherche des raisons capables d'éclaircir les mystères proposés par la foi:

Factumque est ut soli Deo caelestibusque disciplinis jugiter occupatus in tantum divinae speculationis culmen ascenderit, ut obscurissimas et ante suum tempus insolutas de divinitate Dei et nostra fide quaestiones Deo reserante perspiceret ac perspectas enodaret, apertisque rationibus, quae dicebat rata et catholica esse, probaret ... Quapropter summo studio animum ad hoc intenderat, quatinus juxta fidem suam mentis ratione mereretur percipere, quae in ipsis sensit multa caligine tecta latere. [25]

Dès le début de sa vie de moine, Anselme se trouve confronté à des questions très obscures (*quaestiones obscurissimas*) et demeurées jusqu'alors sans solution (*insolutas*: non résolues) concernant la divinité de Dieu et notre foi. Ces questions obscures et non résolues ne concernent pas tant la foi dans sa réalité subjective, mais plutôt les vérités proposées par la foi, donc les objets de la foi. En effet, chez Anselme nous ne trouvons pas les traces d'une recherche systématique qui viserait l'élucidation de la nature de la foi considérée comme réalité subjective — ainsi que cela apparaîtra plus tard chez les théologiens du treizième siècle qui s'appuyeront sur la théorie des *habitus* et des vertus — bien que, dans le *Monologion*, il donne une interprétation de notre manière de croire l'Ineffable; [26] de même, dans le *De concordia*, il en fournit quelques éléments en exposant les textes pauliniens. [27]

D'autre part, Eadmer nous présente Anselme comme un penseur qui "perçoit" (*perspiceret*) les questions et qui en même temps essaye de les résoudre, "dénouer" (*perspectas enodaret*). Anselme est donc à l'opposé de ceux — nombreux dans certains milieux de l'époque — pour qui tout est clair et pour qui tout se résout par des arguments d'autorité. C'est pourquoi il prouve (*probaret*) par des raisons évidentes (*apertisque rationibus*) toutes les choses (de la foi) dont il disait qu'elles étaient admises (*rata*) universellement (*catholica esse*). Selon ce témoignage, les seules questions qui intéressaient le jeune prieur à cette époque étaient celles concernant la divinité de Dieu ainsi que d'autres objets proposés par la foi.

Quelle était la motivation de la recherche anselmienne, telle qu'elle fut comprise par Eadmer? C'est la *multa caligine* — beaucoup d'obscurités [28] qui couvrent les objets de la foi et ce sont précisément ces objets couverts de beaucoup d'obscurités qu'Anselme essaie d'appréhender par la partie rationnelle de l'âme (*mentis ratione*, partie rationnelle de l'âme) mais selon sa foi (*iuxta fidem suam*). C'est la raison qui doit lui fournir quelques lumières, en dissipant les obscurités inhérentes aux objets de la foi, mais tout en gardant dans sa recherche la foi comme critère et autorité suprême. [29]

Pendant son premier exil italien, Anselme est heureux de retrouver la vie paisible pour se consacrer entièrement à la contemplation:

Igitur habitatio nostra in montis erat summitate locata a turbarum tumultu instar solitudinis vacua. Quod Anselmus advertens, ex spe futurae quietis exhilaratus, ait, "Haec requies mea, hic habitabo." (Ps 131:14) *Ad primum igitur conversationis ordinem quem antequam abbas esset habebat, quemque se in pontificatu positum maxime perdidisse deflebat, vitam instituit, sanctis operibus, divinae contemplationi, misticarum rerum enodationi die noctuque mentem intendens.* [30]

Anselme s'empresse de reprendre l'ordre de vie monastique tranquille interrompu depuis son élévation au siège de Canterbury pour s'adonner aux oeuvres pieuses et pour concentrer son attention jour et nuit à la contemplation divine et à la solution des "choses mystiques." Le résultat de ses recherches de cette époque fut précisément l'achèvement du *Cur deus homo*.

A la fin de la biographie d'Anselme, Eadmer rapporte encore combien celui-ci fut toujours hanté par l'élan de recherche afin de trouver la solution des mystères de la foi: *Verum si mallet me adhuc inter vos saltem tam diu manere, donec quaestionem quam de origine animae mente revolvo absolvere possem, gratanter acciperem, eo quod nescio utrum aliquis eam me defuncto sit soluturus.* [31]

2. Eadmer met donc en lumière combien Anselme, ce grand contemplatif, fut saisi par l'élan de recherche jusqu'au dernier moment de sa vie. Mais il montre aussi à quel point son entourage put en profiter. Ainsi, pendant sa première visite en Angleterre, il fascine les moines par ses discours sur la vie monastique grâce à son éloquence fondée sur des raisons solides. Mais en même temps il s'occupe tout particulièrement des plus doués en leur proposant et exposant des questions profondes aussi bien au sujet des livres sacrés qu'au sujet des livres profanes. [32]

Plus tard, pendant qu'Anselme était déjà archevêque à Canterbury, parfois de longues discussions eurent lieu à table.[33] Les questions spirituelles rebondissaient souvent même pendant les repas qu'Anselme prenait en compagnie de ses invités et de ses frères. Dès que les questions avaient cessé, Anselme se retirait de la table pour vaquer à la lecture en attendant que ses frères terminent le repas: *Cum vero absentibus hospitibus privatim cum suis ederet, et nulla quaestio spiritualis cujusvis ex parte prodiret, praelibato potius quam sumpto cibo, mox cessabat, lectionique intendens manducantes exspectabat.*[34] En effet si Anselme se posait des questions au sujet de l'Ecriture, son entourage en faisait autant et c'est à lui qu'il s'adressait pour trouver la solution. Eadmer rapporte même que la recherche des problèmes scripturaires fut la seule consolation de l'archevêque dans les pires vexations que lui-même et toute l'Eglise d'Angleterre devaient subir:

> *Si vani clamores, si contentiones, si jurgia ut fit oriebantur, aut ea sedare, aut citius sese absentare curabat. Nisi enim ita faceret, tedio affectus statim animo deficiebat, et insuper gravem corporis egritudinem incurrebat. Quam consuetudinem ejus edocti, sepe illum re ipsa cogente de medio multitudinis eduximus, proponentesque ei aliquam ex divina pagina quaestionem, illico corpus et animum ejus quasi salubri antidoto medicatum in consuetum statum reduximus.*[35]

Grâce à ce récit qui ne manque pas d'humour, nous voyons comment son entourage, usant de la ruse — après avoir compris le comportement d'Anselme — arrache littéralement celui-ci du tumulte et lui pose des questions de théologie pour qu'il puisse retrouver l'équilibre de son esprit. Les questions théologiques deviennent pour Anselme un véritable "antidote" pour empêcher la détérioration de sa santé ébranlée sous le poids des vexations continuelles. Vu cette situation inextricable, Anselme décide de charger le moine Baudouin des affaires de l'archevêché et il s'adonne en toute sécurité aux exercices de l'esprit et à la contemplation.[36]

Dans un autre passage, Eadmer décrit comment, pendant son premier exil italien, les gens de toutes conditions sociales interpellaient partout Anselme entouré de ses moines et de ses clercs, sans compter ceux qui venaient chez lui nombreux de diverses régions:

> *Nullo tamen loco vel tempore sine suis monachis et clericis erat, iis duntaxat exceptis qui ad eum ex diversis locis confluentes raro deerant. Omnes enim ad se venientes dulci alacritate suscipiebat, et cuique pro sui negotii qualitate efficaciter respondebat. Videres siquidem istos scripturarum sententiis ac quaestionibus involutos mox ratione proposita ab eo evolvi; istos in morum discretione nutantes non segnius informari; illos necessariarum rerum tenuitate*

> *laborantes datis quibus opus habebant ab inopia relevari
> ... Quotiens autem opportunitas sese praebebat, in remotiorem
> camerae suae locum secedere, solusque caelestibus studiis consuev-
> erat inhaerere.* [37]

Homme de recherche et de questionnement, Anselme est donc continuellement assailli de questions. Son entourage cherche aussi auprès de lui des "raisons" qu'Anselme lui prodigue pour résoudre les questions posées. A remarquer l'image contrastée qu'utilise Eadmer pour décrire les gens qui s'adressent à Anselme: *quaestionibus involutos ... ratione proposita ab eo evolvi*: les gens sont littéralement "enveloppés" par les questions et Anselme les "déroule," il les "déploie" (explique) par les raisons qu'il leur propose.

Si la recherche anselmienne du début de sa vie de moine jusqu'à la fin de sa vie s'oriente exclusivement vers la solution de problèmes suscités par la foi, la solution elle-même se situe sur le plan purement rationnel — c'est là que voient aussi les contemporains d'Anselme la nouveauté de sa méthode [38] — cette recherche passionnée concerne non seulement l'élucidation des objets de la foi, mais également la méthode. Le *quaerere* chez lui est engagé tout au début de sa carrière dans la recherche d'une voie qui sera celle de la *sola ratione* d'abord (*Monologion*) et l'*unum argumentum* (*Proslogion*) ensuite et elle sera mise en oeuvre plus tard aussi dans le *Cur deus homo* sous la forme de *remoto Christo*. Il est important de le souligner dès le début: la recherche anselmienne a également pour objet la recherche consciente d'une méthode [39] et non seulement la recherche de la solution de tel ou tel problème particulier concernant les mystères de la foi.

2. Anselme en quête d'une méthode

a) sola ratione: la voie de la raison (Monologion)

Pour mieux comprendre le sens de la méthode anselmienne *sola ratione*, il convient de faire quelques rappels historiques avant d'examiner le sens et la portée de cette expression chez saint Anselme. Dans le Prologue de son exposé sur le *De trinitate* de Boèce, saint Thomas résume à la suite de saint Augustin les deux méthodes qu'utilisaient les Pères de l'Eglise dans l'exposé de la Trinité:

> *Modus autem tractandi de trinitate duplex est, ut dicit Augustinus in I de Trinitate; scilicet per auctoritates, et per rationes; quorum utrumque Augustinus complexus est, ut ipsemet dicit.* [40] *Quidam enim sanctorum Patrum, ut Ambrosius et Hilarius, alterum tantum prosecuti sunt, scilicet per auctoritates; Boetius vero elegit prosequi*

> *secundum alium modum, scilicet secundum rationes, praesupponens hoc quod ab aliis fuerat per auctoritates prosecutum. Et ideo modus hujus operis designatur in hoc quod dicit, "investigabo"; in quo rationis inquisitio designatur.* (Sir 39) *"Sapientiam," scilicet Trinitatis notitiam, "antiquorum," scilicet quam antiqui sola auctoritate asseruerunt, "exquiret sapiens," id est ratione investigabit. Unde in prooemio praemittit "Investigatam diutissime." Finis vero hujus operis est ut occulta manifestentur, quantum in via possibile est.* [41]

Chez Boèce donc, l'*inquisitio rationis* correspond à la seconde manière de traiter de la Trinité qui consiste à "présupposer" tout ce que les autres en ont dit en s'appuyant sur les autorités et de rechercher en s'appuyant sur la seule raison. Aux yeux de saint Thomas, Boèce peut donc être considéré comme un précurseur dans l'usage de la méthode purement rationnelle. Saint Anselme aurait-il suivi cette méthode sous l'influence de Boèce? Ce n'est pas impossible, mais il n'y fait pas allusion. En tout cas, il n'a jamais cité le *De trinitate* de Boèce. C'est pourquoi il faut revenir davantage en arrière.

C'est avant tout saint Augustin qui lui servait d'exemple quant à l'usage de la raison. [42] Nous lisons dans le *De trinitate*:

> *Et aliquando afferimus eis rationem, non quam petunt cum de Deo quaerunt; quia nec ipsi eum valent sumere, nec nos fortasse vel apprehendere vel proferre sed qua demonstretur eis quam sint inhabiles minimeque idonei percipiendo quod exigunt.* [43]

Cependant, la recherche des raisons telle que saint Augustin la conçoit dans ce contexte ne semble pas aussi revalorisante que la recherche anselmienne. Augustin utilise les raisons pour montrer aux adversaires à quel point ils sont inaptes et incapables de percevoir ce qu'ils exigent.... L'idée d'Augustin est aussi que tous ceux qui cherchent (ou interrogent) ne sont pas nécessairement dignes de savoir: *Nec... desperet ibi scientiam esse veritatis, ubi neque omnes a quibus quaeritur docere possunt, neque omnes qui quaerunt discere digni sunt.* [44]

Si Augustin distingue clairement les deux méthodes: celle de la raison et celle de l'autorité — en même temps qu'il reconnaît l'antériorité naturelle de l'autorité dans l'apprentissage — il admet aussi qu'une raison, aussi infirme qu'elle apparaisse à première vue, peut devenir autorité. En d'autres termes, par une heureuse coïncidence, dans certains cas, la *ratio* devient autorité. Dans cette perspective, le but même de la raison est de devenir autorité. On voit donc à quel point chez saint Augustin c'est l'idée d'autorité qui prime.

Mais il y a plus. Selon Augustin, l'esprit de l'homme, obscurci par l'"habitude des ténèbres," n'arrive à la lumière de la vérité que grâce à l'autorité (ce sera aussi l'idée fondamentale de saint Thomas lorsqu'il affirmera dans la *Summa contra gentiles* I,i,4, la nécessité morale de la révélation): *Unde igitur exordiar? ab auctoritate, an a ratione? Naturae quidem ordo ita se habet, ut cum aliquid discimus, rationem praecedat auctoritas. Nam infirma ratio videri potest, quae cum reddita fuerit, auctoritatem postea, per quam firmetur, assumit. Sed quia caligantes hominum mentes consuetudine tenebrarum, quibus in nocte peccatorum vitiorumque velantur, perspicuitati sinceritatique rationis aspectum idoneum intendere nequeunt; saluberrime comparatum est, ut in lucem veritatis aciem titubantem veluti ramis humanitatis opacata inducat auctoritas.* [45]

Cependant, chez Anselme, les raisons doivent amener positivement au renforcement de la foi et, comme conséquence, à la délectation intellectuelle, bref, à la joie véritable. La méthode rationnelle d'Anselme met vraiment en lumière la valeur positive de la raison et son apport positif qui ne saurait se contenter de démontrer simplement l'incapacité et l'inaptitude des interlocuteurs. Anselme dépasse donc Augustin par la pureté de sa méthode rationnelle. Cependant, cela ne signifie point que pour lui la raison représente l'"autorité" suprême ainsi que certains de ses commentateurs le prétendent. Aussi bien est-il nécessaire de procéder à une clarification.

En effet, certains historiens aiment présenter Anselme comme le champion de la *ratio* en raison de sa méthode *sola ratione*. [46] Pour comprendre combien cette présentation est erronée, il est important de replacer la méthode anselmienne dans son contexte littéraire pour en saisir la portée exacte. Quand on parle de cette méthode, on dit toujours *sola ratione*. Or, dans *Monologion* I où Anselme commence sa montée vers "le Meilleur, le plus Grand et le Sommet de tout ce qui existe," en d'autres termes, vers tout ce que nous croyons nécessairement de Dieu et de sa créature, il dit que n'importe qui — s'il est doué au moins [*vel*] d'une intelligence moyenne — peut s'en persuader dans une large mesure *saltem sola ratione*, tout au moins par la seule raison. Il est surprenant de constater l'absence du terme *saltem* même chez un commentateur récent de la méthode du *Monologion*. [47]

Or, l'adverbe *saltem* implique d'emblée une hiérarchisation. En effet, dans ce contexte — ainsi que d'ailleurs dans le contexte de toute l'oeuvre d'Anselme — la *ratio* est posée à la fois en opposition et en étroite relation avec le *credere* et la *fides*. Cette relation est celle du supérieur à l'inférieur, le supérieur étant la *fides* et l'inférieur la *ratio*. La foi, *credere* est donc primordial et il se trouve au "sommet." Car, dans la pensée et la méthode d'Anselme, le *credere* est le point de départ et le point d'aboutissement de la démarche rationnelle. Aussi bien la méthode *sola ratione* est-elle une méthode dépendant de la foi, rejaillissant de la foi. Bref, cette méthode est inférieure par rapport à la foi qui la déclenche.

Si l'on veut vraiment comprendre la méthode d'Anselme, il faut donc la replacer dans toute la tradition qui la précède, en d'autres termes, il faut revenir à Boèce et, à travers Boèce, à saint Augustin. Ainsi que nous venons de le voir, dans son commentaire sur Boèce, saint Thomas fait allusion au *De trinitate* de saint Augustin. Il s'agit sans aucun doute du début du livre I, où saint Augustin s'adresse à ceux qui rejettent ou ridiculisent la foi et qui n'acceptent que la raison. L'attitude de saint Augustin est claire: il place au sommet de la hiérarchie les *auctoritates*, les Ecritures, — c'est cela qui est décisif — et en même temps, il traite avec un certain mépris ou du moins avec une certaine condescendance ceux qui cherchent des raisons. Il est important de relever cet aspect de la méthode Augustinienne en ce qui concerne l'usage de la raison. Car, Anselme ne s'appuie-t-il pas sur l'autorité du *De trinitate* de l'évêque d'Hippone? [48]

Anselme hérite donc d'Augustin la hiérarchisation méthodologique: celui-ci lui montre l'*auctoritas* [des Ecritures] comme la norme suprême en même temps qu'il permet l'usage de la *ratio* qui, d'une part, possède une valeur infiniment moindre que l'*auctoritas* et qui, d'autre part, tend à devenir à son tour *auctoritas*. (Au fond, que se passe-t-il dans le rationalisme? C'est la raison qui se substitue à l'autorité, c'est elle qui devient l'autorité suprême. Car, dans le rationalisme, l'idéal même de la raison est de devenir *auctoritas*, autorité unique et suprême.) C'est dans ce contexte Augustinien qu'il faut, à mon avis, replacer le *saltem sola ratione*: la raison n'est pas érigée en absolu, elle n'est pas le juge absolu dans l'homme, malgré le texte que l'on allègue d'habitude pour montrer le "paroxisme du rationalisme" anselmien. Nous avons déjà montré que ce texte trouve son sens naturel dans le contexte: Anselme y rétorque à Roscelin son rationalisme outrancier précisément en soulignant le fait que, Roscelin, pour qui — comme pour tous les rationalistes — la *ratio* doit être le juge suprême de tout ce qui est dans l'homme, tombe dans les pires "hérésies" non seulement dans le domaine de la foi, mais — paradoxalement et ce qui est encore pire — même dans le domaine de l'exercice de la *ratio*, à savoir la dialectique: *dialecticae haeretici*. [49]

b) "unum argumentum": la voie unique (Proslogion)

Le *Monologion* à peine achevé et devenu d'ores et déjà objet de critiques de la part des esprits étroits, [50] Anselme s'adonne à nouveau à la recherche passionnée d'une méthode: celle de la "voie unique," de l'*unum argumentum* destiné à achever la synthèse, au moyen d'une preuve unique, de tout ce que nous croyons de la substance divine. [51] C'est la recherche passionnée de la méthode de la connaissance de Dieu dont le fruit sera le *Proslogion*. Grâce à Anselme et grâce à son biographe, nous possédons un témoignage extrêmement précieux de la manière dont s'est déroulée dans l'esprit d'Anselme cette recherche purement intellectuelle dont le résultat, ce petit écrit — qui, aux yeux de son auteur, n'était même pas digne d'être appelé un "livre" [52] — constitua un événement considérable dans l'histoire de la pensée occidentale. Par ailleurs, seule la genèse du *Proslogion* nous est connue avec autant de détails, bien qu'en prenant l'exemple sur les *Retractationes* de son maître spirituel, Anselme soit soucieux de fournir des renseignements sur son intention et sur les circonstances qui ont présidé à la rédaction de ses divers opuscules.

Donnons donc la parole à Anselme qui nous raconte le déroulement de cette recherche. Voici d'abord le *status quaestionis* et l'énoncé du projet: [53]

Après que j'ai édité — supplié par quelques frères — un certain opuscule à l'instar d'une méditation sur la raison de la foi, tenant le rôle de quelqu'un qui cherche par un silencieux raisonnement avec lui-même des choses qu'il ne sait pas; considérant que [cet opuscule] est composé par l'enchaînement de nombreux arguments, j'ai commencé à rechercher en moi-même si par hasard il pouvait se trouver un argument qui, pour être probant, n'aurait eu besoin que de soi-même et qui suffirait à lui seul pour démontrer que Dieu est vraiment, qu'il est le bien suprême n'ayant besoin de nul autre, et dont toutes les choses ont besoin pour qu'elles soient et pour qu'elles soient bien, et [bref] tout ce que nous croyons de la substance divine. [54]

Anselme donne ensuite la description du déroulement de la recherche:

Pendant que, souvent et avec un grand zèle, je dirigeais ma pensée vers cet objectif, je croyais déjà bien des fois pouvoir atteindre ce que je cherchais, et bien souvent aussi il fuyait entièrement le regard de mon esprit, enfin, désespéré, je voulais cesser comme s'il s'agissait de la recherche d'une chose impossible à trouver. Mais, pendant que je voulais totalement exclure de moi-même cette pensée [comme je voulais me séparer totalement de cette pensée], afin que, en m'occupant inutilement, elle n'en empêche d'autres, dans lesquelles j'aurais pu faire des progrès, voilà que, malgré ma volonté et ma résistance, elle commença à me poursuivre avec une sorte d'importunité de plus en plus grande. Or, un certain jour, comme je m'étais fatigué à résister avec véhémence à cette obsession, dans le conflit même de mes pensées, se présenta à moi ce que j'avais désespéré [de trouver] pour que j'embrasse avec soin l'idée que, troublé, j'avais repoussée.

Enfin Anselme veut partager la joie causée par les résultats de ses recherches: Estimant donc que ce que je me réjouissais d'avoir trouvé pourrait plaire — s'il était écrit — à celui qui le lirait, j'ai écrit cet opuscule sur ce sujet et sur quelques autres, parlant au nom d'un homme s'efforçant à élever son âme à Dieu et cherchant à comprendre ce qu'il croit.

Nous avons aussi une autre version de ce morceau autobiographique: elle sort de la plume d'Eadmer. Cette version suit, quant à l'essentiel, la description donnée par Anselme lui-même tout en complétant celle-ci par quelques détails qui manquent dans le récit autobiographique:

> *Post haec incidit sibi in mentem investigare utrum uno solo et brevi argumento probari posset id quod de Deo creditur et praedicatur, videlicet quod sit aeternus, incommutabilis, omnipotens, ubique totus, incompraehensibilis, justus, pius, misericors, verax, veritas, bonitas, justitita et nonnulla alia, et quomodo haec omnia in ipso unum sint. Quae res sicut ipse referebat magnam sibi peperit difficultatem. Nam haec cogitatio partim illi cibum, potum et somnum tollebat, partim et quod magis eum gravabat intentionem ejus qua matutinis et alii servitio Dei intendere debebat perturbabat. Quod ipse animadvertens nec adhuc quod quaerebat ad plenum capere valens hujusmodi cogitationem diaboli esse temptationem nisusque est eam procul repellere a sua intentione. Verum quanto plus in hoc desudabat, tanto illum ipsa cogitatio magis ac magis infestabat. Et ecce quadam nocte inter nocturnas vigilias Dei gratia illuxit in corde ejus et res patuit intellectui ejus, immensoque gaudio et jubilatione replevit omnia intima ejus. Reputans ergo apud se hoc ipsum aliis si sciretur posse placere, livore carens rem illico scripsit in tabulis, easque sollicitius custodiendas uni ex monasterii fratribus tradidit.* [55]

Voilà la description de cet élan de recherche laissée par celui qui le vécut dans son âme et transmise par le témoignage de celui qui l'a appris par la bouche de celui qui l'a éprouvé. Apparemment, l'authenticité des deux versions ne fait aucun doute. Cependant, il est impossible de ne pas apercevoir un certain parallélisme entre ce morceau biographique d'Anselme — à la fois résumé et complété par Eadmer — et celui qu'Augustin a légué dans le *De ordine* en racontant la genèse de cette disputation. Ce récit ne pouvait-il pas motiver Anselme lorsqu'il décrit les circonstances de l'origine du *Proslogion*? Voici le texte d'Augustin:

> *Sed nocte quadam cum evigilassem de more, mecumque ipse tacitus agitarem quae in mentem nescio unde veniebant: nam id mihi amore inveniendi veri jam in consuetudinem verterat, ita ut aut primam, si tales curae inerant, aut certe ultimam, dimidiam tamen fere noctis partem pervigil quodcumque cogitarem; nec me patiebar adolescentium lucubrationibus a meipso avocari, quia et illi per totum diem tantum agebant, ut nimium mihi videretur, si aliquid etiam noctium in studiorum laborem usurparent; et id a me ipsi quoque praeceptum habebant, ut aliquid et praeter codices secum agerent, et apud sese habitare consuefacerent animum: ergo, ut dixi, vigilabam; cum ecce aquae sonus pone balneas quae praeterfluebat, eduxit me in aures, et animadversus est solito attentius. Mirum admodum mihi videbatur quod nunc clarius, nunc pressius eadem aqua strepebat silicibus irruens. Coepi a me quaerere quaenam causa esset. Fateor, nihil occurrebat.* [56]

Augustin décrit dans ce passage comment il a commencé à rechercher la cause du bruit du torrent qui percutait ses oreilles pendant qu'il veillait la nuit. Relevons tout de suite chez Augustin et Anselme le caractère quasi "obsédant" de l'élan de recherche: cet élan devient irrésistible et saisit tout leur être. Chez Augustin, cette "obsession" se produit pendant la nuit, dans un état d'insomnie; chez Anselme, selon Eadmer, l'élan de recherche ne laisse pas de répit et se prolonge dans la nuit dans un état d'insomnie. Cet élan part d'un objet, d'une constatation objective — le bruit du torrent chez Augustin et l'enchevêtrement des arguments du *Monologion* chez Anselme — et il rebondit sur le sujet et se transforme en un questionnement de soi-même *mecumque ipse tacitus agitarem quae in mentem nescio unde veniebant* et *tacite secum ratiocinando* d'Anselme; *coepi a me quaerere* d'Augustin ainsi que le *coepi mecum quaerere* d'Anselme. Remarquons cependant l'acception différente du *quaerere* chez les deux: tandis qu'Augustin s'interroge (*a me quaerere*), Anselme cherche avec soi-même (*mecum quaerere*).

Avant d'analyser en détail au chapitre IV le texte autobiographique d'Anselme qui constitue en même temps une description de sa recherche, notons tout de suite ce qui caractérise l'esprit de recherche d'Anselme. Pratiquement, il entreprend l'impossible: trouver un argument unique [57] à l'instar d'un premier principe (*quod nullo alio indigeret*) pour prouver tout ce que nous croyons de la substance divine. C'est l'objet de sa recherche. Toutefois, nous y apprenons l'une des conditions de la recherche: il faut que l'objet de la recherche apparaisse au premier abord comme possible ou, plus exactement, il faut qu'il ne se présente pas dès le départ comme impossible. Car si l'objet apparaît impossible en cours de route, il faut l'abandonner. C'est bien cela qu'Anselme s'apprêta à faire lorsque, découragé par l'échec de ses efforts, à un certain moment, il voulut renoncer à la poursuite de la recherche.

3. Portée méthodologique du Proslogion

Parmi les oeuvres d'Anselme, le *Proslogion* devint la pièce la plus célèbre en raison de la preuve de l'existence de Dieu qu'il contient, preuve que depuis Kant, on appelle bien à tort preuve ou argument "ontologique." [58] Insignifiant quant à son volume, mais d'un poids considérable, aux dires d'Eadmer, grâce à la contemplation très subtile qu'il contient, l'opuscule a suscité — et suscite encore de nos jours — de vives réactions qui vont de l'enthousiasme à la critique acharnée.

Cet opuscule tant controversé est né d'un effort extraordinaire de l'esprit contemplatif d'Anselme à la recherche d'une synthèse logique suprême de toute notre connaissance de Dieu, englobant aussi bien son existence que son et ses attributs. Car c'est bien là que gît l'originalité de ce livre admirable, d'un genre littéraire difficile à classer. En effet, on y trouve à la fois l'expression de l'adoration de Dieu qui s'est révélé par la foi — adoration qui, par moments, atteint les sommets de la contemplation mystique — et celle d'une démarche dialectique de la raison qui cherche à comprendre — tant soit peu — l'objet de sa contemplation.

Dans le *Proslogion*, la démarche dialectique anselmienne s'effectue au moyen d'un principe que l'on pourrait appeler le "principe dialectique de la grandeur," le *id quo maius cogitari non potest* — "ce par rapport à quoi plus grand ne peut être pensé (ou conçu)." La dialectique anselmienne de recherche de Dieu débute à partir de ce principe grâce auquel l'esprit parcourt tout ce que l'expérience peut offrir, pour chercher, pour "identifier" Dieu.

Si Dieu est "ce par rapport à quoi plus grand ne peut être pensé," il est logiquement et nécessairement "celui qui existe non seulement dans la pensée, mais aussi dans la réalité." La démarche dialectique d'Anselme rencontre tout d'abord une évidence: il y a des choses qui existent seulement dans la pensée, et il y en a qui — tout en existant dans la pensée — existent aussi dans la réalité. Selon la hiérarchie des valeurs présupposée par cette dialectique, ce qui existe dans la réalité est plus grand que ce qui n'existe que dans la pensée. Pour l'expliquer, Anselme recourt à l'exemple du peintre et de la peinture. Or, si Dieu est "ce par rapport à quoi plus grand ne peut être pensé," il doit exister non seulement dans notre pensée — puisque nous pensons à lui — mais aussi dans la réalité.

La démarche anselmienne aboutissant à l'affirmation de l'existence de

Dieu procède donc d'un double présupposé "logique": (1) Dieu est "ce par rapport à quoi plus grand ne peut être pensé"; (2) tout ce qui existe aussi dans la réalité est plus grand que ce qui n'existe que dans la pensée. Chacun de ces deux présupposés implique une vision qui considère tout — aussi bien Dieu que les créatures — dans la perspective de la grandeur.

Une autre caractéristique de la démarche anselmienne est qu'elle n'aboutit pas seulement à la simple affirmation "Dieu est vraiment," mais à l'affirmation de l'impossibilité logique de la négation de l'existence de Dieu. D'où la conclusion d'Anselme: "Même si je ne voulais plus croire, je ne puis plus ne pas comprendre (que Dieu est vraiment)." Car, dès que l'on pose le problème de Dieu dans la perspective de "ce par rapport à quoi plus grand ne peut être pensé," nier ce "plus" que représente l'existence réelle de Dieu par rapport à l'idée que nous nous faisons de lui est une impossibilité logique. L'"insensé" qui dit dans son coeur "Dieu n'est pas," dès qu'il entend dire que Dieu est "ce par rapport à quoi plus grand ne peut être pensé" et du moment qu'il le comprend — ne serait-ce que d'une manière initiale et imparfaite — se trouve dans l'impossibilité logique de nier l'existence réelle de Dieu. Le défi d'Anselme s'adressant à l'"insensé" du Psaume 13:1 s'adresse également aux athées de tous les temps. Dans ce contexte anselmien, l'opposition dialectique entre foi et raison atteint son sommet la mise entre parenthèses de la foi ("rejet de la foi") d'un côté et l'impossiblité de ne pas "comprendre" de l'autre.

La plupart des commentateurs du *Proslogion* — depuis le moine Gaunilon, contemporain d'Anselme, jusqu'aux commentateurs de notre époque — s'en arrêtent là. Or, la démarche dialectique anselmienne ne fait que commencer par la démonstration de l'existence de Dieu. Car le projet d'Anselme va beaucoup plus loin, il entend englober par le même mouvement dialectique de la grandeur tout ce que nous croyons de la substance divine. Selon cette logique, on est amené à affirmer de Dieu tout ce qui est plus grand que l'intelligence peut percevoir: ainsi l'éternité, l'omniprésence, la vérité, la bonté, bref, toutes les perfections qui peuvent constituer son essence et ses attributs. Dans ce premier temps de la démarche dialectique, l'intelligence parcourt toute la création, elle procède à une critique métaphysique du fini pour ne s'attarder qu'aux perfections qui, par rapport aux imperfections qui leur sont opposées, représentent un "plus," bref, quelque chose de plus grand. Dans cette perspective, il est évident que ce qui est éternel est plus grand que ce qui est éphémère: c'est ainsi que Dieu doit être éternel — non seulement dans la pensée — mais dans la réalité.

Toutefois, le premier temps de la dialectique de la grandeur envisage tout par rapport à l'intelligence si bien que l'on serait tenté d'identifier Dieu avec "quelque chose," certes, dans la réalité, mais qui pourrait être "saisie" en quelque sorte par l'intelligence. Or, il n'en est rien dans la pensée d'Anselme. Grâce à sa dialectique, il arrive au dépassement même de l'intelligence par elle-même en appliquant à l'intelligence humaine le même principe dialectique qui l'a amené à faire la critique de tout être fini. Dieu est non seulement plus grand que ce que l'intelligence est capable de saisir, mais il est plus grand que l'on ne puisse penser. Tout comme à son départ, au sommet de sa démarche dialectique, Anselme s'adresse directement à Dieu pour énoncer son principe: "Seigneur, Tu es non seulement 'ce par rapport à quoi plus grand ne peut être pensé,' mais Tu es 'quelque chose de plus grand qu'on puisse penser.' " Non seulement Dieu est ce qui comble la capacité de l'intelligence, mais ce qui la dépasse. Dieu ne peut être donc que l'infini réel, car s'il n'était pas infini, on pourrait penser un être plus grand que lui; s'il n'était pas l'infini réel — réellement existant comme infini — on pourrait penser encore quelque chose de plus grand que lui. C'est ainsi que la dialectique anselmienne s'achève par l'affirmation de la réalité de Dieu dépassant tout ce que l'intelligence puisse saisir et dépasssant la capacité même de l'intelligence.[59]

Nous venons de voir comment dès le début de ses activités d'écolâtre du Bec, l'élan de recherche d'Anselme se concentre sur la recherche méthodologique. Cette recherche méthodologique — qui par ailleurs, se poursuit jusqu'à la fin de sa vie — aboutira plus tard pendant son premier exil à la rédaction du *Cur deus homo* où la méthode *sola ratione* revêtira la forme particulière d'une recherche: celle de *remoto Christo*.[60] Nous verrons, après cet essai de *Sitz im Leben* fondé principalement sur le témoignage d'Eadmer, comment la recherche et le questionnement se concrétisent dans l'oeuvre d'Anselme sous la forme de divers genres littéraires et, ensuite, nous examinerons les grandes questions qui constituent autant de visées d'envergure de son élan de recherche.

II. Les genres littéraires

Comme expression écrite, le *quaerere* anselmien se concrétise — dans ses deux acceptions fondamentales de "chercher" et d'"interroger" — sous la forme de plusieurs genres littéraires, du monologue — *Monoloquium, Monologion* que Paul Vignaux appelait un "dialogue avec soi-même"[61] — au dialogue en passant par le genre littéraire particulier difficile à caser du *Proslogion* ou *Alloquium* qui a été diffusé d'abord d'une manière anonyme, ensuite, avec le titre *Fides quaerens intellectum*.[62]

L'on sait que la recherche anselmienne débuta oralement. La recherche méthodologique *sola ratione* — qui, sous une forme particulière, sera aussi la méthode du *Cur deus homo* — mise par écrit sous la forme du *Monologion* fut le résultat de longues conversations ou d'exhortations monastiques (*collationes*), de longues discussions et, bien entendu, de l'enseignement prodigué à l'école du Bec. [63] C'est là qu'Anselme commença à pratiquer cette forme de recherche qui a tellement fasciné ses auditeurs que ceux-ci finirent par supplier leur maître de mettre par écrit ses "méditations" insolites.

La recherche anselmienne est avant tout une recherche solitaire, elle est le fait du génie d'Anselme. Si elle se transforme parfois en dialogue c'est qu'elle suscite continuellement la réaction de son entourage, réaction parfois malveillante mais qui appelle la clarification. Le grand pédagogue que fut Anselme ne pouvait donc pas se passer de la forme littéraire dialoguée. [64]

Quelles sont les caractéristiques des dialogues anselmiens? Ce qui frappe à première vue lorsqu'on les compare aux nombreux dialogues connus depuis l'antiquité, c'est que ceux-ci — contrairement aux dialogues platoniciens dans lesquels, tout comme dans ceux de Cicéron ou de saint Augustin, plusieurs personnages entrent en scène et dans lesquels le discours se déploie parfois dans une anarchie tissée de "bavardages" — se déroulent entre le *Magister* et le *Discipulus* (*De grammatico, De veritate, De libertate arbitrii, De casu diaboli*) — donc deux personnages, le dernier, toujours anonyme sauf dans le *Cur deus homo* où il est remplacé par le moine Boso, disciple d'Anselme — selon un procédé logique rigoureux que l'on ne trouve guère chez les autres pratiquants de ce genre littéraire. Par ailleurs, dans la préface commune qui précède les trois premiers dialogues (*De veritate, De libertate arbitrii, De casu diaboli*) relatifs, selon l'auteur même, à l'étude de l'Ecriture Sainte, Anselme explique la forme littéraire qu'il entend utiliser pour discuter de ces problèmes:

> *Tres tractatus pertinentes ad studium sacrae scripturae quondam feci diversis temporibus, consimiles in hoc quia facti sunt per interrogationem et responsionem, et persona interrogantis nomine notatur "discipuli," respondentis vero nomine "magistri." Quartum enim quem simili modo edidi, non inutilem ut puto introducendis ad dialecticam, cuius initium est "De grammatico": quoniam ad diversum ab his tribus studium pertinet, istis nolo conumerare.* [65]

C'est avec raison que Grabmann a déjà souligné la présence de la structure des futurs genres littéraires scolastiques dans les dialogues anselmiens. [66] En effet, ces derniers commencent toujours par l'énoncé de la *quaestio* entourée d'une invocation priante, et d'emblée, nous entrons en plein coeur du problème à traiter. Les dialogues Augustiniens qu'Anselme connaissait bien et qu'il avait sans aucun doute présents dans l'esprit ne ressemblent point aux dialogues anselmiens. Les dialogues d'Augustin contiennent des digressions fournissant parfois des morceaux autobiographiques précieux — des détails concernant les circonstances des dialogues et la vie concrète d'Augustin — tandis que les dialogues d'Anselme, tout comme ses autres traités, se déroulent sur le plan purement doctrinal avec une méthode caractérisée par la rigueur et la concision propres à Anselme: formulation précise du *status quaestionis*, analyse profonde et précision des concepts, et le soin particulier apporté au déroulement des raisonnements. [67]

La multiplicité des genres littéraires que constitue l'oeuvre anselmienne n'empêche en rien leur unité profonde. Cette unité est assurée tout d'abord par l'élan, par le mouvement de recherche qui a ses racines dans l'invitation du Psaume 26:8 ainsi que dans le passage de l'Evangile, *petite et dabitur vobis quaerite et invenietis pulsate et aperietur vobis* (Mt 7:7 et Lc 11:9), passage qui constituera aussi plus tard le fondement scripturaire de la recherche abélardienne dans le *Sic et Non*. Cette unité est assurée également par l'objet direct de la recherche que constituent les *rationes*, les "raisons." Le *Monologion* est aux yeux d'Anselme un *exemplum meditandi de ratione fidei*, c'est la *ratio* de la foi qui est considérée comme objet direct de la recherche. La foi, l'objet de la foi comme tel, n'est pas objet de recherche mais celui d'un accueil et d'une acceptation. La foi demeure, certes, le pilier principal de l'"édifice rationnel" d'Anselme, mais la recherche est toujours recherche de "raisons."

Cependant, si Anselme cherche des raisons pour montrer, devant la raison, la vérité de ce que la foi propose, c'est qu'il veut mettre en pratique l'exigence scripturaire, *parati semper ad satisfactionem omni poscenti vos rationem de ea, quae in vobis est spe* (1 Pt 3:15). Ce texte sera l'autre fondement scripturaire de sa recherche et, principalement, celui de sa recherche des "raisons." Le *Proslogion* est aussi recherche de raison: l'*unum argumentum* est la raison unique qui permet l'unification, la dernière synthèse de notre connaissance de Dieu qui ne s'arrête pas — ainsi que pour un certain nombre de ses commentateurs — à la preuve de l'existence de Dieu, mais qui montre d'emblée le mode d'existence particulier de l'*esse* divin — le *vere esse* par rapport auquel l'*esse* des créatures est comme le non-être — et sa nature, bref, tout ce que la foi nous enseigne au sujet de Dieu, excepté l'Incarnation.

Dans le *Cur deus homo* aussi, la recherche anselmienne vise les *rationes*, les *rationes quaestionis*, les raisons inhérentes à la question qu'il s'agit de débattre.

Quand on compare les genres littéraires anselmiens avec ceux de saint Augustin, on peut constater une certaine ressemblance quant à leur diversification. La recherche anselmienne se concrétise sous des formes diverses: le monologue purement rationnel (*Monologion*),[68] le monologue priant (*Proslo-*

gion), des dialogues, des questions circonstancielles, prières et méditations. Il faut souligner que même dans les prières et les méditations nous retrouvons le souci de la recherche des raisons, *rationes*.

Anselme est l'homme de la recherche incessante, tout comme son maître saint Augustin, ainsi que Gilson, Marrou et plus récemment de Lubac l'ont déjà souligné.[69] Cependant, si chez saint Anselme cet élan de recherche n'utilise pas la richesse du style de l'ancien rhéteur de Carthage, la recherche anselmienne est caractérisée par une rigueur jumelée de dépouillement et de simplicité du style propre au dialecticien subtil qu'est Anselme. Ses oeuvres — autant de réalisations concrètes de son esprit de recherche — portent les traces de la dialectique subtile propre à l'époque où vécut Anselme.

L'élan de recherche anselmienne est non seulement soutenu par les textes de la Bible, sous sa forme concrète, mais encore il est motivé aussi bien par la *delectatio*, par la *satisfactio* de l'esprit, par la beauté même (*pulchra distinctio*), par le désir de répondre pleinement aux exigences de rationalité posées par les adversaires du christianisme que par le désir de montrer sa pleine rationalité aux fidèles.[70] En d'autres termes, la recherche anselmienne trouve sa motivation profonde dans le texte de saint Pierre (1 Pt. 3:15) qu'il cite au début de ses recherches importantes concernant les motifs de l'Incarnation (*Cur deus homo* I,1: Schmitt II,47). La recherche anselmienne veut donc pleinement satisfaire aussi aux exigences fondamentales de la nature de l'homme, celle-ci étant douée de raison.[71]

III. Les grandes questions

L'élan de recherche d'Anselme se concrétise par l'étude approfondie de quelques grandes questions qui agitaient certes les esprits de l'époque, mais surtout par l'étude de questions que seul son regard pénétrant aperçoit et qui partant échappent aux autres. Nous nous proposons donc d'examiner les grandes questions que se posait Anselme dans ses écrits. Pour dresser la liste de ces questions, nous disposons d'une part, du témoignage d'Eadmer, d'autre part du témoignage d'Anselme lui-même. Ainsi que nous l'avons déjà vu, Eadmer décrit l'esprit de recherche d'Anselme en général, dès le début et jusqu'à la fin de sa vie de moine;[72] mais en plus, il donne aussi des renseignements sur les projets d'Anselme.

Avant d'entrer dans les détails, il convient d'attirer l'attention sur l'un des aspects particuliers des dialogues anselmiens par rapport aux grandes questions qui y sont évoquées. En effet, dans ces derniers, nous trouvons en symbiose parfaite le *quaerere* et la *quaestio*. Le dialogue, par sa nature même, est le fruit d'une suite de demandes et de réponses — encore faut-il souligner que chez Anselme le cadre est plutôt fictif et que, sauf dans le *Cur Deus Homo*, les "personnes" entrant en scène sont anonymes.[73] C'est donc le *quaerere* qui s'y déploie dans son acception de "demander," "interroger." Toutefois, l'autre acception du verbe y est également présente. Car, pour chaque dialogue, un thème de recherche précis est désigné, une *quaestio* est déterminée. Anselme présente ces thèmes centraux, sujets ou thèmes des dialogues, comme autant de *quaestio*. La *quaestio* est donc identique au thème central autour duquel le dialogue doit se déployer. Précisons toutefois que, dans le contexte anselmien, la *questio* désignera également le thème central — ou parfois les thèmes centraux — d'ouvrages qui ne relèvent pas du genre littéraire du dialogue.[74]

Il y a lieu de faire aussi une remarque préliminaire en ce qui concerne la visée même du questionnement anselmien. En effet, dans la recherche anselmienne, nous pouvons relever deux aspects distincts mais qui sont complémentaires: d'une part l'objet-même de cette recherche ou du questionnement, en d'autres termes, ce qui est "mis en question" et, d'autre part, la manière dont cette chose est abordée et mise en question. Dans ce chapitre, nous allons parcourir les grandes questions, des grands sujets qui passionnaient Anselme pendant sa vie, mais d'ores et déjà, nous devons attirer l'attention sur l'importance de l'analyse de la manière de la visée anselmienne, ce qui constitue un autre aspect du questionnement.

La manière de la visée anselmienne est exprimée précisément par l'usage des pronoms interrogatifs et des adverbes interrogatifs. Parmi les pronoms interrogatifs, il faut souligner l'importance de *quid?* — importance capitale dans la recherche de Dieu du *Monologion* et du *Proslogion* — tandis que parmi les adverbes interrogatifs celle de *cur?* (recherche des motivations de l'Incarnation qui implique la recherche de l'intention profonde et mystérieuse de Dieu censée apparaître dans le fait de l'Incarnation), celle de *quare* (recherche de la cause d'un événement dans la vie de l'Eglise): "... *quaeritur quare hoc Graecorum ecclesiae consensu factum non est* (*Proslogion* XIII: Schmitt II,212), celle de *unde* désignant la provenance ou l'origine qui introduit la première question du *Monologion*[75] et celle de *quomodo* (recherche des fondements rationnels des mystères de la foi et de leur connexion), ce dernier devenant, sous la forme de *quomodo sit*, la norme suprême de la recherche dans ses dimensions ecclésiales, ainsi que nous le verrons dans le chapitre VI.

Avant de passer en revue les thèmes — *quaestiones* — qui constituent l'objet des recherches dans les différents traités d'Anselme,[76] examinons quelques aspects historiques du questionnement de Dieu sous le rapport de *quid* qui constitue la visée principale de l'élan de recherche d'Anselme.

A) Préliminaire: Le questionnement de Dieu dans l'histoire

Depuis la tradition Aristotelicienne, les deux questions fondamentales concernent soit le *quid est* — la *quiddité*, l'essence des choses — soit le *an est*, le questionnement visant alors l'existence de la chose. *Quid sit — an sit —* voilà les deux questions fondamentales qui passionneront plus tard la scolastique avec saint Thomas d'Aquin. Cependant, saint Augustin rappelle, en expliquant dans les *Confessiones* le mécanisme de la mémoire, qu'il existe trois genres de questions: *At vero, cum audio tria genera esse quaestionum, an sit, quid sit, quale sit, sonorum quidem, quibus haec verba confecta sunt, imagines teneo et eos per auras cum strepitu transisse ac iam non esse scio.* [77] Aux deux genres suprêmes de questions — *quid est, an est* — ancrés dans la tradition Aristotelicienne, Augustin ajoute, à la suite de Cicéron, un troisième genre: *quale sit*, dont il se sert lui-même, ainsi que nous le verrons, lorsqu'il questionne Dieu.

Nous pourrions constater qu'Anselme pose des questions radicales, l'objet de son questionnement est le plus radical il concerne Dieu, le *Summum*, le *id quo maius cogitari non potest*: le questionnement chez lui veut atteindre ce qui dépasse même la capacité de la pensée: le *quiddam maius quam cogitari possit*. Pour situer le questionnement d'Anselme au sujet de Dieu, il convient de rappeler ses précédents. Déjà avant lui, on pose la question fondamentale: *Quid est Deus?*

Cicéron a posé la "question très difficile et très obscure concernant la nature des dieux": *Cum multae res in philosophia nequaquam satis adhuc explicatae sint, tum perdifficilis, Brute, quod tu minime ignoras, et perobscura quaestio est de natura deorum, quae et ad cognitionem animae pulcherrima est et ad moderandam religionem necessaria.* [78] La question de Sénèque est aussi l'aboutissement d'une recherche du divin, à travers la "divinité" de l'homme:

> *Quidni quaerat? Scit illa ad se pertinere. Tunc contemnit domicilii prioris angustias. Quantum est enim quod ab ultimis litoribus Hispaniae usque ad Indos iacet? Paucissimorum dierum spatium, si navem suus ferat ventus. At illa regio caelestis per triginta annos velocissimo sideri viam praestat nusquam resistenti sed aequaliter cito. Illic demum discit quod diu quaesiit; illic incipit deum nosse. Quid est deus? Mens universi. Quid est deus? Quod vides totum et quod non vides totum. Sic demum magnitudo illi sua redditur, qua nihil maius cogitari potest, si solus est omnia, si opus suum et intra et extra tenet.* [79]

Le "dieu" dont parle Sénèque est la *mens universi* qu'il est difficile d'identifier avec le "vrai Dieu" d'Anselme. Le questionnement de Sénèque trouve sa réponse adéquate en considérant "dieu" dans la perspective de la grandeur mesurée par rapport à la capacité de la pensée. Certains interprètes de la pensée anselmienne croient que ce texte de Sénèque est à l'origine du *Proslogion*, ou tout au moins, à l'origine de la formule dialectique qu'utilise Anselme dans cet opuscule. Nous avons déjà montré que le *Proslogion* est plus qu'une simple formule. [80] Il va sans dire que l'intention de Sénèque et la portée de son texte sont tout autre chose que le projet d'Anselme dans le *Proslogion*. Sénèque affirme simplement la grandeur de "dieu" — qui, selon lui, est telle qu'on ne puisse pas penser plus grande, grandeur qu'on lui "restitue" en reconnaissant que lui seul est toute chose (*omnia*) et qu'il maintient son oeuvre aussi bien à l'intérieur qu'à l'extérieur. La pensée de Sénèque mène vers le panthéisme tout en renvoyant à l'idée stoïcienne de la providence.

Or, le projet d'Anselme est radicalement différent: prouver au moyen d'un argument tout ce que nous croyons de la substance divine. Ce qu'Anselme a en vue c'est l'ensemble des "dogmes" concernant la nature de Dieu et ses attributs, excepté l'Incarnation. Ce qu'il veut c'est la réalisation, au moyen d'une preuve unique, d'une synthèse rationnelle et logique de tout ce que nous croyons de Dieu en se servant de la formule *id quo maius cogitari non potest*, par la voie d'une démarche dialectique. L'absence de *id* dans le texte de Sénèque est à remarquer. En effet, c'est précisément le *id* de la formule anselmienne qui transforme celle-ci en un instrument dialectique, en un "outil" de recherche qui permet de parcourir tout ce qui peut entrer dans le champ de la capacité du *cogito*, de faire la critique métaphysique du fini et d'arriver enfin à la plénitude de l'infini qui est non seulement *id quo maius cogitari nequit*, mais *quiddam maius quam cogitari possit*. En d'autres termes, Anselme franchit même les limites de la capacité du *cogito*. Or, nous ne trouvons rien de pareil dans le texte de Sénèque.

Saint Augustin questionne dans les *Confessiones* dans le même sens que Sénèque, mais en la seconde personne: *Quid es ergo, deus meus?* [81] Cette question rebondit souvent chez lui: *Quid mihi es?* [82] Ici, le rapport de l'objet du questionnement avec le sujet questionneur (Augustin) est particulièrement mis en relief: c'est le "Dieu-pour-Augustin" qui est mis en valeur. C'est une nuance importante, car Augustin met en relief le *quid* de l'objet de sa recherche avec soi-même, la valeur du *quid* de la recherche pour celui qui cherche ce *quid*.

Dans le *Proslogion*, le questionnement d'Anselme vise aussi essentiellement Dieu — aussi bien dans son essence que dans son existence — mais en la seconde personne, comme chez Augustin, dans une relation personnelle: *Quid igitur es, domine deus, quo nihil maius valet cogitari? Sed quid es nisi id quod summum omnium solum existens per seipsum, omnia alia fecit de nihilo?* [83] *Quid es, domine, quid es, quid te intelliget cor meum?* [84] Et la réponse, toujours en la seconde personne: *Et hoc es tu, domine deus noster.* [85]

Le questionnement de l'essence divine chez Augustin revêt aussi parfois une forme impersonnelle: *Quid est ipse Deus, qui talia et tanta praeparavit? Quid est, inquam, omnipotens Deus?* [86] Ou encore: *Putas quid est Deus? putas qualis est Deus? Quidquid finxeris non est; quidquid cogitatione comprehenderis, non est. Si enim ipse esset, cogitatione comprehendi non posset.* [87] Remarquons ici l'usage du troisième genre de questions *qualis est*, rappelé dans les *Confessiones*, sans doute sous l'influence de la rhétorique de Cicéron. Dans un autre texte, Augustin passe de la question positive à la question négative, du *quid sit* au *quid non sit*: *Non enim parva est inchoatio cognitionis Dei, si antequam possimus nosse quid sit, incipiamus iam nosse quod id non sit.* [88]

Margaret Gibson a cru avoir retrouvé l'argument anselmien du *Proslogion* dans la défintion de l'ουσια que l'on rencontre dans le traité pseudo-Augustinien *De decem categoriis*:

> The argument of the *Proslogion* runs beyond the limits of contemporary theology: but it is initiated by a definition that is meant to be recognizable. Just as Socrates begins with the current assumption that justice is "rendering to every man his due," Anselm sets out from familiar territory ... *Et quidem credimus te esse aliquid quo nihil maius cogitari possit.* This is the all-comprehending ουσια of the *De decem categoriis*, the fourth *gradus extra quam nec inveniri aliquid nec cogitari potest*. For Anselm too the basic texts of the *artes* were the starting-point for higher things. [89]

Remarquons tout de suite que ce qu'Anselme dit c'est que "nous croyons" que Dieu (personnifié ici par "tu") est "défini" comme *aliquid* — et non pas comme ουσια — dans la perspective de la grandeur, grandeur qui doit être mesurée par rapport à la capacité de comprendre (*cogitari posse*). Totalement absent dans l'*argumentum*, le terme *substantia* ne se trouve que dans le *prooemium* où il est question de la substance divine (*quaecumque de divina credimus substantia. Proslogion, Prooemium*: Schmitt I,93) et à la fin de l'opuscule où Anselme parle de "sa propre substance" (*substantia mea, Proslogion* XXVI: Schmitt I,122) Nous avons déjà développé le sens et les implications de l'argument anselmien. [90] Nous n'y reviendrons pas maintenant.

D'autre part — et c'est le plus important pour notre propos — le contexte du *De decem categoriis* dans lequel l'auteur anonyme explique le sens et la portée de l'ουσια n'a rien à voir avec Dieu ou la divinité: *omne quidquid est comprehendens dixit* ουσια. Il s'agit là d'une démarche purement logique dont le but est d'arriver à une catégorie suprême qu'est l'ουσια et qui comprend tout ce qui est (*quidquid est comprehendens*), c'est-à-dire à une catégorie applicable à tout ce qui est et par conséquent au delà de laquelle on ne peut trouver aucune autre catégorie et au delà de laquelle rien (c'est-à-dire aucune autre catégorie) n'est pensable. Il ne s'agit donc pas ici de Dieu, mais d'un nom (*ingenti quodam et capaci ad infinitum nomine*), d'une catégorie, de l'une des dix catégories (*Haec est una de categoriis decem*) qu'Aristote appelait ουσια. Par ailleurs Anselme dit clairement déjà dans le *Monologion* XXVII: Schmitt I,45) que la substance souveraine, c'est-à-dire Dieu, ne fait pas partie du traité général des substances. Toutefois, il admet qu'on appelle Dieu substance: *Quoniam tamen ipsa non solum certissime existit, sed etiam summe omnium existit, et cuiuslibet rei essentia dici solet substantia: profecto si quid digne dici potest, non prohibetur dici substantia.* [91]

Nous sommes encore loin de l'*argumentum* du *Proslogion* qui est aussi une démarche, certes pas simplement logique, mais dialectique qui se déroule dans le domaine du réel et non pas dans le domaine du purement catégoriel. Mais ce qui est important c'est qu'Anselme a utilisé comme terme de comparaison de sa démarche dialectique la capacité de comprendre: le *cogitari posse* tout comme l'auteur anonyme du *De decem categoriis* dans sa démarche logique. Ce dernier ne peut aller au-delà de l'ουσια qui représente l'unité et la synthèse suprêmes, ce qui est précisément son but. Donc dans la recherche catégoriale, rien ne peut être trouvé de plus, rien ne peut être pensé de plus. Mais nous sommes ici dans une recherche catégoriale, nous cherchons une catégorie suprême qui permet d'embrasser tout ce qui est. Ce n'est donc pas la recherche absolue, elle est une recherche conditionnée et limitée précisément dans le domaine de la recherche catégoriale. Par conséquent le *extra quam . . . nec cogitari potest* n'engage pas d'une manière absolue la capacité de comprendre sans limite, mais seulement la capacité de comprendre dans le domaine de la recherche catégoriale, bref, une capacité de comprendre conditionnée et limitée. C'est là que gît précisément la différence essentielle entre la démarche du *De decem categoriis* et celle du *Proslogion*. En effet, dans ce dernier, Anselme engage à la recherche de l'infini la capacité de comprendre d'une manière absolue il cherche ce par rapport à quoi plus grand ne peut être pensé non pas dans tel ou tel domaine particulier — comme par exemple dans le domaine des catégories — mais d'une manière absolue, sans aucune prélimitation ni restriction. [92]

L'usage de la capacité de comprendre comme terme de comparaison dans la "détermination" de la grandeur de Dieu existe déjà avant Anselme. F. Schmitt a signalé les textes d'Augustin, de Boèce et de Sénèque. [93] Nous avons découvert un passage de Cicéron qui applique précisément à la vie des dieux comme terme de comparaison la capacité de comprendre: *Et quaerere a nobis, Balbe, soletis, quae vita deorum sit quaeque ab iis degatur aetas. Ea videlicet qua nihil beatius, nihil omnibus bonis affluentius cogitari potest.* [94] Cette question est prononcée par l'Epicurien Velléius qui, dans ce passage, s'adresse directement à Balbus, l'un des interlocuteurs du dialogue Cicéronien. Cicéron mesure donc le bonheur divin, le bonheur de la vie divine par rapport à la capacité de comprendre. Cette application est déjà plus proche de l'usage anselmien que celle faite par l'auteur anonyme du *De decem categoriis* qui se borne au domaine purement catégoriel.

Un autre traité pseudo-Augustinien, les *Principia dialecticae*, contient aussi un texte — constituant une addition dans un manuscrit — qui, par *via remotionis*, arrive à l'affirmation que Dieu n'est pas "quelque chose que l'on pourrait inventer par la pensée":

> *Verbum est uniuscujusque rei signum, quod ab audiente possit intelligi, a loquente prolatum. Res est quidquid intelligitur vel sentitur vel latet. (Sciuntur enim corporalia, intelliguntur spiritualia, latet vero ipse Deus, et informis materia. Deus est quod neque corpus est, neque animal est, neque sensus est, neque intellectus est, neque aliquid quod excogitari potest. Informis materia est mutabilitas mutabilium rerum, capax omnium formarum).* [95]

Ce texte anonyme et pseudo-Augustinien présente Dieu — avec la matière informe — comme une *res latens* et il affirme clairement que Dieu dépasse tout ce que l'on peut penser. Donc ici déjà Dieu est "mesuré" par rapport à la capacité de *excogitari*. Cependant, ce qui manque ici par rapport à la dialectique anselmienne c'est précisément la quantification de la pensée, la transposition de la *res* en grandeur à saisir par la capacité de penser. Il est à noter toutefois la différence du verbe. En effet, le verbe *excogitare* est plus fort que le simple *cogitare* car il implique l'idée d'une invention par l'esprit. L'idée de la glose est que Dieu est une *res latens* qu'aucune démarche dialectique ne peut "inventer" en raison de sa transcendance.

On peut aussi rappeler le traité anonyme *Quaestiones Veteris et Novi Testamenti* — faussement attribué à saint Augustin mais connu d'Alcuin — qui commence par la même question fondamentale *Quid est Deus?* [96] Plus tard, saint Bernard posera aussi plusieurs fois cette question à la fin de son opuscule adressé au pape Eugène III *Quid est Deus?* [97] Honoré d'Autun pose aussi la question radicale *Quid est Deus* au début de son *Elucidarium* (attribué par certains à Lanfranc):

> *Quid sit Deus? quomodo unus ac trinus, solis comparatione ostenditur?*
> *Discipulus. Gloriose Magister, rogo ut ad quaesita mihi ne pigri-*

teris respondere, ad honorem Dei, et utilitatem Ecclesiae.
Magister. *Equidem faciam, quantum mihi vires ipse dabit; nec me labor iste gravabit.*
D. *Dicitur quod nemo sciat quid sit Deus; et valde videtur absurdum adorare quod nesciamus. Ab ipso ergo exordium sumamus; et in primis dic mihi quid sit Deus?*
M. *Quantum homini licet scire, Deus est substantia spiritualis, tam inestimabilis pulchritudinis, tam ineffabilis suavitatis, ut Angelis, qui septuplo solem sua vincunt pulchritudine, jugiter desiderent in eum insatiabiliter prospicere.* [98]

Pour terminer cet aperçu historique du questionnement de Dieu, nous voudrions ajouter encore une dernière remarque. Dans le *Proslogion*, la question *quid est Deus* sous sa forme personnelle *quid es tu* est en quelque sorte estompée. En effet, dans la "mise en scène" anselmienne, son interlocuteur, l'Insipiens, au lieu de formuler la question *quid est Deus* où — ainsi que le fera saint Thomas d'Aquin plus tard *Utrum Deus sit* (*Summa theologiae* Ia-Ia, q.2,a.3), — procède par une affirmation catégorique non dépourvue d'une certaine arrogance: *Non est Deus.* [99] Cela explique aussi pourquoi Anselme lui oppose catégoriquement sa "formule" fondée sur l'autorité de la foi comme une fin de non recevoir.

B) Les grandes questions d'Anselme

1. Le Monologion et le Proslogion

Ces deux ouvrages du prieur du Bec sont les prémices de ses recherches. Certes, à la suite d'Anselme, [100] nous les considérons ici ensemble, mais cela ne signifie point que nous ayons l'intention de ramener le *Proslogion* au *Monologion* en réduisant ainsi son importance. [101] Par ailleurs, nous reviendrons au *Proslogion* pour analyser en détail le sens du *quaerere*.

Le thème principal commun de ces deux opuscules est la *divinitatis essentia* (*Monologion Prologus*: Schmitt I,7), l'essence divine ou la "nature divine." [102] Il faut remarquer tout de suite que le *Monologion* est — selon les paroles d'Anselme — le fruit d'une "demande," le fruit de la demande de certains confrères d'Anselme (pas tous!), ainsi que ce sera aussi le cas lors de la rédaction d'autres de ses oeuvres (*Epistola de incarnatione Verbi*, le *Cur deus homo*). Relevons ici le verbe *precari* qui est un synonyme de *quaerere* supplier, demander avec insistance. Des confrères d'Anselme lui adressent donc une demande fréquente et pressante: *saepe me studioseque precati sunt.* [103]

Le thème du *Monologion* — la contemplation de l'essence divine — est celui-même qu'Anselme a déjà développé devant ses auditeurs dans ses entretiens, dans ses "dialogues." Retenons donc que le *Monologion*, en tant qu'opuscule écrit, doit son existence à une "demande," à un *quaerere*.

Nous ne voulons pas entrer ici dans l'explication de l'origine de ces deux "petits opuscules," [104] origine que nous avons déjà eu l'occasion d'éclaircir davantage. [105] Nous nous proposons de montrer comment ces deux premiers opuscules d'Anselme sont en relation avec le *quaerere*. Ecoutons Anselme lui-même qui, déjà archevêque, explique quelle fut son intention lors de la rédaction de ces deux opuscules:

Si quis legere dignabitur duo parva mea opuscula, Monologion scilicet et Proslogion, quae ad hoc maxime facta sunt, ut quod fide tenemus de divina natura et eius personis praeter incarnationem, necessariis rationibus sine scripturae auctoritate probari possit ... In quibus ... posui ad respondendum pro fide nostra contra eos, qui nolentes credere quod non intelligunt derident credentes, sive ad adiuvandum religiosum studium eorum qui humiliter quaerunt intelligere quod firmissime credunt: nequaquam ob hoc me redarguendum existimo. Ne tamen hanc legentibus epistolam laborem iniungam quaerendi alia scripta, ut non solum fide verum etiam evidenti cognoscant ratione tres personas non esse tres deos sed unum solum ... aliquid hic ... subiungam. [106]

Ces deux opuscules constituent donc une "réponse" (*ad respondendum*), ils sont donc la réplique à un *quaerere* qui se présente sous la forme d'une "interpellation," d'un "défi" de la part de ceux qui, refusant de croire ce qu'il ne comprennent pas (*quod non intelligunt*), ridiculisent les croyants. Paradoxalement, les deux premiers opuscules d'Anselme, au lieu d'être des "questions," sont des répliques vigoureuses, sous forme de raisons nécessaires (*necessariis rationibus*) soutenues par une dialectique vigoureuse, les deux premières "grandes questions" d'Anselme se transforment d'emblée en réplique de même que l'interpellation de Gaunilon provoqua la réplique d'Anselme. [107] Ainsi s'établit-il un véritable "dialogue" entre Anselme et les intellectuels de son époque, le *Monologion* et le *Proslogion* représentant la voix du Maître. C'est que ces "grandes questions" étaient dans l'air: elles se dressaient de tout côté de la part des dialecticiens de l'époque. Nous le verrons plus loin, les répliques d'Anselme, provoquées par les "interpellations de l'époque" prennent corps et forme grâce à une recherche intense, un *quaerere* sans répit.

Cependant, au delà d'une réplique à la question posée par l'époque, Anselme poursuit un autre but: celui d'aider ceux qui cherchent humblement à comprendre ce qu'ils croient fermement. La "grande question" — Dieu, son essence, sa nature, les Personnes divines — se pose autrement pour le croyant. Chez celui-ci, elle excite un élan demarche, un désir de recherche. Ce sera davantage la raison d'être du *Proslogion* bien que, cet opuscule aussi, parte d'un défi: celui de l'insensé — *insipiens* — qui remet radicalement en question la réalité de Dieu. Cette "remise en question" est vraiment radicale puisqu'elle atteint la réalité divine non seulement dans sa "manière" d'être ou dans la manière dont nous la connaissons mais dans la perspective la plus radicale de l'être: *Non est Deus*. [108] La réponse d'Anselme sera aussi radicale que la remise en question sous la forme d'un défi: Dieu EST à tel point que l'on ne puisse même pas penser comme n'étant pas. [109]

C'est justement cette force logique qui a attiré l'attention des défenseurs et des adversaires du *Proslogion*, étant donné le "poids" du défi qu'il comporte face à l'athéisme. Il n'est donc pas étonnant que la démarche "logique" du *Proslogion* ait été analysée et critiquée récemment par un grand logicien, Jules Vuillemin [110] qui, pour démontrer son inefficacité, n'a pas hésité à soumettre la pensée d'Anselme à un traitement purement mathématique. Or, ce traitement particulier en lui-même pose déjà un problème fondamental de méthode d'approche de la pensée anselmienne. C'est à juste titre que F. Brunner [111] et K. Kienzler [112] ont souligné l'inadaptation méthodologique de la critique élaborée par Vuillemin. Sans entrer dans les détails, nous nous permettons aussi de verser quelques éléments dans ce débat.

En décortiquant l'argument d'Anselme, Vuillemin a concentré son attention sur l'analyse logistique et sur la critique qui s'ensuit. L'essentiel de sa critique concerne l'idée de Dieu impliquée dans l'argument anselmien. L'idéal pour Vuillemin c'est la méthode mathématique qui pourtant depuis quelque temps n'apparaît plus comme jadis à l'instar d'une science sûre et sans problème, à penser seulement à l'article célèbre de Gödel. [113] Nous savons que Descartes et Spinoza ont suivi l'idéal de la méthode géométrique, tout comme au douzième siècle, le cistercien Alain de Lille essayait d'appliquer à la théologie une méthode purement déductive à partir des axiomes. C'était leur droit. Cependant, il est difficile d'éviter dans ces cas de se poser quelques questions préalables et, en tout premier lieu, la question fondamentale que voici: a priori est-il possible d'appliquer, n'importe quelle méthode à n'importe quelle donnée, pour l'analyser ou pour l'éclairer? Ensuite, le choix d'une méthode n'a-t-il pas ou n'implique-t-il pas une influence sur l'interprétation même des données que l'on se propose d'analyser par la méthode? Enfin, une méthode déterminée ne préjuge-t-elle pas a priori de la "nature" même de la donnée qu'elle entend traiter?

Examinons les griefs soulevés par Vuillemin contre le procédé d'Anselme. N'attribue-t-il pas d'emblée (en raison même de la méthode qu'il entend mettre en oeuvre) un certain contenu précis à l'"idée" de Dieu d'Anselme ce qui lui permet sans peine d'interpréter celle-ci à l'instar d'un objet mathématique? En appliquant cette méthode particulière — à l'exclusion de toute autre méthode — à l'"idée" de Dieu d'Anselme, ne court-il pas le risque de ne comprendre cette "idée" que dans la perspective de sa méthode qui, par définition, n'est pas la seule possible et qui, par conséquent, est limitée? Nous ne sommes donc pas dans l'"absolu méthodologique," mais dans un relativisme inhérent au caractère particulier de la méthode appliquée, relativisme qui implique et révèle à la fois le caractère limité de la méthode en question.

En rétorquant par le principe dialectique du *Proslogion*, nous pouvons dire que la méthode mathématique n'est pas le *id quo maius cogitari nequit* sur le plan méthodologique. C'est précisément ce principe dialectique qui nous permet de remettre cette méthode à la place précise qui lui convient. En d'autres termes, grâce au principe anselmien, nous sommes en mesure de constater que la méthode mathématique ne peut pas être considérée comme la méthode, qu'elle n'est pas la méthode unique que l'on puisse penser et que, par conséquent, elle est relative et limitée. Si elle est limitée à des objets qui lui conviennent tout naturellement, à savoir ceux des mathématiques, on peut se demander à bon droit si cette méthode convient parfaitement au but recherché, à savoir la description, l'analyse et la compréhension du projet d'Anselme. Nous n'en sommes pas convaincu, pas plus que F. Brunner, d'autant plus que pour nous le réel par sa richesse inépuisable même résiste à tout traitement purement numérique ou mathématique, même si, ainsi que cela s'est produit plusieurs fois dans l'histoire de la pensée, l'on peut être tenté de voir une certaine harmonie des "chiffres" dans le réel. Mais le réel demeure pour toujours infiniment plus riche que ce que la démarche de la pensée quantifiée puisse en saisir.

A notre avis, pour bien comprendre l'argument d'Anselme, l'un des problèmes fondamentaux à résoudre est celui du caractère particulier du *id quo maius cogitari non potest*. En raison même de son postulat, la méthode mathématique conçoit l'"idée" de Dieu "contenu" dans la preuve d'Anselme comme quelque chose de toute faite et "chiffrable," comme quelque chose de "saisissable" avec certitude et précision suffisantes pour qu'elle puisse devenir objet de sa critique. En effet, peut-on critiquer quelque chose qui échappe à la rigueur imposée par la méthode des mathématiques par une méthode "rigoureuse" — comme celle, semble-t-il, des mathématiques — quelque chose qui, par définition, demeure indéfinissable et insaisissable?

Là, il faudrait évidemment pouvoir prouver a priori que tout objet de connaissance est parfaitement saisissable par la méthode des mathématiques et que tout objet ne peut être saisi que par cette méthode particulière. Qui le prouvera? La méthode des mathématiques n'est pas en mesure de le faire, étant donné qu'elle ne constitue qu'une des méthodes parmi tant d'autres, une des "approches" parmi tant d'autres. Les mathématiques ne sont donc pas capables de prouver qu'il n'existe pas ou qu'il ne peut pas exister un objet réfractaire à la méthode mathématique. Par ailleurs, les mathématiques recourent en fin de compte au principe anselmien pour la saisie de tout dépassement dans le domaine des grandeurs. En effet, quel est le principe, tout au moins implicite et non avoué, des mathématiques permettant de "juger" les grandeurs sinon la capacité de l'esprit, le *cogitari posse*? Si l'on remet en question le principe anselmien, on remet en question également le principe fondamental du mathématicien qui demeure aussi la capacité de l'esprit, sa capacité de penser toujours plus grand. Même si matériellement parlant, un ordinateur puissant est capable de gérer des grandeurs (des ensembles multiples) qui dépassent — matériellement parlant — toute la capacité de l'esprit humain, celui-ci est toujours en mesure d'y ajouter encore des nouvelles grandeurs. Mais il y a plus. L'ordinateur non seulement ne "sait" strictement rien — il n'y a que l'homme qui sait — et il ne sait pas et il ne saura jamais qu'il est encore susceptible de recevoir de nouvelles grandeurs (certes, dans les limites de sa "mémoire" disponible); mais surtout, il ne "sait" pas que l'homme, grâce à son esprit ouvert vers l'infini, est toujours capable de dépasser sa grandeur (celle de l'ordinateur). C'est la "grandeur formelle" de l'esprit humain qui le rend supérieur à toute grandeur matérielle imaginable — ou réalisable sur ordinateur — c'est le *cogitari posse* qui le rend supérieur à toute grandeur et à toute quantité saisissable.

Or, tout en admettant — ainsi que nous l'avons fait dans notre interprétation de la preuve anselmienne — qu'il s'agit là d'une "quantification" de la pensée, dans ce sens que la pensée y considère tout dans la perspective de la grandeur (encore faut-il préciser de quelle grandeur il s'agit: grandeur constituée par les multiples de l'Un ou bien d'une grandeur qui apparaît précisément grâce à une ouverture de l'esprit vers l'infini), nous avons attiré l'attention sur le fait du caractère nécessairement indéterminé du principe dialectique qu'Anselme met en oeuvre. 114 Le caractère indéterminé du principe anselmien est fondé sur le *cogitari posse*, donc la capacité de la "pensée" humaine. Or, il s'agit là précisément d'une ouverture vers l'Infini, vers l'Indéterminé, voire vers l'Indéterminé absolu qui est diamétralement opposé au déterminé ou au déterminable qui, seul, peut constituer l'objet des mathématiques. Tout effort d'interprétation de la pensée d'Anselme est donc voué à l'échec dès que l'on considère la grandeur impliquée dans le principe anselmien comme une grandeur déterminée ou déterminable par quoi que ce soit ou par quelle que méthode que ce soit. Par définition donc, le principe anselmien nous conduit immanquablement au delà des mathématiques.

Le raisonnement mathématique appliqué à l'argument d'Anselme est finalement identique à celui de Gaunilon: celui-ci raisonne en grandeur définie concrète qui relève strictement du domaine de la perception sensible (île fertile), tandis que le raisonnement mathématique manipule des grandeurs définies dans l'abstrait. Mais le trait commun des deux raisonnements consiste précisément à manipuler des grandeurs déterminées, et à ne faire que cela.

Quoi d'étonnant alors qu'en vertu même de sa méthode, Vuillemin arrive à l'antinomie: l'ensemble des perfections susceptibles de plus est lui-même susceptible de plus, ainsi que Brunner l'a fait remarquer.[115] Quelle est, en effet, la démarche de Vuillemin? Il manipule des "éléments" à la manière des mathématiques pour en faire un "ensemble" mathématique. En d'autres termes, il additionne au sens strictement mathématique du terme. Et quand on additionne de cette manière, en vertu même de la méthode appliquée, on doit arriver à une somme qui, elle, est toujours finie par définition et à laquelle on peut toujours additionner des unités ou des ensembles.

Mais comment sait-on que cet ensemble n'a pas "la propriété d'être tel qu'on ne puisse penser de plus grand?" Qu'est-ce qui me permet de dire que quelque chose n'est pas tel, sinon ma pensée, ou plus exactement, ma capacité de penser, capacité que tel objet ou tel ensemble d'objets n'est pas en mesure de "combler?" Ce qui y manque c'est précisément le *imples omnia* d'Anselme. La grande valeur du principe anselmien consiste justement à nous montrer le "regard" de notre esprit devant lequel tout fini — physique ou mathématique — apparaît d'emblée comme fini. Si notre regard était braqué par sa nature même sur le fini, il ne pourrait jamais saisir ce qui le dépasse. Or il le fait. Et c'est ce regard — nécessairement indéterminé car essentiellement ouvert — qui permet de dépasser toute manipulation purement quantitative, aussi bien dans le domaine du concret sensible que dans le domaine de l'abstrait (mathématique).

Encore un mot. Vuillemin parle des degrés de perfection et il arrive à son antinomie disant que "l'ensemble des perfections qui sont telles que des perfections plus grandes qu'elles peuvent être pensées est un concept contradictoire dans la chose."[116] Il opère toujours des additions, selon les principes des mathématiques. Cependant, il ne faut pas oublier qu'il s'agit là de "perfections," donc de réalités qui relèvent de la qualité et non pas de la quantité. Est-on sûr qu'une addition — à la manière des mathématiques — est possible *stricto sensu* dans le domaine du qualitatif? Pour le sujet connaissant, "plus rouge" ou "plus vert" signifient-ils la même chose que 2 + 2 ou 4 + 4? Ou encore, pour le sujet connaissant "plus facile à comprendre" ou "plus difficile à comprendre" signifient-ils *stricto sensu* une addition d'ordre mathématique de sorte qu'en désignant "comprendre" par "C," la première affirmation puisse être exprimée avec toute la rigueur des mathématiques par un C + 1, C + 2... ou par un C - 1, C - 2...? N'y a-t-il pas là une confusion quant au sens même de "plus?" Quand on parle de plus ou de moins dans le domaine du qualitatif, peut-on appliquer les notions de "plus" ou de "moins" autrement que dans un sens analogique qui exlut a priori toute identification formelle? Voilà quelques questions de méthode qui permettent à la fois de situer la pensée d'Anselme et de "limiter" la portée de la critique fondée sur une méthode purement mathématique. En tout cas, la dialectique de la grandeur anselmienne — telle que nous la comprenons — est toute autre chose qu'un procédé d'addition à la manière des mathématiques, car, loin d'additionner des grandeurs déterminées — concrètes ou abstraites — elle comporte sans cesse un appel à l'esprit de l'homme et à son ouverture vers l'infini.

2. Les premiers dialogues

A divers moments qui suivirent la rédaction du *Monologion* et du *Proslogion*,[117] Anselme composa quatre dialogues probablement quand il était déjà abbé.[118] Précisons tout de suite que le terme "dialogue" n'est pas d'Anselme. Celui-ci appelle ces opuscules *tractatus* présentés sous la forme du procédé littéraire d'interrogations et de réponses, mais au point de vue du contenu, ce sont autant de questions. En effet, chaque traité examine une *quaestio*. Aussi bien Anselme tient-il à souligner la parenté littéraire étroite qui les unit entre eux en raison du procédé littéraire commun utilisé: procédé *per interrogationem et responsionem* que l'on appelle précisément le dialogue.

Si Anselme appelle ces dialogues *tractatus*, c'est que lui-même les considère comme ayant un caractère plus technique où il ne s'agit pas véritablement d'un "dialogue," mais d'un exposé technique, d'un véritable "traité." C'est pourquoi aussi Grabmann eut raison de présenter les dialogues d'Anselme comme les précurseurs des futurs traités scolastiques.[119] Dans ses autres ouvrages également, Anselme utilise le terme *tractatus* pour désigner ses "dialogues": *tractatus de casu diaboli*: Schmitt II,258; *tractatus de veritate*: Schmitt II,284; *tractatus de libero arbitrio*: Schmitt II,267. Cela veut dire qu'Anselme lui-même assimile ses dialogues à des traités techniques et que, par conséquent, pour lui, la forme *per interrogationem et responsionem* est tout à fait secondaire car il s'agit là aussi d'un procédé technique dont le but est le développement et la solution d'une question principale constituant le thème de l'ouvrage.

Le *De grammatico* mis à part, les trois autres dialogues forment aux yeux d'Anselme un ensemble puisqu'ils sont relatifs à l'étude de l'Ecriture Sainte, mais aussi en raison de la démarche dialectique — la *similitudo disputationis* — qui les caractérise. [120] Dans la préface apposée à ces trois dialogues — à savoir le *De veritate*, le *De libertate arbitrii* et le *De casu diaboli* dont il veut qu'il soient copiés dans l'ordre qu'il avait décidé lui-même — Anselme appelle ces derniers *tractatus*, mais lorsqu'il présente le *De casu diaboli*, il appelle son contenu *quaestio*: *Tertius autem est de quaestione qua quaeritur, quid peccavit diabolus quia non stetit in veritate* . . . [121]

Voyons brièvement les questions qui constituent l'objet de la recherche dans chacun de ces dialogues. Le *De grammatico* — seul écrit "profane" d'Anselme dans lequel le questionnement ne s'oriente pas vers la solution de mystères de la foi — pose la question par la bouche du disciple: *De grammatico peto ut me certum facias utrum sit substantia an qualitas*, [122] question d'origine péripatéticienne, reprise également par les néoplatoniciens et fort agitée par les *dialectici* à l'époque d'Anselme. [123] Le sujet du *De grammatico* est donc désigné à la fin du dialogue comme une *quaestio* et qui, en l'occurrence, n'est rien d'autre qu'un "cheval de bataille" pour les dialecticiens. On serait enclin de penser que ce dialogue dont l'objet n'a aucune relation directe avec la foi est entièrement étranger à l'esprit anselmien: celui de la recherche de Dieu par la raison à travers ses mystères. Précisément, à une époque où la *dialecti*que règne et où elle s'érige en absolu contre la foi, Anselme pouvait ressentir l'"utilité," voire le besoin, d'un pur exercice de dispute, moyen de cette dialectique et qui, à ses yeux, s'avère nécessaire pour la mise en oeuvre d'une méthode de recherche dont le but est de montrer, par des raisons nécessaires, les raisons profondes et la cohérence interne des mystères proposés par la foi.

Les trois autres dialogues sont en relation étroite avec la foi et ses mystères. Le *De veritate* pose d'emblée la question de la relation entre Dieu et les vérités partielles, puisque "nous croyons que la vérité c'est Dieu." [124] Anselme lui-même résume la question étudiée dans ce dialogue: . . . *quid scilicet sit veritas, et in quibus rebus soleat dici; et quid sit iustitia*. [125] En effet, la question de la justice occupera la dernière partie du dialogue étant donné l'étroite relation, chez Anselme, entre la *veritas* et la *rectitudo* d'une part, la *rectitudo*, la *iustitia* de l'autre. [126]

La grande question débattue dans le *De libertate arbitrii* est celle de savoir comment concilier le libre arbitre avec la grâce, la prédestination et la préscience divines. Cette question est posée avec toute son acuité par le di-

sciple:
> *Quoniam liberum arbitrium videtur repugnare gratiae et praedestinationi et praescientiae dei: ipsa libertas arbitrii quid sit nosse desidero, et utrum semper illam habeamus. Si enim libertas arbitrii est "posse peccare et non peccare," sicut a quibusdam solet dici, et hoc semper habemus: quomodo aliquando gratia indigemus? Si autem hoc non semper habemus: cur nobis imputatur peccatum, quando sine libero arbitrio peccamus?* [127]

On ne peut pas formuler avec plus de clarté le dilemme qui surgit à partir de cette conception de la liberté. Cette question est suscitée aussi par la définition Augustinienne selon laquelle le libre arbitre consiste dans la "capacité de pécher et de ne pas pécher." [128] Anselme n'accepte pas cette manière de présenter la liberté. Car, pour lui, la liberté est propriété essentielle de l'esprit et, partant, en premier lieu, celle de l'esprit par excellence, à savoir Dieu: *Libertatem arbitrii non puto esse potentiam peccandi et non peccandi. Quippe si haec eius esset definitio: nec deus nec angeli qui peccare nequeunt liberum haberent arbitrium.* [129] Néanmoins Anselme est conscient du fait qu'il s'agit là d'une question très difficile, ainsi qu'il l'avouera plus tard. [130]

Le sujet du troisième dialogue, *De casu diaboli*, est exposé par Anselme lui-même en terme de *quaestio*:
> *Tertius autem est de quaestione qua quaeritur, quid peccavit diabolus quia non stetit in veritate, cum deus non dederit ei perseverantiam, quam nisi eo dante habere non potuit; quoniam si deus dedisset ille habuisset, sicut boni angeli illam habuerunt quia deus illis dedit. Quem tractatum, quamvis ibi de confirmatione bonorum angelorum dixerim, "De casu diaboli" titulavi: quoniam illud contingens fuit quod dixi de bonis angelis, quod autem scripsi de malis ex proposito fuit quaestionis.* [131]

Le dialogue (*tractatus*) *De casu diaboli* est présenté par Anselme comme une *quaestio* qui comprend une question subalterne contingente — la confirmation des anges bons — et la question proprement dite, à savoir l'explication de la chute des mauvais anges. Remarquons encore le jumelage de la *quaestio* avec le *quaerere*, la question par laquelle on demande, ou, la question par laquelle on cherche, selon les deux acceptions fondamentales du verbe. [132]

Par ailleurs, ce dialogue débute par la question métaphysique — impliquée dans le texte paulinien *quid habes quod non accepisti* (1 Co 4:7) — de savoir comment la créature peut avoir quelque chose d'elle-même:
> *Nulla creatura habet aliquid a se. Quod enim seipsum a se non habet: quomodo a se habet aliquid. Denique si non est aliquid nisi unus qui fecit et quae facta sunt ab uno: clarum est quia nul-*

latenus potest haberi aliquid nisi qui fecit aut quod fecit. [133]
C'est d'ailleurs le résumé de la doctrine exposée dans *Monologion* III-V.

3. Les questions de l'Incarnation

Les grandes questions relatives à l'essence et à la nature divines traitées dans le *Monologion* et le *Proslogion* embrassent une partie importante des mystères de la foi concernant Dieu à l'exception de l'Incarnation. Il faudrait clarifier un jour pourquoi Anselme n'a pas voulu intégrer ce mystère dès le début dans sa méthode *sola ratione* et dans l'*unum argumentum* appelé à faire la synthèse, à la lumière de la raison, de tout ce que nous croyons de la substance divine. En tout cas, Anselme s'attaquera plus tard à ce problème dans l'épître occasionnelle (*Epistola de incarnatione Verbi*), reprise et élargie plus tard, mais surtout dans le *Cur deus homo* qui traite de la grande question de l'Incarnation sous la forme d'un dyptique et, enfin, dans le *De conceptu virginali*, étroitement lié à la problématique du *Cur deus homo*.

I. *Epistola de incarnatione Verbi* occasionnée par une hérésie qui vit le jour en France fut rédigée deux fois. La première rédaction — provisoire — date de l'époque où Anselme fut encore abbé du Bec. Il la reprendra et en éditera une forme définitive lorsqu'il sera archevêque de Canterbury. [134] Anselme considère comme une *quaestio* le sujet de controverse théologique occasionnée par l'hérésie trinitaire de Roscelin qui, malgré sa rétractation au concile de Reims, continua à propager son opinion selon laquelle les trois Personnes de la Trinité seraient également incarnées. Comme l'erreur ne cessait de se répandre, certains de ses "frères" (*quidam fratres*) demandaient avec insistance à Anselme de résoudre cette question qui, selon celui-ci, devint un véritable piège pour Roscelin:

> *Hac igitur causa quidam fratres me precibus suis coegerunt, ut solverem quaestionem qua ipse sic erat irretitus, ut nullo modo se expedire ex ea posse crederet, nisi aut incarnatione dei patris et spiritus sancti aut deorum multiplicatione se impediret. Quod rogo, ne putet aliquis me praesumpsisse quasi fortitudinem fidei Christianae meae existimem indigere defensionis auxilio ... Si quid ergo de firmitate fidei nostrae in hac epistola disputavero, non est ad illam confirmandum, sed ad fratrum hoc exi gentium petitionibus satisfaciendum. ... Verumtamen sive adhuc ad lucem redierit sive non: quoniam sentio plures in eadem laborare quaestione, etiam si fides in illis superet rationem quae illis fidei videtur repugnare, non mihi videtur superfluum repugnantiam istam dissolvere.*
> *Sed priusquam de quaestione disseram, aliquid praemittam ad*

compescendam praesumptionem eorum, qui nefanda temeritate audent disputare contra aliquid eorum quae fides Christiana confitetur, quoniam id intellectu capere nequeunt, et potius insipienti superbia iudicant nullatenus posse esse quod nequeunt intelligere, quam humili sapientia fateantur esse multa posse, quae ipsi non valeant comprehendere. Nullus quippe Christianus debet disputare, quomodo quod catholica ecclesia corde credit et ore confitetur non sit; sed semper eandem fidem indubitanter tenendo, amando et secundum illam vivendo humiliter quantum potest quaerere rationem quomodo sit. Si potest intelligere, deo gratias agat; si non potest, non immittat cornua ad ventilandum, sed submittat caput ad venerandum.
Solent enim quidam . . . praesumendo in altissimas de fide quaestiones assurgere. [135]
Nemo ergo se temere immergat in condensa divinarum quaestionum, nisi prius in soliditate fidei conquisita morum et sapientiae gravitate, ne per multiplicia sophismatum diverticula incauta levitate discurrens, aliqua tenaci illaqueetur falsitate. Cumque omnes ut cautissime ad sacrae paginae quaestiones accedant sint commonendi: illi utique nostri temporis dialectici, immo dialecticae haeretici, qui non nisi flatum vocis putant universales esse substantias, et qui colorem non aliud queunt intelligere quam corpus, nec sapientiam hominis aliud quam animam, prorsus a spiritualium quaestionum disputatione sunt exsufflandi . . . Haec dixi ne quis, antequam sit idoneus, altissimas de fide quaestiones praesumat discutere. (Epistola de incarnatione Verbi I)

A la fin, Anselme rappelle comment il a "disputé" du problème des trois Personnes divines dans *Monologion* XXXV.

Ces textes nés d'une atmosphère de longue controverse sont très importants pour préciser le sens de la *quaestio* anselmienne. Celle-ci désigne ici un sujet de controverse d'une portée considérable susceptible de se transformer en un véritable "piège" (*irretitus*: pris dans le filet). Cette question est pour beaucoup de gens sujet de préoccupation (*plures in eadem laborare quaestione*) et qui attend donc une solution (*solverem quaestionem*), l'apparente contradiction entre la foi et la raison doit être résolue (*repugnantiam istam dissolvere*). La solution viendra d'un *disputare*, d'une discussion. La dialectique doit donc enter en jeu. Seulement, comme il ne s'agit pas de n'importe quelle question, mais d'une question de plus haute importance pour la foi (*altissimas de fide quaestiones*), on ne doit pas discuter *quomodo non sit*, mais chercher humblement la raison (*quaerere rationem*) qui permet de comprendre *quomodo sit*.

Pour comprendre le caractère de la question, revenons à l'analyse du texte. La question dont traite Anselme ici est celle qui a causé le naufrage d'un dialecticien chevronné Roscelin, chanoine de Compiègne. C'est à ce propos qu'Anselme cite (*Epistola de incarnatione Verbi* I: II; IX) le texte paulinien: *Habens fidem et bonam conscientiam, quam quidem repellentes circa fidem naufragaverunt* (1 Tm 1:18). C'est en raison de cette image de "naufrage" qu'Anselme enchaîne sa recommandation: *Nemo ergo se temere immergat in condensa divinarum quaestionum . . . Se immergere*, se plonger, signifie un naufrage volontaire de la part de ceux qui ne sont pas préparés moralement à l'élucidation des questions relatives à Dieu (*divinarum quaestionum*). Pour caractériser ces questions, Anselme utilise le terme *condensa* — *condensa divinarum quaestionum* — qui est présent dans deux Psaumes selon la version de la Vulgate [136] et qui désigne une forêt épaisse ou des buissons épais où se perd facilement celui qui s'y aventure. Les *quaestiones divinae* sont donc comme une forêt épaisse et obscure où l'on ne voit guère. Il convient de rappeler également ici les *obscurissimas de divinitate Dei et nostra fide quaestiones* dont parle Eadmer. [137]

Dans ce même contexte de controverse avec les dialecticiens, les questions concernant la foi sont caractérisées comme *altissimae: . . . praesumendo in altissimas de fide quaestiones assurgere* (*Epistola de incarnatione Verbi* I: Schmitt II,7); *. . . ne quis, antequam sit idoneus , altissimas de fide quaestiones praesumat discutere . . .* [138] Il s'agit donc là de questions qui se posent à un niveau très élevé (*altissimas*) et qui exigent des conditions très sérieuses chez quiconque ose s'élever à ce niveau —: (*ad intelligendum altiora prohibetur mens ascendere sine fide* (*Epistola de incarnatione Verbi* I,1: Schmitt II,9), tout comme chez l'alpiniste désireux de monter aux sommets. Le traitement de ces questions n'est donc pas à conseiller à n'importe qui.

C'est pourquoi Anselme développe une véritable "méthodologie" de la discussion et de la recherche théologique en établissant les conditions morales fondamentales et indispensables de cette recherche (foi solide, moeurs sérieuses et sagesse *Epistola de incarnatione Verbi* I) — nous y reviendrons dans le chapitre VI — et en adressant une véritable mise en garde contre ceux qui veulent accéder aux questions de la théologie (*sacrae paginae quaestiones* I,9) dont l'accès, pour certains, doit être carrément interdit selon Anselme (*prorsus a spiritualium quaestionum disputatione sunt exsufflandi*). [139]

II. Le *Cur deus homo* dont le volume égale celui du *Monologion*, est présenté comme un dialogue entre Anselme et le moine du Bec, Boson. Cette oeuvre importante est divisée en deux livres. Le premier contient les objections des infidèles rejetant la foi chrétienne — car selon ces derniers, elle est contraire à la raison — ainsi que les réponses des croyants. Anselme y montre, au moyen de raisons nécessaires, qu'aucun être humain ne peut être sauvé sans le Christ. Dans le deuxième livre, Anselme prouve toujours par la raison — *remoto Christo*, c'est-à-dire comme si l'on ne savait rien du Christ — que, d'une part, la nature humaine fut créée pour le bonheur éternel dont l'homme doit jouir aussi bien dans son corps que dans son âme et que, d'autre part, ce bonheur ne peut être réalisé que grâce à l'homme-Dieu et que, par conséquent, tout ce que nous croyons du Christ devait se réaliser nécessairement. [140]

Le livre I. Commence par un chapitre intitulé *Quaestio de qua totum opus pendet*: tout l'édifice du dialogue est "suspendu" à une "question," une certaine question concernant la foi: pour quelle raison ou par quelle nécessité Dieu s'est-il fait homme? Le but du dialogue est de préserver pour la mémoire par écrit les raisons (*rationes* I,47) qu'Anselme a l'habitude d'exposer à ceux qui l'interrogent au sujet de cette *quaestio*:

Saepe studiosissime a multis rogatus sum et verbis et litteris, quatenus cuiusdam de fide nostra quaestionis rationes, quas soleo respondere quaerentibus, memoriae scribendo commendem . . . . Quam quaestionem solent et infideles nobis simplicitatem Christianam quasi fatuam deridentes obicere, et fideles multi in corde versare: qua scilicet ratione vel necessitate deus homo factus sit, et morte sua, sicut credimus et confitemur, mundo vitam reddiderit, cum hoc aut per aliam personam, sive angelicam sive humanam, aut sola voluntate facere potuerit. De qua quaestione non solum litterati sed etiam illitterati multi quaerunt et rationem eius desiderant. Quoniam ergo de hac multi tractari postulant, et licet in quaerendo valde videatur difficilis, in solvendo tamen omnibus est intelligibilis et propter utilitatem et rationis pulchritudinem amabilis: quamvis a sanctis patribus inde quod sufficere debeat dictum sit, tamen de illa curabo quod deus mihi dignabitur aperire, petentibus ostendere. Et quoniam ea quae per interrogationem et responsionem investigantur, multis et maxime tardioribus ingeniis magis patent et ideo plus placent, unum ex illis qui hoc flagitant, qui inter alios instantius ad hoc me sollicitat, accipiam mecum disputantem, ut Boso quae rat et Anselmus respondeat hoc modo. [141]

Ce chapitre introductoire révèle à la fois le sens profond de la *quaestio* et l'intention d'Anselme d'exposer les "raisons" de cette question. Les raisons de cette question — *de fide nostra quaestionis rationes* — ne correspondent pas à la genèse ou à la motivation de celle-ci, mais elles désignent et préparent la voie de l'intellection de tout ce qui est caché derrière le mystère de la foi d'où jaillit précisément la question. Anselme avait déjà l'habitude de répondre souvent à ses interlocuteurs (*soleo respondere quaerentibus*) le "dialogue" s'est donc déjà installé longtemps avant la mise par écrit de ces *quaestionis rationes*, destinées non pas à amener les gens à la foi par la raison (*ratio*), mais à produire une jouissance intellectuelle dans l'esprit de ceux qui croient. Toutefois ces raisons que l'on cherche constitueront en même temps le point commun entre le croyant et l'incroyant: *Quamvis enim illi ideo rationem quaerant, quia non credunt, nos vero quia credimus: unum idemque tamen est quod quaerimus.* [142] L'objet de la recherche est donc commun, c'est pourquoi un véritable dialogue peut s'établir.

Ce "dialogue" pouvait très bien prendre aussi la forme d'une interpellation à la manière d'une rétorsion rhétorique face aux deux autres grandes religions se réclamant du même Dieu, à savoir le Judaïsme et l'Islam. En effet, le point commun du Christianisme avec le Judaïsme et l'Islam est le fait que les trois grandes religions s'appuient sur la Parole de Dieu, plus exactement sur le fait que Dieu parle — ou a parlé — aux hommes. Dès lors, peut-on nier, en toute logique, la possibilité de l'Incarnation?

En effet, dès lors qu'on admet que la parole du Dieu transcendant et ineffable peut retentir dans l'espace et le temps — deux coordonnées essentielles de toute limitation dans le monde où nous vivons — si donc l'homme est capable de saisir le message du Dieu transcendant, infini et ineffable à l'intérieur des limites du temps et de l'espace, que Dieu est donc capable de se manifester par sa Parole à l'intérieur de ces limites, pourquoi ne serait-il pas capable de pousser jusqu'à son paroxysme la manifestation de son amour à l'égard de l'homme par l'envoi de son Fils à l'intérieur de ces mêmes limites (Incarnation) et pourquoi l'homme ne serait-il pas capable de saisir cette manifestation? Dans cette perspective, c'est-à-dire dans la perspective même de leurs objections et leurs dérisions, le Judaïsme et l'Islam sont en contradiction flagrante avec eux-mêmes. Car ces derniers rendent impossible, logiquement, leur propre message d'un Dieu transcendant, ineffable et infini, message qui, lui aussi, retentit précisément dans le temps et dans l'espace. Il y va donc, certes, de la vie ou de la mort du christianisme, mais aussi du Judaïsme et de l'Islam. [143]

Cette question fondamentale de l'Incarnation est en même temps le défi, l'objection (*obicere*) principale des infidèles qui ridiculisent la "simplicité chrétienne." Elle suscite également beaucoup d'interrogations aussi bien parmi les lettrés que parmi les illettrés qui tous demandent la raison de cette question (*rationem eius*).

Le "dialogue" amorcé déjà de longue date va donc prendre la forme littéraire d'une recherche par questions et réponses (*per interrogationem et reponsionem investigantur*) où les rôles, dans cette discussion (*mecum disputan-*

tem), seront répartis entre Boson qui pose les questions (*quaerat*) et Anselme qui y répond (*respondeat*). Si Anselme recourt, dans l'exposé des raisons de cette question difficile, au procédé littéraire par "interrogation et réponse" — ainsi que Cicéron l'a déjà recommandé — c'est que ce procédé rend la recherche plus facile et plus agréable pour les esprits plus lents. Sans doute, Anselme se souvient-il ici de la phrase des *Soliloquia* d'Augustin disant que la recherche de la vérité est plus facile quand on procède par interrogations et réponses.[144] Ce "dialogue" dont le but est la recherche des raisons pour relever le défi doit se dérouler en quelque sorte sur un pied d'égalité entre celui qui pose les questions et celui qui répond: ... *quod quaeritis non tam ostendere quam tecum quaerere* ...[145] Il ne s'agit donc pas de "montrer" ce que l'on cherche, mais de "chercher ensemble" avec son interlocuteur: *tecum quaerere*. La *quaestio* débouche alors sur un *quaerere*, sur une recherche "ensemble," en compagnie de l'interlocuteur par l'examen des objections et par les réponses qui, aux yeux d'Anselme, ne doivent pas être prises pour le dernier mot: des gens plus intelligents que lui pourraient le faire mieux et, de toute façon, quoique l'homme puisse en dire, les raisons plus profondes d'un sujet de recherche aussi important demeureront toujours cachées: *Quod si aliquatenus quaestioni tuae satisfacere potero, certum esse debebit quia et sapientior me plenius hoc facere poterit. Immo sciendum est, quidquid inde homo dicere possit, altiores tantae rei adhuc latere rationes.*[146] C'est dire à quel point Anselme est détaché des raisons qu'il aura trouvées pour satisfaire dans une certaine mesure (*aliquatenus*) à la question.

L'énoncé complet de la question principale de ce traité sort de la bouche de Boson: *a te peto mihi aperiri quod, ut scis, plures mecum petunt qua necessitate scilicet et ratione Deus, cum sit omnipotens, humilitatem et infirmitatem humanae naturae pro eius restauratione assumpserit.*[147] La demande de Boson (*a te peto*) prend du poids du fait qu'en même temps plusieurs autres font la même demande avec lui (*plures mecum petunt*). Le but de cette demande "collective" est d'arriver à une certaine évidence (*aperiri*) concernant la question fondamentale: "par quelle nécessité et pour quelle raison Dieu, qui est pourtant tout-puissant, a-t-il pris l'humble condition et l'infirmité de la nature humaine en vue de sa restauration?" Dans sa réplique, Anselme reconnaît d'emblée l'immense difficulté de la tâche que lui imposent ses interlocuteurs. Il redoute de traiter d'une "question" qui le dépasse. Mais il redoute aussi les effets éventuels d'un échec: si ses interlocuteurs constatent l'insuffisance de ses raisons, il est à craindre que ceux-ci ne pensent que la vérité elle-même (*rei veritas*) lui échappe. Boson insiste alors sur les bienfaits du dialogue dans la clarification des questions: au cours des entretiens, il arrive souvent que Dieu ouvre l'intelligence vers ce qui était caché. Cependant, la tâche semble à

Anselme difficile également pour une autre raison. En effet, d'après lui, pour obtenir une solution valable, il est indispensable de clarifier certaines notions fondamentales, telles la nécessité, la puissance, la volonté, qui, par surcroît, ont ceci en commun qu'aucune d'elles ne peut être considérée à fond sans les autres. La question elle-même est de telle nature qu'elle dépasse la capacité de l'interlocuteur. D'autre part, elle requiert un procédé de clarification assez complexe du fait que les notions, difficiles en elles-mêmes, sont imbriquées les unes dans les autres. En d'autres termes, la question entraîne nécessairement une longue recherche qu'Anselme poursuivra jusqu'au bout du traité en dialogant avec son interlocuteur.

C'est alors à Boson de tirer la conclusion finale:

> *Rationabilia et quibus nihil contradici possit quae dicis, omnia mihi videntur; et per unius quaestionis quam proposuimus solutionem, quidquid in novo veterique testamento continetur, probatum intelligo.* [148]

Le sujet du dialogue — *una quaestio* (comme l'*unum argumentum* dans *Proslogion*) — suscité à la fois par le défi des incroyants et la juste exigence des croyants de comprendre ce qu'ils croient, reçoit sa *solutio* par le fait que l'on comprend que tout ce qui est contenu dans le Nouveau et dans l'Ancien Testament est prouvé (*probatum intelligo*). On comprend aisément combien dans ce contexte le questionnement, la recherche et la solution sont orientés vers une meilleure compréhension des Ecritures.

4. Questions circonstancielles

Nous considérerons brièvement quelques autres traités d'Anselme issus de circonstances particulières.

I. Le *De conceptu virginali* peut être considéré comme un complément du *Cur deus homo* où seul le genre littéraire change: le dialogue disparaît pour céder la place à des considérations solitaires. Cet opuscule est né directement de la *quaestio* constituant l'objet du *Cur deus homo*. En effet, Boson ne semble pas entièrement "satisfait" de la raison qu'Anselme proposa dans le *Cur deus homo* pour expliquer comment Dieu "prit l'homme" sans péché dans cette masse pécheresse du genre humain:

> *Certus autem sum, cum in libro "Cur deus homo," quem ut ederem tu maxime inter alios me impulisti, in quo te mecum disputantem assumpsi, legis aliam praeter illam quam ibi posui posse videri rationem, quomodo Deus accepit hominem de massa peccatrice humani generis sine peccato: quia studiosa mens tua ad quaerendum quaenam illa sit non parum provocatur.* [149]

Pour répondre à la question il faut d'abord poursuivre la recherche au sujet du péché originel:
> *Ad videndum igitur qualiter deus hominem assumpsit de generis humani massa peccatrice sine peccato, primum de originali peccato necesse est investigare, quia de hoc solo nascitur haec quaestio.* [150]

Nous voyons donc qu'Anselme considère toujours comme une *quaestio* un sujet important à traiter. Cependant, il indique aussi la motivation du questionnement et de la recherche:
> *Certus autem sum, cum in libro "Cur Deus Homo"... legis aliam praeter illam quam ibi posui posse videri rationem, quomodo deus accepit hominem de massa peccatrice humani generis sine peccato: quia studiosa mens tua ad quaerendum quaenam illa sit non parum provocatur.* [151]

Dans ce contexte, la motivation du questionnement et de la recherche est *studiosa mens tua*, l'esprit studieux de Boson. Certaines questions viennent du fait de quelqu'un de studieux. C'est donc la "qualité" de l'esprit qui explique le déclenchement du questionnement et de la recherche. Dans ce contexte, nous considérons le verbe *quaerere* à la fois dans sa double acception de "questionner" et de "chercher." En effet, chez Boson, ces deux mouvements coïncident: son esprit studieux (prêt à la recherche) déclenche le questionnement et produit les questions. Le questionnement ne vient jamais d'un esprit paresseux, contraire à l'esprit studieux. C'est l'esprit studieux de Boson qui explique son insatisfaction devant les raisons proposées par Anselme dans le *Cur deus homo* et qui l'incite à la recherche et au questionnement ultérieurs.

Et l'attitude d'Anselme devant cette insatisfaction? Il ne veut pas rejeter l'opinion de qui que ce soit au sujet de l'Incarnation à condition qu'elle soit conforme à la foi (*fidelem sententiam*), pas plus qu'il n'est pas prêt à soutenir mordicus sa propre opinion si l'on parvient à prouver d'une manière raisonnable qu'elle est contraire à la vérité. Mais il pense que les raisons qu'il avait proposées sont acceptables et suffisantes si l'on considère bien les choses. Et de conclure l'introduction de son opuscule par ce principe de la recherche rationnelle: rien n'empêche qu'il existe plusieurs raisons pour prouver la même chose dont chacune peut suffire à elle seule. [152]

II. Le *De processione spiritus sancti*. Dans cet opuscule Anselme espère pouvoir amener les Grecs d'une manière raisonnable (*rationabiliter*) à admettre ce qu'ils refusent. Le sens de *rationabiliter* est précisé plus loin:
> *Hac itaque spe pro meae scientiae humilitate scientioribus altiora relinquens, quod postulant aggrediar, et Graecorum fide atque iis quae credunt indubitanter et confitentur, pro certissimis argumentis*

ad probandum quod non credunt utar.
Malgré l'allure impersonnelle de ce traité, certaines parties se distinguent par une remarque ou une réponse personnelle: *dicet aliquis* (Schmitt: II,184) *ad quod ego* (Schmitt: II,185) ou un *nunc quaerendum est* (Schmitt: II,183); *forsitan negabunt* (Schmitt: II,185) *similiter responderi potest* (Schmitt: II,186); *si quis autem dicit* (Schmitt: II,188); *at si dicimus* (Schmitt: II,189); *at dicent* (Schmitt: II,189); *quaero tamen* (Schmitt: II,193); *sed dicent forsitan* (Schmitt: II,194); *quodsi dicunt* (Schmitt: II,198); *si vero obicitur* (Schmitt: II,199); *si . . . hoc aliquis nostrae obicit assertioni, respondemus* (Schmitt: II,199); *si autem quaeritur* (Schmitt: II,206); *sed dicet aliquis* (Schmitt: II,208); *ad quod respondemus* (Schmitt: II,208); *nam si quaeritur* (Schmitt: II,211); *quod autem quaeritur* (Schmitt: II,212); *colligamus breviter quod supra pluribus rationibus effectum est* (Schmitt: II,212); *quaeret forsitan aliquis* (Schmitt: II,214); *ad quod respondendum* (Schmitt: II,214); *patet ergo* (Schmitt: II,215); *In multis si quis voluerit quaerere, similia inveniet* (Schmitt: II,218).

Cet opuscule polémique trahit clairement l'allure d'une recherche qui avance par objections (questions) et réponses continuelles. C'est un exemple typique de la démarche dialectique qui caractérise les dialogues, excepté le fait qu'ici presque tout est impersonnel. [153]

III. Comme Augustin, Anselme fut aussi saisi par d'importants personnages de son époque pour répondre à certaines questions qui se sont posées dans l'Eglise. C'est le cas de Waleran, évêque de Naumbourg (suffragant de Magdebourg), très inquiet de constater l'existence de divers usages dans l'Eglise concernant la célébration de l'Eucharistie. Anselme lui répond sur un ton pacifique par sa lettre sur le Sacrifice d'azyme et fermenté et par une autre lettre sur les sacrements de l'Eglise. Ici encore les problèmes posés sont appelés questions (*In tertia autem quaestione*).

IV. Dans le *De concordia*, Anselme a traité de "trois questions difficiles." Parmi celles-ci, évidemment, celle concernant, la "conciliation" de la prescience (prognose), de la prédestination et de la grâce divine avec le libre arbitre. Cette question qui préoccupa Anselme vers la fin de sa vie à la suite d'Augustin deviendra l'un des sujets de controverse majeurs des théologiens du seizième siècle.

Voici comment Anselme annonce les trois questions:

De tribus illis quaestionibus, in quibus dei praescientiae atque praedestinationi nec non et gratiae liberum arbitrium repugnare videtur, quod mihi deus dignabitur aperire, tentabo ipso adiuvante scribendo ostendere. [154]

Notons dans cette brève introduction le jumelage entre *quaestio* et *aperire* qui est une allusion au texte de l'Evangile, *quaerite et invenietis, pulsate et aperietur vobis* (Mt 7:7; Lc 11:9). C'est Dieu qui "ouvre" la porte de la vérité. Notons aussi l'usage anselmien de *aperta ratio* la raison ouverte, la raison qui ouvre. Au lieu de dire *ratio evidens, evidenter, evidentia*, Anselme se sert souvent de l'adjectif *apertus* qui rappelle le texte biblique. Pour lui, la ratio est en quelque sorte la "clé" de la "porte ouverte" de la vérité, la *ratio veritatis*. C'est toujours cette image biblique qui est sous-jacente à sa recherche.[155]

Voici la genèse de ces trois questions difficiles:
Restat nunc ut de gratia et eodem libero arbitrio, eadem gratia adiuvante consideremus. Quaestio ista inde nascitur, quia divina scriptura ita loquitur aliquando, ut nihil videatur liberum arbitrium prodesse ad salutem, sed sola gratia; aliquando vero ita, velut tota nostra salus in libera nostra consistat voluntate.

L'origine de la question est l'apparente contradiction entre les différents textes bibliques dont les uns semblent insinuer que le libre arbitre ne joue aucun rôle dans le salut tandis que les autres textes semblent suggérer comme si notre salut reposait entièrement sur notre volonté libre. La question du libre arbitre jaillit donc comme un véritable *Sic et Non* peu de temps avant Abélard.

* * *

Un bref aperçu des oeuvres d'Anselme nous a permis de parcourir les grandes questions qui travaillaient son esprit pendant toute sa vie et par là-même de recueillir un sens précis du terme *quaestio*: celui d'un thème central autour duquel s'organise la pensée et la démarche dialectique d'Anselme, de même que la forme littéraire dialoguée, lorsqu'Anselme y fait appel. La recherche apparaît donc comme la recherche de la solution d'une grande question au moyen des raisons nécessaires dont l'enchaînement fait le tissu même de la question posée. Le terme *quaestio* n'a donc pas chez Anselme le sens qu'elle aura plus tard, déjà à partir du milieu du douzième siècle chez les scolastiques, comme par exemple chez Robert de Melun et surtout au treizième siècle où, d'ailleurs, il sera utilisée au pluriel, soit sous la forme des *quaestiones disputatae* soit dans le contexte des *quaestiones quodlibetales*. Dans les deux cas, l'unité logique qui caractérise les oeuvres d'Anselme manquera dans les *quaestiones* qui, souvent, n'auront aucune unité de sujet. Ce fait est dû précisément aux circonstances du hasard qui détermineront le — ou plutôt — les sujets à traiter.

Or, déjà dans le *Monologion*, nous voyons se déployer chez Anselme une tendance à l'unité, à l'unification qui se concrétise au moyen de la méthode *sola ratione*. Cette tendance arrive à son paroxysme dans le *Proslogion* grâce à *l'unum argumentum*. Cette même tendance à l'unification sera présente dans les autres opuscules grâce à une concentration thématique aussi bien que grâce à une méthode bien réfléchie et appliquée selon une conséquence logique implacable. C'est par là que la *quaestio* reçoit chez Anselme un sens qui, à notre avis, mérite toute l'attention de l'historien de la pensée. En effet l'unité profonde de la *quaestio* anselmienne s'enracine dans une véritable métaphysique de l'Un [156] — le Dieu-Un qui doit être recherché par une démarche unique — qui se traduit en même temps par une méthodologie consciente proportionnée à l'objet de la question et à la visée du questionnement.

IV. Le double sens de "quaerere"

1. Considérations historiques générales

Avant d'exposer le double sens fondamental du verbe *quaerere* et de son substantif équivalent *quaestio*, nous voudrions présenter quelques considérations d'ordre général et historique qui permettent de mieux apercevoir les fondements du questionnement.

Dans son acception actuelle, le terme "question" signifie tantôt une proposition interrogative qui demande une réponse tantôt "ce dont on parle" (sujet d'un discours), un problème pratique sur la solution duquel on discute (par exemple la question scolaire, la question sociale). [157] Pour les grammairiens actuels, la question est ce qui est exprimé par la proposition interrogative et qui porte sur l'existence d'un fait ou sur quelque aspect particulier de ce fait. [158] Remarquons tout de suite que la définition de Grevisse est insuffisante, car elle néglige complètement le questionnement dans le domaine de l'abstrait: une question peut se rapporter aussi à des relations abstraites, comme en logique ou en mathématique et surtout en philosophie.

Le verbe *quaerere* connut un usage très large chez les auteurs classiques avec des acceptions diverses: chercher, chercher à retrouver, se procurer (chercher à obtenir), rechercher, mettre en question, se proposer comme objet de discussion, chercher à savoir, demander; chercher à savoir en justice, faire une enquête, instruire, informer. Le substantif correspondant *quaestio* est aussi susceptible d'acceptions analogues. Pour connaître les divers sens de *quaestio* dans l'antiquité tardive, il est très instructif de se référer au traité pseudo-Augustinien *Principia rhetorices* (nous renvoyons ici à la note 77).

En philosophie et en logique, le sens de la question, les manières de poser la question et ses conditions ont été clarifiés dans le passé. Le principal mérite en revient à Aristote (*Metaphysica* VII,17) qui fut largement commenté par saint Thomas d'Aquin. Pour celui-ci, la question doit comporter toujours une part de connaissance et une part d'ignorance: *In omni enim quaestione . . . oportet aliquid esse notum, et aliquid quaeri quod ignoramus.* [159] De même, *In omni enim quaestione, qua quaeritur propter quid, oportet aliquid esse manifestum, et aliquid esse quaesitum, quod non est manifestum.* [160] La question comporte donc toujours un mélange de connu et d'inconnu, d'évident et de non évident. Saint Thomas rappelle aussi que selon les *Analytiques Postérieures*, il existe quatre sortes de questions: *scilicet an est, quid est, quia est, et propter quid: duae istarum, scilicet "quid," et "propter quid," in idem coincidunt . . . . Sicut autem quaestio "quid est" se habet ad quaestionem "an est," ita quaestio "propter quid," ad quaestionem "quia,"* [161] mais qui se réduisent à deux, à savoir *quid est* et *an est*.

La question *quid est homo?* permet à saint Thomas une clarification ultérieure de la structure du questionnement:

> *Dicit ergo primo* [Aristoteles] *quod "id, quod quaeritur," scilicet in qualibet quaestione quaeri aliud de alio "maxime latet," id est dubitationem habet "in his quae non de aliis dicuntur," id est in quaestionibus, in quibus non praedicatur aliquid de aliquo, sed fit quaestio de aliquo uno simplici, ut cum quaeritur quid est homo? Hoc inquam latet propter simpliciter dici . . . id est ista est causa dubitationis, quia in talibus simpliciter profertur aliquid unum, ut homo, et non proferuntur in quaestione illa quibus convenit esse hominem, sicut partes, vel etiam aliquod hominis suppositum.* [162]

La raison profonde du questionnement est le fait que quelque chose se cache derrière la notion, même simple, qui est remise en question et qui cause le doute.

Une autre condition du questionnement: il doit se référer à quelque chose qui est: *Tunc enim aliquid quaeritur, quando fit quaestio de eo quod est: tunc vero nihil quaeritur, quando fit quaestio de eo quod non est.* [163] On ne peut donc pas questionner ce qui n'est pas.

Pour regarder de près l'évolution historique de la *quaestio* rapprochons nous davantage de l'époque d'Anselme. Lanfranc, le maître d'Anselme eut l'occasion de réfléchir sur la nature de la quaestion dans son ouvrage polémique avec Bérenger. Pour lui, la question surgit dans l'absence d'arguments solides et certains:

> *Igitur superius volens astruere panem vinumque altaris inter sacrandum essentialiter non mutari, duo quaedam pro argumentorum locis assumpsisti quorum unum tantummodo esse tuum, alterum nullius hominum manifestis rationibus approbavi. In qua re magno vitio rem praedictam effecisti. Nam quod tuum erat,*

> *quaestio erat. Ex eo quippe quaerimus, id opprimere, atque vertere omnium argumentorum mole, atque impulsu satagimus. Porro nulla quaestio locus esse poterit argumenti. Argumenti quippe locum necesse est, aut per se esse certum, aut certis rationibus approbatum.* [164]

Face à Bérenger, Lanfranc montre la différence essentielle entre *quaestio* et *argumentum*, la question ne peut tenir lieu d'argument ce dernier doit être ou bien de soi évident (certain) ou bien il doit être prouvé par des raisons sûres. A l'inverse, la question doit manquer de ces deux propriétés: elle ne peut pas être de soi évidente et elle ne doit pas [encore] être prouvée par des raisons sûres.

Un autre contemporain d'Anselme, Gilbert de la Porrée de l'école de Chartres, [165] nous a légué aussi quelques réflexions sur la nature de la question. Anselme eut quarante-trois ans lorsque naquit Gilbert et celui-ci eut trente-trois ans lorsqu'Anselme mourut à Cantorbéry à l'âge de soixante-seize ans. Gilbert se signala par ses commentaires sur Boèce, notamment par celui du *De trinitate* du sénateur romain. L'analyse du début du *Prooemium* de Boèce (*Investigatam diutissime quaestionem . . . formatam rationibus litterisque mandatam . . .*) [166] donne l'occasion à Gilbert de présenter la définition de la *quaestio*, d'analyser sa nature et d'établir son rapport avec la recherche. Le rapport entre *quaestio* et *investigatio* est donné d'emblée par le texte de Boèce. Nous le verrons, Anselme établit une véritable dialectique entre la *quaestio* et la recherche, sans toutefois donner leur définition. C'est donc à son jeune contemporain Gilbert que nous demanderons de combler cette lacune.

Voici comment Gilbert définit la *quaestio*:
> *Hic commemorandum est quod ex affirmatione et ejus contradictoria negatione quaestio constat. Non tamen omnis contradictio quaestio est. Cum enim altera contradictionis pars esse vera, altera vero nulla prorsus habere argumenta veritatis videtur, ut "omnis homo est corporeus," "non omnis homo est corporeus"; itemque "nullus homo est lapis," "quidam homo est lapis," aut cum neutra pars veritatis et falsitatis argumenta potest habere, ut "astra paria sunt," "astra paria non sunt" tunc contradictio non est quaestio; cujus vero utraque pars argumenta veritatis habere videtur, quaestio est.* [167]

Selon Gilbert, la question est essentiellement une contradiction: elle consiste en une affirmation et en la négation contradictoire de celle-ci. Toutefois, le fait de poser le contradictoire d'une affirmation ne suffit pas à lui seul pour avoir une question. En effet, selon Gilbert, on ne peut pas parler de question au cas où l'une des propositions est vrais mais où la proposition contradictoire ne peut être appuyée par aucun argument vrai (par exemple, tout homme est corporel — aucun homme n'est corporel); de même, quand aucune des deux propositions contradictoires ne peut être trouvée vraie ou fausse. La question surgit en effet lorsque chacune des propositions contradictoires semble être étayée sur des arguments vrais.

Gilbert explique ensuite comment les questions peuvent surgir, notamment à partir des sophismes. Ces sophismes s'expliquent par la multiplicité de la manière de parler ou de s'exprimer, par le fait que des arguments sont tirés par l'art de la rhétorique et qu'ils s'imposent spontanément. Mais la question surgit véritablement quand les deux propositions contradictoires semblent également avoir l'apparence de la vérité:

Ex horum itaque occulta multiplicitate locorum, aut arte deductis, aut casu venientibus argumentis, quaestio in ambiguitatem adducitur, ideoque non nisi eorum quae ad eos pertinent locos divisione dissolvitur. Cum igitur utraque pars contradictionis habere veritatis argumenta videtur, diligentissime vestigandum est quae horum universalitas locorum propositas multiplicitatis dictiones contineat, ut, hoc cognito, quae per divisionem et per quam divisionem exeri debent, et partibus quaestionis aptari, possit cognosci. [168]

Il est cependant légitime de se demander si l'origine de la question s'explique toujours et nécessairement par la structure d'une opposition contradictoire. En effet, ne peut-on pas s'imaginer des cas où la question est motivée par la recherche d'une gradation et non pas par le "oui ou non" de l'opposition contradictoire? Ainsi par exemple je peux formuler deux propositions qui ne sont pas en opposition contradictoire "La question est difficile" — "La question est très difficile." Entre difficile et très difficile, il n'y a aucune opposition contradictoire, mais une simple différence de degré. Dans cette hypothèse, la proposition contradictoire "La question n'est pas difficile" est déjà écartée à priori. La proposition contradictoire étant écartée d'avance, la question — l'objet de la recherche — concerne uniquement la différence de degré qui existe entre "difficile" et "très difficile." L'opposition contradictoire n'est donc pas la seule raison d'être de la *quaestio* et du questionnement. Selon Anselme, la question se justifie même par le fait d'une saisie incorrecte du contenu d'un terme de la proposition, ainsi que nous le verrons dans le *De casu diaboli* au sujet de l'expression *unde venit malum*. [169] Ajoutons en passant que Michaud-Quantin n'a pas relevé dans son étude sur le vocabulaire psychologique d'Anselme le verbe *quaerere* qui représente pourtant l'élan fondamental de l'activité "psychologique" d'Anselme. [170] Toutefois, il expose dans une autre étude [171] le sens du verbe *quaero* en relation avec *dubito*. [172] Voici son analyse "Qu'expriment ces deux familles de mots? Ce que nous appelons encore aujourd'hui une "mise en question." *Dubitare*, c'est hésiter, s'interroger sur le bien-fondé d'une position doctrinale, la réalité d'un fait, la valeur d'une appréciation couramment reçue. Pour résoudre le problème ainsi soulevé on doit instituer une recherche, *quaerere*. Toute recherche n'a toutefois pas ce rôle, elle peut viser à dissiper une obscurité, donner une explication, préciser un sens qui est resté vague ou douteux; il y a donc des *dubitationes* et des *quaestiones* désignant des démarches d'approfondissement intellectuel et qui restent hors du cadre d'un exercice de l'esprit critique. Mais, quand l'opération reste dans ce cadre, *quaerere* ou *inquirere*, c'est formuler clairement le doute ou l'hésitation initiale de telle manière qu'il soit susceptible d'un examen rationnel et d'une discussion qui permettront de le rejeter ou obligeront à en reconnaître le bien-fondé; ensuite procéder à cette enquête, les modalités en seront très différentes selon le problème soulevé . . .; enfin dégager la conclusion attendue.

Malheureusement nous ne voyons pas dans ce *processus* ce qui le déclenche, ce qui rend *dubitabilis* et provoque la mise en cause; le vocabulaire ne nous renseigne pas sur ce point. On a récemment étudié, particulièrement chez Thomas d'Aquin, le rôle, au début de la recherche, de l'*admiratio*, entendre non pas l'admiration au sens moderne mais, selon une acception courante dans les traductions gréco–latines, la surprise, l'étonnement; mais il s'agit alors plutôt de la *quaestio* cherchant à obtenir un approfondissement intellectuel, que nous avons distinguée plus haut de celle qui nous intéresse."[173] Cette analyse mérite quelques remarques. Tout d'abord, elle ignore complètement le double sens fondamental du verbe *quaerere*, à savoir poser des questions et chercher, rechercher. Certes, il y a une coïncidence partielle entre les deux acceptions lorsqu'il s'agit de *quaerere* sur le plan intellectuel. Car la recherche intellectuelle procède par questionnements, en posant une une série de questions. Toutefois, poser une question isolée ne signifiera pas une recherche. Quant au *processus* qui déclenche le questionnement et la recherche, nous avons recueilli suffisamment d'éléments pour le comprendre: c'est l'absence, au moins partielle, de l'évidence, l'obscurité, le caractère énigmatique du sujet d'investigation voire même l'insatisfaction personnelle du résultat obtenu, ainsi que nous le constatons dans le cas du projet du *Proslogion*.

* * *

Abstraction faite de quelques nuances et de son sens purement juridique qui ne nous intéressent pas ici, le verbe latin *quaerere* — tout comme le verbe grec ζητεῖν — [174] possède deux acceptions principales: chercher et demander [interroger]. Nous essayerons de mettre en relief ces deux acceptions — qui représentent en même temps les deux pôles d'un mouvement — chez deux grands penseurs, à savoir saint Augustin et Immanuel Kant que, d'ailleurs, plus qu'un millénaire sépare l'un de l'autre. Nous verrons ensuite comment chez Heidegger ces deux pôles font appel l'un à l'autre, comment en quelque sorte ils coïncident entre eux si bien que chaque questionnement devient une recherche: *Jedes Fragen ist ein Suchen.* [175] Nous tâcherons de montrer ensuite comment les deux pôles du *quaerere* se synthétisent dans la pensée anselmienne pour aboutir à une véritable dialectique.

2. Saint Augustin

Saint Augustin représente la recherche permanente, la recherche passionnée et sans répit de Dieu dans cette vie. [176] Il s'agit chez lui d'un mouvement existentiel de l'âme qui tend sans cesse vers son Créateur et Rédempteur, avec tout le paradoxe que cette recherche implique. Dès le début de son oeuvre littéraire, [177] saint Augustin affirme l'existence d'un désir (*cupimus*) de connaître et de comprendre ce que nous croyons. [178] Dans ce désir de connaître et de comprendre, il pose en priorité l'objet même de ce désir qui est identiquement l'objet de la foi. La structure même de cet élan de recherche apparaît du fait de la différence entre *credere* et *intelligere* d'une part et d'autre part du fait de la priorité absolue du *credere* par rapport à notre désir de comprendre cette chose grande qu'est le divin. C'est le texte d'Isaïe (7:9) qui fournira l'autorité pour appuyer la structure de cet élan de recherche. La connaissance suppose donc la foi. Le Christ lui-même a exhorté d'abord à la foi par ses paroles et par ses actes. Cependant le don que le Christ a promis à tous ceux qui auront cru est précisément une connaissance: la vie éternelle consiste en une connaissance du vrai Dieu et de son envoyé, Jésus Christ. La foi s'achève donc en une con naissance. Or, cette connaissance est le fruit d'une recherche: *Quaerite et invenietis*. La nécessité de la recherche est fondé sur le fait que ce que la foi propose est encore un inconnu (*incognitum creditur*), c'est pourquoi on ne peut pas l'appeler un "déjà trouvé." Mais d'autre part, personne n'est apte à trouver Dieu s'il n'a pas cru au préalable ce qu'il devra connaître par la suite. Et Augustin d'exhorter à la recherche sans cesse: *Quapropter Domini praeceptis obtemperantes quaeramus instanter.* Car ce que nous cherchons sur la demande [du Christ], nous le trouverons aussi parce qu'il nous le montrera, dans la mesure où ce que nous cherchons puisse être trouvé dans cette vie conformément à notre condition (*a nobis talibus*). C'est ainsi qu'Augustin fonde déjà la recherche permanente du "divin" [179] dès le *De libero arbitrio*.

Toute l'oeuvre ultérieure de l'évêque d'Hippone témoigne de cet élan de recherche fondé sur la condition de la compréhension posée par Isaïe et sur l'invitation du Christ à la recherche et l'on n'a que l'embarras du choix quand il s'agit de citer des textes à l'appui. Je prend d'abord un texte du *Tractatus in Ioannis Euangelium*, [180] qui illustre d'une manière complète ce mouvement de recherche tel qu'il apparaît chez un chrétien.

Ce premier texte d'Augustin met en valeur le rapport intime qui existe entre la recherche et la vie, la recherche de Dieu et la vie de l'âme selon le Psaume 68:33. On ne pourrait assigner des fondements plus profonds à l'élan de l'homme en quête. Et Augustin de nous mettre d'emblée devant le paradoxe de la recherche *quaeramus inveniendum, quaeramus inventum*, il faut chercher celui qui est à trouver et il faut toujours chercher celui que nous avons déjà trouvé. Ce paradoxe se fonde d'une part sur le visage caché de Dieu (*occultus est*) et d'autre part sur son immensité (*immensus est*). Le paradoxe de la recherche fait que la recherche ne doit jamais cesser dans cette vie. Dieu rassasie celui qui le cherche et en même temps il rend capable de le chercher de nouveau celui qui l'a trouvé pour le rassasier davantage.

La recherche de Dieu implique donc une croissance continuelle (*plus capere*) jusqu'au temps de la consommation, c'est-à-dire jusqu'à cette nouvelle vie où notre capacité sera parfaitement remplie en excluant tout progrès ultérieur. Alors se manifestera à nous ce qui nous suffit, ce qui remplit notre capacité. Mais tant que nous sommes dans cette vie, nous sommes en quête perpétuelle et la récompense de notre effort (*fructus intentionis*) ne doit pas être la fin de l'investigation. Dans cette vie, nous ne devons donc pas mettre terme à notre recherche. Nous ne devons surtout pas penser qu'il ne faut pas chercher "toujours" du fait que la recherche ne concerne que la vie d'ici-bas, mais nous devons dire qu'il faut chercher sans cesse ici-bas pour éviter de croire qu'il faille cesser la recherche dans cette vie. Marchons donc continuellement sur le chemin jusqu'à ce que nous soyons parvenus là où conduit le chemin. Il ne faut s'arrêter nulle part sur le chemin jusqu'à ce qu'il nous aura conduit là où nous devrons établir notre demeure. Il en résulte que d'une part nous nous dirigerons en avant en cherchant et d'autre part, en trouvant, nous arriverons quelque part; en cherchant et en trouvant, nous nous avancerons vers ce qui nous attend, jusqu'à ce que la recherche arrive à sa fin là où la perfection atteinte ne tolèrera plus aucun effort vers le progrès; là où la recherche cessera puisque la perfection [atteinte] ne laissera la place à aucun effort vers le progrès. Le *quaerere* Augustinien est donc un *quaerere* confiné dans la vie d'ici-bas dont le but est d'atteindre, par un progrès continuel et moyennant la dialectique de la recherche et de l'invention, le sommet de la perfection qui nous attend dans l'au-delà. Cette dialectique de la recherche et de l'invention (toujours partielle) est fondée sur la nature du Dieu caché et infini, donc insaisissable.

L'autre texte que nous avons choisi de la fin du *De trinitate* résume toute la vie de recherche d'Augustin. Au chapitre deux, tout d'abord, Augustin reprend le caractère paradoxal de la recherche de Dieu, affirmé déjà dans le texte précédent et fondé sur l'incompréhensibilité de Dieu en assignant une dialectique entre la foi et l'intelligence: *Fides quaerit, intellectus invenit... Et rursus intellectus eum quem invenit adhuc quaerit... Ad hoc ergo debet homo esse intelligens, ut requirat Deum.* [181] Voici donc, chez Augustin, l'équivalent du programme anselmien, le *fides quaerens intellectum*. [182] Augustin montre déjà clairement le but de l'intelligence de l'homme: la recherche de Dieu.

A la fin de son ouvrage, il se demande pourquoi les gens exigent qu'on leur donne des raisons évidentes (*liquidissimam rationem*) sur la Trinité au lieu de croire simplement ce qu'on trouve à son sujet dans l'Ecriture, Trinité que, de toute façon, l'esprit humain lent et infirme n'est pas capable de comprendre. Et même quand ils auront cru fermement les témoignages vrais des Ecritures Saintes, ils n'auront qu'à se mettre à prier, à chercher et à vivre d'une manière authentique (*bene vivendo*) pour qu'ils comprennent c'est-à-dire pour qu'ils voient par leur esprit (*mente*) — dans la mesure où cela peut être vu — ce qu'ils tiennent par la foi. Et Augustin de s'exclamer: Qui interdira cette recherche? Bien au contraire, qui ne l'encouragera pas?

Loin donc d'être interdite, cette recherche est recommandée à condition de prier et de vivre d'une manière authentique (*bene vivendo*). La recherche Augustinienne a donc ses conditions morales: elle est inséparable d'une relation intime avec Dieu (prière) et d'une vie conforme à l'idéal que cette recherche représente, bref, inséparable d'une vie qui cherche le vrai bonheur. En pensant déjà au but final de la recherche qui consiste à trouver ce que l'on cherche, Augustin compare l'aveuglement de l'esprit avec la cécité corporelle: si des gens nient la réalité de la Trinité parce qu'ils ne sont pas capables de la voir avec leur esprit aveuglé, pour la même raison tous ceux qui sont aveugles depuis leur naissance devraient nier l'existence du soleil. Tout est donc une question de voir. Et saint Augustin de donner la méthode de la recherche qui comprend d'une part la *regula fidei* et d'autre part le lieu précis, à savoir la *mens* où, pour aboutir, cette recherche doit s'effectuer. En bon disciple de l'évêque d'Hippone, Anselme suivra scrupuleusement ce conseil méthodologique dès le *Monologion* (*Monologion* LXVI: Schmitt I,77). En reprenant ensuite le thème à la fois platonicien et biblique d'une faculté de vision supérieure de l'esprit [183] Augustin affirme que la *mens* est douée d'une vision qui lui permet d'atteindre les choses invisibles; c'est au jugement de cette faculté supérieure que les sens corporels soumettent tout ce qu'ils annoncent; rien n'est supérieur à cette faculté excepté Dieu à qui elle doit être soumise pour être gouvernée.

Augustin termine par un aveu qui résume sa vie et qui se transforme en une supplication:

> En dirigeant mon effort vers cette règle de la foi, je t'ai cherché, dans la mesure de mon possible et selon la mesure selon laquelle tu m'as rendu possible ta recherche et j'ai désiré voir avec mon intelligence ce que j'ai cru et j'ai disputé et travaillé beaucoup. Seigneur, mon Dieu, ma seule espérance, exauce-moi, de peur qu'une fois fatigué, je ne veuille te chercher, mais que je cherche ton visage toujours ardemment. Donne-moi les forces de te chercher, toi qui m'as permis de te trouver et qui m'as donné l'espoir de te trouver toujours davantage. Ma force et ma faiblesse sont devant toi: conforte celle-là et guéris celle-ci. Ma science et mon ignorance sont devant toi quand tu m'as ouvert reçois-moi qui entre; quand tu as fermé, ouvre-moi qui frappe. Puissé-je me souvenir de toi, te comprendre, t'aimer. Augmente tout cela en moi jusqu'à ce que tu m'auras réformé complètement. [184]

Desideravi intellectu videre quod credidi c'est la *fides quaerens intellectum* ou plus exactement, transposé en termes proprement Augustiniens, c'est la *fides desiderans intellectu videre*. Chez Augustin la recherche est liée à un désir: *quaesivi te, et desideravi*. A remarquer en outre le lien entre *fides* et *spes* en dirigeant son attention à la règle de la foi exprimée par les textes de l'Ecriture (Dt 6:4; Gal 4:4; Jn 3:17; 14:26; 15:26), Augustin a cherché dans la mesure du possible (*quantum potui*), et selon la mesure que Dieu lui a donnée (*quantum me posse fecisti*). Et c'est dans ce contexte que s'insère la prière d'Augustin: *exaudi me, ne fatigatus nolim te quaerere*, "exauce-moi de peur que, fatigué, je ne veuille te chercher." Ce passage du *De trinitate* est d'autant plus important qu'il résume une longue recherche qui s'étale de 399 jusqu'à 422. [185]

La recherche, le *quaerere* remplit donc toute l'existence de saint Augustin. C'est la même chose chez saint Anselme, ainsi que nous l'avons vu en nous appuyant sur le témoignage d'Eadmer. Cependant, on peut noter une différence qui me paraît fondamentale. En effet, chez Augustin, le *quaerere* veut simplement aboutir à une certaine pénétration, à une certaine intelligence des mystères, sans que cette intelligence soit spécifiée, sans qu'elle revête un aspect particulier. En d'autres termes, chez Augustin, nous ne trouvons pas les traces de la conscience d'une forme particulière d'intellection, de pénétration intellectuelle ou rationnelle des mystères. Il lui manque une véritable "conscience méthodologique." [186]

Or, ce qui frappe chez Anselme dès le début de son activité littéraire, c'est la prise de conscience nette concernant la — ou les — méthodes à appliquer: la *sola ratione*, le *unum argumentum*, les *rationes necessariae* et plus tard le *remoto Christo* sont autant de manifestations d'une conscience aiguë de la méthode ou des méthodes qu'il entend mettre en oeuvre par le *quaerere*. Il ne s'agit plus chez lui, comme chez Augustin, d'un *quaerere* purement spontané, mais d'un *quaerere* réfléchi qui, au delà de la spontanéité, est marqué chaque fois par une intention particulière qui donne en fin de compte au *quaerere* sa spécificité. Chez Anselme, on doit parler toujours de méthode. C'est la méthode des *rationes*, des *rationes necessariae* (réduction à l'absurde) qu'Anselme entend mettre en oeuvre comme moyen de recherche.

3. Kant

A l'opposé de saint Augustin, nous trouvons Kant, représentant du questionnement permanent qui vise à remettre en question l'"organe" même du questionnement, à savoir l'entendement (*Vernunft*). A cet égard, il est intéressant de rappeler le passage bien connu de la préface de la première édition de la *Kritik der reinen Vernunft*. [187] En effet, selon Kant, l'entendement humain est importuné par des questions que, d'une part, il ne peut pas éviter puisque celles-ci lui sont posées par la nature même de l'entendement, mais d'autre part, il n'est pas en mesure de donner des réponses à ces questions étant donné que celles-ci dépassent toute la capacité de l'entendement humain. L'entendement humain se trouve donc dans une situation incommode et paradoxale: sa nature même lui impose le questionnement tout en lui refusant la possibilité d'y apporter les réponses. Toujours selon Kant, ce n'est pas par sa faute que l'entendement se trouve dans cette situation embarrassante. L'entendement commence sa démarche à partir de principes dont l'usage est inévitable au cours de l'expérience mais qui est suffisamment vérifié précisément par l'expérience. Grâce à ces principes et conformément à sa nature, l'entendement s'élève de plus en plus haut en cherchant des conditions éloignées. Il en résulte que les besognes de l'entendement demeurent toujours inachevées — étant donné que les questions ne cessent jamais — et, finalement, l'entendement est forcé de recourir à des principes qui dépassent certes la possibilité de tout usage et de vérification expérimentale mais qui lui apparaissent authentiques à tel point qu'ils semblent être en accord avec l'entendement humain en général. Cependant, par là-même, l'entendement se précipite dans l'obscurité et dans les contradictions qui lui font comprendre qu'il doit y avoir quelque part des erreurs cachées.

Voilà comment Kant décrit l'origine du questionnement qui concerne dans son esprit le domaine précis de la métaphysique, questionnement qui se caractériserait selon lui par le fait que l'entendement n'y trouve pas de réponse. Il s'agirait donc là d'un questionnement sans fin et qui rebondit toujours, puisqu'il est impossible de vérifier l'usage des principes par l'expérience (*Erfahrung*). Le postulat Kantien y apparaît donc clairement: tout questionnement doit trouver sa réponse grâce à une vérification "expérimentale."

Or, tout le problème est de savoir ce qu'il faut entendre par expérience: s'agit-il de la seule expérience sensible ou bien s'agit-il également de l'expérience que procure à l'homme l'introspection, la connaissance de soi-même? De toute évidence, saint Augustin suit cette dernière voie. Anselme fera de même.[188] Pour Augustin, l'origine du questionnement est liée aussi bien à la nature des choses qu'à la nature de l'esprit. L'homme est un être qui questionne. Cependant, le questionnement et la recherche qui en jaillit se tournent principalement vers Dieu qui devient à la fois l'objet et la motivation du questionnement et de la recherche. La distance entre Augustin et Kant est infranchissable. En effet, si Kant reconnaît comme Augustin que le questionnement s'enracine dans la nature même de l'homme, plus précisément dans la nature de l'entendement (*Vernunft*) chez Kant et qu'il ouvre ainsi la perspective d'un "progrès" par questionnement fondé sur la nature, en même temps il brise radicalement cet élan naturel de questionnement en déclarant que l'entendement humain est dépourvu de toute possibilité de trouver les réponses aux questions qui jaillissent de la nature même de l'entendement.

Cependant, ne pourrait-on pas remettre en question le postulat de Kant au nom même de son postulat? Car, comment Kant peut-il faire un discours valable sur la nature de l'entendement alors que pareil discours, par définition, ne relève pas du domaine du vérifiable Kantien, à savoir le sensible, étant donné qu'il se déroule, non pas sur le plan de la perception sensible, mais sur le plan de l'introspection, de la connaissance de soi-même? Ici, Kant est en quelque sorte en contradiction avec lui-même, précisément en raison du critère unique de vérification (l'expérience sensible) qu'il s'est imposé.[189]

4. Heidegger

Laissons maintenant le problème de l'incohérence de la méthodologie de Kant et revenons — en à son affirmation selon laquelle le questionnement est inscrit dans la nature même de la *Vernunft*. On comprend alors mieux pourquoi, dans son *Einführung in die Metaphysik*, Heidegger définit la philosophie: *Philosophieren ist Fragen*.[190] Cependant, si Heidegger conçoit la philosophie de cette manière c'est aussi parce que depuis *Sein und Zeit* sa préoccupation principale vise le questionnement, le questionnement qui concerne l'être: *Frage nach dem Sein*. C'est dans cette perspective particulière qu'il essaye de dégager ce qu'il appelle la "structure formelle de la question visant l'être." [191]

Voici comment il détermine cette structure. La question fondamentale pour lui est celle qui vise le sens de l'être (*Sein*), et cette question doit être posée. Mais pour poser la question fondamentale, il lui semble indispensable de clarifier la structure générale de la question, c'est-à-dire ce qui appartient en général à une question. Et d'emblée, Heidegger pose l'étroite parenté entre le questionnement et la recherche: tout questionnement signifie chercher. Nous verrons que chez Anselme ce lien entre le questionnement et la recherche existe sous la forme d'une véritable dialectique qui forme pour ainsi dire un cercle perpétuel. Heidegger détermine ensuite la structure du questionnement conçu à la manière d'une recherche: la recherche elle-même reçoit son orientation préalable de la visée de la recherche, de ce que l'on cherche. Le questionnement est toujours une recherche de "reconnaissance" de l'étant (*erkennendes Suchen des Seienden*), on ne peut chercher que ce qu'on connaît déjà en quelque sorte; [192] c'est pourquoi toute recherche est une "reconnaissance." Le questionnement arrive enfin à son terme dans le *das Erfragte*.

5. Retour à Anselme

Revenons d'abord à la "définition" Heideggerienne de la philosophie *Philosophieren ist Fragen*. L'ambiguïté de cette définition apparaît dès que l'on pense à l'oeuvre de saint Anselme. En effet, le *Proslogion* a aussi pour titre *Fides quaerens intellectum*. [193] On peut le traduire de deux façons différentes: "la foi interpellant l'intelligence" (ici *quaerens* est traduit par "poser des questions"); ou bien "la foi en quête d'intelligence" (ici *quaerens* est traduit par "chercher"). [194] Cela veut dire que poser des questions — ou chercher — n'est pas le "privilège" du philosophe, c'est aussi la tâche du croyant — je ne dis pas encore du "théologien," puisque le genre littéraire anselmien demande à être précisé par rapport à ce qu'on appellera deux siècles plus tard la "théologie" au sens technique et scientifique du terme.

Il va sans dire qu'Anselme n'est pas le premier à poser des questions; il suffit de se rappeler l'exemple de saint Augustin dont Anselme s'inspire. Si la source directe d'Anselme est Augustin, le questionnement remonte cependant à l'aube de la pensée humaine, les fragments des Présocratiques en témoignent suffisamment. C'est en tout cas la situation de la pensée occidentale. Quant à certaines formes de la pensée de l'Orient, notamment celle du Zen par exemple, le questionnement est plutôt mal vu: il révèle simplement l'état de non-initiation au "Satori." Donc dans cette optique, le questionnement est considéré comme un manque de "maturité," comme le signe éclatant du fait que l'on ne chemine pas sur la bonne voie.

Pour illustrer chez Anselme le double sens de *quaerere*, nous examinerons le *Proslogion* puisque c'est cet opuscule qui présente le *quaerere* comme un véritable programme. Avant même d'analyser le sens du verbe *quaerere* et ses applications, nous donnerons le relevé des pronoms et des adverbes interrogatifs qui "traduisent" et qui spécifient le questionnement dans le *Proslogion* en précisant sa visée.

Voici les pronoms et les adverbes interrogatifs que nous avons relevés dans le *Proslogion*:
- *an*
- *cur*
- *ne*
- *numquid*
- *quae?*
- *qua?*
- *quale, qualem, qualia, qualis, qualiter*
- *quam*
- *quando*
- *quanta*
- *quanto*
- *quantum,*
- *quantus*
- *quare*
- *qui*
- *quid*
- *quo*

Le sens de *quaerere* se précise aussi grâce à l'analyse du vocabulaire: les synonymes aussi bien que les opposés, ensuite les autres vocabulaires se rapportant au *quaerere*: *quaerere-respondere, interrogare-respondere*; *quaerere-invenire*. C'est souvent la présence, dans le contexte, du verbe opposé *invenire* qui déterminera, en toute certitude, l'acception du verbe *quaerere*.

Voici d'abord le relevé complet du vocabulaire se rapportant directement à la recherche dans le *Proslogion*:

obsecrare
- *obsecro* I 99 21, 22, 23 *orare*
- *oro* XXVI 121 14

petere XXVI 121 19;
- *petite* XXVI 120 25;
- *peto* XXVI 121 19, 22
postulare IX 107 19
precibus 93 03
quaerere
- *quaeram* I 98 03, 06; 100 10
- *quaerat* I 98 02 - quaere eum [Deum] I 97 08
- *quaerebam* 93 11; I 99 11
- *quaerebas* XIV 111 08 (bis)
- *quaerendo* I 100 11; XXV 118 15
- *quaerendum ad - eum* [*Deum*] I 97 08
- *quaerens* 94 07
- *quaerenti* I 100 09; XVIII 113 18
- *quaerentis* 94 01
- *quaerere* 93 05; I 98 11; 100 01, 09 (bis); XVIII 114 07
- *quaerimus* XVIII 114 08 (bis)
- *quaero* I 97 09; 100 18; IX 108 08
- *quaesivi* I 99 10; XVIII 114 09
requirere
- *requiram* XVIII 114 10
- *requiro vultum tuum* [v. *Domini*] I 97 10

Il faut faire quelques remarques, pour bien interpréter la liste de ces verbes relevant de la famille du *quaerere*. Notons tout d'abord que, dans tous les cas relevés, *quaerere* ou ses synonymes se rapportent à la "recherche," il ne signifient en aucun cas "demander" ou poser des questions. Il est à remarquer également que le substantif *quaestio* est totalement absent du *Proslogion*. Le verbe *quaerere* dans son acception de "chercher," "rechercher" se rapporte dans la plupart des cas directement à Dieu, c'est donc Dieu (le "Seigneur") qui constitue l'objet de la recherche, sauf dans une dizaine de cas où il s'agit soit de la recherche de biens spirituels (tels la joie, le bonheur) soit, comme dans le *Prooemium*, de la recherche de l'*argumentum*.

Après cette analyse purement statistique du vocabulaire, essayons de voir le sens du verbe *quaerere* d'abord dans le *Prooemium* du *Proslogion* ensuite dans le *Proslogion* lui-même.

a) Quaerere = interroger

L'un des sens de *quaerere* est interroger, interpeller. Analysons à l'instant le sens du verbe dans le *Prooemium*. Ce verbe apparaît tout de suite lorsqu'il s'agit d'expliquer la genèse du projet anselmien: *coepi mecum quaerere* (*Proslogion*: Schmitt I,93). Il s'agit donc de "mecum quaerere" que je traduis par "m'interroger," "me poser [la] question." Il faut noter ici deux choses à mon avis. Tout d'abord le fait qu'Anselme pose une question non pas à quelqu'un d'autre, mais à soi-même, c'est la personne qui s'interroge elle-même. Le *quaerere* ne se dirige donc pas vers l'extérieur, vers un autre objet, mais vers soi-même: Anselme "se met en question." Le point de départ du questionnement est Anselme lui-même, de même que son point d'aboutissement. Le questionnement rebondit vers celui qui questionne. Il n'est donc pas exact de dire que chez Anselme tout questionnement vise le dialogue avec les autres.

Un autre point à noter est la genèse même de ce questionnement. D'où jaillit-il? Le *coepi mecum quaerere* a son origine non pas dans un doute mais bien au contraire dans une certitude ou du moins dans une constatation: *considerans illud* [*opusculum* = le *Monologion*] *esse multorum concatenatione contextum argumentorum*. L'origine (*coepi*) du questionnement est une constatation (*considerans*). Le *quaerere* se rapporte donc à une constatation, il a son origine dans une constatation, dans une "reconnaissance," dans la reconnaissance du fait que l'opuscule (le *Monologion*) est tissé (*contextum*) par l'enchaînement (*concatenatione*) de beaucoup d'arguments (*multorum argumentorum*).

Laissons de côté à l'instant le sens de l'*argumentum* que nous avons déjà éclairci à une autre occasion. [195] Le *quaerere* est donc motivé directement par la constatation de l'enchaînement d'un grand nombre d'arguments qui provoque chez Anselme un malaise, une sorte d'insatisfaction. Il éprouve une certaine difficulté du fait d'un idéal qui surgit soudain devant ses yeux, à savoir

> *unum argumentum, quod nullo alio ad se probandum quam se solo indigeret, et solum ad astruendum quia deus vere est, et quia est summum bonum nullo alio indigens, et quo omnia indigent ut sint et ut bene sint, et quaecumque de divina credimus substantia, sufficeret.* (*Proslogion*: Schmitt I,93)

L'énoncé, ou la description de cet idéal c'est précisément le projet d'Anselme qui consiste à proposer un argument à la place d'une multiplicité d'arguments (*multorum argumentorum*). Anselme veut donc par son projet obtenir le même résultat qu'il avait obtenu dans le *Monologion*, avec cette différence que le *Proslogion* doit fournir un argument unique (*unum . . . solum*).

Il apparaît donc clairement que — contrairement à ce qui sera le cas dans les autres opuscules traitant des mystères de la foi — la motivation du *quaerere* dans le *Prooemium* n'est point un doute, une obscurité ou une opacité, ni au point de départ, ni au point d'aboutissement. En effet, les deux "points" sont clairement perçus, aussi bien le fait de l'enchaînement d'une multiplicité d'arguments que l'idéal d'un argument unique. Donc ni le point de départ, ni le point d'aboutissement ne recèlent aucun doute, ni aucune obscurité. En revanche, ce qui est obscur et inconnu c'est le chemin qui doit relier les deux points. C'est pourquoi le *quaerere* a un sens. En effet, si tous les éléments — à savoir le point de départ, le point d'aboutissement et aussi, le chemin qui relie les deux — étaient là, tout serait dans la "clarté" et, par conséquent, on n'aurait plus rien à chercher. Mais ce qui déclenche chez Anselme le *quaerere* c'est la "superposition" d'un "idéal" par rapport à un fait, idéal qu'il se propose d'atteindre à partir de ce fait. C'est en réalité la structure de tout projet, celle de toute recherche qui se donne comme tâche d'atteindre un but précis par une voie que l'on ne connaît pas. C'est donc le chemin, la voie qui est obscure, la voie qui mène à partir du donné vers le but fixé.

b) Quaerere = rechercher

Les chapitres I et XIV donnent du verbe *quaerere* le sens de "rechercher," de "chercher" à propos d'un sujet aussi délicat que l'existence et la nature de la substance divine, sujet que par ailleurs Anselme a déjà examiné naguère dans le *Monologion* par la méthode *sola ratione*. Tandis que dans le *Prooemium*, nous avons relevé le sens "demander," "interroger" du verbe *quaerere*, cette interrogation qu'Anselme s'adresse à lui-même (*coepi mecum quaerere*), à l'intérieur du *Proslogion* le sens sera celui de la recherche qui, certes, se déroule sur le plan de la théologie, mais qui est en même temps englobée par un mouvement de prière à la manière des *Confessiones* de saint Augustin.

Dans son élan de recherche, Anselme procède par une double interpellation la première s'adresse au "faible mortel" [196] et donne les conditions de la recherche de Dieu, conditions tirées du passage bien connu de l'Evangile de saint Matthieu (6:6); la deuxième interpellation s'adresse directement à Dieu, "objet" de la recherche, afin qu'il lui enseigne où et comment le chercher, où et comment le trouver. [197]

Cette deuxième invocation, le *doce me quaerere* sera présente dans les autres opuscules aussi. La recherche anselmienne est une recherche exigeant et supposant une véritable "pédagogie" divine sans laquelle elle serait sans issue. Cette invocation revient même plus loin dans le *Proslogion* I: *Doce me quaerere te, et ostende te quaerenti; quia nec quaerere te possum nisi tu doceas, nec invenire nisi te ostendas. Quaeram te desiderando, desiderem quaerendo. Inveniam amando, amem inveniendo.* [198]

Le sens prédominant du verbe *quaerere* est la "recherche du visage du Seigneur." Cette recherche de Dieu est essentiellement celle du croyant pour qui la recherche — l'accès à l'objet de la recherche — est rendu difficile, pénible, douloureux en raison du péché:

O misera sors hominis, cum hoc perdidit ad quod factus est. O durus et dirus casus ille! Heu, quid perdidit et quid invenit, quid abscessit et quid remansit! Perdidit beatitudinem ad quam factus est, et invenit miseriam propter quam factus non est. [199]

Cette difficulté, cette souffrance est conditionnée par la structure même de la recherche qui est fondamentalement un mouvement de l'esprit vers l'objet de son désir qu'il veut atteindre, qu'il veut trouver. En effet, *quaerere* et *invenire* sont étroitement liés au point de vue structurel à tel point que le *quaerere* sans l'*invenire* est un non-sens; le *quaerere* sans l'espoir de l'*invenire* mène au désespoir. Anselme lui-même nous en avertit dans le *Prooemium* du *Proslogion* en racontant comment il fut déjà amené au bord du désespoir, prêt à renoncer au projet qui apparaissait impossible.

Toutefois, il faut remarquer que le *coepi mecum quaerere* du morceau autobiographique du *Prooemium* et le *quaerere* tel qu'il est décrit et présenté à l'intérieur du *Proslogion* ne se déroulent pas sur le même plan et qu'ils n'ont pas la même portée. Tandis que l'intérieur du *Proslogion*, notamment le chapitre I et XIV, se déroulent dans la perspective de la recherche de Dieu en général — recherche qui est en quelque sorte une obligation de tous les croyants — la recherche présentée dans le *Prooemium* ne concerne qu'une voie, une forme particulière de cette recherche, à savoir la recherche d'un seul argument sur le plan de la raison. Cette dernière n'est imposée aucunement par la foi. Elle découle comme exigence devant la raison d'Anselme, une raison se transformant en une sorte d'autocritique de l'auteur, insatisfait des résultats de ses recherches obtenus lors de la rédaction du *Monologion* (*concatenatio argumentorum*).

Mais il y a aussi une autre différence non négligeable entre les deux mouvements de recherche. Dans le *Proslogion*, en raison même de la première invocation, ce mouvement s'adresse à l'homme — certes, affaibli par le péché — à l'homme en général, à tous les hommes qui sont appelés à la recherche du visage du Seigneur alors que le morceau autobiographique du *Prooemium* ne concerne qu'Anselme il s'y interpelle lui-même. Il serait absurde de supposer qu'Anselme ait jamais eu l'idée de demander aux autres de chercher et de trouver l'*unum argumentum* que lui-même avait tant de mal à percevoir. D'ailleurs, Anselme était conscient du fait que les solutions des problèmes difficiles qui le travaillaient pendant toute sa vie n'étaient pas nécessairement à la mesure des autres. Rappelons qu'à la fin de sa vie, pendant qu'il était absorbé de la solution du problème de l'origine de l'âme, il "demanda encore un sursis" de peur que d'autres, après sa mort, ne trouveraient plus la solution. [200]

Le *quaerere* dans le *Proslogion* se déroule donc sur deux plans différents: celui de la recherche — priante et partant obligatoire — de Dieu d'une part et d'autre part, celui de la recherche rationnelle intense qui, bien que soutenue par la première, n'en découle pas nécessairement comme une exigence pure et simple. [201] Personne ne peut songer à ce que l'idéal de l'*unum argumentum* aurait été pour Anselme une exigence quelconque de sa foi. [202] Cette deuxième invocation — sous la forme d'une prière — pose les deux aspects de la recherche: le "lieu" (*ubi*) ou la voie et la "manière" (*quomodo*) de procéder sur la voie.

Tandis que, dans le *Proslogion*, le sens principal est "rechercher," "chercher" — car, dans le chapitre XIV, Anselme explique clairement ce qu'il faut entendre par là, en utilisant aussi les verbes opposés comme *invenire* — dans les dialogues, le *quaerere* ou *interrogare* est l'opposé de *respondere*, ou mieux, il appelle le *respondere*. Normalement, toute question appelle une réponse, pourtant la réponse n'est pas toujours à portée de la main, elle n'est pas toujours évidente, elle n'est pas toujours donnée. Nous verrons dans le chapitre suivant que certaines conditions doivent être réalisées afin que la réponse puisse être trouvée aisément: une question insensée ne peut pas prétendre nécessairement à une réponse "sensée."

Il faut faire encore une remarque au sujet du *Proslogion*. Toute la recherche s'y déroule à l'intérieur du *cogito*. Anselme aura l'occasion de montrer plus tard que le *cogito* lui-même doit être soumis à une règle, à la règle de la *rectitudo* qui rend le *cogito* vrai, ainsi que nous le verrons dans le chapitre VII. Le *cogito* est vrai lorsqu'il pense être ce qui est et lorsqu'il pense comme n'étant pas ce qui n'est pas. C'est la règle de sa vérité. Cette règle fait apparaître sous un nouveau jour le projet du *Proslogion*. En effet, d'après cette conception, Anselme exerce le *cogito* au plus haut degré, non seulement en pensant Celui qui Est, non seulement en pensant "Celui-qui-ne-peut-pas-ne-pas-être," mais en établissant que "Celui-qui-ne-peut-pas-ne-pas-être" ne peut être même pas pensé comme n'étant pas. C'est le sens du *Proslogion* III qui donne les vraies dimensions du *cogito* dans sa relation avec le critère de la vérité.

En tout cas, dans le *Proslogion*, le *quaerere* a surtout et plutôt le sens de "chercher," motivé par les textes bibliques. Notre intention n'est pas d'analyser l'épistolaire anselmien, nous nous bornerons aux opuscules. Cependant, l'une des *Méditations* (III) est intéressante surtout si on la compare avec le *Proslogion*: on y retrouve cette recherche passionnée de Dieu qui est aussi au centre du *Proslogion*, recherche dont la motivation est purement biblique. Pour illustrer cette parenté, voici un passage tiré de la *Meditatio III*: [203]

> *Ecce, domine, coram te est cor meum. Conatur, sed per se non potest; fac tu quod ipsum non potest. Admitte me intra cubiculum amoris tui. Peto, quaero, pulso. Qui me facis petere, fac accipere. Das quaerere, da invenire. Doces pulsare, aperi pulsanti. Cui das, si negas petenti? Quis invenit, si quaerens frustratur? Cui aperis, si pulsanti claudis? Quid das non oranti, si amorem tuum negas oranti? A te habeo desiderare, a te habeam impetrare. Adhaere illi, adhaere importune, anima mea. Bone, bone, domine, ne reicias eam; fame amoris tui languet, refocilla eam. Satiet eam dilectio tua, impinguet eam affectus tuus, impleat eam amor tuus. Occupet me totum et possideat totum, quia tu es cum patre et spiritu sancto deus solus benedictus in saecula saeculorum, amen.*

Ce passage de la *Méditation III* montre à l'évidence l'enracinement et la motivation bibliques de la recherche anselmienne: *peto, quaero, pulso*, voici les trois verbes tirés de Mt 7:7. Dans sa recherche, Anselme s'adresse au Seigneur, il lui ouvre son coeur. Il essaye (*conatur*), certes, mais il reconnaît son impuissance: par lui-même, il ne peut rien. C'est le Seigneur qui doit faire ce qu'il ne peut pas par lui-même. C'est le Seigneur qui donne le *quaerere* (*das quaerere*), c'est lui qui doit aussi donner l'*invenire* (*da invenire*). Motivé par une "faim," le *quaerere* est un don au même titre que l'*invenire*. Nous sommes ici au sommet de la recherche anselmienne qui se déroule entièrement dans le domaine de la grâce. Le but de cette recherche est que le Seigneur l'"occupe et le possède entièrement." C'est le Dieu du *Proslogion*, celui qui "remplit tout": *Tu ergo imples ... omnia*. [204] C'est ainsi que la recherche et le questionnement anselmiens se transforment sans cesse en une interpellation dramatique culminant dans l'union mystique de l'âme avec Dieu.

V. Dialectique de la "Quaestio" et de la Recherche

non semper facile est insipienter quaerenti sapienter respondere

Nous venons d'examiner les deux acceptions du verbe *quaerere* chez Anselme: il désigne tantôt la recherche, tantôt le questionnement. On peut se demander s'il n'y a pas une relation entre ces deux en réalité, même si au point de vue sémantique, les deux acceptions sont distinctes. C'est à partir de la question, plus exactement, à partir de la nature de la question que nous allons essayer d'éclaircir la relation entre la recherche et le questionnement.

En effet, dans ses dialogues, Anselme qualifie parfois la question de *fatua*, insensée. Pour lui, toute question soulevée n'est pas nécessaire-ment douée d'un sens, d'un sens acceptable. C'est bien cela qu'il montre à son interlocuteur dans un passage intéressant vers la fin du *De casu diaboli*, le seul passage d'ailleurs dont la référence figure dans l'index des oeuvres complètes d'Anselme au terme *quaestio*.

Voici le texte:
> *D. Sed ne taedeat te breviter respondere fatuae interrogationi meae, ut sciam qualiter hoc ipsum quaerentibus respondeam. Quippe non semper facile est insipienter quaerenti sapienter respondere. Quaero igitur unde primum venit malum quod dicitur iniustitia sive peccatum, in angelum qui factus est iustus.*
> *M. Dic tu mihi unde venit nihil in aliquid.*
> *D. Nihil nec venit nec recedit.*
> *M. Cur ergo quaeris unde venit iniustitia quae nihil est?*
> *D. Quia quando iustitia inde recedit ubi erat, dicimus accedere in iustitiam.*
> *M. Dic ergo quod magis proprie et apertius dicitur, et quaere de abscessu iustitiae. Siquidem saepe apta interrogatio expedit responsionem, et inepta reddit impeditiorem.*
> *D. Cur ergo recessit ab angelo iusto iustitia?*
> *M. Si proprie vis loqui, non recessit ab eo, sed ipse deseruit eam volendo quod non debuit.*" [205]

Ce passage du dialogue est très intéressant pour notre propos. En effet, au début de ce passage, nous voyons Anselme établir un certain parallélisme entre la qualité de la question [206] et celle de la réponse lorsqu'il dit qu'il n'est pas toujours facile de donner une réponse sensée (*sapienter respondere*) à celui qui pose la question d'une manière insensée, *insipienter quaerenti*. [207] Selon lui, il existe donc des manières "insensées" de poser des questions ou d'interroger — et il en a dû faire l'expérience dans ses fréquentes conversations avec des gens très divers — qui rendent difficile une réponse douée de sens (*sapienter respondere*: Schmitt I,275). Anselme reconnaît donc qu'il existe une corrélation "qualitative" entre la question et la réponse. Et d'insister encore sur ce fait un peu plus loin: souvent l'interrogation apte (question bien posée) — ajoute-t-il — rend la réponse facile tandis que la question impertinente la rend plus difficile (*Siquidem saepe apta interrogatio expedit responsionem, et inepta reddit impeditiorem*. Schmitt I,275).

Pour comprendre la portée de cette remarque, il faut se rappeler que dans le contexte il s'agit de l'origine du mal: d'où "vient" le mal [208] dans l'ange, le mal que l'on appelle l'injustice ou péché? C'est le Disciple qui pose cette question au Maître dans ces termes. Or cette question est mal posée et il est difficile d'y répondre. En effet, comment peut on dire que le mal (péché) "vient" alors que le mal est néant? Un homme sensé doit savoir que le mal est un néant (*nihil*) et que, par conséquent, comme le "néant ne vient pas," le mal ne vient pas non plus. L'injustice du péché est un néant. Il faut donc parler plutôt de la perte de la justice, de la disparition, de l'absence, de l'éloignement (*abscessus iustitiae*: Schmitt I,275) de la justice. Dans sa question initiale, le disciple a commis une double erreur: (1) il n'a pas réfléchi sur la nature du mal (péché, injustice) qui n'est pas "quelque chose," mais l'"absence" de quelque chose, donc un néant; (2) en conséquence, il a utilisé un verbe de mouvement (*venire*) qui, de soi, ne doit être attribué qu'à une réalité positive, à ce qui existe. L'inexistant, le néant, ne peut pas "venir."

Ces remarques au sujet de la "qualité" de la question à poser dont dépend la "qualité" de la réponse sont singulièrement éloquentes. Elles révèlent en effet les conditions dans lesquelles la question doit être posée et, en dernière analyse, elles ramènent directement à l'autre acception du verbe *quaerere*: chercher, faire de la recherche. Car les remarques d'Anselme portent sur l'attitude à observer par celui qui veut poser une question: celui-ci doit, avant de poser la question, procéder à l'analyse du contenu du terme à remettre en question, en l'occurrence à celle du terme "mal." Avant de poser une question à son sujet, il faut "chercher" à comprendre ce qu'est le mal, il faut achever une réflexion, bref, il faut que l'analyse du contenu du "mal" précède le questionnement. Ensuite, après l'analyse de l'objet du questionnement, la recherche "critique" doit porter sur les relations envisagées entre l'objet du questionnement (le mal, sa nature) et le ou les verbes et ses compléments que l'on entend mettre en relation avec l'objet du questionnement (*venire*).

Cependant, pour bien montrer les conditions du questionnement "sensé," Anselme nous amène aussi à réfléchir sur le plan linguistique, celui de la *significatio*. En effet, il pose la question concernant la signification du mot, en l'occurrence sur celle de *malum* et de *nihil*. Par conséquent, celui qui pose la question doit avoir réfléchi sur la signification du terme qu'il entend utiliser. Dans le cas concret du *malum*, Anselme pose le dilemme suivant: ou bien le *malum* est *nihil*, ou bien le terme *malum* signifie *nihil*, ce qui équivaut à *non aliquid*. Et dans les deux cas, la question fondamentale demeure: qu'est-ce que le *nihil* (néant)? Dans sa recherche linguistique, pour clarifier la question, Anselme sépare, pour les réunir en suite dans une corrélation réciproque, la question de la "chose" en elle-même (*malum*) et la signification du terme *malum* qui désigne cette chose. [209]

Nous découvrons donc dans ce cas précis toute la structure dialectique [210] du questionnement qui doit être précédé par une recherche en deux directions: recherche par analyse et recherche de la synthèse. Ainsi, la question posée selon ces conditions sera-t-elle d'une part le résultat de la recherche — et l'on retrouve d'emblée dans une symbiose étroite les deux acceptions du verbe *quaerere* — et d'autre part, du même coup, elle facilitera la réponse. En effet, une question mal posée faute d'une réflexion et d'une recherche qui la précèdent, exigera à nouveaux frais une recherche de clarification et elle rendra la réponse difficile. "D'où vient le mal?" — cette question est mal posée car celui qui l'a formulée n'a pas réfléchi et n'a pas recherché le sens précis du mal. Il faut savoir ce qu'est le mal: est-il une réalité positive ou simplement une absence ou une déficience — avant de demander "d'où il vient."

Le verbe "venir" et son complément circonstanciel de lieu "d'où" ne peuvent avoir aucune relation avec quelque chose qui n'est pas, le *nihil* ne peut pas "venir" de "quelque part." Ces remarques d'Anselme montrent que toute question n'a pas nécessairement un sens et que, par conséquent, toute question ne sollicite pas nécessairement une réponse. Elles montrent aussi que seules les questions issues d'une réflexion, d'un effort d'analyse et de synthèse peuvent prétendre à une réponse, à une réponse facile et adéquate.

Ce sera la règle fondamentale du dialogue qui, fondé sur la structure question-réponse, ne peut se dérouler que si l'interlocuteur qui interroge consent à un véritable effort de "recherche." Ainsi, le questionnement — la position ou la formulation d'une question — doit-il être précédé par la recherche de même qu'il y aboutit nécessairement. La recherche est donc présente aussi bien à la genèse du questionnement qu'à son aboutissement. En d'autres termes, la recherche "englobe" le questionnement. En inversant les termes, on peut dire que chez Anselme la question jaillit de la recherche et que, loin d'être son terme, elle aboutit à de nouvelles recherches dans la réponse même qui, elle aussi, est une recherche. On ne peut pas établir une relation plus profonde entre les deux sens fondamentaux du *quaerere* qui, répétons-le, est tout à la fois recherche et questionnement. Si Heidegger dira que tout questionnement est une recherche,[211] Anselme est allé plus loin en posant la recherche à la fois à l'origine et à l'aboutissement du questionnement.

On peut pousser encore plus loin les remarques d'Anselme. Si le questionnement a ses conditions, c'est qu'en quelque sorte il est soumis à des règles qui le rendent soit "authentique," "vrai," soit "faux," "insensé" et qui, par conséquent, empêchent plutôt la réponse qu'elles ne la sollicitent. Nous avons déjà montré dans un contexte historique large combien dans le milieu culturel chrétien le questionnement est en étroite relation avec l'authenticité et la vérité. [212]

Bien sûr, nous sommes à même de poser des questions pour n'importe quel motif et n'importe comment en nous soustrayant aux règles élémentaires de la logique des associations conceptuelles ou réelles. Mais alors ces questions ne pourront pas prétendre à une réponse au même titre que celles qui jaillissent d'une recherche authentique, fondée sur la réalité et la vérité. [213] L'homme peut poser — et il pose souvent — des questions chimériques. Mais ces dernières, ou bien elles n'auront pas de réponse ou bien elles n'aboutiront qu'à des réponses également chimériques et toute la recherche ultérieure sera fondamentalement viciée et entachée de chimères.

Le dialogue qui consiste à poser des questions et à y répondre a donc ses exigences. Il exige une réflexion continuelle sur le terme qu'on utilise, sur le contenu exact du terme de ce que l'on met en question, sur la relation entre le contenu du terme et le réel et, enfin, sur les relations que ce contenu peut avoir avec la manière dont on veut la mettre en question (verbe, adverbe, autres compléments). Ce sont certes des conditions grammaticales, logiques ou ontologiques nécessaires pour le bon déroulement de la démarche logique et pour que la *ratio* soit effectivement la *ratio veritatis*. Mais il existe aussi d'autres conditions, d'ordre moral voire théologal, requises par le questionnement et la recherche d'objets tels que ceux qui passionnaient Anselme pendant toute sa vie.

VI. Les Conditions de la Recherche

Même si elle peut viser l'infini de Dieu, "dire l'Ineffable," [214] la recherche a ses limites, ses conditions, ses exigences. Riche en expérience de son époque, Anselme nous met en garde contre les sophistes et leurs sophismes. [215] Cette mise en garde découle directement de l'une des conditions de la recherche anselmienne. En effet, celle-ci se déroule à l'intérieur de l'Eglise, c'est une recherche "ecclésiale," ainsi que Barth l'a déjà mis en relief sans toutefois avoir assumé jusqu'au bout la pensée d'Anselme. [216] En raison même de son caractère ecclésial, le *quaerere* exige la soumission, il exige l'humilité. Aussi paradoxal que cela apparaisse aux yeux de ceux qui, comme un certain nombre d'historiens du Moyen Age, ne voyaient en Anselme que le champion de la *ratio*, il faut reconnaître que la recherche proprement rationnelle d'Anselme, cette recherche qui prend d'un côté tout son être et qui d'un autre côté lui ouvre la voie vers l'infini — le *id quo maius cogitari non potest* — jaillit d'un certain nombre d'exigences qui peuvent sembler au non-initié comme autant d'entraves à la liberté de la recherche, voire à la liberté tout court. Or, ce sont précisément ces contraintes, ces "entraves" apparentes qui empêchent Anselme de s'égarer dans sa recherche, ce sont ces exigences et conditions morales [217] qui lui permettent d'aller tout droit vers le but qu'il s'est fixé. [218]

1. La Magna Charta de la recherche

Tout comme dans son action politico-religieuse, [219] dans sa recherche rationnelle, Anselme ne veut pas se départir d'un certain nombre de principes qui lui semblent essentiels précisément pour sauvegarder la liberté et l'indépendance de son esprit. C'est dans l'*Epistola de incarnatione Verbi* qu'il expose les conditions morales de la recherche. [220] L'occasion de la rédaction de cet opuscule fut l'affirmation d'un clerc de France — Roscelin de Compiègne — qui, à l'époque où Anselme fut encore abbé du Bec, proposa le raisonnement suivant: *Si ... in deo tres personae sunt una tantum res et non sunt tres res unaquaeque per se separatim, sicut tres angeli aut tres animae, ita tamen ut voluntate et potentia omnino sint idem: ergo pater et spiritus sanctus cum filio est incarnatus.* [221] La conclusion que Roscelin tira de son raisonnement est que, contrairement à la doctrine traditionnelle de l'Eglise, les trois Personnes divines seraient également incarnées.

La réponse d'Anselme dans cette controverse fut déjà diffusée pendant son abbatiat. Puisque Roscelin continuait à persévérer dans son erreur, Anselme s'est vu obligé de reprendre la question à fond dans une deuxième rédaction définitive réalisée pendant son archiépiscopat. Comme Roscelin s'érigea en champion de la dialectique et que sa recherche se déroulait sur le plan de la *ratio*, Anselme a pu saisir l'occasion pour exposer les conditions dans lesquelles cette recherche doit être menée compte tenu du caractère spécifique du sujet de la recherche, à savoir l'un des mystères les plus difficiles de la foi chrétienne. Insistons cependant sur le fait que, bien que pour Anselme, il ne s'agisse pas ici de déterminer les conditions générales de toute recherche, mais celles, spécifiques, concernant la recherche des raisons dans l'élucidation des mystères de la foi, les événements de l'époque démontrent aux yeux d'Anselme que le mépris des règles ainsi posées peut entraîner des conséquences désastreuses même dans le domaine de la pensée, notamment dans celui de la "dialectique."

Le destinataire est le pape Urbain II auquel Anselme, déjà archevêque de Canterbury, dédie l'ouvrage. Cette circonstance donne à Anselme l'occasion d'exposer le procédé qu'il entend mettre en oeuvre et qu'il présente aussi comme exemple pour tous ceux qui veulent discuter des mystères de la foi. Il commence donc par affirmer l'autorité du Souverain Pontife en matière de foi, de vie chrétienne et du gouvernement de l'Eglise:

> *Quoniam divina providentia vestram elegit sanctitatem, cui fidem et vitam Christianam custodiendam et ecclesiam suam regendam committeret, ad nullum alium rectius refertur, si quid contra catholicam fidem oritur in ecclesia, ut eius auctoritate corrigatur; nec ulli alii tutius si quid contra errorem respondetur ostenditur, ut eius prudentia examinetur. Quapropter sicut nulli dignius possum, ita nulli libentius praesentem epistolam quam vestrae destino sapientiae, quatenus si quid in ea corrigendum est, vestra censura castigetur, et quod regulam veritatis tenet, vestra auctoritate roboretur.* [222]

Anselme se soumet donc d'avance à la censure d'Urbain II: que celui-ci corrige ce qui est à corriger et qu'il corrobore avec son autorité ce qui est conforme à la règle de la vérité dans la lettre d'Anselme. Cet esprit de soumission n'est pas nouveau chez Anselme. Rappelons-nous que même lorsqu'il s'agissait d'un sujet profane, tel le "grammairien," il se montra prêt à accepter la critique de ceux qui auraient trouvé que sa démarche n'aboutissait pas. [223] A plus forte raison, Anselme se soumet à l'autorité du Souverain Pontife lorsqu'il s'agit d'élucider un sujet qui relève directement du domaine de la foi, tel la question de savoir si, oui ou non, toutes les Personnes divines sont incarnées. La présence de l'autorité de l'Eglise est pour lui primordiale lorsqu'il s'agit de discuter un problème touchant à la doctrine de la foi, à la vie ou au gouvernement de l'Eglise. [224] Quant à la place, dans la vie d'Anselme, de l'autorité en ce qui concerne le gouvernement de l'Eglise, la période de sa vie d'archevêque de Canterbury avec, comme conséquences, les tracasseries et les exils, est suffisamment éloquente.

Donc le respect de l'autorité — celle de l'Ecriture, celle des Pères et celle du Souverain Pontife [225] — fait partie selon Anselme des conditions morales nécessaires de la recherche. Cependant, cette recherche, en raison même de son caractère ecclésial et communautaire, requiert des conditions spéciales chez l'individu. Elle exige avant tout une attitude fondamentale: aucun chrétien ne doit discuter le bien-fondé de ce que l'Eglise catholique croit et professe, mais il doit chercher avec humilité et dans la mesure du possible les raison du bien-fondé de la foi en la tenant fermement (*indubitanter*), en l'aimant et en vivant selon cette foi. [226] Nous nous sommes déjà attardé à ce passage dans le chapitre III lorsque nous avons analysé les caractéristiques du questionnement anselmien. Anselme distingue deux modes de questionnement: le *quomodo non est* et le *quomodo est*. Le premier mode est interdit au Chrétien quand il s'agit d'un objet de la foi. Et c'est tout à fait logique. En effet, pour Anselme, la foi c'est la vérité, car elle vient de Dieu, source de toute vérité. Il serait donc tout à fait illogique — puisque contradictoire — de "remettre en question" ce que la foi enseigne.

Cette remise en question pourrait s'opérer aussi par un *an non sit*, en remettant en question l'existence même de ce que la foi enseigne, mais Anselme n'envisage même pas cette hypothèse. Il l'a déjà écartée dans le *Proslogion* face à l'insensé qui pose l'hypothèse *Non est Deus*. N'oublions pas que, de toute façon, cette hypothèse ne pouvait intervenir que face à un incroyant. Il reste donc l'autre hypothèse de questionnement réservé aux Chrétiens — puisque Roscelin lui-même se considérait comme tel — et qui concerne uniquement le *quomodo* dans sa forme affirmative (comment est — *quomodo sit*) et négative (comment n'est pas — *quomodo non sit*). En d'autres termes, le questionnement concerne uniquement la manière dont la chose est, la manière dont nous comprenons la chose. En effet, le questionnement surgit chez quelqu'un du fait qu'il ne peut pas comprendre ce qu'il croit (*quod credunt, intelligere non possunt, Epistola de incarnatione Verbi* I: Schmitt II,8) et qui pour cette raison commencent à contester la vérité de la foi pourtant confirmée par les Pères de l'Eglise (*disputant contra eiusdem fidei a sanctis patribus confirmatam veritatem . . . Epistola de incarnatione Verbi* I: Schmitt II,8). Le *quomodo non sit* trouve donc son équivalent dans le *disputare contra* (*Epistola de incarnatione Verbi* I: Schmitt II,6). De l'incompréhension s'ensuit donc l'attitude purement critique et négative. Or, Anselme montre que pareille attitude comporte un double danger: elle mène nécessairement au naufrage de la foi mais, de plus, elle peut mener aussi au naufrage de la raison comme telle ainsi que le montre précisément l'exemple des dialecticiens visés par lui. Ceux-ci sont devenus, certes, hérétiques au point de vue de la foi mais en même temps ils sont devenus "hérétiques" dans leur propre domaine, c'est-à-dire la dialectique. En effet, ils commettent les pires erreurs dans leur propre domaine. Ils pensent que les substances universelles ne sont que *flatus vocis*; pour eux, la couleur ne peut être que le corps; la sagesse humaine n'est autre chose que l'âme; ils sont incapables de comprendre comment plusieurs hommes constituent l'espèce humaine; il sont incapables de faire la différence entre le cheval et sa couleur et ils ne reconnaissent que l'individu (*Epistola de incarnatione Verbi* I: Schmitt II,9-10).

La raison de ce double échec est l'orgueil, l'autosuffisance. Le remède c'est la purification du coeur par la foi (*Epistola de incarnatione Verbi* I: Schmitt II,8), l'apprentissage de la vrai sagesse, une vie selon l'esprit et non pas selon la chair. Car l'orgueil obscurcit même la raison (*Epistola de incarnatione Verbi* I: Schmitt II,10). La vraie recherche exige donc que celui qui s'aventure dans le domaine des questions théologiques, possède d'abord la foi solide, des moeurs irréprochables et la sagesse afin d'éviter les pièges d'une erreur tenace en laissant s'entraîner avec une légèreté imprudente dans les innombrables labyrinthes des sophismes (*Epistola de incarnatione Verbi*:

Schmitt II,9).

Anselme montre donc par une voie négative (existence des erreurs philosophiques) que les conditions morales exigées par la recherche sont raisonnables. Ceux qui refusent ces conditions risquent de se tromper même dans le domaine de la pure raison. L'autorité de la foi nous préserve même dans le domaine de la science profane puisque, paradoxalement, c'est la foi qui authentifie même la raison. [227]

Cependant, pour éclaircir les conditions de la recherche, Anselme va jusqu'au bout de sa pensée et il envisage même l'hypothèse extrême où l'autorité n'intervient pas parce qu'elle n'est plus en jeu. Voici la solution qu'il propose à la fin de son *Epistola de sacrificio azimi et fermentati* qui montre clairement les conditions d'un dernier recours à la raison dans l'absence de toute autorité pour résoudre la question: *Quod autem sine omni auctoritate et ratione fit contra rationem, absque dubio rationabiliter repudiandum iudicatur.* [228] Nous le traduisons "Ce qui se fait contre la raison sans aucune autorité ni raison doit être jugé sans aucun doute digne de rejet d'une manière raisonnable." En d'autres termes, lorsque l'autorité (ecclésiastique) est absente et que l'on ne peut proposer aucune raison valable, on peut rejeter raisonnablement l'opinion de quelqu'un. Cette hypothèse envisage donc le cas où une opinion est prônée (1) sans aucune autorité (c'est-à-dire, sans qu'elle puisse s'appuyer sur une autorité quelconque); (2) sans aucune raison, mais contre la raison alors: dans l'absence d'autorité, c'est la raison qui juge que pareille opinion ou coutume (car il s'agit concrètement d'usages en matière de liturgie) peut être rejetée raisonnablement. C'est donc la raison qui devient alors la dernière instance précisément parce qu'elle a reçu son authentification par la foi.

2. Humiliter ... quaerere rationem

L'acceptation préalable de la soumission à l'autorité — autorité des Ecritures, autorité du Successeur de Pierre — est l'une des caractéristiques de la recherche anselmienne. Et l'on pourrait s'attendre à ce que cet esprit de soumission freine l'effort de recherche d'Anselme. La réaction malveillante de certains milieux après la publication et la diffusion du *Monologion*, premier opuscule d'Anselme, aurait pu le décourager. [229] Mais il n'en fut rien. Tout en acceptant les corrections et les critiques — jusqu'à la destruction complète de son opuscule — de la part de Lanfranc, alors archevêque de Canterbury, Anselme ne cède ni devant la critique malveillante ni devant la pression de ceux qui, par manque d'une intelligence suffisante, se montrent plus prompts à la critique et à la méfiance. [230]

Anselme témoigne encore de cette humble soumission à la critique des autres à la fin du *De grammatico*, dialogue subtil, d'un sujet "profane," l'unique écrit profane d'Anselme. Voici l'épilogue adressé par le maître au disciple déclarant ne pas être en mesure de proposer aucune objection contre les affirmations du maître:

> *Tamen quoniam scis quantum nostris temporibus dialectici certent de quaestione a te proposita, nolo te sic iis quae diximus inhaerere, ut ea pertinaciter teneas, si quis validioribus argumentis haec destruere et diversa valuerit astruere. Quod si contigerit saltem ad exercitationem disputandi nobis haec profecisse non negabis.* [231]

Toute la *quaestio* concernant le grammairien — question tant discutée au temps d'Anselme par les dialecticiens — peut être remise en cause selon lui. Le disciple ne doit pas prêter aux arguments proposés une adhésion aveugle. Anselme laisse donc la porte ouverte à la recherche ultérieure si, en présence d'arguments plus valables, quelqu'un rejette ses affirmations. On voit aussi que dans ce dialogue, la recherche se poursuit sur un terrain qui n'a pas de relation directe avec la foi. Donc aucune de ses assertions n'ayant point de rapport avec celle-ci, il admet volontiers que l'on les remette en question.

Toutefois — et c'est une réserve importante — au cas où quelqu'un proposerait d'autres arguments plus valables, le disciple devrait admettre au moins que lui — ainsi que le maître — pouvaient bien tirer du profit de cette question par l'exercice même de la dispute. Dans d'autres contextes, le profit qu'Anselme espère tirer de ses recherches n'est pas tellement l'exercice de la dialectique (*disputatio*), mais une véritable joie résultant de la jouissance intellectuelle que présente la démonstration, la recherche et l'invention des arguments en faveur de la *quaestio* obscure ou difficile.

L'humilité de la recherche apparaît aussi dans une lettre qui montre combien Anselme préfère, tout comme son maître Lanfranc, un illettré qui cherche ce qui appartient à Dieu aux lettrés qui par leur astuce ne cherchent finalement qu'eux-mêmes. [232] L'esprit de recherche anselmienne témoigne encore de cette humble soumission quand il s'agit des problèmes relevant de la foi. C'est ainsi qu'Anselme se soumet d'avance à l'autorité du pape Urbain II lorsqu'il lui présente le *Cur deus homo*.

> *Quapropter, mi pater et domine, Christianis omnibus cum reverentia amande et cum amore reverende papa Urbane, quem dei providentia in sua ecclesia summum constituit pontificem: quoniam nulli rectius possum, vestrae sanctitatis praesento conspectui subditum opusculum, ut eius auctoritate quae ibi suscipienda sunt approbentur, et quae corrigenda sunt emendentur.* [233]

A part le *De grammatico* — sujet discuté volontiers par les dialecticiens de l'époque — les sujets de recherche anselmiens relèvent des mystères de la foi. Du coup, en raison même de la nature de l'objet de la recherche, l'attitude du chercheur doit être conditionnée. Même dans la vie actuelle, l'attitude de celui qui fait des recherches bibliographiques dans une bibliothèque paisible n'est en rien comparable avec l'attitude que requièrent par exemple les recherches nucléaires ou les recherches spatiales où la moindre erreur ou la moindre inattention peuvent mener aux pires catastrophes. Le conditionnement de l'attitude du chercheur par l'objet de sa recherche est une évidence. De même chez Anselme. Son attitude est complètement différente lorsqu'il cherche à pénétrer *aliquatenus* — du moins jusqu'à un certain point — les mystères de l'infini, celui du *aliquid quo nihil maius cogitari possit*. Notons enfin que si — ainsi que Pierre Hadot l'a montré sur un certain nombre d'exemples — la philosophie est conçue par les philosophes comme une "purification de l'âme," comme "un exercice spirituel" [234] la recherche comme telle appelle chez Anselme un effort d'humilité. Nous sommes ici à un niveau plus profond et plus fondamental que celui de la construction de systèmes de pensée. La simple recherche d'une vérité particulière exige l'humilité, cette vertu que précisément les païens et leurs philosophes ignoraient et qui est présentée comme spécifiquement chrétienne par saint Paul (Ph 2:5-12).

3. Condition de la recherche inconditionnelle: La voie vers l'infini

Dans le domaine des questions profanes, Anselme se montre ouvert et accueillant dans sa recherche vers les arguments des autres. Cette ouverture devient une véritable docilité lorsqu'il s'agit d'approcher des mystères de Dieu, une véritable docilité dans la recherche même. Nous devons rappeler ici les paroles d'Anselme prononcées sous la forme d'une prière dans le *Proslogion* I: *Doce me quaerere te, et ostende te quaerenti; quia nec quaerere te possum nisi tu doceas, nec invenire nisi te ostendas. Quaeram te desiderando, desiderem quaerendo, inveniam amando, amem inveniendo.* [235]

Par ces paroles d'un style qui rappelle les jeux de mots si chers à Augustin mais toujours si profonds et significatifs, Anselme pose comme condition de la recherche de Dieu la docilité: c'est Dieu qui doit lui apprendre à Le chercher. La recherche de Dieu — sens éminent du *quaerere* chez Anselme — demande avec l'humilité et l'ouverture cette docilité qui, par ailleurs est le gage même de l'invention, but logique de la recherche. De plus, la recherche devient un véritable désir (*quaeram te desiderando*) dont l'achèvement est l'amour de celui qu'on retrouve (*inveniam amando, amem inveniendo*). Enfin — et c'est une remarque capitale — chez Anselme la recherche, le *quaerere* se confond avec la prière: il demande à Dieu de lui "enseigner le *quaerere*" et de se montrer à celui qui cherche (*ostende te quaerenti*). Il serait tout à fait faux de parler de la recherche anselmienne en oubliant son ancrage dans la vie priante du moine.

Nous avons souligné dès le début que la recherche anselmienne est en étroite relation avec la foi, c'est la foi qui fournit les objets même de cette recherche. Or, la foi est essentiellement un accueil et elle suppose une ouverture totale vers ce qu'elle doit accueillir. Cette ouverture totale de l'homme qui cherche a un double visage.

(1) Sur le plan de la grâce, elle consiste en une ouverture vers la demande, elle suppose une docilité foncière à l'égard de Dieu qui doit permettre et stimuler la recherche. C'est le sens de l'invocation *Doce me quaerere te*.[236] L'homme qui veut chercher le visage du Seigneur ne doit poser aucune condition, il doit s'ouvrir entièrement pour que Dieu puisse lui donner le *quaerere* qui, selon Augustin, passe par une dialectique continuelle entre *quaerere* et *invenire*. Augustin l'a déjà dit, c'est un don gratuit de Dieu, c'est Dieu qui se donne à l'homme afin qu'il le cherche et dans ce sens le *quaerere* anselmien dépasse ce que l'homme pourrait donner par lui-même.[237]

(2) Sur le plan purement rationnel — celui du "discours selon la nécessité"[238] — la recherche anselmienne consiste en une montée continuelle[239] vers l'objet de sa recherche qui est Dieu ou le plan de Dieu pour l'homme (Incarnation — rédemption: histoire du salut).[240] Or, cette recherche *sola ratione* exige aussi une ouverture totale de l'homme qui cherche, cette ouverture qui est imposée et donnée par le principe dialectique du *Proslogion*, *id quo maius cogitari non potest*. Pour atteindre le but qu'Anselme vise par ce principe (prouver que Dieu est vraiment, c'est-à-dire qu'il n'est limité ni dans le temps ni dans l'espace), il faut que l'esprit humain soit prêt à dépasser dans un premier temps tout ce qui pourrait entraver l'élan déclenché par ce principe et dans un deuxième temps à se dépasser lui-même en dépassant sa propre "capacité de penser" (*cogitari posse*). Ce principe dialectique, en effet, implique une double ouverture: une ouverture vers tout ce qui est et vers tout ce qui peut entrer dans notre champ de perception sensible et rationnelle; et une ouverture vers ce que la réflexion sur la nature même de notre champ de perception nous dévoile et qui doit être également dépassé si, pour une raison quelconque, la visée de cette réflexion devrait apparaître comme limitée. Et c'est le sens du *quiddam maius quam cogitari possit*.[241] Par ce double dépassement, l'homme écarte d'une part les conditions — et partant les limitations — que lui imposent les *res* qu'il pense et d'autre part les conditions — et partant les limitations — que lui impose la pensée elle-même. Pour Anselme, c'est l'unique voie vers Dieu, c'est l'unique

voie vers l'Absolu, [242] vers l'infini, c'est la voie de la recherche absolument inconditionnelle où, enfin, les conditions imposées par la res [243] aussi bien que celles imposées par le *cogitari posse* sont écartées. On voit bien, il ne s'agit pas là d'un dépassement par quantité ou par ensembles quantitatifs — ainsi que Vuillemin le prétend — mais d'un double dépassement qualitatif par rapport à tout ce qui est pensable et par rapport à la pensée elle-même.

Voilà les "conditions" de la recherche inconditionnelle de saint Anselme. Et la séparation que nous venons d'effectuer entre le plan de la grâce et celui de la raison pour mettre en relief le double aspect de la recherche inconditionnelle n'est pas nécessairement consommée en fait dans l'oeuvre d'Anselme. Un passage du *De conceptu virginali*, [244] rédigé vers la fin de sa vie, [245] le montre à l'évidence où celui-ci, riche d'une longue expérience de recherche rationnelle, laisse insinuer que c'est Dieu qui lui "révèle" même les *rationes*, c'est de Dieu qu'il attend la "révélation" des *rationes*, car il s'agit du mystère de Dieu. [246]

VII. Une Critique de la Recherche anselmienne

"Sola fide" contre "sola ratione"

Face à cet effort de recherche et de questionnement qui remplit littéralement l'esprit d'Anselme — questionnement qui gravite autour de la question primordiale *Quid est Deus?* —"Qu'est-ce que Dieu?" — et qu'il veut élucider par une recherche purement rationnelle — les réactions ne pouvaient pas tarder. De même que le *Monologion* provoqua sans tarder la réaction malveillante de son entourage ou que le *Proslogion* suscita immédiatement la réponse d'un "insensé croyant," de même la méthode fondamentale — *sola ratione* — ainsi que la question fondamentale *Quid est Deus* valurent à Anselme une critique radicale de la part de Hugues de Saint-Victor. [247]

En effet, l'exposition devenue classique de la définition paulinienne de la foi donna à Hugues l'occasion de faire une critique de la connaissance de Dieu, critique qui s'adressa à un adversaire anonyme mais qui, selon toute vraisemblance, visa saint Anselme, et cela à un double titre. D'abord, Hugues refuse la méthode anselmienne exprimée par la *sola ratione* en lui opposant la méthode *sola fide*. [248] Ensuite, en se servant d'une gnoséologie qui appelle de sérieuses réserves, il rejette catégoriquement la question *Quid est Deus* — question que nous trouvons aussi bien dans les *Naturales quaestiones* de Sénèque (I, *Praefatio*) que dans un traité anonyme attribué à saint Augustin mais qui apparaît seulement à l'époque carolingienne — en même temps qu' il déclare: ... *dico quia incogitabilis est Deus.* Cette déclaration catégorique se dirige sans aucun doute contre la formule anselmienne *id quo maius cogitari non potest.* Au début du même chapitre 2, Hugues oppose à la méthode *sola ratione* d'Anselme la méthode *sola fide* lorsqu'il explique la définition de la foi donnée dans l'Epître aux Hébreux 11:1: *Secundum quam acceptionem non irrationabiliter etiam argumentum non apparentium dicitur; quia quae ratione humana non comprehendimus, sola fide nobis credibilia esse et vera persuademus.* [249]

Selon Hugues, seule la foi permet de connaître ou de "voir" ce qu'est Dieu. Pour lui, entre l'alternative de *credi* et de *comprehendi*, il n'y a aucun intermédiaire possible. En effet, dans notre connaissance de Dieu, Hugues distingue le fait de l'existence de Dieu (*quia est*) que, selon lui, nous ne connaissons que par la seule foi (*sola fide creditur*) d'une part et d'autre part la "quiddité" de Dieu qui répond à la question *Quid est Deus?* — Qu'est-ce que Dieu? Cette dernière question supposerait une "compréhension," une saisie plénière ce qui, à son avis, est impossible pour l'homme.

Les prémisses de la critique du Victorin découlent directement de son analyse et de son interprétation de la définition paulinienne de la foi — définition qui, selon lui, dit plutôt ce que produit la foi et non pas ce qu'elle est. Lisons d'abord le texte avant de procéder à son analyse:

Secundum quam acceptionem [écrit Hugues de Saint-Victor] *non irrationabiliter etiam argumentum non apparentium dicitur; quia quae ratione humana non comprehendimus, sola fide nobis credibilia esse et vera persuademus. Quod si hanc diffinitionem alio modo exponimus possumus dicere quod fides non in eo quod sit, sed quod faciat diffinitur, ut sit sensus "Fides est substantia," id est subsistentia, "rerum sperandarum," id est, futurorum bonorum, quae ventura sperantur a nobis, et quae sola digna sunt spe et exspectatione nostra, quoniam in ipsis constat bonum nostrum. Est ergo "fides substantia rerum sperandarum" quia bona invisibilia quae per actum nondum praesentia sunt, jam per fidem in cordibus nostris subsistunt; et ipsa fides eorum in nobis subsistentia eorum est.*

Cum enim res quaelibet apud nos subsistant vel per actum, quando videlicet praesentes sensu comprehenduntur, vel per intellectum, quando absentes, vel etiam non existentes in similitudine sua et in imagine per intellectum capiuntur; vel etiam per experientiam, quando ea quae in nobis sunt sentiuntur a nobis, ut est gaudium, tristitia, timor et amor, quae subsistunt in nobis et sentiuntur a nobis nullo horum modorum invisibilia Dei comprehenduntur a

> *nobis quae credi solum possunt, comprehendi omnino non possunt. Neque enim actu praesentia sunt ut sensu comprehendantur, quia nec corpora sunt nec in corporalibus subsistunt. Neque in similitudine aliqua imaginabiliter ab animo comprehendi possent, quia longe omnem similitudinem et corporum et corporalium suae divinitatis et puritatis excellentia transcendunt. Neque quemadmodum illa quae in nobis sunt et sentiuntur a nobis; quoniam neque de substantia animi sunt, neque de his que in animo subsistunt. Ergo fide sola subsistunt in nobis; et subsistentia eorum est fides eorum, qua [quae] creduntur quia sunt, sed non qualia sunt comprehenduntur. Ergo Deus credi potest, comprehendi omnino non potest.*
> *Dicis mihi quid dicam? Quid est Deus? Ego tibi respondeo quod indicibile omnino est quid est Deus. Saltem, inquis, quid cogitabo quando cogitare volo quid est Deus? Saltem, inquis, quid cogitabo quando cogitare volo quid est Deus? Amplius dico quia incogitabilis est Deus. Quidquid dicitur vel cogitatur, secundum aliquid dicitur vel secundum aliquid cogitatur. Quod enim secundum aliquid dici vel cogitari non potest, dici omnino et cogitari non potest. Quid ergo dices vel cogitabis, cum id quod deus est dicere vel cogitare volueris. Si terram cogitas, si coelum cogitas, si omnia quae in coelo sunt et in terra cogitas, nihil horum est Deus. Denique si spiritum cogitas, si animam cogitas non est hoc Deus. Scio, inquis, quod hoc non est Deus, tamen hoc simile Deo est, et similitudine sua Deus demonstrari potest. Vide quale simile si spiritum demonstrare velles et corpus ostenderes; qualis similitudo haec esset et tamen plus longe est Deus et spiritus quam spiritus et corpus. Omne enim enim quod creatum est minus ab invicem distat, quam ille qui fecit ab eo quod fecit. Non potest cogitari Deus quid est, etiam si credi potest quia est, non qualis est comprehendi. "Quod," inquit Apostolus, "nec oculus vidit, nec auris audivit, nec in cor hominis ascendit (1 Cor 2:9)" hoc est illud quod dicere volumus, si tamen dicere possumus quod cogitare non possumus. Quod nec oculus vidit, nec auris audivit, quia sensu non percipitur. "Nec in cor hominis ascendit" quia cogitatione non comprehenditur.* [250]

Dès le début de son traité où il s'agit d'éclaircir la définition de la foi donnée dans Hébreux 11:1, Hugues attaque, pour les réfuter, ceux qui prétendent qu'on puisse penser (*cogitare*) Dieu. Il est impossible de ne pas y voir une critique du *Proslogion* d'Anselme où l'approche de Dieu est fondée sur le *cogito*, plus exactement sur le *cogitari posse*. [251] La doctrine fondamentale de Hugues est que c'est par la seule foi (*sola fide*, sur le plan de la connaissance ainsi que pour Luther plus tard sur le plan de la justification) que nous pouvons nous persuader de la vérité des choses que nous ne sommes pas capables d'appréhender par la raison. Il est d'autant plus plausible de supposer ici une critique de Hugues contre Anselme qu'il s'agit d'affirmer la *sola fide* qui est diamétralement opposée à la *sola ratione*, expression de la méthode anselmienne du *Monologion* et que, plus loin, Hugues met en question le *cogitare*, autre expression-clef de la pensée anselmienne dans le *Proslogion*. En effet, la deuxième partie du texte que nous venons de citer est de toute évidence une critique continuelle du *cogitare* et du *cogitari*. Cette critique découle du principe précédemment affirmé par Hugues selon lequel on peut, certes, croire Dieu mais on ne peut nullement le comprendre (*Deus credi potest, comprehendi omnino non potest*).

C'est à ce moment-là que Hugues formule l'objection: "à quoi est-ce que je pense quand je veux penser ce qu'est Dieu?" (*quid cogitabo quando cogitare volo quid est Deus?*) — se demande-t-il. Et de renchérir immédiatement: Dieu est impensable ("incogitable," *incogitabilis est Deus*). Car tout ce qui est dit et tout ce qui est pensé (*cogitatur*) est dit et pensé d'une certaine manière (*secundum aliquid*) et non pas d'une manière absolue. Par conséquent, il est impossible de connaître Dieu par le *dicere* et le *cogitare*: la parole et la pensée sont également incapables d'exprimer ce qu'est Dieu. Mais Hugues continue à s'objecter: si l'on ne peut ni dire ni penser ce qu'est Dieu, car tout ce qu'on dit ou qu'on pense — la terre, le ciel, tout ce qui est au ciel et sur la terre, voire même l'esprit (*spiritus*) et l'âme (*anima*) — n'est pas Dieu, on peut quand même démontrer Dieu par ce qui lui ressemble (*similitudine sua Deus demonstrari potest*: sans doute est-ce une allusion à *Monologion* LXVI). Or, la réponse de Hugues est radicale. Il rétorque l'argument: c'est comme si quelqu'un voulait démontrer l'esprit en montrant le corps qui pourtant ne lui ressemble en rien. Or, la dissemblance entre Dieu et l'esprit est infiniment plus grande que celle qui existe entre l'esprit et le corps. Car — et Hugues évoque ici l'idée de saint Augustin reprise par ailleurs par Anselme dans le *Monologion* concernant la distance infinie entre Dieu et la créature: — *Omne enim quod creatum est minus ab invicem distat, quam ille qui fecit ab eo quod fecit*. Et la conclusion finale est claire: on ne peut pas penser ce qu'est Dieu, même s'il est possible de croire qu'il existe (*quia est*), mais point le comprendre tel qu'il est (*non qualis est comprehendi*).

Il est évident que la critique de Hugues vise Anselme, aussi bien l'auteur du *Monologion* que celui du *Proslogion*. En effet, il remet en question tout d'abord la méthode de recherche du *Monologion*, la *sola ratione* à laquelle il oppose la *sola fide* comme moyen de recherche, comme moyen de connaissance de Dieu. Il rejette aussi la méthode de recherche anselmienne qui, en suivant saint Augustin, essaie d'acquérir une connaissance non seulement de l'existence de Dieu (*quia est* de Hugues) mais également celle de la vie intime de la Trinité. La méthode anselmienne est fondée précisément, comme dans le *De trinitate* d'Augustin, sur la ressemblance de l'âme avec Dieu, ressemblance et image affirmée par la Genèse mais qu'Hugues semble négliger complètement dans ce contexte. [252] Il faut se rappeler le chapitre méthodologique du *Monologion* où Anselme affirme clairement le principe fondamental de sa recherche:

> *Cum igitur pateat quia nihil de hac natura possit percipi per suam proprietatem sed per aliud, certum est quia per illud magis ad eius cognitionem acceditur, quod illi magis per similitudinem propinquat ... Quid igitur apertius quam quia mens rationalis quanto studiosius ad se discendum intendit, tanto efficacius ad illius cognitionem ascendit; et quanto seipsam intueri negligit, tanto ab eius speculatione descendit?* [253]

Le *Proslogion* est visé aussi bien par la *sola fide* que par la critique radicale du *cogitare* qui est le verbe principal de la formule anselmienne (*aliquid quo nihil maius cogitari possit*: *Proslogion* II et *quiddam maius quam cogitari possit*: *Proslogion* XV) et qui affirme clairement la possibilité de mettre Dieu en rapport avec le *cogito*, et en même temps la critique du *dicere*, verbe aussi important dans le *Monologion* que dans le *Proslogion* et qui implique la possibilité de "dire ce qu'est Dieu," ce qui répond précisément à la question: *Quid est Deus*, question rejetée radicalement par Hugues. Par la-même, Hugues s'oppose à la question fondamentale de la recherche anselmienne, mais aussi à la question fondamentale de la tradition qui le précède.

L'erreur fondamentale de Hugues dans sa critique consiste en une confusion entre *comprehendere* [254] et *cogitare*. Chez Anselme ces deux verbes ne signifient point la même chose. En effet, celui-ci affirme clairement l'incompréhensibilité de Dieu toute en admettant la possibilité de "cogiter" ce qu'est Dieu, celle de *aliquatenus intelligere* et, par conséquent, de "dire" ce qu'est Dieu, de "dire l'Ineffable." [255]

Si Hugues rejette la méthode anselmienne, il doit rejeter également la méthode Augustinienne qui conduit à la connaissance de Dieu par l'âme, par la similitude que représente notre âme créée à l'image de son Créateur, similitude ou ressemblance qui sera le fondement de la recherche anselmienne dans le *Monologion*. [256] Or, Hugues est catégorique: aucune similitude n'est possible entre la créature et le Créateur qui transcende toute créature: ... *nullo horum modorum invisibilia Dei comprehenduntur a nobis quae credi solum pos-*

sunt, comprehendi omnino non possunt.

Pour comprendre davantage combien la critique de Hugues de Saint-Victor est dépourvue de fondement, il faut se rappeler brièvement un passage important du dialogue anselmien du *De veritate* où l'auteur donne le sens précis du verbe *cogitare* et où il explique la relation du *cogitare* avec la vérité. Car selon Anselme, la *cogitatio* peut être aussi vraie:

> M. *Cogitationem quoque dicimus veram, cum est quod aut ratione aut aliquo modo putamus esse; et falsam, cum non est.*
> D. *Ita habet usus.*
> M. *Quid ergo tibi videtur veritas in cogitatione?*
> D. *Secundum rationem quam de propositione vidimus, nihil rectius dicitur veritas cogitationis quam rectitudo eius. Ad hoc namque nobis datum est posse cogitare esse vel non esse aliquid, ut cogitemus esse quod est, et non esse quod non est. Quap ropter qui putat esse quod est, putat quod debet, atque ideo recta est cogitatio. Si ergo vera est et recta cogitatio non ob aliud quam quia putamus esse quod est, aut non esse quod non est: non est aliud eius veritas quam rectitudo.*
> M. *Recte consideras.* [257]

Dans ce passage du dialogue, c'est le *discipulus* qui exprime la pensée du *magister* qui, d'ailleurs, tient à lui signifier son accord. La *cogitatio* peut être vraie ou fausse selon qu'elle suit la règle de la rectitude. Or celle-ci exige que l'on pense (*cogitare*) être ce qui est et ne pas être ce qui n'est pas. C'est donc la référence essentielle à l'être (existence) qui constitue la vérité du *cogito*. Pour l'appliquer au cas de Hugues, selon Anselme, je peux "cogiter" Dieu vraiment (en vérité), je peux cogiter qu'il est s'il est vraiment. Or, selon Anselme, Dieu est vraiment — il le sait grâce à la foi — c'est pourquoi une vraie *cogitatio* à son sujet est possible.

Examinons maintenant de près le principe proposé par Hugues de Saint-Victor dont découle l'impossibilité de "penser" (*cogitare*) Dieu. Le principe du Victorin est le suivant: *Quidquid dicitur vel cogitatur, secundum aliquid dicitur vel secundum aliquid cogitatur*. Mais tout de suite une remarque qui, à notre avis, n'est pas dépourvue d'intérêt: Hugues met ensemble le *dicitur* et le *cogitatur*, les deux se trouvent jumelés, posés pour ainsi dire sur le même plan. Toutefois, il n'explicite pas s'il s'agit d'un *dicitur* intérieur ou d'un *dicitur* par la parole prononcée ou des deux à la fois. Examinons un instant cette distinction qui a son importance dans ce contexte. En effet, le *dicere* intérieur ne trouve pas toujours ni facilement son équivalent dans le *dicere* extérieur prononcé par la parole. Comment expliquer autrement le tâtonnement perpétuel des penseurs et des écrivains en quête d'une expression extérieure adéquate de ce qu'ils perçoivent et de ce qu'ils sentent dans leur âme? Cependant, ce qui nous intéresse surtout c'est l'affirmation de Hugues selon laquelle "tout ce qui est dit ou pensé est dit ou pensé selon quelque chose," selon un point de vue particulier. En d'autres termes, toute affirmation et toute pensée est relative et par conséquent limitée. Il s'agit donc ici d'une conception très particulière de la parole et de la pensée qui serait, selon Hugues, essentiellement "prisonnière" de ses limites. C'est de ce principe que découle la conclusion — consistant en une critique radicale de la position anselmienne — à savoir: Dieu est impensable ("incogitable") puisqu'il ne peut être ni dit ni pensé selon quelque chose. Si donc d'une part la nature de la pensée est qu'elle ne peut penser que selon quelque chose et que d'autre part il est vrai que Dieu ne peut être dit ou pensé selon quelque chose, il s'ensuit que Dieu est entièrement indicible et impensable.

Reprenons tout de suite le problème du *cogitare* pour en clarifier le sens dans la perspective d'Anselme ce qui nous permettra de soumettre à la critique le principe même du Victorin qui semble à première vue tout au moins avoir un poids considérable. Lorsqu'on le regarde de près, ce principe ressemble singulièrement à celui de Gaunilon — et plus tard à celui de Kant — dont la caractéristique principale consiste à ne considérer le *cogitare* que dans son rapport à tel ou tel objet particulier qui entre directement dans la sphère de prise du *cogito*. Tout comme le *cogito* se réfère à l'île "perdue" chez Gaunilon — et il ne se réfère qu'à elle — il se réfère chez Hugues à *terra, coelum, spiritus, anima* — et il ne se réfère qu'à cela — ainsi que chez Kant il ne se référera qu'aux *hundert Thaler*.[258] Cette description "phénoménologique" du *cogito* en relation avec ses "visées" (objets) enferme celui-ci nécessairement dans le domaine du relatif, dans le domaine du limité, du partiel, bref, dans celui du *secundum aliquid*.

Or, la question est précisément de savoir si cette description phénoménologique du *cogito* et de ses visées épuise effectivement toute la réalité du *cogito* telle que la conscience réfléchie nous la présente. Et d'ores et déjà une première question fondamentale se pose: cette première perception de la limite du *cogito* (incluse dans la description phénoménologique), d'où vient-elle? Vient-elle de la visée du *cogito* comme telle ou du *cogito* lui-même? Si, chaque fois que je "cogite" je cogite "quelque chose" (delimité) est-ce la chose elle-même qui est limitée ou le *cogito* ou les deux à la fois? Si cette limitation est inhérente à l'objet (de la visée du *cogito*), cette limitation ne préjuge donc en rien quant à la nature (éventuellement illimitée) du *cogito* comme tel. Par ailleurs, le fait de "cogiter" tel objet déterminé (et limité), ensuite un tel autre objet déterminé (et limité) implique déjà la transcendance du *cogito* par rapport à chacun des objets déterminés qui constituent son objet ou visée. Le *cogito* déborde donc par rapport à chacun des objets particuliers et limités. Par conséquent — et ce sera notre première et principale critique contre le principe du Victorin — du fait de la perception d'une multiplicité d'objets limités par le *cogito* on ne peut pas conclure nécessairement à la limitation du *cogito* quitte à prouver que le *cogito* ne peut atteindre que les objets en question et que pour le "cogito," par conséquent, toute visée ultérieure est impossible ou interdite. Or, cela est évidemment faux, puisqu'après avoir "cogité" tel objet, je cogite un tel autre. Donc mon *cogitare* ne s'arrête pas, il n'est pas limité par tel objet, il n'est pas limité à tel objet ou telle visée.

C'est dire que c'est Anselme qui a vu plus clair en posant son principe de recherche dialectique de la grandeur: *id quo maius cogitari non potest*. Anselme a entrevu à notre avis la structure fondamentale et très complexe du *cogito* qui non seulement ne se limite pas à la perception de tel objet déterminé mais qui est même capable de s'élever à un niveau de réflexion lui permettant de dépasser la capacité même du *cogitari*, c'est-à-dire sa propre capacité: *quiddam maius quam cogitari possit*.

Pour bien comprendre la pensée d'Anselme, il est nécessaire d'analyser chaque élément constitutif de son *cogito*, ainsi que nous l'avons déjà fait dans une étude antérieure à laquelle nous ne reviendrons pas ici en détail.[259] Ce qui distingue Anselme de ses critiques c'est que celui-ci ouvre la voie vers l'infini par un questionnement qui vise essentiellement la structure même du *cogito* par une réflexion sur la nature de ce dernier. Ici, le *quaerere* anselmien vise non pas les objets particuliers que le *cogito* pourrait atteindre, mais le *cogito* lui-même. Or, toutes les objections — depuis l'*insula fertilissima* en passant par la *terra* ou le *coelum* de Hugues jusqu'aux *hundert Thaler* de Kant — concernent l'objet ou la visée du *cogito* et non pas le *cogito* comme tel alors que précisément toute la dialectique de la grandeur anselmienne se déroule dans la perspective du *cogito*: c'est par rapport au *cogito*, plus exactement, par rapport au *cogito* comme puissance, comme capacité (*cogitari potest*) qu'Anselme examine les divers objets qui entrent dans la sphère de prise du *cogito*. Le *id* qu'il cherche doit être, dans un premier temps de la dialectique, d'une grandeur telle qu'il puisse "remplir" la capacité du *cogito*. En d'autres termes, le postulat d'Anselme est précisément la recherche d'un *id* qui ne soit pas *secundum quid*. Tout ce qui est *secundum quid*, ne peut, par définition, remplir la capacité du *cogito* qui, elle, ne se limite pas à tel objet particulier. Et cette recherche est possible pour le *cogito* précisément parce que le *cogito* comme capacité ne se borne pas à tel ou tel objet déterminé. Le *cogito* peut donc "se permettre" de "penser" un *id* idéal qui remplirait entièrement sa capacité. Et si ce *id* idéal est Dieu, alors le *cogito* peut "penser" Dieu.

Mais Anselme va encore plus loin qu'Hugues de Saint-Victor ne le pense. En effet, dans un deuxième temps de la dialectique de la grandeur, le prieur du Bec passe même au-delà de la capacité du *cogito*: *Non solum es id quo maius cogitari nequit, sed quiddam maius quam cogitari possit*. Anselme pouvait arriver à ce niveau de réflexion puisqu'en suivant la voie augustinienne, il a compris que la créature est *quasi nihil* par rapport à Dieu. Et Anselme d'appliquer ce principe à sa démarche dialectique, à la réflexion qu'il institue pour déceler la nature intime du *cogito*: si notre *cogito* est une créature, alors il est quasi néant face à Dieu qu'il veut "cogiter," par conséquent, il faut que Dieu le dépasse infiniment. C'est pourquoi il arrive à poser les limites même du *cogito*. Ce n'est pas tel ou tel objet fini et particulier qui le limitera, mais Dieu seul. Ici, nous ne sommes pas dans le domaine du *secundum quid*. Le *secundum quid* est la nature même de la démarche du *cogito* face aux objets qui se lui présentent directement et non pas la nature du *cogito* en tant que celui-ci est une capacité de parcourir une infinie multiplicité d'objets et de les comparer entre eux. Mais Anselme va encore plus loin dans sa démarche dialectique: en même temps qu'il regarde et qu'il compare les objets entre eux par son *cogito*, il les compare aussi au *cogito*. C'est ainsi qu'il découvre que le *cogito* est plus que tel objet et qu'en fin de compte, aucun objet particulier n'est capable de remplir ou de combler entièrement la capacité de son *cogito*.

Si donc le *cogito* n'est limité par aucun des objets particuliers de l'expérience, il sera limité par Dieu du fait que le *cogito* lui-même est une créature et qu'en tant que telle, il est "quasi néant" devant son Créateur. Il n'est pas tout à fait inexact de dire que la découverte de la limite du *cogito* anselmien est due à sa vision théologique du Dieu-Créateur et de la nature de la créature. Déjà au début du *Proslogion*, Anselme pose l'hypothèse absurde de la prétention de l'homme: *ascenderet super Creatorem*. Une saisie plénière de Dieu, dans cette vie, est impensable pour Anselme. La recherche de Dieu doit s'arrêter à un *aliquatenus intelligere*; le questionnement au sujet du Dieu-Infini doit s'arrêter au dépassement même du *cogito* par Dieu. La réponse à *quid es tu?* s'arrête au *quiddam maius quam cogitari possit*. La recherche, le questionnement donnent place ici au silence qu'impose l'Ineffable.

Epilogue

I. Nous avons parcouru l'oeuvre de saint Anselme pour y examiner la place du questionnement et de la question en relation avec le mouvement de recherche qui soutient ces derniers. Cet examen fut motivé par le fait que la plupart de ses commentateurs — à part Henri de Lubac — ont négligé ou, du moins, n'ont pas suffisamment mis en lumière jusqu'à présent ce qu'il y a de plus fondamental dans l'oeuvre anselmienne, à savoir l'élan de recherche. Cette lacune devait être comblée, d'autant plus que, dès le début de ses activités, Anselme énonce son programme, le *fides quaerens intellectum*, un programme qui inclut et met en oeuvre le double sens du verbe latin *quaerere*, à savoir le questionnement et la recherche.

Pourtant, les sources biographiques aussi bien que les oeuvres d'Anselme imposaient cet examen. En effet, toutes ces sources témoignent d'une manière incontestable de l'élan de recherche inlassable du moine et de l'archevêque. Son entourage l'interpelle continuellement, il l'assaille de questions. Mais Anselme lui-même se pose des questions et il essaye d'y répondre. Ses réponses se concrétisent par plusieurs genres littéraires, du monologue au dialogue qui sont autant de preuves d'une méthode de penser rationnelle ancrée dans la foi chrétienne.

Nous avons découvert dans les oeuvres d'Anselme une complémentarité structurelle entre le questionnement et la recherche: celle-ci, par un jeu dialectique doit à la fois précéder et suivre le questionnement. Le questionnement a ses conditions de validité: il doit être ancré dans le réel, il doit avoir un sens acceptable. Ce sens lui est donné précisément par son ancrage dans la réalité. Pédagogue de longue expérience, Anselme devait faire face souvent à des questions "insensées." C'est pourquoi il montre à son interlocuteur comment il faut procéder pour éviter ce genre de questions.

Les oeuvres d'Anselme nous montrent aussi les dangers et les pièges des questions et du questionnement. Poser des questions peut être non seulement le signe d'un esprit insensé, mais également un danger. C'est pourquoi Anselme insiste sur les conditions morales indispensables qui doivent guider l'élan du questionnement et de la recherche. Tout comme la Déesse du *Poème de Parménide*, Anselme est conscient du fait que la raison peut s'égarer très facilement pendant sa recherche.

Le questionnement anselmienne concerne essentiellement le contenu de la foi chrétienne: la connaissance de Dieu, l'Incarnation, la sotériologie. Son questionnement ne met pas en question l'être, mais l'être chrétien. Il s'interroge et il pose des questions en tant que chrétien. C'est là qu'Anselme se distingue du questionnement Heideggerien qui, lui, se meut dans l'abstrait intra-mondain. Le questionnement anselmien par contre concerne la réalité concrète, celle qui est déjà englobée dans l'histoire du salut, dans l'histoire de la rédemption de l'homme, mais qui de ce fait même est essentiellement une ouverture vers Dieu.

N'est-il pas alors paradoxal de voir les philosophes modernes se passionner pour Anselme et sa pensée? N'est-il pas paradoxal que ces derniers voient en lui le champion de la "raison" sur laquelle ceux-ci prétendent fonder leur recherche et leur questionnement, la *sola ratio* qui, à leurs yeux, constitue le seul domaine valable et digne du questionnement et de la recherche? Anselme est certes un penseur qui assume pleinement l'exercice de la *ratio* jusqu'à ses dernières limites, jusqu'à l'infini. C'est d'ailleurs surtout cela qu'ont retenu ceux qui l'admirent parmi les philosophes. Mais précisément, ceux-ci ne voient en Anselme que l'inventeur de ce qu'ils appellent la "preuve ontologique." [260]

Or, même la "preuve anselmienne" va beaucoup plus loin qu'une simple preuve de l'existence de Dieu. Le *Proslogion*, en effet, est le fruit d'une remise en question radicale de la méthode du *Monologion*. Cette remise en question aboutit à une recherche passionnée de méthode, celle de l'*unum argumentum* destiné à prouver tout ce que nous croyons de la substance divine. Mais ici, la recherche méthodologique se confond avec la recherche même de Dieu. Cette recherche se concrétise en un premier temps par une mise en question de tout ce que l'homme peut penser (*cogitari potest*). Elle aboutit à une remise en question de la capacité de penser de l'homme pour répondre enfin à la question radicale *quid est Deus* dans sa forme personnelle *Quid es, Domine, quid es, quid te intelliget cor meum?* Car Dieu, objet principal de recherche d'Anselme, est non seulement "ce par rapport à quoi plus grand ne peut être pensé," mais *quiddam maius quam cogitari possit*, quelque chose de plus grand que l'on puisse penser.

Le questionnement et la recherche anselmiens montent jusqu'à la plus haute visée que l'homme puisse se fixer. Est-ce dû au hasard? Si Anselme pousse le questionnement et la recherche jusqu'à ses limites extrêmes avec toutes ses forces, c'est que chez lui le questionnement et la recherche sont motivés par les sources bibliques qui invitent l'homme à la recherche inlassable du visage du Seigneur. [261] Le programme anselmien, dès le départ, est un *quaerere* motivé par la *fides*. Par sa nature énigmatique, par sa profondeur [262] inépuisable même, cette dernière devient un mobile puissant pour le questionnement et la recherche. La foi propose des vérités que l'on sait mais que l'on ne saisit qu'à tâtons sans jamais arriver ici-bas à une saisie totale. Voilà le mobile d'Anselme, fondé sur la structure même du questionnement qui est caractérisée par une absence d'évidence, évidence accompagnée de certitude sécurisante à laquelle l'homme aspire par toutes ses forces, malgré l'obscurcissement de son intelligence mis en relief par saint Augustin.

Cependant, le questionnement radical d'Anselme a aussi une force purificatrice, car il remet radicalement en question la sécurité de l'"insensé" qui, au lieu de poser la question *quid est Deus*, se contente de dire en son coeur *non est Deus*. Cette remise en question anselmienne de la sécurité intellectuelle de l'"Insensé" demeure un défi permanent et inéluctable adressé aux athées de tous les temps. Et c'est bien là que gît sa modernité.

On reproche souvent à Anselme son indifférence et son impassibilité à l'égard des événements de son temps.[263] Cela est vrai si l'on entend par l'"homme de son temps" celui qui ne s'intéresse qu'aux événements éphémères de la vie quotidienne sans être capable de prendre "ses distances" pour s'élever au dessus des turbulences de l'histoire. Cependant, Anselme montre précisément comment l'homme "sensé" doit se comporter dans les tourmentes de l'histoire. Le message d'Anselme dépasse loin les limites de son époque.[264] En remettant en question d'avance la sécurité intellectuelle de l'athée, il avance son temps de longs siècles et il projette sa lumière vers l'époque moderne et contemporaine.

II. Chez saint Anselme, comme chez son maître saint Augustin, le *quaerere* devient non seulement une méthode, non seulement il s'identifie à la voie (chemin) mais il est d'abord un projet qui se transforme bientôt en un véritable "programme." De plus, il devient un programme de vie, le but de la vie d'ici-bas qui est fondamentalement "recherche," recherche perpétuelle du visage du Seigneur. Cette recherche engage l'homme tout entier, c'est avec tout son être que l'homme est tendu vers son Dieu et cette "tension" se manifeste par un perpétuel questionnement dont le but est de pénétrer le mystère dans la mesure du possible, *aliquatenus*.[265] L'âme s'ouvre toute entière vers celui qu'elle perçoit comme "ce par rapport à quoi plus grand ne peut être pensé," vers celui dont on ne peut même pas penser (*cogitare*) qu'il n'existe pas: *Illud vero solum non potest cogitari non esse in quo nec initium, nec finem nec partium conjunctionem, et quod non nisi semper et ubique totum ulla invenit cogitatio.*[266] "Mais seul l'être [*illud*] dans lequel il n'y a ni début ni fin, ni assemblage des parties ne peut être pensé comme n'étant pas, l'être [*quod*] que la moindre pensée (*ulla cogitatio*) ne trouve que comme un tout toujours et partout."

Ici encore, on sent combien il est difficile de rendre en français la pensée d'Anselme extrêmement concise mais en même temps très nuancée et très contrastée. Pour lui, il n'y a qu'un seul être que l'on ne puisse penser comme n'étant pas: Celui qui n'a ni commencement ni fin; Celui qui n'est pas composé de parties mais qui est toujours et partout dans sa totalité, sa plénitude. Gaunilon a obligé Anselme à clarifier la conclusion inattendue à laquelle celui-ci est arrivé au *Proslogion* III: non seulement il est vrai que Dieu est, mais c'est tellement vrai qu'on ne peut même pas penser qu'il n'existe pas.

Anselme est amené à cette occasion à distinguer entre *posse cogitari* et *posse intelligi*. Cette distinction apparaît clairement dans l'énoncé du c. IV de la *Responsio*: *Nam etsi nulla quae sunt possunt intelligi non esse, omnia tamen possunt cogitari non esse, praeter id quod summe est.* Et Anselme de l'expliquer: *Illa quippe omnia et sola possunt cogitari non esse, quae initium aut finem aut partium habent conjunctionem et sicut jam dixi, quidquid alicubi aut aliquando totum non est.*[267] La possibilité de penser quelque chose comme n'étant pas est fondée sur une déficience quelconque de l'être: quelque chose dont l'existence commence ou se termine, quelque chose qui n'est pas (n'existe pas) partout et toujours comme un tout (plénitude) peut être pensé comme n'étant pas.

Même si Anselme ne le dit pas, il est évident que cette négation de l'être au sujet de ces choses ne peut pas être absolue, dans la mesure où telle chose fut, est ou sera quelque part. Mais de même que cette chose n'est pas le non-être absolu (la négation absolue de l'être), elle n'est pas non plus l'être nécessaire (c'est-à-dire l'être au sujet duquel on ne peut même pas penser qu'il n'existe pas). Le critère de l'être nécessaire (ce dont on ne peut même pas penser qu'il n'existe pas) est la plénitude, le *totum* qui n'a pas de partie et qui est tel toujours et partout, en d'autres termes, la plénitude qui ne souffre pas la moindre division ou limitation imposée par le temps ("toujours": la durée) et l'espace ("partout": le lieu).

Le but, la visée de la recherche anselmienne est donc cette plénitude indivisible que toute pensée (*ulla cogitatio*) ne trouve que tout entier et partout. Le but de la recherche est cet *invenire* (*invenit cogitatio*): la pensée qui cherche trouve (*invenit*) le *totum*. Et comme pour Augustin, la recherche de la vérité à elle seule est déjà en quelque sorte le gage du bonheur de celui qui cherche,[268] pour Anselme aussi cette recherche perpétuelle jalonnée par des questionnements aboutit dès ici-bas à la joie qui est une certaine forme du bonheur et qui est le présage du bonheur éternel.

Notes

[1] C. Viola, "Manières personnelles et impersonnelles d'aborder un problème: Saint Augustin et le XIIe siècle. Contribution à l'histoire de la *quaestio*. *Les genres littéraires dans les sources théologiques et philosophiques médiévales. Définition, critique et exploitation: Actes du Colloque international de Louvain-la-Neuve 25-27 mai 1981* (Louvain-la-Neuve 1982), p. 14. C'est à juste titre que K. Rahner affirme que l'homme interroge nécessairement. Pour lui, la nécessité de l'interrogation "ne peut se fonder que sur le fait que l'être n'est révélé à l'homme qu'en tant que susceptible d'interrogation, sur le fait que l'homme est lui-même en posant la question de l'être, qu'il existe lui-même comme interrogation sur l'être." K. Rahner, *Geist in Welt* (München 1957), p. 71; cf. trad. française *L'Esprit dans le Monde: La métaphysique de la connaissance finie chez saint Thomas d'Aquin*, traduit de l'allemand par R. Givord et H. Rochais, (1968), p. 69. Remarquons cependant que la thèse de K. Rahner ne concerne et ne peut concerner que le questionnement ou l'interrogation "métaphysique" qui tend à élucider le sens de l'être mais elle ne peut pas fonder l'interrogation dans sa forme concrète et spécifique qui concerne aussi bien les divers domaines de la recherche scientifique que celui de la théologie, ce dernier constituant le domaine privilégié et quasi unique du questionnement et de la recherche anselmiens. Par ailleurs, que veut dire "l'être susceptible d'interrogation?" Qu'est-ce qui rend l'être susceptible d'interrogation? La cause en peut être trouvée aussi bien en nous-même (sujet connaissant) que dans la chose elle-même ou encore dans les deux à la fois, d'où l'opacité, le manque d'évidence, le sentiment d'insatisfaction.

[2] Plus loin nous préciserons le sens de ce terme.

[3] "Ce qui fait la grande originalité d'Anselme et qui marque sa place dans l'histoire du dogme, c'est sa méthode, méthode bien connue, c'est la foi qui cherche à comprendre, *fides quaerens intellectum*, c'est l'application de la raison avec toutes ses ressources à l'étude de la foi, ce que l'on a nommé depuis la méthode scolastique." J. Bainvel, "Anselme de Cantorbéry (Saint)," *DTC*, 1, col. 1343. Voir aussi M. Grabmann, *Die Geschichte der scholastischen Methode: Die scholastische Methode von ihren ersten Anfängen in der Väterliteratur bis zum Beginn des 12. Jahrhunderts* (Freiburg im Breisgau 1909), I,273-78.

[4] C. Viola, "Manières personnelles," p. 13.

[5] L'article de H. de Lubac, " 'Seigneur, je cherche ton visage': Sur le chapitre XIVe du *Proslogion* de saint Anselme," *Archives de Philosophie* 39 (1976), 201-25 et 407-25. L'auteur s'y intéresse, comme nous dans notre présent travail, au mouvement fondamental de recherche qui caractérise Anselme, recherche déclenchée par l'invitation du Psaume 26:8. Si l'approche de H. de Lubac est proprement théologique, la nôtre est plus complexe. Elle comprend à la fois une approche phénoménologique, philosophique, historique, voire même philologique, tout en

maintenant la perspective essentiellement théologique dont on ne peut pas faire abstraction chez Anselme étant donné l'étroite connexion dans ses oeuvres entre *credere, intelligere* et *cogitare*. Même si le sujet traité par de Lubac est plus large que le titre ne le laisse deviner — en effet, en plus de son apport historique important, son analyse déborde largement *Proslogion* XIV — notre enquête tient compte de l'ensemble des oeuvres d'Anselme. Nous essayerons aussi de montrer la structure de la recherche anselmienne en relation avec ses écrits de genres littéraires précis. Quant à la motivation biblique et théologique de la recherche anselmienne, outre le Psaume 26:8 — dont se nourrit le *Proslogion* — (cf. H. de Lubac, "Seigneur," pp. 201-02) il y a lieu de souligner également l'importance du passage des Synoptiques *quaerite et invenietis, pulsate et aperietur vobis* (Mt 7:7 et Lc 11: 9-10) — passage qui deviendra plus tard le fondement évangélique de la recherche abélardienne dans le *Sic et Non*. C. Viola, "Manières personnelles," pp. 27-28, de même que le texte de l'épître de saint Pierre: ετοψοι αει προς απολογιαν παντι τω αιτουντι υμας λογον περι της εν υμιν ελπιδος, *parati semper ad satisfactionem omni poscenti vos rationem de ea, quae in vobis est spe* (1 Pt 3:15, cf. *Cur deus homo* I,1: Schmitt II,47) invitant le croyant à rendre compte par la raison de l'espérance chrétienne; sans oublier le Psaume 118:100: *Super senes intellexi, quia mandata tua quaesivi, (Cur deus homo* I,1: Schmitt II,9) dans la controverse avec Roscelin qui donne l'occasion à Anselme d'exposer les conditions "morales" de la recherche. Par ailleurs, ailleurs, ces textes bibliques détermineront dès l'aurore du christianisme l'attitude des penseurs chrétiens et ils influenceront aussi le développement de certains genres littéraires. C. Viola, "Manières personnelles," pp. 14-17.

[6] *Confessiones* X,xxvii,38: *PL* XXXII,795.

[7] *De quantitate animae* VII,12: *PL* XXXII,1042.

[8] Bainvel a déjà remarqué à juste titre que "la méthode d'Anselme est beaucoup plus une méthode de recherche." J. Bainvel, "Anselme de Cantorbéry (Saint)," dans *DTC*, 1, 1343.

[9] P. Hadot, *Exercices spirituels et philosophie antique* 2 ed. (Paris 1987).

[10] Voir à ce sujet aussi le jugement général d'Eadmer, *Historia Novorum in Anglia, et Opuscula Duo De Vita Sancti Anselmi et Quibusdam Miraculis Ejus*. ed. M. Rule (London 1884), I,10: *Praefatio: Per idem tempus erat quidam abbas Becci, nomine Anselmus, vir equidem bonus et scientia litterarum magnifice pollens; contemplativae vitae totus intendebat. Hic toti Normanniae atque Franciae pro suae excellentis sanctitatis merito notus, carus et acceptus, magnae famae in Anglia quoque habebatur, ac regi praefato* [Guillaume le Conquérant] *necne Lanfranco archiepiscopo sacratissima familiaritate copulabatur.*

[11] C. Viola, "Histoire, historiographie et théologie. Saint Anselme devant l'assemblée de

Rockingham (25-28 février 1095): La relativisation du pouvoir temporel," *Mediaevalia Christiana: XIe-XIIIe siècles: Hommage à Raymonde Foreville*, éd. C. Viola, (Paris 1989), p. 206.

[12] Nous nous permettons de transcrire ici le jugement pertinent de Bainvel: "C'est toujours Anselme tout entier qui cherche et qui aime." J. Bainvel, "Anselme de Cantorbéry (Saint)," 1344. N'oublions pas que la recherche anselmienne est aussi l'amour passionné de la Vérité.

[13] C. Viola, "Histoire," pp. 224-25, n. 7; C. Viola, "Histoire, historiographie et théologie: Une approche pour comprendre le Moyen âge: Saint Anselme et l'assemblée de Rockingham (25-27 février 1095)," *Histoire et littérature au Moyen Age: Actes du Colloque du Centre d'Etudes Médiévales de l'Université de Picardie, Amiens, 20-24 mars 1985*, éd. D. Buschinger, Göppinger Arbeiten zur Germanistik, 546, (Göppingen 1991), pp. 448ff.

[14] Eadmer, *The Life of St Anselm Archbishop of Canterbury*, edited with introduction, notes and translation by R.W. Southern, Oxford Medieval Texts (Oxford 1972). *Vita Anselmi* I,4: Southern 10; I,5: Southern 11; I,8: Southern 15; II,8: Southern 69-71; II,10: Southern 72; II,12: Southern 81; II,30: Southern 107; II,33: Southern 112; II,43: Southern 122; II,52: Southern 130; II,64: Southern 141.

[15] C. Viola, "Un célèbre prieur du XIe siècle saint Anselme: Contribution à l'histoire de la notion et de la fonction de prieur," *Prieurs et prieurés dans l'Occident médiéval*, éd. par J.-L. Lemaître, Ecole pratique des Hautes Etudes, IVe Section, V. Hautes Etudes Médiévales et Modernes, 60, (Genève 1987), pp. 37-38.

[16] *Vita Anselmi* I,12: Southern 21; I,26: Southern 44; II,2: Southern 65. Ajoutons que Lanfranc lui-même a déjà procédé de la même façon: il demanda aussi au pape Alexandre II de le décharger de l'archevêché, ed. et trans. H. Clover and M. Gibson, *The Letters of Lanfranc Archbishop of Canterbury* (Oxford 1979), *Epistola* 1.

[17] Il convient de rappeler le passage célèbre de Guibert de Nogent décrivant la méthode pédagogique de l'Abbé du Bec qui donne une importance considérable à la *ratio* et à l'*intellectus*: Venerabilis Guiberti Abbatis s. Mariae de Novigento, *De vita sua sive Monodiarum libri tres* I,16: *PL* CLVI,875: *Is itaque tripartito aut quadripartito mentem modo distinguere docens, sub affectu, sub voluntate, sub ratione, sub intellectu commercia totius interni mysterii tractare*. Remarquons que le témoignage de Guibert parle de *tripartito aut quadripartito*, il insinue donc une certaine fluctuation en ce qui concerne la distinction des parties de la *mens* tantôt en trois, tantôt en quatre parties. Toutefois, le texte de Guibert ne permet pas de deviner si la division "tripartite" de la *mens* résultait de l'identification entre *ratio* et *intellectus* ou, au contraire, de celle entre *affectus* et *voluntas*.

[18] K. Barth, *Fides quaerens intellectum: Anselms Beweis der Existenz Gottes im Zusammenhabg seines theologischen Programms*, E. Jüngel und I.U. Dalferth (Zürich 1981), p. 21: "Glaube bezieht sich auf das 'Wort Christi' und ist nicht Glaube, wenn er nicht Empfängnis, d.h. Kenntnis und Bejahung des Wortes Christi ist."

[19] La recherche anselmienne est avant tout et principalement la recherche de raisons nécessaires, raisons de convenance, enchaînement logique d'une série de raisons qui concernent la même question. R. Roques, *Anselme de Cantorbéry, Pourquoi Dieu s'est fait homme*, Texte latin, introduction, bibliographie, traduction et notes de R. Roques, Sources chrétiennes, 91 (Paris 1963), pp. 78ff. Cependant, Anselme pratique aussi l'argumentation tirée de l'autorité scripturaire où paradoxalement l'*auctoritas* se transforme en *ratio*. Ainsi dans l'*Epistola de incarnatione Verbi* (contre l'erreur de Roscelin), dans le *De processione Spiritus Sancti* (discussion avec les Grecs), dans le *De concordia* — sans oublier les nombreuses citations ou allusions scripturaires dans le *Proslogion* — Anselme s'appuie continuellement sur des autorités scripturaires qu'il analyse par la raison. Barth conteste l'affirmation du *Bréviaire Romain* (21 avril, Lectio 6) selon laquelle Anselme aurait défendu au Concile de Bari (1098) la doctrine de l'Eglise latine sur la procession du Saint Esprit: *innumeris scripturarum et sanctorum Patrum testi moniis*; cf. K. Barth, *Anselms Beweis*, p. 43, n. 8. Avouons que le texte du Bréviaire ne se trouve ni dans les passages de la *Vita Anselmi* (*Vita Anselmi* II,10: Southern 73; II,33: Southern 112-13) ni, tel quel, dans ceux de la *Historia Novorum* où Eadmer rapporte en détail le rôle d'Anselme au Concile. Cependant, en résumant l'argumentation d'Anselme, Eadmer mentionne explicitement l'utilisation, faite par celui-ci, des autorités scripturaires. *Historia Novorum* II: Rule 106: *Sed quibus hoc argumentis, quibus rationibus, quibusve Divinae Scripturae auctoritatibus et exemplis egerit, scribere supersedemus*. Barth a tout à fait raison de souligner que, pas un instant, l'Ecriture et le Credo, ne cessent d'être la présupposition et l'objet de la pensée d'Anselme: K. Barth, *Anselms Beweis*, p. 43: "... die Schrift und das Credo bei ihm auch nicht einen Augenblick aufhört, Voraussetzung und Gegenstand seines Denkens zu sein..." Toutefois, il serait hasardeux de prétendre — surtout en raison de la mention explicite qu'en fait Eadmer — que lors du Concile de Bari (1098), Anselme n'ait pu évoquer les textes bibliques qui soutenaient continuellement sa pensée et sa réflexion, bref, sa recherche. Quant aux témoignages des Pères, Anselme les a déjà invoqués auprès de Lanfranc contre les détracteurs du *Monologion Prologus*: Schmitt I,8. Voir C. Viola, "Lanfranc de Pavie et Anselme d'Aoste," *Lanfranco di Pavia e l'Europa del secolo XI nel IX centenario della morte (1089-1989). Atti del Convegno Internazionale di Studi: Pavia, Almo Collegio Borromeo, 21-24 sttembre 1989*, a cura di Giulio D'Onofrio, Italia Sacra: Studi e documenti di storia ecclesiastica, 51 (Roma 1993), pp. 566-71. Mais rappelons surtout la foi inébranlable que plaçait Anselme dans les Ecritures (cf. *Vita Anselmi* I,7: Southern 12). Anselme connaissait bien les Ecritures et, par conséquent, il était en mesure de les utiliser en cas de nécessité, ainsi lors du Concile de Bari. Sur l'utilisation de l'Ecriture par Anselme, voir les différentes études dans *Les mutations* ... et en particulier pp. 431-536.

[20] H. de Lubac, "Seigneur," pp. 216ff.

[21] R. Pouchet, *La rectitudo chez saint Anselme: Un itinéraire Augustinien de l'âme à Dieu* (Paris 1964), p. 22.

[22] *Cur deus homo Commendatio operis*: Schmitt II, 40. Grabmann a déjà très bien montré la triple fonction principale de la *ratio* dans la méthode d'Anselme quant au traitement des vérités révélées par la foi: "A. Die Vernunfttätigkeit soll eine rationelle Einsicht in den Glaubensinhalt erstreben. B. Die Vernunfttätigkeit soll eine zusammenfassende Überschau über einzelne Gebiete der Glaubenslehre bezwecken. C. Endlich soll die Vernunfttätigkeit die bei der spekulativen Ergründung der Glaubenswahrheit sich aufdrängenden Schwierigkeiten lösen und auch die von den außerhalb der christlichen Überzeugung stehenden Gegnern erhobenen Einwürfe widerlegen." M. Grabmann, *Die Geschichte*, p. 272. L'activité de la *ratio* ne se borne pas à l'acquisition d'une meilleure intelligence des mystères particuliers. Elle vise aussi la synthèse, ainsi qu'il apparaît dès le *Monologion*. Par surcroît, chez Anselme nous constatons continuellement la présence d'une visée "sociale" dans l'exercice de la raison: aider les autres croyants à approfondir leur foi et défendre les vérités de la foi face aux incroyants. Il y a là donc un double souci apologétique. Aux trois fonctions mises en relief par Grabmann, il faut ajouter aussi celle qui vise la joie. Fils de son époque, Anselme se complaît aussi aux "tournois intellectuels" qui se déroulent autour de lui et auxquels il participe aussi activement. C'est précisément pour ce motif qu'il a composé le *De grammatico*. Pour le sens de la *ratio*, voir aussi K. Barth, *Anselms Beweis*, pp. 44ff.; R. Roques, *Pourquoi*, pp. 75ff.; K. Kienzler, *Glauben und Denken bei Anselm von Canterbury* (Freiburg\Basel\Wien 1981), pp. 71ff. et pp. 158ff. (en relation avec le programme anselmien); P. Gilbert, *Dire l'Ineffable. Lecture du "Monologion" de S. Anselme* (Paris 1984), pp. 38 ff; et surtout l'ouvrage fondemontal de H. Kohlenberger, *Similitudo und Ratio: Überlegungen zur Methode bei Anselm von Canterbury*, Münchener Philosophische Forschungen, ed. Max Müller, 4 (Bonn 1972), passim, et en particulier *Mens und ratio*, pp. 113ff.; *Intellectus und ratio*, pp. 127ff. où l'auteur montre les relations complexes entre la *mens* et l'*intellectus* d'une part et la *ratio* d'autre part. Il faut donc distinguer chez Anselme plusieurs sens fondamentaux de la *ratio*. Tout comme la *voluntas*, elle est un instrument, un "instrument de raisonnement," un "outil" dont nous nous servons et que nous dirigeons vers les divers objets: ... *semper habemus instrumentum ratiocinandi, hoc est rationem, qua non semper utimur et quam ratiocinando ad diversa convertimus. De concordia* III,11: Schmitt II,280. La *ratio* comme outil a plusieurs fonctions: "Den differenzierten Funktionen der *ratio* ist *iudicare*, die Einschätzung der *bona* ... vorgeordnet ... Andere Tätigkeiten der *mens rationalis* sind Erinnerung und Selbsterkenntnis; an diese Tätigkeiten wird die Gotteserkenntnis systematisch angeschlossen." H. Kohlenberger, *Similitudo*, p. 114. Voir aussi H. Kohlenberger, "*Sola ratione*, Teleologie, Rechtsmetaphorik. Ein anselmianisches Thema," *Sola ratione: Anselm-Studien für F. Schmitt OSB zum 75 Geburtstag am 20. Dezember 1969*, (Stuttgart\Bad Cannstatt 1970), pp. 36, 47. Voir enfin l'exposé récent de S. Gersh, "Anselm of Canterbury," ed.

P. Dronke, *A History of Twelfth-Century Western Philosophy* (Cambridge), pp. 260ff., qui résume bien les différents sens de la *ratio* chez Anselme. Le texte classique que H. Kohlenberger et d'autres allèguent — souvent d'ailleurs d'une manière tronquée (cf. K. Barth, *Anselms Beweis*, p. 44) — pour montrer l'importance capitale de la *ratio* chez Anselme — présente celle-ci comme le "juge de tout ce qui est dans l'homme": *In eorum quippe animabus ratio quae et princeps et iudex debet omnium esse, quae sunt in homine, sic est in imaginationibus corporalibus obvoluta, ut ex eis se non possit evolvere, nec ab ipsis ea quae ipsa sola et pura contemplari debet, valeat discernere.* Epistola de incarnatione Verbi I: Schmitt II,10. Pour comprendre la portée de ce texte, il ne faut pas oublier qu'il s'agit là de la polémique avec Roscelin imbu de rationalisme et épris outre mesure des vertus de la dialectique. On peut y voir donc une sorte de "rétorsion" rhétorique, un *argumentum ad hominem* adressé à l'adversaire, champion de la raison, rétorsion qui met en évidence l'incohérence de l'adversaire: vous qui prétendez résoudre tous les mystères de la foi par la raison, n'êtes même pas capable de vous débarrasser par la raison de ces phantasmes qui enveloppent et, par conséqent, aveuglent votre raison qui, pourtant, devrait être juge de tout ce qui est dans l'homme. Sinon, pour Anselme, l'autorité suprême c'est l'Ecriture et non pas la raison. R. Pouchet, *La rectitudo*, pp. 19ff.; C. Viola, "Foi et vérité chez saint Anselme," *Les mutations socio-culturelles au tournant des XIe-XIIe siècles, Etudes anselmiennes,* IVe session (Paris 1984), pp. 589-90; C. Viola, "Authority and Reason in Saint Anselm's Life and Thought," *Proceedings of the Anselm Conference "Anselm: Aosta, Bec, Canterbury," Canterbury 22-25 September 1993*, sous presse. D'un autre côté, le rôle de la *ratio* n'est pas limité à juger seulement ce qui est à l'intérieur de l'homme, son rôle s'étend aussi à discerner le juste, le vrai, le bien ainsi que leurs degrés: *Monologion* LXVIII: Schmitt I,78. K. Barth, *Anselms Beweis*, p. 44; H. Kohlenberger, *Similitudo*, p. 114. L'autre sens fondamental de la *ratio* est la perception des relations entre les choses et les idées qui ne sont pas données d'emblée et qui causent l'obscurité et qui amènent les questions, perception qui est l'aboutissement de l'usage de la *ratio-instrumentum*. La *ratio* signifie, d'une manière objective, les relations perçues. C'est ici que nous devons relever une fonction capitale de la *ratio* dans le questionnement qui nous intéresse tout particulièrement. La *ratio* — dans la mesure où elle est *sufficiens* — donne la solution de la question, elle fait "dissoudre," elle fait disparaître celle-ci: *... in illa autem quaestio de hoc oriri videtur, sed sufficienti ratione, si diligenter perspecta fuerit, dissolvitur."* De conceptu virginali XIX: Schmitt II,160. La question trouve sa solution grâce à une raison suffisante à condition qu'elle soit examinée avec diligence.

[23] C. Viola, "Manières personnelles," p. 27. Voir aussi C. Viola, "Foi et vérité," pp. 583-93. Outre le caractère énigmatique et obscur des mystères qui passionnent Anselme, il y a lieu de souligner chez lui un deuxième motif de la recherche, inhérent également à la nature de l'objet de la recherche c'est l'infinie richesse de la Vérité révélée: *... veritatis ratio tam ampla tamque profunda est, ut a mortalibus nequeat exhauriri. Cur deus homo* Commendatio operis: Schmitt II,40.

24 Grabmann a attiré l'attention sur l'envolée métaphysique de la recherche d'Anselme. M. Grabmann, *Die Geschichte*, I,319-22. C'est sans doute la présence de cette "métaphysique" insolite qui devait frapper Lanfranc à la lecture du premier écrit du prieur du Bec. Pourtant l'inspiration Augustinienne de la métaphysique anselmienne devait être une évidence pour un connaisseur de l'oeuvre de l'évêque d'Hippone. Grabmann, *Die Geschichte*, I, pp. 319-20. Sur les relations entre Lanfranc et Anselme en matière doctrinale voir C. Viola, "Lanfranc et Anselme," pp. 542ff. Voir aussi S. Gersh, "Anselm of Canterbury," ed. P. Dronke, *A History of Twelfth-Century Western Philosophy* (Cambridge), pp. 260ff.

25 *Vita Anselmi* I,7: Southern 12. Remarquons que l'énumération des questions qui, au dire de son biographe, passionnaient Anselme n'est pas tout à fait logique. En effet, les questions concernant la divinité de Dieu sont aussi des questions concernant notre foi. Pour traduire correctement ce passage, il faudrait dire en respectant le style d'Eadmer "les questions concernant la divinité de Dieu ainsi que d'autres questions concernant notre foi." —— Comme il s'agit du début de la vie d'Anselme, les questions concernant la divinité de Dieu doivent se rapporter tout particulièrement au *Monologion* et au *Proslogion*. C. Viola, "Un célèbre prieur," pp. 43-45. Il convient de rappeler dans ce contexte un passage d'Orderic Vital (d. 1142) qui décrit l'atmosphère de recherche qui régnait à l'école du Bec, recherche visant à éclaircir les "énigmes sacrées": *Historia Ecclesiastica* IV: PL CLXXXVIII,345: *Sic ex bono usu in tantum Beccenses caenobitae studiis litterarum sunt dediti ut in quaestione seu prolatione sacrorum aenigmatum utiliumque sermonum insistunt seduli, ut paene omnes videantur philosophi, et ex collocutione eorum etiam qui videntur inter eos illiterati et vocantur rustici, possint ediscere sibi commoda spumantes grammatici.* Ceux qui s'adonnent à cette recherche méritent le nom de *philosophus* et ils ont des choses profitables à apprendre aux grammairiens "enragés" (*spumantes*). Comme Eadmer, Orderic met en relation la recherche avec le caractère énigmatique des choses sacrées. Le témoignage d'Orderic Vital est confirmé par le *Monologion* qui montre le procédé d'Anselme visant à l'éclaircissement des "énigmes" par la raison: *Sic igitur illa natura et ineffabilis est, quia per verba sicuti est nullatenus valet intimari; et falsum non est, si quid de illa ratione docente per aliud velut in aenigmate potest aestimari.* Monologion LXV: Schmitt I,77. La recherche anselmienne visant à l'éclaircissement des énigmes passe par une double exigence elle doit d'une part maintenir l'ineffabilité de la nature divine et, d'autre part, elle doit montrer que l'"estimation," terme de cette recherche, n'est pas fausse. Et comment atteindre le but recherché?: *Monologion* LXV: Schmitt I,76-77: *Hac itaque ratione nihil prohibet et verum esse quod disputatum est hactenus de summa natura, et ipsam tamen nihilominus ineffabilem persistere si nequaquam illa putetur per essentiae suae proprietatem expressa, sed utcumque per aliud designata. Nam quaecumque nomina de illa natura dici posse videntur non tam mihi eam ostendunt per proprietatem, quam per aliquam innuunt similitudinem. Etenim cum earundem vocum significationes cogito, familiarius concipio mente quod in rebus factis conspicio, quam id quod omnem humanum intellectum transcendere intelligo. Nam valde minus aliquid, immo longe aliud in mente mea sua significatione constituunt, quam sit illud ad quod intelligendum per hanc tenuem significationem*

mens ipsa mea conatur proficere. Nam nec nomen sapientiae mihi sufficit ostendere illud, per quod omnia facta sunt de nihilo et servantur a nihilo; nec nomen essentiae mihi valet exprimere illud, quod per singularem altitudinem longe est supra omnia et per naturalem proprietatem valde est extra omnia. Anselme expose ici sa méthode de recherche de l'essence divine ineffable: il ne s'agit pas d'exprimer cette essence par ses propriétés mêmes, mais simplement de la désigner par *aliud*. "Cet *aliud* qui nous permet de désigner l'invisible divinité et, en gardant l'obscurité d'une énigme, d'en juger rationnellement, c'est notre esprit même: miroir dans lequel Dieu est indirectement connaissable puisque, doué de mémoire, d'intelligence et d'amour, il ressemble plus que toute autre créature à son Créateur, peut être dit son image." P. Vignaux, "Structure et sens du *Monologion*," *Revue des Sciences philosophiques et théoliques*, 31 (1947) p. 18. Voir aussi notre commentaire, "Between Canterbury and Rome: The Greatness of God as a Means of Transcending Human Limits in Saint Anselm's Thought," *The European Dimensions of St. Anselm's Thinking: Proceedings of the Conference organized by the Anselm-Society and the Institute of Philosophy of Academy of Sciences of the Czech Republic, Prague, April 27-30, 1992*, ed. J. Zumr, Vilém Herold, Institute of Philosophy, Academy of Sciences of the Czech Republic (Prague 1993), pp. 54-56. Remarquons que, dans ce passage, Anselme présente déjà sa "conception" de Dieu: *id quod omnem humanum intellectum transcendere intelligo*, "ce dont il sait qu'il transcende toute intelligence humaine." C'est déjà en quelque sorte l'équivalent du *id quo maius cogitari non potest* et du *quiddam maius quam cogitari possit* du *Proslogion*. La transcendance absolue de Dieu est affirmée dès le *Monologion* par rapport à toute intelligence humaine. Il y a cependant une différence entre la formulation du *Monologion* et du *Proslogion* tandis que le *Monologion* présente cette conception de Dieu relevant du domaine de l'intelligere (*intelligo*), le *Proslogion* le présentera comme relevant de la foi: *Proslogion* II: Schmitt I,101: *Et quidem credimus te esse aliquid quo nihil maius cogitari possit*. La transcendance absolue de Dieu est donc pour Anselme à la fois une "évidence" intellectuelle et une donnée de la foi. Cette évidence intellectuelle est le résultat d'une recherche qui ne parvient pas à saisir d'une manière immédiate l'essence divine, mais seulement par une ressemblance puisée dans l'âme. Sur la transcendance divine et les sources Augustiniennes de cette doctrine, voir C. Viola, "Origine et portée du principe dialectique du *Proslogion* de saint Anselme. De l'argument ontologique' à l'"argument mégalogique,'" *Rivista di filosofia neo-scolastica*, 3, (83) 1991 (1992), pp. 352ff.; C. Viola, *... hoc est enim Deo esse, quod est magnum esse*: Approche Augustinienne de la grandeur divine," dans ΣΟΦΙΗΣ ΜΑΙΗΤΟΡΕΣ, "Chercheurs de sagesse." Hommage à Jean Pépin, publié sous la direction de M.-O. Goulet-Cazé, G. Madec, D. O'Brien (Collection des Etudes Augustiniennes, Série Antiquité, 131), (Paris 1992), pp. 404ff. Rappelons que saint Augustin distingue l'allégorie et l'énigme; l'allégorie est le terme générique dont l'énigme constitue une espèce de sorte que toute énigme est allégorie mais toute allégorie n'est pas énigme: *De trinitate* XV,ix,15: *PL* XLII,1068: *omne aenigma allegoria est, non omnis allegoria aenigma est*. L'allégorie et l'énigme comportent l'obscurité. Le sens de l'allégorie est accessible pour ceux qui font un effort de compréhension, mais pas celui de l'énigme, le sens de ce dernier reste difficile à saisir: *De trinitate* XV,ix,16: *PL* XLII,1069: *Proinde, quantum mihi videtur, sicut* *nomine speculi imaginem voluit intelligi* [il s'agit du texte de 2 Cor 3:18]; *ita nomine aenigmatis quamvis similitudinem, tamen obscuram, et ad perspiciendum difficilem.* Saint Augustin reconnaissait l'utilité des énigmes pour exciter en nous l'amour de la vérité. *De catechizandis rudibus* IX: *PL* XL,320. *Maxime autem isti* [i.e. *de scholis usitatissimis grammaticorum oratorumque venientes*] *docendi sunt Scripturas audire divinas, ne sordeat eis solidum eloquium, quia non est inflatum; neque arbitrentur carnalibus integumentis involuta atque operta dicta vel facta hominum, quae in illis libris leguntur, non evolvenda atque aperienda ut intelligantur, sed sic accipienda ut litterae sonant; deque ipsa utilitate secreti, unde etiam mysteria vocantur, quid valeant aenigmatum latebrae ad amorem veritatis acuendum ... ipsa experientia probandum est talibus, cum aliquid eis quod in promptu positum non ita movebat, enodatione allegoriae alicujus eruitur.* Pour saint Thomas aussi, l'énigme comporte une obscurité dont il distingue deux sens. *Summa theologiae,* Ia, q. 94, a. 1, ad 3. *Similiter etiam est considerandum quod obscuritas quae importatur in nomine aenigmatis, dupliciter potest accipi. Uno modo, secundum quod quaelibet creatura est quoddam obscurum, si comparetur ad immensitatem divinae claritatis et sic Adam videbat Deum in aenigmate, quia videbat Deum per effectum creatum. Alio modo potest accipi obscuritas quae consecuta est ex peccato, prout scilicet impeditur homo a consideratione intelligibilium per sensibilium occupationem et secundum hoc, non vidit Deum in aenigmate.* La cause de la recherche et du questionnement chez saint Anselme est le caractère énigmatique des vérités de la foi. Anselme a compris et mis pleinement en pratique la recommandation de saint Augustin: *quid valeant aenigmatum latebrae ad amorem veritatis acuendum.*

26 *Monologion* LXIV-LXV: Schmitt I,74-76.

27 *De concordia* III,6: Schmitt II,271.

28 Nous retrouvons une considération intéressante dans le traité pseudo-Augustinien *Principia dialecticae* sur l'obscur et l'ambigu qui empêchent la saisie de la vérité dans les paroles. L'auteur anonyme y explique bien par l'image du chemin perdu dans le brouillard la différence entre l'obscurité et l'ambiguïté: Pseudo-Augustinus [Chirii Fortunatiani?], *Principia dialecticae* VIII: *PL* XXXII,1414-15: *Impedit auditorem ad veritatem videndam in verbis, aut obscuritas aut ambiguitas. Inter obscurum et ambiguum hoc interest, quod in ambiguo plura se ostendunt, quorum quid potius accipiendum sit ignoratur; in obscura autem nihil, aut parum quod attendatur, apparet. Sed ubi parum est quod apparet, obscurum est ambiguo simile velut si quis ingrediens iter, excipiatur aliquo bivio, vel trivio, vel etiam, ut ita dicam, multivio loco, sed densitate nebulae nihil viarum quod est eluceat ergo a pergendo prius obscuritate tenetur. At ubi aliquantum rarescere nebulae coeperint, videtur aliquid, quod utrum via sit, an terrae proprius et nitidior color incertum est hoc est obscurum ambiguo simile. Dilucescente coelo quantum oculis satis sit, jam omnium viarum deductio clara est, sed qua sit pergendum, non obscuritate sed ambiguitate dubitatur. Item sunt obscurorum genera tria* [1] *unum est quod sensui patet, animo clausum est; tanquam si quis malum punicum pictum videat, qui neque viderit aliquando, nec omnino quale esset*

audierit; non oculorum est, sed animi, quod cujusce rei pictura sit, nescit. [2] *Alterum genus est ubi res animo pateret, nisi sensui clauderetur, sicut est homo pictus in tenebris; nam ubi oculis apparuerit, nihil animus hominem pictum dubitabit.* [3] *Tertium genus est, in quo etiam sensui absconditum, quod tamen si nudaretur, nihil magis animo emineret quod genus est omnium obscurissimum, ut si imperitus malum illud punicum pictum etiam in tenebris cogeretur agnoscere.* L'obscurité qui enveloppe les mystères constituant l'objet de la recherche anselmienne ressemble à cette troisième espèce d'obscurité que l'auteur anonyme énumère. Il s'agit en effet pour Anselme de clarifier ce qui par définition ne peut être perçu par les sens et devant lequel la raison noétique demeure aussi perplexe.

[29] C. Viola, "Foi et vérité," p. 589.

[30] *Vita Anselmi* II,30: Southern 107.

[31] *Vita Anselmi* II,65: Southern 142.

[32] *Vita Anselmi* I,29: Southern 50: *Haec et hujusmodi multa locutus est, et accepta fraternitate monachorum factus est inter eos unus ex eis, degens per dies aliquot inter eos, et cotidie aut in capitulo, aut in claustro mira quaedam et illis adhuc temporibus insolita, de vita et moribus monachorum coram eis rationabili facundia disserens. Privatim quoque aliis horis agebat cum iis qui profundioris ingenii erant, profundas eis de divinis necne secularibus libris quaestiones proponens, propositasque exponens.* Il s'agit ici du premier témoignage direct d'Eadmer, lors de la première viste qu'effectua Anselme à la communauté de Canterbury avant la rencontre de celui-ci avec Lanfranc.

[33] *Vita Anselmi* II,11: Southern 78: *Verumtamen fatebatur et verum esse cognovimus, quia dum alicui longae disputationi occupatus erat, magis solito nescienter edebat, nobis qui propinquiores sedebamus clanculo panem ei nonnunquam sumministrantibus.*

[34] *Vita Anselmi* II,10: Southern 78.

[35] *Vita Anselmi* II,13: Southern 80.

[36] *Vita Anselmi* II,13: Southern 81: *His necessitudinibus actus, totam domus suae curam et dispositionem Balduino monacho... imposuit.... Ita igitur securitate potitus, spiritualibus disciplinis et contemplationi operam dabat.*

[37] *Vita Anselmi* II,9-10: Southern 72.

[38] C. Viola, "L'influence de la méthode anselmienne: La méthode de saint Anselme

jugée par les historiens de son temps," *Wirkungsgeschichte Anselms von Canterbury, Analecta Anselmiana* 4 (1975) 2, 28, 32.

[39] H. Kohlenberger a déjà souligné la "conscience de méthode" chez Anselme "... Anselm ... als methodenbewusster Denker anzusehen ist." H. Kohlenberger, *Similitudo*, p. 20. Voir également J. Bainvel, "Anselme de Cantorbéry," 1343; R. Roques, *Pourquoi*, p. 91ff.; P. Vignaux, "La méthode de saint Anselme dans le *Monologion* et *Proslogion*, *Aquinas* 8 (1965), pp. 110ff.; K. Kienzler, "Glauben," pp. 18-23 où l'auteur donne une interprétation très personnelle de la *sola ratione*; P. Gilbert, "Dire l'Ineffable," pp. 23ff.; C. Viola, "Lanfranc ... et Anselme," pp. 542-78; C. Viola, "Origine et portée," pp. 364-66.

[40] *De trinitate* I,i.1-2: *PL* XLII,821-22.

[41] *In librum Boetii de trinitate expositio Prologus*, Vivès, 28, p. 483.

[42] Il n'est pas aisé d'établir les rapports entre l'usage Augustinien et anselmien de la raison. H. de Lubac a essayé de montrer la spécificité de la méthode anselmienne par rapport à ses précédents historiques en milieu chrétien: "Le moyen qu'Anselme va mettre en oeuvre — écrit-il — n'est plus tout à fait celui qui prévalait spontanément chez un Augustin ou chez un Origène. Pour ceux-ci, il s'agissait avant tout d'une recherche d'*'intelligence spirituelle,'* c'est-à-dire d'une démarche d'allure contemplative, qui, tout en englobant l'effort de la raison, le débordait, et qui se nourrissait à chaque étape de la méditation de l'Ecriture. Chez celui-là [Anselme], c'est une méthode d'intelligence dialectique, supposant une plus forte spécialisation de la raison. De part et d'autre, assurément, on se maintient toujours à l'intérieur de la foi." H. de Lubac, "Seigneur," p. 215, cité aussi par P. Gilbert, "Dire l'Ineffable," p. 45. Je ne pense pas que l'"allure contemplative" soit absente chez Anselme. Dans le *Monologion*, ne s'agit-il pas précisément de *meditanda divinitatis essentia*, d'un *exemplum meditandi*? Dans le *Proslogion*, la référence à l'Ecriture est constante. Quant à la dialectique, elle est parfaitement présente chez un saint Augustin, selon un usage extrêmement large et complexe. G. d'Onofrio, *Fons scientiae. La dialettica nell'Occidente tardo-antico* (Napoli 1986), pp. 37ff. Je verrais plutôt la spécificité d'Anselme dans le fait d'un usage clairement défini: mouvement synthétisant et unifiant au moyen des *rationes necessariae*, accompagné d'une prise de conscience méthodologique nette d'une part et d'autre part dans la définition claire et nette de la méthode spécifique qu'il entend mettre en oeuvre dans plusieurs de ses traités. Certes, tout cela est toujours de la dialectique, mais déjà propre à Anselme. Voir aussi C. Viola, "Origine et portée," pp. 352ff.; C. Viola, "Le *Monologion* face à la philosophie réflexive," Recherche de Théologie ancienne et médiévale (A Journal of Ancient and Medieval Christian Literature), 59 (1992), 97-110.

[43] *De trinitate* I,i,1: *PL* XLII,821.

[44] *De moribus ecclesiae catholicae* II,3: *PL* XXXII,1311.

[45] *De moribus ecclesiae catholicae* II,3: *PL* XXXII,1311-12.

[46] Nous renvoyons aussi à notre étude récente sous presse "Authority and Reason in Saint Anselm's Life and Thought" à paraître dans *Anselm: Aosta, Bec and Canterbury*, ed. D. Luscombe and G. Evans (Sheffield University Press).

[47] P. Gilbert, *Dire l'Ineffable*, p. 53, et ibid. n. 146. L'auteur a arbitrairement tronqué le texte d'Anselme aussi bien dans la citation latine que dans la traduction française qu'il en propose. Pourtant, Paul Vignaux, dans son exposé classique de la méthode du *Monologion* et du *Proslogion*, reproduit fidèlement le passage d'Anselme et il en donne aussi l'explication, sans toutefois en mettre suffisamment en relief la véritable portée. En effet, il admet que *saltem* — qu'il traduit par "du moins par la seule raison" — "invite à situer la persuasion rationnelle dialectiquement accessible en deçà, au-dessous de la conviction du croyant — que celui-ci tient pour un don de Dieu (prière au terme de l'argument du *Proslogion quia quod credidi te donante*," P. Vignaux, "La méthode de saint Anselme dans le *Monologion* et le *Proslogion*," *Aquinas* V (1962), 6 (réimprimé dans *De saint Anselme à Luther* [Paris 1976], p. 114).

[48] *Monologion Prologus*: Schmitt I,7ff.

[49] *Epistola de incarnatione Verbi* I: Schmitt II,9. Notons que Robert Pouchet cite l'expression *dialecticae haeretici* d'une manière erronée. Il écrit *dialectici haeretici* et traduit par "dialecticiens hérétiques." (R. Pouchet, *La rectitudo chez saint Anselme. Un itinéraire augustinien de l'âme à Dieu* [Paris 1964], p. 21). Ce n'est pas conforme au texte établi par le P. Schmitt. Par ailleurs le contexte montre clairement qu'Anselme élargit le sens du terme "hérétique" en l'appliquant au domaine de la pensée rationnelle, car ces dialecticiens finissent par prôner des erreurs même en matière de dialectique. Voir ici note n. 22.

[50] *Epistola 83*: Schmitt III,207-08.

[51] Pour la source Augustinienne du *Proslogion*, nous renvoyons à l'étude très intéressante d'I. Sciuto, "L'*unum argumentum* del *Proslogion* di S. Anselmo et la prova del *De libero arbitrio* di S. Agostino"; voir également K. Kienzler, Das *Proslogion*-Argument Anselms und die *Confessiones* des Augustinus," *The European Dimension of St. Anselm's Thinking* (Prague 1993), pp. 137-61; C. Viola, "Origine et portée," pp. 344-57; C. Viola, "Approche Augustinienne," pp. 403-20.

[52] *Proslogion Prooemium*: Schmitt I,94: *Et quoniam nec istud ... dignum libri nomine ... iudicabam*.

53 Sur le projet d'Anselme et son autonomie par rapport à la foi, voir E. Gilson, "Sens et nature de l'argument de saint Anselme," *Archives d'Histoire, Doctrine, et Litterature du Moyen Ages*, 9 (1934), 49. C. Viola, "La dialectique de la grandeur: Une interprétation du *Proslogion*," *Recherche de Théologie ancienne et médiévale*, 37 (1970), 23-25. C. Viola, "Dalle filosofie ad Anselmo di Cantorbery: L'itinerario teologico di Karl Barth," *Doctor Communis*, Roma, 24 No. 2 (1971) 120-23.

54 *Proslogion Prooemium*: Schmitt I,93: *Postquam opusculum quoddam velut exemplum meditandi de ratione fidei cogentibus me precibus quorundam fratrum in persona alicuius tacite secum ratiocinando quae nesciat investigantis edidi considerans illud esse multorum concatenatione contextum argumentorum, coepi mecum quaerere, si forte posset inveniri unum argumentum, quod nullo alio ad se probandum quam se solo indigeret, et solum ad astruendum quia deus vere est, et quia est summum bonum nullo alio indigens, et quo omnia indigent ut sint et ut bene sint, et quaecumque de divina credimus substantia, sufficeret. Ad quod saepe studioseque cogitationem converterem, atque aliquando mihi videretur iam posse capi quod quaerebam, aliquando mentis aciem omnino fugeret tandem desperans volui cessare velut ab inquisitione rei quam inveniri esset impossibile. Sed cum illam cogitationem, ne mentem meam frustra occupando ab aliis in quibus proficere possem impediret, penitus a me vellem excludere tunc magis ac magis nolenti et defendenti se coepit cum importunitate quadam ingerere. Cum igitur quadam die vehementer eius importunitati resistendo fatigarer, in ipso cogitationum conflictu sic se obtulit quod desperaveram, ut studiose cogitationem amplecterer, quam sollicitus repellebam. Aestimans igitur quod me gaudebam invenisse, si scriptum esset, alicui legenti placiturum de hoc ipso et de quibusdam aliis sub persona conantis erigere mentem suam ad contemplandum deum et quaerentis intelligere quod credit, subditum scripsi opusculum.*

55 *Vita Anselmi* I,19: Southern 29. Pour l'analyse comparée de ce passage biographique avec le *Prooemium* du *Proslogion*, voir C. Viola, "L'influence," pp. 16-17.

56 *De ordine* I,iii,6: *PL* XXXII,981.

57 Nous avons montré l'unité profonde du *Proslogion* qui consiste essentiellement en une dialectique de la grandeur. C. Viola, "La dialectique"; C. Viola, "Origine et portée," Remarquons que tout le monde n'est pas d'accord pour admettre cette unité, voir récemment S. Gersh, "Anselm of Canterbury," p. 272.

58 Nous avons examiné le problème de l'"argument ontologique" dans "Origine et portée," 339-84. Dans le cas d'Anselme, il conviendrait plutôt parler d'un "argument mégalogique."

59 Cependant, il serait erroné de ne voir dans le *Proslogion* qu'un effort extraordinaire de

l'intelligence en quête de Dieu. Cet opuscule, riche en contrastes, est aussi une sorte de triptyque du bonheur. Selon le témoigange d'Eadmer — dont la source est le témoignage d'Anselme lui-même — celui-ci a déployé un effort considérable pour trouver l'unique argument qu'il cherchait en vain si longtemps et cette recherche intense et passionnée fut récompensée par une immense joie. Cette joie — une des formes du bonheur — est une sorte de présage de la joie céleste puisqu'il s'agit dès ici-bas dans une certaine mesure de "voir Dieu" par l'intelligence qui constitue pour Anselme un prélude à la vision béatifique. Voir à ce sujet: C. Viola, "L'idée de bonheur chez saint Anselme," *L'idée de bonheur au Moyen Age, Actes du Colloque d'Amiens de mars 1984*, D. Buschinger Göppinger Arbeiten zur Germanistik, ed. U. Müller, F. Hundsnurscher und C. Sommer, 414, (Göppingen 1990), pp. 423-37.

[60] Pour la méthode du *Cur deus homo*, voir le meilleur exposé dans R. Roques, *Pourquoi*, pp. 75ff. Voir également, G. Dahan, "Saint Anselme, les Juifs, le Judaïsme," *Les mutations*, pp. 521ff.; à lire aussi l'introduction très personnelle de M. Corbin, "La nouveauté de l'Incarnation. Introduction à l'*Epistola* et au *Cur deus homo*," *L'oeuvre de s. Anselme de Cantorbéry*, éd. M. Corbin, 3, *L'incarnation du Verbe, Pourquoi un Dieu-Homme*, (Paris 1988), pp. 13-163.

[61] P. Vignaux, *Structure*, p. 193.

[62] *Proslogion Prooemium*: Schmitt I,94.

[63] P. Riché, "La vie scolaire et la pédagogie au Bec au temps de Lanfranc et de saint Anselme," *Les Mutations*, pp. 213ff.

[64] La forme dialoguée est présente dans l'histoire littéraire dès l'apparition des poèmes épiques et des oeuvres dramatiques. Aussi bien les fragments des Présocratiques contiennent-ils déjà des fragments de dialogues. En philosophie, le grand maître de cette forme littéraire est incontestablement Platon dont l'influence sera déterminante dans ce domaine. Le nombre de personnages participant aux échanges de vue dans les dialogues platoniciens est assez variable: dans le *Phédon*, dans *Les Lois*, le *Phèdre* ou le *Criton*, il n'y en a que deux, dans d'autres dialogues, nous trouvons trois (*Hippias Mineur*), quatre (*Ménon*, *Parménide*, le *Politique*), cinq (*Gorgias*), six (*République*) et jusqu'à neuf personnages (*Protagoras*). De même, certains dialogues de saint Augustin se déroulent entre deux personnes (*De magistro*, *De libero arbitrio*) tandis que d'autres mettent en scène quatre (*De ordine*), cinq (*Contra Academicos*) ou six (*De beata vita*) interlocuteurs. Ces dialogues ressemblent davantage au genre dramatique alors que chez Anselme nous constatons une sorte de concentration autour du thème principal, concentration qui se traduit déjà par le nombre réduit et strictement nécessaire des interlocuteurs (deux personnes) pour maintenir la forme dialoguée et surtout par une démarche logique très serrée qui — tout comme plus tard par exemple la *Confessio philosophi* d'un Leibniz — ne

tolère ni distraction ni dispersion inutiles. Anselme ne fait pas de la littérature: son but c'est de poursuivre une démarche logique avec la plus grande clarté et précision possibles, sans décor de style ni détour inutile. Et si malgré tout il utilise la forme littéraire dialoguée c'est qu'il sait que la démarche *per interrogationem et responsionem* rend la compréhension plus facile. Cicéron a déjà souligné les avantages de la méthode pédagogique qui procède *percontando atque interrogando* par rapport à la méthode de la *perpetua oratio*, le discours sans fin. C. Viola, "Manières personnelles," p. 14. Saint Augustin a désigné aussi la méthode par interrogation et réponse comme la meilleure au point de vue pédagogique dans la recherche de la vérité. *Soliloquia* II,vii,14: *PL* XXXII,891; *Contra Academicos* I,iii,7: *PL* XXXII,909; I,ix,24: *PL* XXXII,918). Chez Anselme, c'est l'exigence pédagogique du *quaerere* qui peut être invoquée comme motif pour le choix de cette forme littéraire héritée de l'Antiquité. Sur les dialogues, voir R. Hirzel, *Der Dialog: Ein literarhistorischer Versuch*, 2 vols., (Leipzig 1895); O. Gigon, *Sokrates* (1947); J. Heinrichs, "Dialog, dialogisch," ed. J. Ritter, *Historisches Wörterbuch der Philosophie* (Stuttgart 1972), 2 D-F, col. 226-29; *DTV-Lexikon der Antike, Philosophie, Literatur, Wissenschaft*, 1, A-Din (München 1970), p. 342. Sur l'importance des dialogues anselmiens pour le développement de la pensée au Moyen âge, voir M. Grabmann, *Die Geschichte*, p. 316-18. Sur la pensée dialoguée d'Anselme, voir surtout H. Kohlenberger, "Dialogisches Denken bei Anselm von Canterbury," *Salzburger Jahrbuch für Philosophie* 14 (1970), 29ff. Ajoutons aussi qu'actuellement, même dans les sciences considérées naguère comme les plus sûres et dites "exactes," l'on reconnaît l'incertitude et la nécessité du dialogue. C'est précisément l'idée de Gödel "Die mathematische Tätigkeit ist Forschung, nicht Deduktion; sie geht dialogisch vor." A. Glucksmann, *Vom Eros des Westens*, traduction allemande par H. Kohlenberger (Stuttgart 1988), p. 285.

[65] *De veritate Praefatio*: Schmitt I,173. A noter que cette *Praefatio* n'est pas proprement celle du *De veritate* elle est placée en tête des trois dialogues que leur auteur considéra comme formant un tout à part en raison de leur relation étroite avec l'étude de l'Ecriture Sainte.

[66] M. Grabmann, *Die Geschichte*, p. 264. Voir aussi C. Viola, "Manières personnelles," p. 11-30.

[67] M. Grabmann, *Die Geschichte*, p. 317-18: "Die theologischen Schriften Anselms zeichnen sich vor den mehr praktisch orientierten Arbeiten seiner Vorgänger und Zeitgenossen durch eine streng wissenschaftliche Formulierung, durch klare und scharfe Fragestellung, durch präzise Fixierung der Begriffe, und durch große Sorgfalt der Beweisführung aus. Wie gründlich hat er nicht in seiner Schrift *Cur deus homo* die Begriffe Freiheit, Notwendigkeit, Sünde, Genugtuung usw. analysiert und festgelegt! Er ist stets bemüht, eine scharf abgegrenzte Terminologie zu schaffen und von den verschiedenen Deutungsmöglichkeiten eines Terminus durch scharfsinnige Distinktion die richtige und für den betreffenden Fall passende herauszuheben. Dieses sein Streben, in möglichst klarer und konsequenter Form seine Gedankenreihen vorzuführen, hat ihn

auch veranlaßt, mit Vorliebe sich des Dialoges zu bedienen. Diese Dialogform ermöglicht eine sehr scharfe Präzisierung des *status quaestionis*, und eine unzweideutige Aussprache über die grundlegenden Begriffe des zu verhandelnden Problems. Die Dialogform ermöglicht die Entwicklung und Lösung des Problems auf dem Wege der *interrogatio* und *responsio*. Die Diskussion findet Ihren Abschluß, wenn der *Discipulus* keine Frage mehr zu stellen, kein Bedenken mehr zu erheben in der Lage ist und dank den Ausführungen, Antworte, und Beweisgängen des auf alle Schwierigkeiten sorgsam und liebevoll eingehenden Magisters über die vorwürfige theologische Materie sowohl im ganzen wie auch in den einzelnen Punkten sich völlig klar ist. Es springt die Ähnlichkeit dieser anselmianischen Dialogform mit der in den Summen, Sentenzenkommentaren, *Quaestiones* und *Quodlibetalia* der Hochscholastik sich uns darbietende, nach dem Schema *obiectiones-responsio principalis (corpus articuli)* — *responsiones ad obiectiones* konstruirten äußeren Technik der philosophisch-theologischen Darstellung in die Augen. Beide Darstellungsformen beruhen auf Rede und Gegenrede, auf *quaestio* und *responsio (solutio)*."

[68] Paul Vignaux souligne la différence de méthode qui caractérise ces deux premiers opuscules et il établit la différence de genre littéraire à partir des "deux attitudes d'esprit: 'Monologion,' id est soliloquium, 'Proslogion,' id est colloquium," telles qu'elles se dégagent du *Proslogion, Praefatio*. P. Vignaux, "La méthode," p. 111.

[69] E. Gilson, *Introduction à l'étude de saint Augustin* (Paris 1969), p. 299; H.-I. Marrou, *Saint Augustin et l'Augustinisme* (Paris 1965), pp. 77-78; H. de Lubac, "Seigneur," pp. 201ff.

[70] R. Roques, *Pourquoi*, pp. 65-73.

[71] *Natura rationalis hominis*, souvent et *Cur deus homo* II,1 et 22. Pour Anselme, le portrait de l'homme idéal est celui de l'homme avant le péché qui suit en tout la raison. Voir C. Viola, "Authority and Reason," sous presse.

[72] Même lorsqu'il était déjà archevêque de Canterbury, Anselme se considérait toujours comme moine: . . . *frater Anselmus, vita peccator, habitu monachus, sive iubente sive permittente Deo Cantuariae metropolis vocatus episcopus* . . . Cf. *Vita Anselmi* I: Southern 3-4.

[73] H. Kohlenberger a donné une analyse pénétrante de la structure dialoguée des oeuvres d'Anselme: "Die Dialogstruktur der Werke Anselms" où il montre que même les oeuvres qui ne doivent pas être rangées dans la catégorie littéraire des dialogues — tel le *Monologion* — renvoient à un "dialogue" avec les frères qui le suppliaient de les mettre par écrit: "Die Form ist also deutlich die des Selbstgespräches, in dem das Denken bei sich selber ist. Aber dieses hat nicht die Intention, sich auf sich zu beschränken, sondern weist dadurch, daß es aufgezeichnet wurde, über sich selbst hinaus auf die Stelle, die es im gemeinschaftlichen Gespräch der *fratres* einnahm. . . . Es handelt sich beim *Monologion* also um ein Selbstgespräch,

das im Rahmen eines Dialoges zu verstehen ist." H. Kohlenberger, *Similitudo*, pp. 106-07. Voir aussi les remarques historiques et littéraires pertinentes de R.W. Southern, *Saint Anselm*, pp. 48-49, 83, 347-48.

74 *De tribus illis quaestionibus, in quibus dei praescientiae atque praedestinationi nec non et gratiae liberum arbitrium repugnare videtur, quod mihi deus dignabitur aperire, tentabo ipso adiuvante scribendo ostendere*. *De concordia*: Schmitt II, 245.

75 Cette question concerne la raison d'être de la bonté des choses que l'expérience nous présente. Cf. *Monologion* I: Schmitt I,13.

76 Pour une présentation succincte du contenu des oeuvres d'Anselme, nous renvoyons à J. Bainvel, "Anselme de Cantorbéry," *DTC*, 1 (Paris 1903), col. 1335-44 qui, cependant, exige des mises au point à la lumière des recherches historiques récentes. Le meilleur aperçu de la problématique anselmienne dans son ensemble et traitée d'une manière systématique a été donné par K. Kienzler, *Glauben*. Pour les questions historiques et doctrinales des écrits d'Anselme et tout particulièrement pour le *Monologion*, le *Proslogion* et le *Cur deus homo* cf. R.W. Southern, *Saint Anselme*, pp. 47-121. Notre exposé des grandes questions soulevées dans les divers opuscules d'Anselme suit l'ordre donné par Schmitt dans les *Opera omnia* et qui correspond aussi à l'ordre chronologique déterminé avec plus ou moins de certitude. Cf. éd. F.S. Schmitt, *Prolegomena, Die Chronologie der systematischen Werke*, I, 41*ff., avec un bref résumé de la chronologie des traités d'Anselme ("oeuvres systématiques") à la pp. 62-63. R. Roques a résumé les résultats des recherches chronologiques entreprises par Schmitt (*Pourquoi*, pp. 42-44) en ajoutant des précisions en ce qui concerne la chronologie du *Cur deus homo* (ibid., pp. 48ff.). Dans ses lettres aussi, Anselme désigne par *quaestio* les thèmes qu'il entend développer dans ses écrits en projet. Ainsi, dans la lettre n. 97, il fait allusion au *De casu diaboli* en caractérisant son thème central comme une *quaestio*: *Epistola 97*: Schmitt III,225: *Praeterea scriptum illud, quod de ea quaestione, quomodo scilicet, cum malum nihil esse dicatur, nomen eius aliquid significet, rogatu quorumdam fratrum de talibus me frequenter — ut nosti — interrogantium nuper feci, per praesentium latorem tibi modo, ut postulasti, huic annexum epistolae direxi*. De même, dans une autre lettre adressée à Hugues, archevêque de Lyon, Anselme désigne par *quaestiones* les sujets qu'il entend traiter sur la demande de celui-ci: *Epistola 100*: Schmitt III,131: *De quaestionibus vero, de quibus me velle scribere dixi et reverentia vestra me monuit si dixero quantum dictare impediar, ab ullo, qui meam non novit conversationem, credi non poterit*. Voir aussi les remarques de Schmitt au sujet de ces deux lettres dans les "Prolegomena," I, pp. 48*-51*.

77 *Confessiones* X,x,17: *PL* XXXII,786; aussi *Confessiones* X,ix,16: *PL* XXXII,786: *quot genera quaestionum*. Le traité pseudo-Augustinien *Principia rhetorices* en se fondant sur la tradition gréco-romaine, expose la tâche de l'orateur en analysant les *quaestiones civiles* en rapport

avec la thèse et l'hypothèse, les *quaestiones rationales* et les *quaestiones legales*. Ainsi, pour l'auteur anonyme. Pseudo-Augustinus, *Principia rhetorices* III: *PL* XXXII,1442: *Thesis est res quae admittit rationalem considerationem sine definitione personae. Hypothesis est seu controversia, ut improprio nomine utamur, res quae admittat rationalem contentionem cum definitione personae. Melius autem declarabuntur sub exemplo thesis est quaestio hujusmodi, hujusmodi, an navigandum, an philosophandum; hypothesis est quaestio hujusmodi, an decernendum duelli praelium.* Voici les "questions rationnelles": Pseudo-Augustinus, *Principia rhetorices* V: *PL* XXXII,1443: *Rationales quaestiones quas Hermagoras* λογικας *vocat melius enim puto sic eas cognominari quam verbales; quia* λογικαι *non ex verbi, sed rationis sgnificatione appellatae sunt a technicis, cum alioquin* λογος *interdum verbum significet, interdum rationem igitur rationales,* λογικαι *sive quaestiones fiunt modis quatuor. Hoc enim in illis quaeritur, an sit, quid sit, quale sit, an induci in judicium debeat.* Remarquons ici la présence de la question *quale sit* que nous avons signalée chez saint Augustin.

[78] *De natura deorum* I,1. Cicero in twenty-eight volumes, XIX. English translation by H. Rackham, (Cambridge MA\London 1979), p. 2.

[79] *Naturales quaestiones* I, *Praefatio*, ed. T.H. Corcoran (London\Cambridge, MA 1971), p. 10.

[80] C. Viola, "La dialectique," pp. 33-36.

[81] *Confessiones* I,iv,4.

[82] *Confessiones* I,v,5.

[83] *Proslogion* V: Schmitt I,104.

[84] *Proslogion* XVIII: Schmitt I,114.

[85] *Proslogion* III: Schmitt I,103; voir aussi *Proslogion* XIV.

[86] *Sermo CCCLXXXIV* 1: *PL* XXXVIII,1689. Ce texte est donné aussi par J. Vuillemin, *Le Dieu d'Anselme et les apparences de la raison* (Paris 1971), p. 14, n. 1.

[87] *Sermo XXI* 2: *PL* XXXVIII,143.

[88] *Epistola CXX* 3: *PL* XXXIII,459.

[89] M. Gibson, *Lanfranc of Bec* (Oxford 1978), p. 43.

90 C. Viola, "La dialectique," pp. 37ff.; voir aussi C. Viola, "Origine et portée," pp. 339-84.

91 *Monologion* XXVII: Schmitt I,45.

92 Pour le texte cité du *De decem categoriis* par M. Gibson et pour le contexte, cf. Pseudo-Augustinus, *Categoriae Decem*, ed. Minio-Paluello, Aristoteles Latinus I. V (Bruges\ Paris 1961), p. 133; ainsi que les *Categoriae decem ex Aristotele decerptae*: *PL* XXXII, 1419-20. Anselme fait donc un usage absolu de la capacité de comprendre dans une démarche de comparaison entre grandeurs pour arriver à la grandeur unique de Dieu.

93 *Proslogion* III: Schmitt I,102,nn.

94 *De natura deorum* I,19: Loeb Classical Library XIX,50-51.

95 Pseudo-Augustinus, *Principia dialecticae* V: *PL* XXXII,1410.

96 *PL* XXXV,2215.

97 *De consideratione libri quinque ad Eugenium tertium* V,12-14: *PL* CLXXXII,802-04. Voir au sujet du questionnement, C. Viola, "Manières personnelles," pp. 25-26.

98 Honoré d'Autun, *Elucidarium sive dialogus de summa totius christianae theologiae* I,1, p. 201; voir dans *Beati Lanfranci archiepiscopi Cantuariensis, Opera quae supersunt omnia, nunc primum in Anglia e codicibus manuscriptis auctius et emendatius edidit* ed. J.A. Giles, II (Oxford\ Paris 1844), p. 201.

99 Selon une certaine tradition exégétique, ce verset devait s'appliquer au Juif "incroyant," c'est-à-dire celui qui niait la divinité du Christ. Voir à ce sujet les remarques historiques de G. Dahan, "Saint Anselme, les Juifs, le Judaïsme," *Les Mutations*, p. 523. Il est hors de doute que dans le contexte du *Proslogion* toute visée christologique doit être exclue pour l'application de ce passage biblique. Anselme vise en effet l'incroyant "tout court" qui nie l'existence du "vrai Dieu."

100 *Epistola de incarnatione Verbi* VI: Schmitt II,20.

101 P. Gilbert, "Dire l'Ineffable," p. 19 où l'auteur semble minimiser l'autonomie du *Proslogion* par rapport au *Monologion*. Il écrit: "On peut donc se demander si le *Monologion* ne réalise pas, avec des outils conceptuels traditionnels, ce que le *Proslogion* a entrepris à nou-

veaux frais. C'est un peu méconnaître la nature propre et la portée du *Proslogion*. C'est à juste titre que de Lubac a souligné le progrès que représente ce dernier par rapport au *Monologion* et que le *Proslogion* ne peut pas être considéré comme 'une sorte de résumé' de celui-ci." H. de Lubac, "Seigneur," p. 205 et n. 21. Je ne pense pas non plus que le *Proslogion* puisse être considéré simplement comme "a supplement to the *Monologion*" ainsi que Southern le suggère. R.W. Southern, *Saint Anselm: A Portrait in a Landscape* (Cambridge 1990), p. 127. Pour nous, ce "progrès" consiste avant tout dans un effort de synthèse unique dans l'histoire de la pensée dont est né cet opuscule et, ensuite, dans le déploiement d'une dialectique de la grandeur permettant d'emblée l'achèvement d'une critique métaphysique de tout être fini et en même temps le dépassement de toute intelligence finie vers l'infini. C. Viola, "La dialectique," pp. 23-55. Voir aussi J. Vuillemin, *Le Dieu d'Anselme*, p. 12. Le genre littéraire, l'objet et le sens du *Proslogion* sont toujours fort controversés. Voir K. Barth, *Anselms Beweis*; E. Gilson, "Sens," p. 49; C. Viola, "La dialectique"; J. Vuillemin, *Le Dieu d'Anselme*; F. Brunner, "Questions sur l'interprétation du *Proslogion*," *Analecta Anselmiana* 5 *Journées Internationales d'Etude: Saint Anselme, ses précurseurs et ses contemporains*, Aoste-Turin, 28-30 juin 1973), ed. H. Kohlenberger (Frankfurt\Main 1976), pp. 65-83. K. Kienzler, *Glauben*.

[102] *Epistola de incarnatione Verbi* VI: Schmitt II,20: ... *de divina natura et eius personis praeter incarnationem*... Paul Vignaux a très bien décrit comment le questionnement se déploie dans *Monologion* LXX. P. Vignaux, "Note sur le chapitre LXX du '*Monologion*," *De saint Anselme à Luther*, p. 102: "Pour commencer, saint Anselme procède par interrogations, reprenant trois fois la question initiale *Quid autem (justissimus) retribuit?*, il fait progressivement pressentir la densité d'être de ce *quid*, son amplitude *quam grande*, ... sa valeur *quale* ... Les trois interrogations commencent par 'si': elles supposent l'importance ontologique de l'amour, reconnue au chapitre LXVIII; elles l'expriment avec une extrême vigueur dans les formules que nous avons rapportées; ces questions font prendre conscience d'un problème de compensation de l'amour. Du mode interrogatif qui incline la pensée, saint Anselme revient à la manière négative qui la contraint. L'esprit est devant sa propre situation: être créé, qui passe en perfection tous les autres, il ne vaut cependant que par l'amour de son créateur; aucune récompense ne sera donc proportionnée à son amour, sinon celle dont le degré d'être transcendera toute nature. Le mouvement des trois formules interrogatives est ici repris tant vaut l'amour par rapport à l'être, tant vaudra la récompense de l'amour. Une fois construite cette proportion dans le dépassement, la créature raisonnable peut se considérer d'un regard plus profond, qui reconnaît en elle une présence divine." Les trois interrogations se réalisent ici au moyen des adverbes interrogatifs *quid*, *quam grande*, et *quale*, ce dernier que nous retrouvons déjà chez Platon ($\nu o \iota o \nu$ à partir duquel dérive le substantif $\nu o \iota \tau \eta \varsigma$, cf. *Théétète* 182 a-b); l'adverbe interrogatif *quam grande* montre déjà dans le *Monologion* l'intérêt d'Anselme pour l'idée de grandeur qui se transformera en une dialectique de la grandeur dans le *Proslogion*. C. Viola, "La dialectique," pp. 33ff. Quant à *rationalis creatura*, nous préférons la traduire par "créature douée de raison," étant donné l'ambiguïté de la traduction proposée par Paul Vignaux

("créature raisonnable"). Quant à l'objet du *Proslogion*, il convient de préciser le sens du *vere esse*. En effet, la grande question que pose Anselme dans cet opuscule est celle du *vere esse*: Anselme y cherche l'argument unique capable de prouver que Dieu est vraiment. L'adverbe *vere* à côté du verbe *esse* revêt ici un sens spécifique dont les fondements peuvent se retrouver chez saint Augustin, mais qui sont sans aucun doute d'inspiration biblique. En effet, celui-ci, en comparant l'*esse* de la créature et l'*esse* de Dieu, arrive à cette conclusion paradoxale que, face à Dieu, la créature est presque comme le néant, conclusion dont se servira Anselme dans le *Monologion*. Car, le *vere esse* signifie, dans la pensée Augustinienne, un *esse* qui n'est sujet à aucun changement, qui, par conséquent, n'a ni commencement ni fin, un *esse* qui est toujours et partout, alors que la créature a commencé à être et qu'elle n'est pas partout. Lorsqu'Anselme cherche l'*unum argumentum*, il ne veut pas simplement prouver que Dieu est, mais qu'il est vraiment (*vere*), c'est-à-dire sans commencement ni fin, sans circonscription, partout. C'est cela qu'Anselme montre dans *Proslogion* XIII. Plusieurs textes de saint Augustin permettent de retrouver la source directe de cette pensée anselmienne: *De natura boni* 19, PL XLII,557: *Magnifice igitur et divine Deus noster famulo suo dixit "Ego sum qui sum; et dices filiis Israël: Qui est misit me ad vos"* (Ex 3:14). *Vere enim ipse est quia incommutabilis est. Omnis enim mutatio facit non esse quod erat. Vere ergo ille est qui incommutabilis est. Caetera quae ab illo facta sunt, ab illo pro suo modo esse acceperunt. Ei ergo qui summe est, non potest esse contrarium nisi quod non est. Ac per hoc sicut ab illo est omne quod bonum est, sic ab illo est omne quod naturaliter est; quoniam omne quod naturaliter est, bonum est. Omnis itaque natura bona est et omne bonum a Deo est omnis ergo natura a Deo est. Enarratio in Psalmum CXXXIV* 4: *PL* XXXVII,1741: *Ita enim ille est, ut in comparatione ea quae facta sunt, non sint. Illo non comparato, sunt, quoniam ab illo sunt; illi autem comparata, non sunt, quia verum esse, incommutabile esse est, quod ille solus est. Confessiones* VII,11; *PL* XXXII,742: *Et inspexi cetera infra te et vidi nec omnino esse nec omnino non esse esse quidem, quoniam abs te sunt, non esse autem, quoniam id quod es non sunt. Id enim vere est, quod incommutabiliter manet.* Voir les notes de la p. 46, éd. Schmitt. Schmitt donne encore cette référence à la fin du vol. II des *Opera omnia*, parmi les *Corrigenda et Addenda*. Ces textes Augustiniens éclairent les passages du *Monologion* dans lesquels Anselme affirme que les créatures n'existent presque pas face à l'être "simple, parfait et absolu." *Monologion* XXVIII: Schmitt I,45-46: *Videtur ergo consequi ex praecedentibus quod iste spiritus, qui sic suo quodam mirabiliter singulari et singulariter mirabili modo est, quadam ratione solus sit, alia vero quaecumque videntur esse, huic collata non sint. Si enim diligenter intendatur, ille solus videbitur simpliciter et perfecte et absolute esse, alia vero omnia fere non esse et vix esse. Quoniam namque idem spiritus propter incommutabilem aeternitatem suam nullo modo secundum aliquem motum dici potest quia fuit vel erit, sed simp liciter est; nec mutabiliter est aliquid quod aliquando aut non fuit aut non erit; neque non est quod aliquando fuit aut erit, sed quidquid est semel et simul et interminabiliter est; quoniam inquam huiusmodi est eius esse iure ipse simpliciter et ab solute et perfecte dicitur esse. . . . Secundum hanc igitur rationem solus ille creator spiritus est, et omnia creata non sunt; nec tamen omnino non sunt, quia per illum, qui solus absolute est, de nihilo aliquid facta sunt.* Dans *Epistola de incarnatione Verbi* VII: Schmitt II,22, Anselme reprendra la même idée concernant l'être vrai de Dieu: *Divinae utique naturae est sic semper et ubique esse, ut nihil umquam aut alicubi sit sine eius praesentia. Alioquin nequaquam ubique et semper est potens; et quod ubique potens non est et semper, nullatenus est deus.*

103 Plusieurs ouvrages d'Anselme virent le jour, selon les propres paroles de leur auteur, grâce aux sollicitations des "frères." Ainsi le *Monologion Prologus*: Schmitt I,2 et le *Proslogion Prooemium*: Schmitt I,93; le *De casu diaboli*: *Epistola 97*: Schmitt III,225; le *Cur deus homo* et sa continuation logique, le *De conceptu virginali*; le *De concordia* II,139: *Cum in omnibus religiosae tuae voluntati velim si possim obsequi, frater et fili carissime Boso tunc utique maxime debitorem me iudico cum eam a me in te excitari intelligo.* D'autres auteurs avouent aussi avoir obéi aux sollicitations de leur entourage, ainsi Hugues de Saint-Victor dans la préface du *De sacramentis*: *De sacramentis Christianae fidei, Praefatiuncula*: *PL* CLXXVI,173-74: *Librum de sacramentis Christianae fidei studio quorumdam scribere compulsus sum...* Pour la vie et les oeuvres de Hugues, voir F. Vernet, "Hugues de Saint-Victor," *DTC*, 7,240ff.

104 *Epistola de incarnatione Verbi* VI: Schmitt II,20: *parva mea opuscula.*

105 C. Viola, "La dialectique," pp. 23-55; C. Viola, "L'influence," pp. 1-32. Dans le *Proslogion*, Anselme examine la question de la "substance" divine dans la perspective de la grandeur. Nous avons déjà montré la genèse complexe — à la fois psychologique et doctrinale — de l'option d'Anselme. C. Viola, "La dialectique," pp. 23-34. Si, depuis son enfance, Anselme est conscient de la grandeur divine (cf. *Vita Anselmi* I,2: Southern 4), il y a lieu de rappeler, sans affirmer son influence directe, le texte des *Confessiones* rapportant comment Augustin prit connaissance de la grandeur de Dieu pendant son enfance. *Confessiones* I,vi,9: *PL* XXXII,667: *Invenimus autem, domine, homines rogantes te et didicimus ab eis, sentientes te, ut poteramus, esse magnum aliquem, qui posses etiam non apparens sensibus nostris exaudire nos et subvenire nobis.* Sur la "grandeur" divine, voir aussi *Sermo CCCLXXXIV* d'Augustin (*PL* XXXVIII,1689-90) voir également les références chez A. Koyré, *L'idée de Dieu dans la philosophie de saint Anselme* (Paris 1923), pp. 167-79. Dans une étude récente, nous avons essayé de tirer au clair les sources Augustiniennes de la grandeur divine. C. Viola, "Approches augustiniennes," pp. 403ff.; C. Viola, "Origine et portée," pp. 342ff.

106 *Epistola de incarnatione Verbi* VI: Schmitt II,20-21.

107 *Responsio editoris*: Schmitt I,131: *sufficere mihi potest responderé catholico.*

108 Voir n. 92.

109 Plus tard, Jean Buridan — né vers 1300, recteur de l'Université de Paris en 1327 et en 1340 — examinera dans ses *Sophismata* l'énoncé de l'Insensé: *Non est Deus*: Johannes

Buridanus, *Sophismata*, Critical edition with an introduction by T.K. Scott, Grammatica Speculativa: Sprachtheorie und Logik des Mittelalters, eds. J. Pinborg et H. Kohlenberger (Stuttgart 1977), pp. 20-21: *Tertium sophisma: Deus non est. Probatur quia qualitercumque propositio significat, ita est. Ergo est vera. Probatur antecedens quia dicta propositio vel* [1] *significat praecise propositionem mentalem et terminos eius, et haec omnia sunt in mente correspondentia illi propositioni, ideo qualitercumque ipsa significaret ita esset, vel* [2] *ultra aliquid aliud significaret ad extra; et tunc quaero utrum ipsa ultra conceptus animae significet praecise Deum, et tunc ille est, ideo adhuc omni significationi illius propositionis esset correspondentia in re, ideo ipsa esset vera; vel* [3] *ipsa adhuc aliud significat, scilicet praeter conceptus animae et praeter Deum. Et si tu hoc dicas, tu non potes dicere quod illud aliud sit nisi Deum non esse. Et tunc concludam quod "Deum non esse" significatur per hanc propositionem "Deus non est," et ulterius concludam igitur "Deum non esse est," quia propositio dicens "Deum non esse significatur" est affirmativa; ideo non est vera nisi subiectum pro aliquo supponat, et sic "Deum non esse" est. Et hoc significatur per illam propositionem "Deus non est" et nihil aliud nisi Deus et ea quae sunt in mente, et haec omnia sunt. Ergo sequitur propositum quod qualitercumque ipsa significat ita est. Ergo ipsa est vera. Item haec est falsa "omnis Deus Est"; ergo haec est vera "Deus non est." Consequentia tenet per locum a contradictoriis. Antecedens ego probo, quia plus significat illa propositio "Deus est" quam iste terminus "Deus." Aliter verum esset dicere "Deus," sicut est verum dicere "Deus est." Et est simile quod plus significat ista oratio "Equus est" quam ista dictio "equus," quia nunquam est falsum dicere "equus" dato adhuc quod nullus equus esset, sed esset falsum dicere "Equus est," quod non esset nisi plus significaret. Concesso ergo quod haec oratio "omnis Deus est" plus significat quam "Deus," et tamen ex parte rei nihil plus correspondet illi propositioni quam illi termino quia, cum nihil omnino esset praeter Deum adhuc Deus erat. Ergo non est correspondentia ex parte rei totalis totali significationi huius propositionis "Omnis Deus est," ergo ipsa est falsa, ergo haec est vera "Deus non est.* Le traitement auquel Buridan a soumis l'énoncé de l'*insipiens* est totalement différent de celui d'Anselme. Conformément à son principe fondamental qui consiste à chercher par tous les moyens de la raison le *quomodo est* des objets de la foi, celui-ci met en branle l'effort de la raison pour prouver que Dieu est à tel point qu'on ne puisse même pas penser — logiquement et en vérité — comme n'étant pas. Buridan, lui, fait exactement l'inverse. Il procède en deux temps. En un premier temps, il démontre d'une manière positive, en se fondant sur la signification de la proposition, que l'énoncé *Deus non est* est vrai. Ensuite, en démontrant la fausseté de la proposition contradictoire de *Deus non est*, à savoir *Omnis Deus est*. Car, à partir de la fausseté d'une proposition on peut inférer la vérité de sa contradictoire. Bien entendu, le sophisme de Buridan est fondé sur un jeu illégal de la signification de la proposition. A noter toutefois une certaine ressemblance du principe de Buridan avec celui d'Anselme. Celui-ci utilise dans son *Proslogion* le principe dialectique de la grandeur qui lui permet l'"addition" entre la quiddité (essence) divine et son existence. Buridan reconnaît aussi que, tout au moins sur le plan de la signification, la proposition *Deus est* signifie quelque chose de plus que le terme *Deus* pris tout seul, de même que *Equus est* ajoute quelque chose de plus à *equus*. Par conséquent, sur le plan de la signification, *est* ajoute quelque chose à *Deus*. On peut rapprocher à la position de Buridan celle de Kant qui fut amené à reconnaître que par l'existence *ist etwas mehr gesetzt*. Pour relever un sens tout à fait particulier du *quaerere* remarquons encore comment — tout en recommandant ses deux opuscules aux lecteurs — Anselme est soucieux d'épargner à ces derniers la fatigue de "recherches bibliographiques" ultérieures (*ne tamen ... laborem iniungam quaerendi alia scripta ...*).

[110] J. Vuillemin, *Le Dieu d'Anselme*, pp. 14ff.

[111] F. Brunner, "Questions sur l'interprétation du *Proslogion*," 65-83.

[112] K. Kienzler, *Glauben* pp. 232, 264.

[113] K. Gödel, "Über formal unentscheidbare Sätze der *Principia Mathematicae* und verwandter Systeme," *Monatshefte für Mathematik und Physik*, 38 (1931), pp. 173-98. Il s'agit du mémoire de 1931 de Gödel.

[114] C. Viola, "La dialectique, p. 39.

[115] F. Brunner, "Questions sur l'interprétation du *Proslogion*," p. 69.

[116] F. Brunner, "Questions sur l'interprétation du *Proslogion*," p. 69.

[117] *De veritate Praefatio*: Schmitt I,173: *feci diversis temporibus*.

[118] Schmitt donne comme date probable de rédaction la période de 1080-1085 pour *De grammatico*, *De veritate* et *De libertate arbitrii*, et la période de 1085-1090 pour *De casu diaboli*, Prolegomena 62*. Or, la bénédiction abbatiale d'Anselme eut lieu le 22 février 1079. Ragey, *Histoire de saint Anselme archevêque de Cantorbéry*, 2 vols. (Paris\Lyon 1889) I,311.

[119] M. Grabmann, *Die Geschichte*, I,317.

[120] *De veritate Praefatio*: Schmitt I,173-174.

[121] *De veritate Praefatio*: Schmitt I,173.

[122] *De grammatico* I: Schmitt I,145.

[123] *De grammatico* XXI: Schmitt I,168: *Tamen quoniam scis quantum nostris temporibus dialectici certent de quaestione a te proposita*. Pour la place d'Anselme dans les mouvements intellectuels de son temps, voir A. Cantin, "Saint Anselme au départ de l'aventure européenne

de la raison," *Les mutations*, pp. 611-21.

124 *De veritate* I: Schmitt I,176: *Quoniam deum veritatem esse credimus, et veritatem in multis aliis dicimus esse, vellem scire an ubicumque veritas dicitur, deum eam esse fateri debeamus.* Le Dieu-Vérité est un thème biblique bien exploité par saint Augustin depuis *Soliloquia* où il s'adresse à lui: *Soliloquia* I,I,3: PL XXXII,870: *Te invoco, Deus veritas, in quo et a quo et per quem vera sunt, quae vera sunt omnia.* Sur le thème Dieu-Vérité, voir W. Beierwaltes, "*Deus est veritas*: Zur Rezeption des griechischen Wahrheitsbegriffes in der frühchristlichen Theologie," *Pietas: Festschrift für Bernhard Kötting: Jahrbuch für Antike und Christentum*. Ergänzungsband 8 (Münster 1980), pp. 15-29. C'est ce thème fondamental qu'Anselme reprend dans son dialogue. E. Gilson, "Sens," pp. 5-51, qui fonde sa critique de Barth sur une interprétation de la doctrine de la vérité chez Anselme; M. Corbin, "Se tenir dans la vérité," *Les mutations*, pp. 649-66; C. Viola, "Foi et vérité," pp. 583-93; C. Viola, "Les dimensions de la Vérité," *Journal Philosophique (Bulletin du Centre de Recherche Philosophique Saint Thomas d'Aquin)*, 3 (1985), p. 163.

125 *De veritate Praefatio*: Schmitt I,174.

126 *De veritate* XII: Schmitt I,191: *Sed quoniam docuisti me omnem veritatem esse rectitudinem, et rectitudo mihi videtur idem esse quod iustitia iustitiam quoque me doce quid esse intelligam.* Sur l'enchaînement de *veritas, rectitudo* et *iustitia*, voir R. Pouchet, *La rectitudo*, pp. 55ff.

127 *De libertate arbitrii* I: Schmitt I,207: Voici comment Anselme résume la question fondamentale de ce traité: *De veritate Praefatio*: Schmitt I,173: *... De libertate arbitrii quid sit, et utrum eam semper habeat homo, et quot sint eius diversitates in habendo vel non habendo rectitudinem voluntatis, ad quam servandam est data creaturae rationali. In quo naturalem tantum fortitudinem voluntatis ad servandam acceptam rectitudinem, non quomodo necessarium ad hoc ipsum illi sit ut gratia subsequatur ostendi.*

128 Voir les textes Augustiniens à ce sujet, Schmitt I,207-08.

129 *De libertate arbitrii* I: Schmitt I,207.

130 Anselme fait cet aveu à la fin du *De concordia* qui reprend, sous une autre forme littéraire, l'essentiel de la problématique du *De libertate arbitrii*. *De concordia* III,14: Schmitt II,288: *Puto me iam congrue posse finem ponere tractatui de tribus difficilibus quaestionibus...*

131 *De veritate Praefatio*: Schmitt I,173-74.

132 Il est intéressant de relever quelques passages dans le *De casu diaboli* qui éclairent le sens du *quaerere* et de la *quaestio*: *De casu diaboli* VII: Schmitt I,244: *Sed nescio quid sit, ut cum me spero iam ad finem quaestionis pertingere, tunc magis videam velut de radicibus succisarum quaestionum alias pullulantes consurgere.* Anselme qui, dans sa pédagogie, aimait toujours se servir d'images concrètes, utilise ici la métaphore de l'arbre coupé dont les racines commencent à repousser: telles les questions qui *pullulent* à partir des racines des questions déjà "découpées" (résolues). *De casu diaboli* VII: Schmitt I,245: *... et similiter quaeri potest quid peccavit habendo voluntatem quam deus dedit.... Quod etiam in nostra natura quaeri potest, quoniam credimus nullum hominem posse bonam habere voluntatem nisi dante deo ... De casu diaboli* XI: Schmitt I,248: *Quaproter quoniam de malo quaestio est in manibus quod dicis esse nihil si vis me docere quid intelligam esse malum, doce me prius quid intelligam esse nihil, deinde ad alia quibus praeter nomen mali me dixi moveri de eo ut aliquid esse videatur respondebis.* Dans ce passage, nous retrouvons toute la démarche de la recherche: le disciple rappelle que la question est celle du mal dont le maître dit qu'il est néant, alors le maître doit d'abord expliquer ce que signifie le néant avant toute autre chose. La recherche se poursuit donc en explorant en profondeur ce qui est au fond de la chose (notion) qu'on est en train de scruter, en l'occurrence celle du néant qui est le fond même de la notion du mal. *De casu diaboli* XI: Schmitt I,250: *Recte quaeris* ... La question est juste — droite. Donc la question doit aussi obéir à des règles. La suite du texte illustre en détail pourquoi la question du disciple est juste: Anselme y explique que l'on dit beaucoup de chose selon la "forme" alors qu'en réalité (*secundum rem*) elles ne sont pas, telle la cécité. Or, la cécité n'est pas, mais elle désigne un *non-aliquid*, un *non-visus*, une *absentia visus*. *De casu diaboli* XI: Schmitt I,250.

133 *De casu diaboli* I: Schmitt I,233.

134 *Epistola de incarnatione Verbi* I: Schmitt II, 3-4. Sur les circonstances de la rédaction voir les précisions données dans *Vita Anselmi*, Southern 72, n. 1.

135 *Epistola de incarnatione Verbi* I: Schmitt II,5-7: *Nullus quippe Christianus debet disputare, quomodo quod catholica ecclesia corde credit et ore confitetur non sit; sed semper eandem fidem indubitanter tenendo, amando et secundum illam vivendo humiliter quantum potest quaerere rationem quomodo sit. Epistola de incarnatione Verbi* I: Schmitt II,6-7. Remarquons l'opposition entre *disputare ... quomodo non sit* et *quaerere rationem quomodo sit*. Cette opposition implique l'usage correct de la *ratio*: elle est absente quand on prétend remettre en question ce que la foi enseigne. En revanche, elle constitue l'objet de la recherche quand on veut montrer le "comment" des mystères de la foi. C'est dans ce dernier cas qu'il s'agit vraiment de "raison," car les "raisons" qui voudraient démolir la norme suprême de la raison vraie qu'est la foi ne pourraient pas être appelées de ce nom.

136 Ps 28:9: *Vox Domini praeparantis cervos, et revelabit condensa* et Ps 117:27:

Constituite diem solemnem in condensis, usque ad cornu altaris. En commentant ces versets dans ses *Enarrationes in Psalmos*, saint Augustin n'utilise pas la traduction de la Vulgate et le substantif *condensa* n'y figure pas. *Enarratio in Psalmum XXVIII: PL* XXXVI,214: *Et revelabit silvas et tunc eis revelabit opacitates divinorum librorum et umbracula mysteriorum ubi cum libertate pascantur.* Dans le commentaire sur le Psaume 28, le terme *condensa* est remplacé par celui de *silvas*. La métaphore de *silvae* signifie chez Augustin l'opacité des livres divins (Ecritures) et les obscurités des mystères. Cf. *Enarratio in Psalmum CXVII: PL* XXXVI,1500.

[137] *Vita Anselmi* I,7: Southern 12.

[138] *Epistola de incarnatione Verbi* I: Schmitt II,10.

[139] Le verbe *exsufflo* a d'abord le sens de "faire disparaître en soufflant," "emporter d'un souffle." Chez saint Augustin, *Epistola CV*, il signifie aussi "souffler pour exorciser." Pouchet retient le sens de cet exorcisme en le poussant jusqu'à l'anathème: "Et d'achever cette mise en garde par une sorte d'exorcisme à l'endroit de Roscelin et de ses pairs si la prudence est de rigueur pour tous ceux qui accèdent aux questions de la *sacra pagina* . . . ces dangereux sophistes de notre temps doivent être écartés de tels débats: *prorsus a spiritualium quaestionum disputatione sunt exsufflandi*. L'expression a valeur d'anathème." R. Pouchet, *La rectitudo*, p. 22. Toujours est-il que l'attitude d'Anselme face à ces "hérétiques de la dialectique" (*dialecticae haeretici*) est on ne peut plus ferme: leur naufrage apparaît non seulement dans le domaine de la foi, mais même dans celui de la dialectique. Cf. *Epistola de incarnatione Verbi* I: Schmitt II,9.

[140] *Cur deus homo Praefatio*: Schmitt II,42-43.

[141] *Cur deus homo* I,1: Schmitt II,47-48.

[142] *Cur deus homo* I,3: Schmitt II,50. Les motivations de la question du "pourquoi" de l'Incarnation sont très complexes chez Anselme. Nous renvoyons principalement à l'introduction classique de R. Roques, *Pourquoi*, pp. 47ff. et à une étude récente de G. Dahan, "Saint Anselme, les Juifs, le Judaïsme," *Les mutations*, pp. 521ff., qui replace l'oeuvre ansemienne dans le contexte général des dialogues entre Juifs et Chrétiens.

[143] Sur Anselme et ses rapport avec le Judaïsme et l'Islam, voir R. Roques, *Pourquoi*, pp. 70-72; R.W. Southern, *Saint Anselm*, pp. 88-91; G. Dahan, "Saint Anselme, les Juifs, le Judaïsme," *Les mutations*, pp. 521-34.

[144] *Soliloquia* II,vii,14: *PL* XXXII,891.

[145] *Cur deus homo* I,2: Schmitt II,50. Le *tecum quaerere* rappelle le *mecum quaerere* du

Proslogion. Proslogion Prooemium: Schmitt I,94. Tandis que dans *Cur deus homo* le compagnon d'Anselme est le moine Boson, dans le *Proslogion* c'est son âme (*mens*).

[146] *Cur deus homo* I,2: Schmitt II,50.

[147] *Cur deus homo* I,1: Schmitt II,48.

[148] *Cur deus homo* II,22: Schmitt II,133.

[149] *De conceptu virginali* I: Schmitt II,139.

[150] *De conceptu virginali* I: Schmitt II,140.

[151] *De conceptu virginali* I: Schmitt II,139.

[152] *De conceptu virginali Praefatio*: Schmitt II,138: *Dicam igitur sic breviter de hoc quod sentio, ut nullius de eadem re fidelem improbem sententiam, nec meam, si veritati repugnare probari rationabiliter poterit, pervicaciter defendam. Illam tamen eiusdem rei rationem quam in eodem opusculo posui, omnino ratam et sufficientem si bene consideretur existimo. Nihil enim prohibet eiusdem rei rationes plures esse, quarum unaquaeque sola potest sufficere.* Anselme affirme ici le principe selon lequel rien n'empêche qu'il existe plusieurs raisons pour expliquer la même chose et dont chacune prise individuellement peut suffire à elle seule comme preuve. Ce principe peut être considéré comme une allusion au *Monologion* où il a proposé une multiplicité d'arguments pour prouver l'existence de Dieu. Saint Thomas d'Aquin proposera aussi les cinq voies pour prouver la même chose, à savoir que Dieu est. A la fin de l'opuscule, Anselme exprime la même réserve à l'égard de sa propre opinion: *De conceptu virginali* XXIX: Schmitt II,173: *Haec breviter de originali peccato pro capacitate intellectus mei non tam affirmando quam coniectando dixi, donec mihi deus melius aliquo modo revelet. Si cui vero aliter visum fuerit, nullius respuo sententiam, si vera probari poterit.* Anselme ne rejette donc l'opinion de personne à condition qu'on puisse prouver que cette opinion est vraie. Dans cet opuscule la recherche — *investigatio* — procède comme à tâtons: non pas tellement par affirmations (sûres) mais plutôt par conjectures jusqu'à ce que Dieu aura mieux "révélé" à Anselme les raisons profondes de l'Incarnation.

[153] C. Viola, "Manières personnelles," 11-30.

[154] *De concordia* I,1: Schmitt II,245.

[155] Pour exprimer l'évidence qui est le but de la recherche fondée sur des raisons, à part les adjectifs *clarus* (*De casu diaboli* I: Schmitt I,233; *De casu diaboli* XIII: Schmitt I,257),

conveniens (*De casu diaboli* XIV: Schmitt I,258), *manifestus* (*De casu diaboli* IV: Schmitt I,242), les verbes *liquet* (*De casu diaboli* IV: Schmitt I,242), *patet* (*De processione Spiritu sancti* XIV: Schmitt II,215), *palam est* (*De processione spiritu sancti* XIV: Schmitt II,215; *De concordia* III,3: Schmitt II,266; XI: Schmitt II,283,284), *video* (*De casu diaboli* XVIII: Schmitt I,263), Anselme utilise fréquemment l'adjectif *apertus* et le verbe *aperire*: *aperte nunc video* (*De casu diaboli* I: Schmitt I,235), *apertae rationes* (*De concordia* I,6: Schmitt II,256) *apertissime monstravi* (*De concordia* I,7: Schmitt II,258), *aperte dicit* (*Epistola de incarnatione Verbi* VI: Schmitt II,21), "aperta ratione" (*Cur deus homo Praefatio*: Schmitt II,42), *aperte veritati* . . . *resistere* (*De processione spiritus sancti* VII: Schmitt II,199), *apertissimum* (*Epistola de sacrificio azimi et fermentati* II: Schmitt II,225), *aperta ratione colligitur* (*De concordia* III,6: Schmitt II,272), *aperte monstrat* (*De concordia* III,7: Schmitt II,274), *aperte vidimus quod dicis* (*De casu diaboli* XVII: Schmitt I,262). J'ajoute encore trois passages caractéristiques du *De casu diaboli*: *De casu diaboli* XX: Schmitt I,264-65: *D. Sic tua disputatio veris et necessariis apertisque rationibus concatenatur, ut nulla ratione uod dicis dissolvi posse videam nisi quia video aliquid consequi quod nec dici debere credo, nec quomodo non sit si vera sunt quae dicis, non video*. *De casu diaboli* XXVI: Schmitt I,274: *Sed cum omnibus quaestionibus meis satisfeceris illud adhuc exspecto aperiri, quid sit quod horremus audito nomine mali*. A remarquer ici la présence de *aperiri* qui est une allusion évidente à *pulsate et aperietur vobis* de l'Ecriture. *De casu diaboli* XXVII: Schmitt I,275: *M. Dic ergo quod magis proprie et apertius dicitur, et quaere de abscessu iustitiae. Siquidem saepe apta interrogatio expedit responsionem, et inepta reddit impeditiorem*. Toutes ces références prouvent l'enracinement biblique de la recherche et du questionnement anselmien.

[156] C. Viola, "La dialectique," pp. 41-42; K. Kienzler, *Glauben*, pp. 92ff. La *quaestio*, dans le contexte anselmien, est autre chose qu'un simple "Satz." K. Zillober, "Frage," *Historisches Wörterbuch der Philosophie* (ed. J. Ritter), 2 D-F (Basel\Stuttgart 1972), 1059.

[157] P. Foulquié, R. Saint-jean, *Dictionnaire de la langue philosophique*, (Paris 1962), p. 600-01.

[158] M. Grevisse, *Le bon usage: Grammaire française avec des remarques sur la langue française d'aujourd'hui* (Gembloux 1975), p. 138.

[159] *In Metaphysica*, ed. Marietti, p. 398, n. 1669.

[160] *In Metaphysica* p. 395, n. 1651.

[161] Ibid.

[162] *In Metaphysica*, p. 397, n. 1662.

[163] *In Metaphysica*, p. 397, n. 1665.

[164] Lanfranc, *Liber de Corpore et Sanguine Domini Nostri adversus Berengarium* 6: *Beati Lanfranci, Opera quae supersunt omnia*, ed. J.A. Giles, vol. II, *Commentaria etc.* (Oxonii\Parisiis 1844), p. 160.

[165] F. Vernet, "Gilbert de la Porrée," *DTC*, 6, 1350-58; E. Gilson, *La philosophie au Moyen âge* (Paris 1962), pp. 262ff.

[166] *De trinitate Prooemium*: *PL* LXIV,1247.

[167] Gilberti Porretae, *Commentaria in librum de trinitate*: *PL* LXIV,1258A.

[168] Gilberti Porretae, *Commentaria in librum de trinitate*: *PL* LXIV,1258.

[169] Voir ici, n. 205.

[170] P. Michaud-Quantin, *Etudes sur le vocabulaire philosophique du Moyen âge* (avec la collaboration de M. Lemoine) (Roma 1962), pp. 151ff.

[171] "Le vocabulaire du latin scolastique et la critique," P. Michaud-Quantin, *Etudes sur le vocabulaire philosophique du Moyen âge* (avec la collaboration de M. Lemoine) (Roma 1962), pp. 213ff.

[172] Ibid, p. 216.

[173] Ibid. pp. 216-17.

[174] Il ne faut pas confondre avec le verbe *queror*. Nous nous permettons de citer un jeu de mots d'Anselme où précisément les deux verbes *quaero* et *queror* sont mis en rapport: *Epistola 57*: Schmitt III,171-72: *Cum igitur hoc titulo vobis tam saepe scribam, quaerendo queror et querendo quaero cur mihi numquam rescribatis, sed nescio cui vestro "domino et patri" prima litterarum notato.*

[175] M. Heidegger, *Sein und Zeit* (Tübingen 1979), p. 5. Certes, chez Heidegger, le questionnement — fondamental — vise l'être Frage nach dem Sein qu'Emmanuel Martineau traduit "question de l'être." *Etre et Temps*, Traduction nouvelle et intégrale du texte de la dixième édition par E. Martineau (Paris 1985), p. 28. Voir aussi K. Zillober, "Frage," ed. J. Ritter, *Historisches Wörterbuch der Philosophie*, 2 D-F (Stuttgart 1972), 1059-62; U. Hölscher,

"*Anfängliches Fragen*": *Studien zur frühen griechischen Philosophie* (Göttingen 1968). Je crois cependant qu'il faut distinguer entre *Seinsfrage* que je traduirais par "question de l'être" et *Frage nach dem Sein* qui signifie une question visant l'être, une question qui demeure encore ouverte et qui appelle la recherche pour aboutir à une réponse. Notons toutefois que chez Heidegger le questionnement vise le *Sein*, tandis que, chez Augustin et Anselme, il vise principalement Dieu en tant qu'il constitue l'objet de la foi chrétienne (le Dieu-Trine en tant qu'accessible à la raison) et il ne vise tout le reste que dans la perspective de Dieu. D'autre part, il faut insister, une fois encore, sur la motivation propre chez Augustin et Anselme. Le questionnement et la recherche qui est engendrée par ce dernier trouve sa racine non pas simplement — comme dans le cas de la maïeutique socratique — dans un appel à être meilleurs ou plus vaillants (cf. *Ménon* 82cff., voir "Frage," *Historisches Wörterbuch der Philosophie*, 1059), mais dans un appel fondé sur le Dieu-qui-parle de la Révélation si bien que la recherche de Dieu devient la "vie de l'âme": *Quaerite dominum et vivet anima vestra*, que saint Augustin commentera à son tour.

176 Voir à ce sujet surtout l'exposé magistral dans E. Gilson, *Introduction à l'étude de saint Augustin* (Paris 1969), pp. 31ff.

177 *De libero arbitrio* II,ii,6: *PL* XXXII,1243. E. *Sed nos id quod credimus, nosse et intelligere cupimus*. A. *Recte meministi, quod etiam in exordio superioris disputationis a nobis positum esse* (I,2) *negare non possumus. Nisi enim aliud esset credere, et aliud intelligere, et primo credendum esset, quod magnum et divinum intelligere cuperemus, frustra propheta dixisset, Nisi credideritis, non intelligetis* (Is 7:9,LXX). *Ipse quoque Dominus noster et dictis et factis ad credendum primo hortatus est, quos ad salutem vocavit. Sed postea cum de ipso dono loqueretur, quod erat daturus credentibus, non ait, "Haec est autem vita aeterna ut credant"; sed "Haec est, inquit, vita aeterna, ut cognoscant te solum Deum verum, et quem misisiti Jesum Christum."* (Jn 17:3) *Deinde jam credentibus dicit, "Quaerite et invenietis"* (Mt 7:7); *nam neque inventum dici potest, quod incognitum creditur, neque quisquam inveniendo Deo fit idoneus, nisi antea crediderit quod est postea cogniturus. Quapropter Domini praeceptis obtemperantes quaeramus instanter. Quod enim hortante ipso quaerimus, eodem ipso demonstrante inveniemus, quantum haec in hac vita, et a nobis talibus inveniri queunt nam et a melioribus etiam dum has terras incolunt, et certe a bonis et piis omnibus post hanc vitam, evidentius atque perfectius ista cerni obtinerique credendum est; et nobis ita fore sperandum est, et ista contemptis terrenis et humanis, omni modo desideranda et diligenda sunt.* Quant à *magnum et divinum intelligere cuperemus*, il convient de rappeler aussi *Confessiones* IV,xvi,28: *PL* XXXII,704: *tanquam in nescio quid magnum et divinum suspensus inhiabam*. Pour mieux situer ce texte, faisons deux remarques. Tout d'abord nous constatons que la recherche Augustinienne vise une "grandeur" (*magnum*) qui est la perspective unique de la recherche anselmienne dans le *Proslogion*. D'autre part, le *divinum* nous rappelle le θεῖον plotinien (Porphyrius, *Vita Plotini* 2, Plotini, Opera, éd. P. Henry et H-R. Schwyzer [Paris\Bruxelles 1951], I,3.), le "divin" impersonnel et en quelque sorte abstrait, bien que la référence explicite à la "personne" du Christ soit présente dans le passage. Pour la recherche de la gran-

deur divine, voir notre étude C. Viola, "Approche Augustinienne."

[178] Pour une évaluation plus récente du rapport entre "croire" et "comprendre" inspirée par le mouvement de recherche anselmien voir H. Bouillard, *Comprendre ce que l'on croit* (Paris 1971).

[179] Le terme *divinum* est sans doute la réminiscence du terme θ ε ι ο ν néoplatonicien, neutre et impersonnel.

[180] *In Ioannis euangelium tractatus* LXIII,1: *PL* XXXV,1803-04: *Intendamus mentis obtutum, et adjuvante Domino, Deum requiramus. Divini cantici vox est, "Quaerite Deum, et vivet anima vestra"* (Ps 68:33). *Quaeramus inveniendum, quaeramus inventum.* [Ce sera le fondement de la recherche par la foi, la recherche que la foi exige et déclenche, la *fides quaerens intellectum* et plus tard le paradoxe de la foi chez saint Thomas.] *Ut inveniendus quaeratur, occultus est; ut inventus quaeratur, immensus est. Unde alibi dicitur, "Quaerite faciem ejus semper"* (Ps 104:4). *Satiat enim quaerentem in quantum capit; et invenientem capaciorem facit ut rursus quaerat impleri* [var. *implere*], *ubi plus capere coeperit. Non ergo ita dictum est, "Quaerite faciem ejus semper" quemadmodum de quibusdam: "Semper discentes, et ad scientiam veritatis nunquam pervenientes"* (2 Tm 3:7); *sed potius sicut ille ait, "Cum consummaverit homo, tunc incipit"* (Sr 18:6); *donec ad illam vitam veniamus, ubi sic impleamur, ut capaciores non efficiamur, quia ita perfecti erimus, ut jam non proficiamus. Tunc enim ostendetur nobis quod sufficit nobis. Hic autem semper quaeramus, et fructus intentionis non sit finis inquisitionis. Neque enim propterea non semper, quia hic tantum; sed ideo hic semper dicimus esse quaerendum, ne aliquando hic putemus ab inquisitione cessandum. Nam et de quibus dictum est, "Semper discentes, et ad veritatis scientiam nunquam pervenientes"; hic sunt utique semper discentes; dum vero de hac vita exierint, jam non erunt discentes, sed erroris sui mercedem recipientes. Sic enim dictum est, "Semper discentes, et ad veritatis scientiam nunquam pervenientes'; tanquam dicereteur, "Semper ambulantes, et ad viam nunquam pervenientes." Nos autem semper ambulemus in via, donec eo veniamus quo ducit via; nusquam in ea remaneamus, donec perducat ubi maneamus atque ita, et quaerendo tendimus, et inveniendo ad aliquid pervenimus, et ad id quod restat quaerendo et inveniendo transimus, quo usque ibi fiat finis quaerendi, ubi perfectioni non superest intentio proficiendi.* Pour d'autres textes, voir H. de Lubac, "Seigneur," pp. 218ff.; pour la recherche Augustinienne voir H.-I. Marrou, "Saint Augustin," pp. 78-79.

[181] *De trinitate* XV,ii,2: *PL* XLII,1058.

[182] Certains, comme J. Martin et à sa suite E. Gilson voient dans la formule augustinienne *fides quaerit, intellectus invenit* (*De trinitate* XV,ii,2: *PL* XLII,1058) "l'antécédant direct du *fides quaerens intellectum* de saint Anselme." E. Gilson, *Introduction à l'étude de saint Augustin* (Paris 1969), p. 39, n. 4. Ajoutons cependant qu'abstraction faite du problème de l'influence

de la formule Augustinienne sur la formule d'Anselme, il faut retenir que chez Anselme la formule n'est pas qu'une formule, elle résume tout un programme de vie.

[183] Y. de Andia, "Les yeux de l'âme," *Communio*, XII, 3, (mai-juin 1987), 30ff.

[184] De trinitate XV,xxvii,49: PL XLII,1096: *Verum si ad hanc imaginem contuendam, et ad videnda ista quam vera sint, quae in eorum mente sunt, nec tria sic sunt ut tres personae sint, sed omnia tria hominis sunt quae una persona est, minus idonei sunt cur non de illa summa Trinitate, quae Deus est, credunt potius quod in sacris Litteris invenitur, quam poscunt liquidissimam reddi sibi rationem, quae ab humana mente tarda scilicet infirmaque non capitur? Et certe cum inconcusse crediderint Scripturis sanctis tanquam veracissimis testibus, agant orando et quaerendo et bene vivendo ut intelligant, id est, ut quantum videri potest, videatur mente quod tenetur fide. Quis hoc prohibeat? Imo vero ad hoc quis non hortetur? Si autem propterea negandum putant ista esse, quia ea non valent caecis mentibus cernere; debent et illi qui ex nativitate sua caeci sunt, esse solem negare ... Quantum vero attinet ad illam summam, ineffabilem, incorporalem, immutabilemque naturam per intelligentiam utcumque cernendam, nusquam se melius, regente duntaxat fidei regula, acies humanae mentis exercet, quam in eo quod ipse homo in sua natura melius caeteris animalibus, melius etiam caeteris animae suae partibus habet, quod est ipsa mens cui quidam rerum invisibilium tributus est visus, et cui tanquam in loco superiore atque interiore honorabiliter praesidenti, judicanda omnia nuntiant etiam corporis sensus; et qua non est superior, cui subdita regenda est nisi Deus. De trinitate XV,xxviii,51: PL XLII,1098: Ad hanc regulam fidei dirigens intentionem meam, quantum potui, quantum me posse fecisti, quaesivi te, et desideravi intellectu videre quod credidi, et multum disputavi, et laboravi. Domine Deus meus, una spes mea, exaudi me, ne fatigatus nolim te quaerere, sed quaeram faciem tuam semper ardenter* (Ps 104:4). *Tu da quaerendi vires, qui invenire te fecisti, et magis magisque inveniendi te spem dedisti. Coram te est firmitas et infirmitas mea illam serva, istam sana. Coram te est scientia et ignorantia mea: ubi mihi aperuisti, suscipe intrantem; ubi clausisti, aperi pulsanti. Meminerim tui, intelligam te, diligam te. Auge in me ista, donec me reformes ad integrum.*

[185] H. Marrou, "Saint Augustin," p. 186. Voir aussi pp. 78-79; pp. 44, 49.

[186] H. de Lubac, "Seigneur," pp. 201-25 et 407-25; P. Gilbert, *Dire l'Ineffable*, pp. 23ff.

[187] I. Kant, *Kritik der reinen Vernunft* I,11: *Die menschliche Vernunft hat das besondere Schicksal in einer Gattung ihrer Erkenntnisse daß sie durch Fragen belästigt wird, die sie nicht abweisen kann, denn sie sind ihr durch die Natur der Vernunft selbst aufgegeben, die sie aber auch nicht beantworten kann, denn sie übersteigen alles Vermögen der menschlichen Vernunft. In diese Verlegenheit gerät sie ohne ihre Schuld. Sie fängt von Grundsätzen an, deren Gebrauch im Laufe der Erfahrung unvermeidlich und zugleich durch diese hinreichend bewährt ist. Mit diesen steigt sie (wie auch ihre Natur mit sich bringt) immer höher, zu entfernteren Bedingungen. Da sie aber ge-*

wahr wird, daß auf diese Art ihre Geschäfte jederzeit unvollendet bleiben müssen, weil die Fragen niemals aufhören, so sieht sie sich genötigt, zu Grundsätzen ihre Zuflucht zu nehmen, die allen möglichen Erfahrungsgebrauch überschreiten und gleichwohl so unverdächtig scheinen, daß auch die gemeine Menschenvernunft damit im Einverständnisse stehet. La phrase *sie übersteigen alles Vermögen der menschlichen Vernunft* nous rappelle le *quiddam maius quam cogitari possit* du *Proslogion* XV. Les questions qui envahissent la raison humaine selon Kant proviennent de la nature même de la *Vernunft*. Il va sans dire que Kant fait allusion ici à son propre projet qui ne s'intéresse qu'aux conditions de la connaissance. Il faut toutefois remarquer qu'il existe aussi des questions qui ne concernent pas le projet Kantien comme tel et qui le débordent même puisqu'elles viennnt de la nature des choses. Nous ne pensons pas qu'on puisse dire que la seule source ou raison d'être du questionnement soit notre manière de connaître. En effet, tout questionnement serait alors a priori vide de portée et de contenu. Or, l'homme questionne toujours "quelque chose," même s'il peut remettre en question sa manière de questionner ou la nature de son questionnement. Cependant, même alors la "nature de son questionnement" devient la portée et le contenu du questionnement.

[188] Soulignons que le point de départ de la première preuve du *Monologion* consiste précisément en une "prise de conscience," à la fois, du contenu de l'expérience sensible et du fait de notre jugement de valeur concernant la multiplicité d'objets que les sens nous offrent. *Monologion* I: Schmitt I,13-14. A ce niveau de réflexion, Anselme dépasse d'emblée la dichotomie Kantienne.

[189] Nous avons essayé de montrer l'incohérence logique du principe de vérification Kantienne, C. Viola, "Origine et portée," pp. 379-80.

[190] M. Heidegger, *Einführung in die Metaphysik* (Tübingen 1976), p. 10. Nous traduisons cette phrase "philosopher c'est poser des questions." Mais tout de suite surgit un problème d'interprétation: s'agit-il là vraiment d'une définition? En effet, l'une des lois de la définition consiste à permettre l'inversion des termes de la proposition ([S->P] = [P->S]), car dans la définition, le concept du sujet et du prédicat doivent avoir la même extension et la même compréhension. Est-il possible d'invertir, dans ce cas précis, le sujet et le prédicat? En d'autres termes, est-il vrai de dire que *Fragen ist philosophieren* — "poser des questions c'est philosopher?" Est-il exact de dire que, dans tous les cas, poser des questions c'est philosopher, ou, du moins, dire que poser des questions, d'une certaine manière, ou poser certaines questions c'est philosopher? Nous serions volontiers d'accord avec cette interprétation, même si, telle quelle, la "définition" proposée par Heidegger demeure ambigüe. Il faut avouer cependant que cette manière de présenter de Heidegger est loin d'être satisfaisante. A supposer même que le propre de la philosophie consiste à poser des questions, il n'en reste pas moins vrai que la philosophie doit aussi répondre aux questions posées, ou du moins, essayer d'y répondre et, d'avouer, le cas échéant, son impuissance et de constater l'aporie. D'autre part, peut-on dire que "poser

des questions" —— même d'une certaine manière —— soit le propre de la seule philosophie? Ne faudrait-il pas aller plus loin et dire d'une manière plus radicale que le propre de toute recherche est de poser des questions? Le physicien pose des questions, le mathématicien pose des questions, le chimiste pose des questions, le biologiste pose des questions. Donc faire de la physique, des mathématiques, de la chimie, de la biologie etc., c'est aussi poser des questions. Poser des questions c'est le propre de la recherche, indépendamment du domaine dans lequel la recherche se poursuit. Rappelons à cet égard simplement l'ambiguïté ou la bivalence du verbe *quaerere* en latin: il signifie chercher et/ou poser des questions.

191 M. Heidegger, *Sein und Zeit* (Tübingen 1979), p. 5: *"Die Frage nach dem Sinn von Sein soll gestellt werden. Wenn sie eine oder gar die Fundamentalfrage ist, dann bedarf solches Fragen der angemessenen Durchsichtigkeit. Daher muß kurz erörtert werden, was überhaupt zu einer Frage gehört, um von da aus die Seinsfrage als eine ausgezeichnete sichtbar machen zu können."* [Donc Heidegger entend déterminer d'abord ce qui "appartient en général à la question," ce qui la caractérise afin de rendre évidente à partir de là la question question de l'être, Seinsfrage].

"Jedes Fragen is ein Suchen. Jedes Suchen hat sein vorgängiges Geleit aus dem Gesuchten her. Fragen ist erkennendes Suchen des Seienden in seinem Daß-und-Sosein. Das erkennende Suchen kann zum 'Untersuchen' werden als dem freilegenden Bestimmen dieses, wonach die Frage steht. Das Fragen hat als Fragen nach . . . sein Gefragtes. Alles Fragen nach . . . ist in irgendeiner Weise Anfragen bei. . . . Zum Fragen gehört ausser dem Gefragten ein Befragtes. In der untersuchenden, d.h. spezifisch theoretischen Frage soll das Gefragte bestimmt und zu Begriff gebracht werden. Im Gefragten liegt dann als das eigentlich Intendierte das Erfragte, das, wobei das Fragen ins Ziel kommt. Das Fragen selbst hat als Verhalten eines Seienden, des Fragers, einen eigenen Charakter des Seins. Ein Fragen kann vollzogen werden als "Nur-so-hinfragen" oder als explizite Fragestellung. Das Eigentümliche dieser liegt darin, daß das Fragen sich zuvor nach all den genannten konstitutiven Charakteren der Frage selbst durchsichtig wird."

192 C'est l'éternel retour de l'intuition de Pascal: "Je ne te chercherais pas si je ne t'avais pas trouvé."

193 *Proslogion Prooemium*: Schmitt I,94. L'ouvrage de Barth (*Anselms Beweis*) a pour titre principal *Fides quaerens intellectum* et l'auteur y expose surtout la relation entre foi et intelligence sans insister sur le problème du *quaerere*. Plus récemment, K. Kienzler (cf. *Glauben*, pp. 59ff.) a donné une analyse du programme anselmien. Le *Fides quaerens intellectum* est pour lui "die Formel, die für Anselms denkenden Glauben steht," p. 59. Il analyse les trois composants de cette "formule," à savoir la *fides*, le *quaerens* et l'*intellectus*. Kienzler a parfaitement raison de souligner —— à la suite d'Anselme et de ses meilleurs interprètes —— l'étroite connexion entre la foi et Dieu: Kienzler, p. 60: "Glauben ist das Anfangen Gottes im Anfangen des

Glaubens. Beides gilt in seiner angezeigten Verschränkung, Gott ist der Anfang des Glaubens, indem der Glaube mit sich anfängt." Son analyse du *quaerens* nous intéresse tout particulièrement. Kienzler, pp. 60-61. "Die anfängliche *fides* ist nur Anfang, wenn sie anfängt. Der Glaube ist am Anfang noch nicht bei sich und nicht bei Gott, sondern sich gegeben und vorgegeben, zum Anfangen bestimmt. Anfangend ist er auf dem Weg zu sich selbst auf dem Weg zu Gott und auf dem Weg zu sich. Das Anfangen des Glaubens ist ein Fragen und Suchen nach sich selbst, um durch solches Fragen zu Gott und zu sich selbst zu kommen. Fragend ist jedoch der Mensch zunächst bei sich. Gott und den Glauben suchend ist er zunächst in seinem Fragen auf sich selbst zurückgeworfen. Fragend steigen die Fragen aus dem Menschen selbst auf, aus seinem eigenen Grund und aus seiner eigenen Befragtheit. Jedes Fragen, auch das Befragen eines anderen, ist zunächst Befragen seiner selbst und darin und damit zugleich Befragen des anderen aus der eigenen Befragtheit." Kienzler voit bien l'étroite connexion entre la recherche de Dieu et de la foi d'une part et le questionnement d'autre part ("Gott und den Glauben suchend ist er zunächst in seinem Fragen auf sich selbst zurückgeworfen." Kienzler, p. 61). Cependant, nous verrons dans le chapitre suivant (V), qu'il existe selon Anselme une véritable dialectique entre le questionnement et la recherche: c'est la logique même du questionnement qui exige la recherche, recherche aussi bien préalable que consécutive. Cette logique est préalable à la foi et, par conséquent, indépendante d'elle. Elle nous renvoie, certes, à la nature de notre intelligence, ainsi que le pense Kant, mais elle nous renvoie aussi à la nature des choses qui nous entourent, à la nature même du réel qui demeure mystérieux et énigmatique. Selon Eadmer, c'est la nature énigmatique et obscure des vérités de la foi qui fait surgir chez Anselme le questionnement et la recherche. Dans ce domaine, la position des questions, leur délimitation et définition sont aussi difficiles et délicates que retrouver le juste chemin de la recherche qui devra aboutir à l'*invenire*.

[194] C'est la traduction et, par conséquent, l'interprétation qu'adoptent la plupart des spécialistes: Gilson, Koyré, Corbin.

[195] C. Viola, "La dialectique," pp. 23-55.

[196] *Proslogion* I: Schmitt I,97: *Eia nunc, homuncio.*

[197] *Proslogion* I: Schmitt I,98: *Eia nunc ergo tu, domine deus meus, doce cor meum ubi et quomodo te quaerat, ubi et quomodo te inveniat.*

[198] *Proslogion* I: Schmitt I,100.

[199] *Proslogion* I: Schmitt I,98.

[200] *Vita Anselmi* II,46: Southern 142.

201 Barth donne très peu de place à l'analyse du *quaerere* sans soupçonner le moins du monde que chez Anselme — tout comme chez d'autres auteurs — ce verbe est susceptible d'un double sens. Il affirme simplement que, chez Anselme, le *quaerere intellectum* est immanent à la foi: K. Barth, *Anselms Beweis*, pp. 14-15: "Es handelt sich um ein spontanes Verlangen des Glaubens. Das *quaerere intellectum* ist der *fides* immanent, von Hause aus eigentümlich. Es handelt sich also nicht um ein 'Bedürfnis' des Glaubens nach dem 'Beweis' und nach der 'Freude.' Es handelt sich überhaupt um kein 'Bedürfnis' des Glaubens. Anselm will den 'Beweis' und die 'Freude,' weil er *intelligere* will, und er will *intelligere*, weil er glaubt. Jede Umkehrung dieser Ordnung der Nötigkeit ist durch den anselmischen Begriff des Glaubens ausgeschlossen. Glauben heisst nämlich bei Anselm nicht nur ein Hinstreben des menschlichen Willens zu Gott hin, sondern ein Hineinstreben des menschlichen Willens in Gott und also auch ein wenn auch geschöpflich begrenztes Teilnehmen an der Seinsweise Gottes, also auch ein geschöpflich begrenztes Teilnehmen an der Aseität, der Selbst-und Alleinherrlichekit und also an der Bedürfnislosigkeit Gottes. Also kann das Gegebensein oder Nichtgegebensein der Wirkungen des *intelligere* auf keinen Fall eine Existenzfrage für den Glauben bedeuten." Il est évident que la foi est de soi indifférente aux effets (*Wirkungen*) de l'*intelligere*, telle par exemple la joie causée par l'invention d'un argument à l'appui de la foi. Cependant, sur un autre plan, par son caractère mystérieux ou plus exactement par le caractère mystérieux des vérités qu'elle propose, la foi se prête à merveille au questionnement et à la recherche, elle nourrit la tendance de l'homme à vouloir dissiper l'énigme et l'obscurité, l'opacité qui envelloppe le mystère. Quant à Anselme, la chose est hors de doute. Il suffit de se rappeler le témoignage d'Eadmer rapportant les derniers moments de la vie d'Anselme mais qui résume admirablement toute la vie de celui-ci: peu de temps avant sa mort, l'archevêque de Canterbury est toujours absorbé par la recherche et le questionnement concernant l'origine de l'âme, problème qui était déjà impliqué dans ses recherches concernant la conception virginale et le péché originel. La foi d'Anselme est une foi qui cherche sans cesse l'*intellectus*. Ce n'est pas une nécessité "existentielle" de la foi — et là-dessus nous sommes d'accord avec Barth — c'est-à-dire l'existence de la foi est indépendante de ces "intellectus." Cependant, en raison même de son caractère énigmatique — Eadmer nous le rappelle aussi au début de la carrière du moine Anselme — la foi suscite le questionnement et la recherche. Plus l'énigme est grande, plus la joie sera intense lorsque tout au moins une partie de l'énigme sera dissipée c'est le sens profond de *Proslogion* I: Schmitt I,100: ... *desidero aliquatenus intelligere veritatem tuam*... Mais revenons en au *Monologion*. La partie finale (LXXIV-V) établit un lien étroit entre *credere, sperare, amare* d'une part et d'autre part *niti* et *tendere* que nous pouvons prendre ici pour des synonymes — ou tout au moins pour des formes particulières — du *quaerere*. Ce qui caractérise le *niti* et le *tendere* c'est la présence explicite d'un effort suscité par l'attrait de l'objet à chercher et à interpeller. Or, dans ce contexte final du *Monologion*, il s'agit de l'attrait du Souverain Bien, le *Summum bonum*: *Monologion* LXXIV: Schmitt I,83: *Quod tamen a summe iusto summeque bono creatore rerum nulla eo bono ad quod facta est iniuste privetur, certissime est tenendum; et ad idem ipsum bonum est omni homini toto corde, tota anima, tota mente amando et desiderando niten-*

dum. La fin du texte est une allusion évidente à Mt 22:37. Et voici la nécessité de l'espérance: *Monologion* LXXV: Schmitt I,83: *Sed in hac intentione humana anima nullatenus se poterit exercere, si desperet quo intendit se posse pervenire. Quapropter, quantum illi est utile studium annitendi* [effort de recherche], *tantum necessaria est spes pertingendi* [espoir de l'issue]. Relevons dans ce chapitre les termes *intentio, intendit, studium annitendi.* L'autre pôle de la recherche est le *pervenire,* plus exactement le *posse pervenire,* la possibilité d'arriver au but désiré qui est la jouissance (*frui, Monologion* LXXIV: Schmitt I,82) du Souverain Bien. Dans la recherche donc l'attrait du *summum bonum* joue un rôle capital. C'est pourquoi la recherche est caractérisée par une "tension," provoquée précisément par la grandeur infinie du Bien Souverain qui attire. C'est cette grandeur qui donne aussi la mesure de la "joie" (*delectatio*) lorsque l'homme trouve l'*intellectus* de ce qui, au départ de la recherche, était couvert d'énigme.

[202] C. Viola, "La dialectique," p. 38.

[203] *Meditatio III*: Schmitt III,91.

[204] *Proslogion* XX: Schmitt I,115.

[205] *De casu diaboli* XXVII: Schmitt I,275. Il n'est pas surprenant qu'Anselme parle dans ce dialogue de *fatua interrogatio.* Ainsi que nous l'avons déjà vu dans le *De casu diaboli* III — où la chute du mauvais ange ne constitue que le cadre — ce dialogue traite d'un des problèmes métaphysiques les plus difficiles, à savoir le problème du mal, plus exactement, le problème de la définition du mal conçu comme néant — *nihil* — bref le problème le plus difficile qui concerne le discours sur le néant. Or, Anselme lui-même nous apprend dans sa lettre adressée au moine Maurice (*Epistola 97*) combien ses frères le harcelaient avec cette question et l'on peut supposer à bon droit que les questions ainsi que les réponses de ceux-ci méritaient parfois l'épithète *fatua: Epistola 97*: Schmitt III,225: *Praeterea scriptum illud, quod de ea quaestione, quomodo scilicet, cum malum nihil esse dicatur, nomen eius aliquid significet, rogatu quorumdam fratrum de talibus me frequenter — ut nosti — interrogantium nuper feci, per praesentium latorem tibi modo, ut postulasti, huic annexum epistolae direxi. Si malum nihil est quomodo nomen eius aliquid significat? Rursus, si audito nomine mali intelligimus aliquid quod horremus et vitandum censemus quomodo aut malum nihil est, aut mali nomen nihil significat? Sed et ipsum nihil quid est?* En plus de la question fondamentale *quid est Deus?* nous retrouvons chez Anselme l'autre question radicale diamétralement opposée à celle-ci: qu'est-ce que le néant? Anselme questionne les deux extrêmes: l'absolu de l'être et l'absolu du non-être, longtemps avant nos philosophes du néant.

[206] Eadmer parle aussi de la "qualité de la question posée" lorsqu'il fait état de l'affabilté d'Anselme pendant son premier exil italien: *Vita Anselmi* II,31: Southern, 107: ... *cunctos ... ad suum colloquium admittens, et singulis pro qualitate motae quaestionis benigna affabilitate*

atque affabili benignitate satisfaciens. Anselme s'entretient avec tout le monde et répond à chacun selon la qualité de la question posée. Il n'est pas étonnant que dans ces circonstances des questions parfois "stupides" aient été soulevées par des interlocuteurs aussi hétérogènes.

207 Nous retrouvons ici la forme adverbiale de l'*insipiens*, "interlocuteur" privilégié d'Anselme dans le *Proslogion* qui personnifie l'athée de tous les temps décrit par le Psalmiste.

208 Le pronom interrogatif *unde* introduit également la première question posée dans *Monologion* I: Schmitt I,13: *unde sunt bona ea ipsa, quae non appetit nisi quia iudicat esse bona.*

209 *De casu diaboli* X: Schmitt I,247-51. Voir les mêmes considérations dans *Epistola* 97: Schmitt III,225, où Anselme résume la question fondamentale de la manière que voici: comment le nom *malum* signifie-t-il quelque chose (*aliquid*) alors qu'on dit que le mal est néant (*nihil*)?

210 Sur la pensée dialectique d'Anselme voir C. Viola, "La dialectique"; C. Viola, "Origine et portée"; voir aussi M. Grabmann, *Die Geschichte*, I,311-16; sur l'histoire de la dialectique en Occident dans l'Antiquité tardive, on consultera l'ouvrage important de G. d'Onofrio, *Fons scientiae: La dialettica nell'Occidente tardo-antico* (Napoli 1986).

211 M. Heidegger, *Sein und Zeit*, p. 5: *Jedes Fragen ist ein Suchen.*

212 C. Viola, "Manières personnelles," pp. 11-30.

213 Sur l'étroite connexion entre réalité et vérité, voir C. Viola, "Les dimensions de la vérité," *Journal philosophique (Bulletin du Centre de Recherche philosophique Saint Thomas d'Aquin)*, 3, (juillet-août 1985), pp. 154ff.

214 P. Gilbert, *Dire l'Ineffable*.

215 *Epistola de incarnatione Verbi*: Schmitt I,282.

216 Barth voit très bien la relation essentielle entre la *theologische Wissenschaft* et la foi ancrée dans le *Credo* de l'Eglise: *Anselms Beweis*, p. 25: "Der Glaube bezieht sich aber auf das *Credo* der Kirche, in die wir hineingetauft sind." Il est d'autant plus surprenant et regrettable que, dans le chapitre "Die Bedingungen der Theologie" (pp. 25ff.) où il parle même du critère concret des énoncés théologiques ("Es gibt aber auch ein konkretes Kriterium aller theologischen Aussagen," p. 32) et où il analyse l'*Epistola de incarnatione Verbi*, il n'ait pas tenu compte du contenu doctrinal du début de cette lettre doctrinale (*Epistola de incarnatione Verbi* I: Schmitt II,3-4), adressée précisément à Urbain II à l'autorité duquel Anselme soumet son

exposé apologétique. N'est-il pas hasardeux de vouloir exposer les critères de la recherche théologique anselmienne sans tenir compte de ce point qui, pour Anselme, est essentiel? En effet, toute la vie d'Anselme est axée sur l'obéissance au successeur de Pierre en matière de "doctrine, de moeurs et de gouvernement de l'Eglise." Le véritable *Sitz im Leben* de la recherche anselmienne semble avoir échappé à Barth.

[217] Grabmann a déjà souligné l'importance de la "pureté éthique et de la sanctification de soi-même" dans la réalisation du programme de recherche chez Anselme. M. Grabmann, *Die Geschichte*, I, pp. 288-93.

[218] Que la recherche doive obéir à des conditions précises, cela a été déjà évident pour Parménide qui, dans son *Poème* montre la nécessité inévitable de l'égarement si le $\nu o \nu \varsigma$ ne suit pas la bonne voie, à savoir celle de l'$\alpha \lambda \eta \theta \epsilon \iota \alpha$ et non pas celle de la $\delta \eta o \iota \alpha$. L. Couloubaritsis, "Les multiples chemins de Parménide," *Etudes sur Parménide* (directeur P. Aubenque), II Problèmes d'interprétation (Paris 1987) pp. 25-43; C. Viola, "Aux origines de la gnoséologie: Réflexions sur le sens du fr. IV du *Poème* de Parménide," ibid., pp. 100-01.

[219] Voir à ce sujet son attitude à l'assemblée de Rockingham décrite par Eadmer dans la *Historia Novorum*: Rule 53ff. Anselme ne cède en rien à la pression des barons et des évêques, émissaires de Guillaume le Roux, qui, tous, essayèrent d'infléchir la volonté de leur archevêque. Pour le principe qui dirigeait l'action d'Anselme en matière de politique, voir R. Foreville, "L'ultime *ratio* de la morale politique de saint Anselme: *rectitudo voluntatis propter se servata*, *Spicilegium Beccense* I, Congrès international du IXe centenaire de l'arrivée d'Anselme au Bec, (Paris 1959), pp. 423-38. Voir aussi C. Viola, *Histoire*, pp. 204-36, en particulier pp. 209-12.

[220] Le problème de l'Incarnation fut écarté par Anselme lors da la rédaction du *Monologion* et du *Proslogion*. Cf. *Epistola de incarnatione Verbi* VI: Schmitt II,20.

[221] *Epistola de incarnatione Verbi*: Schmitt II,4.

[222] *Epistola de incarnatione Verbi* I: Schmitt II,3-4.

[223] *De grammatico* XXI: Schmitt I,168.

[224] *Epistola de incarnatione Verbi* I: Schmitt II,3.

[225] *Historia novorum* I: Rule 54ff. Voir aussi notre étude sous presse, "Authority and Reason in Saint Anselm's Life and Thought," à paraître dans *Anselm: Aosta, Bec and Canterbury*, ed. D. Luscombe and G. Evans, (Sheffield University Press).

[226] *Epistola de incarnatione Verbi* III: Schmitt II,6-7. *Nullus quippe Christianus debet disputare, quomodo quod catholica ecclesia corde credit et ore confitetur non sit; sed semper eandem fidem indubitanter tenendo, amando et secundum illam vivendo humiliter quantum potest quaerere rationem quomodo sit. Si potest intelligere, deo gratias agat; si non potest, non immittat cornua ad ventilandum, sed submittat caput ad venerandum.*

[227] C. Viola, "Foi et vérité," pp. 588-89.

[228] *Epistola sacrificio azimi et fermentati* VII: Schmitt II,232. Dans ce contexte, la question traitée par Anselme est celle du mariage — interdit chez les Grecs — entre cousin et cousine. Mais Anselme ne trouve ni autorité, ni raison pour appuyer cette coutume. *Epistola sacrificio azimi et fermentati* VII: Schmitt II,231: *Quod cur faciant nullam video auctoritatem aut rationem.*

[229] C. Viola, "L'influence," p. 1, n. 4 et surtout C. Viola, "Lanfranc et Anselme," pp. 566-71.

[230] *Monologion, Epistola ad Lanfrancum*: Schmitt I,6.

[231] *De grammatico* XXI: Schmitt I,168. Remarquons que la *quaestio a te proposita* dans ce texte désigne le thème de l'ensemble du dialogue. Nous trouvons cette acception de la *quaestio* également chez saint Augustin. C. Viola, "Manières personnelles," p. 17, n. 16.

[232] *Epistola 127*: Schmitt III,270: *Ingerebat se etiam hoc menti meae quia saepe Deus magis operatur per vitam illitteratorum quaerentium quae Dei sunt, quam per astutiam litteratorum quaerentium quae sua sunt.* Anselme oppose aussi, comme Lanfranc, l'humilité des illettrés à l'orgueil des lettrés: Lanfranc, *De corpore et sanguine domini* IV: Giles 156: *. . . si etiam deesset mihi auctoritas atque ratio quibus fidem meam tueri possem: mallem tamen cum vulgo esse rusticus et idiota catholicus, quam tecum existere curialis, atque facetus haereticus.*

[233] *Cur deus homo Commendatio operis*: Schmitt II,41. Un passage de l'*Epistola CXLIII* illustre bien l'attitude similaire de saint Augustin à l'égard de ses propres écrits: *Epistola CXLIII*: PL XXXIII,385-86: *Hae autem litterae tuae, quas presbyter Urbanus attulit, habent quaestionem mihi propositam ex libris non divinis, sed meis, quos scripsi de libero arbitrio. In talibus autem quaestionibus non multum laboro quia etsi defendi sententia mea liquida ratione non potest, mea est; non ejus auctoris cujus sensum improbare fas non est, etiam cum, eo non intellecto, hoc inde sentitur quod improbandum est. Ego proinde fateor me ex eorum numero esse conari, qui proficiendo scribunt, et scribendo proficiunt. Unde si aliquid vel incautius, vel indoctius a me positum est, quod non solum ab aliis qui videre id possunt, merito reprehendatur, verum etiam a meipso, quia et ego saltem postea videre debeo, si proficio; nec mirandum est, nec dolen-*

dum sed potius ignoscendum atque gratulandum; non quia erratum est, sed qui improbatum. Nam nimis perverse seipsum amat qui et alios vult errare, ut error suus lateat. Quanto enim melius et utilius, ut ubi ipse erravit, alii non errent, quorum admonitu errore careat; quod si noluerit, saltem comites erroris non habeat. Si enim mihi Deus quod volo praestiterit, ut omnium librorum meorum quaecumque mihi rectissime displicent, opere aliquo ad hoc ipsum instituto, colligam atque demonstrem, tunc videbunt homines quam non sim acceptor personae meae. Anselme, comme Augustin, ne s'attache pas d'une manière désordonnée à ses propres écrits et il admet que l'on puisse trouver des raisons plus valables que celles qu'il a proposées lui-même. C'est ainsi qu'après la publication du *Monologion*, Anselme se déclare prêt à détruire son opuscule; dans le *De grammatico*, il affirme clairement qu'il accepte d'autres raisons plus valables que celles proposées par lui-même. A notre avis, on n'a pas fait suffisamment attention à ce fait dans l'interprétation de ses *rationes necessariae*. Selon l'intention d'Anselme — fondée sur l'humilité — il faudrait réinterpréter le sens des *rationes necessariae* plutôt dans un sens hypothétique: elles sont nécessaires dans la mesure où elles démontrent la cohérence logique de sa démarche à partir des principes qu'il pose au départ. Quitte à remettre en question la valeur même de ses principes du départ, ce qu'il admet lui-même. Rappelons que R. Roques présente les *rationes necessariae* du *Cur deus homo* comme faisant partie d'une "méthode hypothético-déductive" assimilable à une "axiomatique." R. Roques, *Pourquoi*, pp. 83ff.

[234] P. Hadot, *Exercices spirituels et philosophie antique*, 2 éd. (Paris 1987).

[235] *Proslogion* I: Schmitt I,100. A comparer avec la *Meditatio III*: Schmitt III,91 et avec la finale du *De trinitate* de saint Augustin.

[236] *Proslogion* I: Schmitt I,100; *Meditatio III*: Schmitt III,91.

[237] Pour Augustin, voir ici n. 180: ... *adiuvante Domino, Deum requiramus*. Pour Anselme, voir H. de Lubac, "Seigneur," p. 217.

[238] P. Vignaux, *La philosophie au moyen âge* (Paris 1958), p. 37.

[239] P. Vignaux, "La méthode de saint Anselme dans le *Monologion* et le *Proslogion*," *Aquinas* 8 (1965), p. 118; C. Viola, "La dialectique," pp. 43-46.

[240] K. Kienzler, *Glauben*, pp. 158-60.

[241] Pour les "deux temps" de la dialectique anselmienne, voir C. Viola, "La dialectique," pp. 43-46; C. Viola, "Origine et portée," pp. 368-72 et H. de Lubac, "Seigneur," pp. 413 et 425 qui reprend l'essentiel de notre interprétation.

242 Paul Vignaux a déjà attiré l'attention sur la présence, dans le *Monologion* XXVIII: Schmitt I,46), des termes *absolutum* et *absolute est* en relation avec Dieu (c'est-à-dire, *creator spiritus*, *Monologion* XVI: Schmitt I,30). P. Vignaux, *Structure*, p. 212.

243 Le traité pseudo-Augustinien de dialectique permet de saisir le sens de la 'res' notamment dans son application à Dieu. *Principia dialecticae* V: *PL* XXXII,1410. *Verbum est uniuscujusque rei signum, quod ab audiente possit intelligi, a loquente prolatum. Res est quidquid intelligitur vel sentitur vel latet. (Sciuntur enim corporalia, intelliguntur spiriutalia, latet vero ipse Deus, et informis materia. Deus est quod neque corpus est, neque animal est, neque sensus est, neque intellectus est, neque aliquid quod excogitari potest. Informis materia est mutabilitas mutabilium rerum, capax omnium formarum.)* Le verbe est le signe de chaque *res*; la *res* c'est tout ce qu'on comprend, tout ce qu'on sent et tout ce qui est caché. Or, Dieu c'est ce qui est caché.

244 *De conceptu virginali* XXIX: Schmitt II,173.

245 En 1099 ou 1100, à peine dix ans avant la mort d'Anselme. R. Roques, *Pourquoi*, p. 44.

246 A comparer le passage *De conceptu virginali* XXIX: Schmitt II,173: ...*Deus melius*... *revelet* de la fin de la vie monastique d'Anselme avec le ...*Deo reserante*... évoqué par Eadmer au début de la vie monastique d'Anselme (*Vita Anselmi* I: Southern 12). D'après Anselme et son biographe, c'est Dieu qui "révèle" ou "dévoile" les *rationes*.

247 Ni l'année ni le lieu de naissance de Hugues ne sont connus avec certitude. Hugues n'était probablement qu'un petit enfant lorsqu'Anselme mourut à Canterbury en 1109. Agé sans doute de 18 ans, il arriva à Paris probablement aux alentours de 1118 et en 1133 il devint directeur des études. Nous ne connaissons pas non plus la date exacte de la composition du *De sacramentis* dont Hugues aura rédigé la deuxième partie à la Curie Romaine sous Innocent II. F. Vernet, "Hugues de Saint-Victor," *DTC* 7,240-43. Toujours est-il que c'est à peine à un demi-siècle de distance que l'oeuvre d'Anselme devient le cible de la critique du célèbre Victorin.

248 Même si la formule *sola fide* est identique à celle que Luther utilisera plus tard (cf. M. Luther, *Sendbrief vom Dolmetschen: Werkausgabe* 30(2), 636), il serait prématuré d'en conclure que Hugues fut le "précurseur" de Luther. En effet, la formule de Hugues a une portée purement gnoséologique — elle se rapporte à la connaissance de la "quiddité" de Dieu — tandis que chez Luther, elle est utilisée en un sens sotériologique relatif à la justification. J. Paquier, "Luther," *DTC* 9,1229ff. Voir la nuance de la formule luthérienne chez K. Barth, *Anselms Beweis*, pp. 43. Voir encore B. Lohse, *"Ratio und Fides": Eine Untersuchung über die Ratio in der Theologie Luthers* (Göttingen 1958).

[249] *De sacramentis* I,x,2: *PL* CLXXVI,329.

[250] *De sacramentis* I,x,2: *De fide* I: *PL* CLXXVI,327: *Capitulum Primum. De fide septem esse inquirenda. De fide tractare volentibus, septem inquirenda proponimus. Quid sit fides. In quo constat fides. De incremento fidei. De his quae pertinent ad fidem. An ab initio secundum mutationem temporum, mutata sit fides credentium. Quid sit quo nihil minus vera fides unquam habere potuit. De sacramento fidei et virtute ipsius. Singula suo ordine prosequamur.* Dans son traité de la foi, nous avons relevé huit citations scripturaires sur vingt-deux dont le texte est inexact ou incorrect. Hugues avait sans doute l'habitude de citer de mémoire sans se soucier de la précision. Par ailleurs les références scripturaires données par Migne sont toujours incomplètes (sans indication du verset) et parfois inexactes.

[251] *Proslogion* II: Schmitt I,101. Au sujet du *cogitari posse*, voir C. Viola, "La dialectique," pp. 23-55; C. Viola, "Origine et portée," pp. 341, 344-52, 356, 370-71, 373-76, 381-82; K. Kienzler, *Glauben*, pp. 224ff. Je signale aussi une étude récente qui éclaircit le problème de la pensée sur Dieu selon les principes de la philosophie transcendantale. F. Baader, "Transzendentalphilosophische Überlegungen zur *negatio negationis* und zur mystischen Einigung," *Grundfragen christlicher Mystik*, ed. M. Schmidt (Stuttgart\Bad Cannstatt 1987), pp. 193-220 (surtout pp. 201, 205, 207, remarques sur l'argument d'Anselme). Pierre Michaud-Quantin a très bien analysé le sens du verbe *cogitare* chez Anselme, verbe qui devient la charnière du *Proslogion* et qui est en étroite relation avec *intelligere*: P. Michaud-Quantin, "Notes sur le vocabulaire psychologique de saint Anselme," *Etudes sur le vocabulaire philosophique du Moyen âge* (Rome 1967), p. 152: "S'il est un couple de mots que l'on puisse considérer comme essentiel dans la doctrine d'Anselme sur la connaissance intellectuelle, c'est bien celui que l'on rencontre au centre de l'argument du *Proslogion*: *cogitare, intelligere*. Du premier, l'abbé du Bec donne comme équivalent dans le même contexte *dicere in corde*, dans les deux passages du *Monologion* où il revient sur ce terme, il emploie une formule légèrement différente mais dont le sens est identique, *mente dicere*, ajoutant dans le second cette description de la *cogitatio* qui développe et éclaire ce sens: *verbum rei ad eius similitudinem ex memoria formata* . . . le *cogitare* est l'activité créatrice, génératrice pour être plus précis, par laquelle l'esprit profère son verbe mental, construit un concept. Le terme français "concevoir," à la rigueur "penser," semble la meilleure traduction qui s'offre, car il exprime ce qu'Anselme implique essentiellement dans le vocable qu'il emploie, l'idée d'une activité productrice de l'esprit." Nous ne sommes pas d'accord avec Southern qui réduit la *cogitatio* anselmienne au niveau de la grammaire et de la logique: R.W. Southern, *Saint Anselm*, p. 60: "Although Anselm nowhere says so formally, we can see in the progression of his argument that there are three stages of knowledge — *cogitatio* at the level of words and sentences (grammar and logic); *intellectus* at the level of entities, the things to which words refer (philosophy) — *sapientia* in the apprehension of the Supreme Being (theology)." Le *cogitare* est chez Anselme l'outil indispensable de la recherche. Or cette recherche ne s'arrête point aux mots et aux relations purement grammaticales ou logiques, mais

elle vise la réalité, voire même la réalité suprême qui est Dieu.

[252] H. Kohlenberger a soumis à une analyse pénétrante la *similitudo* dans la méthode Anselmienne. H. Kohlenberger, *Similitudo*. Voir aussi K. Kienzler, *Glauben*, pp. 120-33.

[253] *Monologion* LXVI: Schmitt I,77.

[254] Chez Anselme, le verbe *comprehendere* n'a pas le sens que lui attribue Hugues de Saint-Victor. A part celui d'une saisie totale ou plénière (saisie absolue et non pas relative ou partielle), *comprehendere* signifie également chez lui une connaissance particulière ou partielle, en relation avec la *ratio*. Ainsi par exemple dans le contexte suivant: *De casu diaboli* V: Schmitt II,2: *M. Putasne bonos angelos similiter potuisse peccare, antequam mali caderent? D. Puto, sed ratione comprehendere vellem*. De toute évidence, il ne s'agit aucunement dans ce texte d'une saisie plénière, mais d'une simple perception rationnelle. Par ailleurs, le *Monologion* LXV ne laisse planer aucune ambiguïté quant à l'intention d'Anselme de garder intacte l'ineffabilité de Dieu.

[255] *Proslogion* I: Schmitt I,100; voir aussi P. Gilbert, *Dire l'Ineffable*, p. 254.

[256] *Monologion* LXVI: Schmitt I,77. Voir le commentaire du chapitre chez P. Gilbert, *Dire l'Ineffable*, pp. 259-67; voir aussi P. Vignaux, "Structure et sens du *Monologion*," *De Saint Anselme à Luther* (Paris 1976), p. 209.

[257] *De veritate* III: Schmitt I,180.

[258] I. Kant, *Kritik der reinen Vernunft* 2, p. 534.

[259] C. Viola, "La dialectique," pp. 33-39.

[260] Voir encore tout récemment F. Ferrier, "Anselme," ed. D. Huisman, *Dictionnaire des Philosophes* (Paris 1984), pp. 88-92.

[261] H. de Lubac, "Seigneur."

[262] *Cur deus homo Commendatio operis*: Schmitt II,40.

[263] *Les mutations*, pp. 59-63.

[264] C. Viola, *Histoire*, pp. 218-20.

265 L'idée de *aliquatenus*, c'est-à-dire l'idée d'une certaine limitation inhérente à la condition humaine actuelle dans la connaissance de Dieu fut clairement exprimée par saint Augustin dès ses dialogues philosophiques: *De libero arbitrio* I,ii,2: *PL* XXXII,1243: *Quod enim hortante ipso quaerimus, eodem ipso demonstrante inveniemus, quantum haec in hac vita, et a nobis talibus inveniri queunt.*

266 *Responsio editoris* IV: Schmitt I,133.

267 Ibid.

268 C. Viola, "Manières personnelles," p. 15, n. 10

Book Reviews

Alain Galonnier

J. Hopkins, *A New Interpretive Translation of St Anselm's Monologion and Proslogion*, Minneapolis, 1986.

Considérant l'édition Schmitt comme "semi-critique" et quelquefois arbitraire parce qu'elle n'indique pas systématiquement toutes les variantes des manuscrites retenus (p. 315, n. 69), Hopkins procède aussi à une "nouvelle" édition des *Monologion, Proslogion, Pro Insipiente et Responsio*. Elle se restreint toutefois à quatre des neuf manuscrits sélectionnés par Schmitt pour le *Monologion* et aux quatre mêmes sur dix-sept pour le *Proslogion*. Les quatre initiales forment curieusement le mot Best (signalons que Schmitt délaisse le codex S pour éditer le *Proslogion*). Hopkins convient lui-même (p. 33) que les corrections qu'il apporte sont minimes. Hormis quelques variantes de ponctuation et de constitution de paragraphes, la différence avec l'édition Schmitt se borne, pour l'essentiel, à une seule *suppletio*: en *Proslogion* I, là où Schmitt (I,100), a choisi *"ut tui memor te cogitem,"* Hopkins (224, 69) opte pour: *"ut tui memor sim, te cogitem."* Dans la même note 69 (pp. 315-17) — et cela nous parait beaucoup plus intéressant — l'auteur dresse la liste de soixante manuscrites, autres que ceux exploités par Schmitt. Outre ce travail d'édition et de traduction l'ouvrage offre, après une préface où sont présentés les trois axes principaux de la "new interpretive translation," une introduction divisée en quatre sections, dont l'orientation est franchement polémique. Les deux premières sont la reprise de deux articles révisés, passablement antérieurs: le premier ("On Understanding and Preunderstanding St. Anselm," *New Scholasticism*, 52 (1978), 243-60) répond à la publication de R. Campbell, "From Belief to Understanding: A Study of Anselm's *Proslogion* Argument on the Existence of God," (Canberra 1976); le second "On an Alledged Definitive Interpretation of *Proslogion* 2-4: A Discussion of G. Schufreider's ... ," *The Southern Journal of Philosophy*, 19 (1981), 129-39) à celle de G. Schufreider, "An Introduction to Anselm's Argument" (Philadelphia 1978). Il nous faudrait un autre cadre que celui-ci pour rendre-compte de l'évolution enregistrée. La troisième section (pp. 26-33: "On the Interpretation and Translation of '*Si enim vel in solo intellectu est potest cogitari esse et in re quod maius est* [*Proslogion* 2]' ") ne change aucunement l'orientation d'ensemble puisqu'elle vise à réfuter la position que G.E.M. Anscombe tient dans un article tout à fait contemporain: "Why Anselm's Proof in the *Proslogion* is not an Ontological Argument," *Thoreau Quarterly*, 17, Nos. 1-2, (1985). Elle a pour noyau, concernant la phrase en question de *Proslogion* II, l'idée qu'il convient d'y supprimer toute virgule et de traduire non pas "Car, s'il est seulement dans l'intelligence, il peut être pensé exister aussi dans la réalité, ce qui est plus grand," mais "Car, s'il est seulement dans l'intelligence ce qui est plus grand peut être pensé être aussi dans la réalité." Hopkins en dénonce toutes les faiblesses. En quatrième et dernier lieu (pp. 33-42), il expose et défend ses options de traducteur. Ne croyant pas à une traduction normative et définitive, il plaide pour une version nécessairement "interpretive," quoique modérément. Une exégèse fine commande son entreprise.

P. Naulin, "Réflexions sur la portée de la preuve ontologique chez Anselme de Cantorbéry," *Revue de Métaphysique et de Morale*, (1969), 1-20.

Ample et puissante méditation philosophique sur la nature de la démarche anselmienne dans le *Proslogion*, où l'effort de ressourcement — le *Proslogion* se développe à partir et à l'intérieur de la foi — n'est point limité à un constat éphémère mais soutient le commentaire d'un bout à l'autre. Si, au départ, "il s'agit... de savoir dans quelle mesure on peut, en dehors de la foi, s'approprier le sens de l'acte de foi et en comprendre la possibilité" (p. 2), il est question, à l'arrivée, d'y voir la tâche propre de la philosophie à laquelle accède l'argumentation d'Anselme dès lors qu'on a renoncé à y chercher une preuve d'existence: "à la foi seule peut affirmer l'existence qu'elle est incapable de prouver, il... reste (à la philosophie) à réfléchir sur cette affirmation, à ressaisir le sens de la foi et à en comprendre la possibilité." (p. 20) Entre ces deux pôles qui donnent une belle cohésion au propos de Naulin, pertinence et profondeur animent ses considérations sur la perspective du *Proslogion*, la place de la preuve dans l'itinéraire de la foi, le postulat essentialiste du chapitre III (l'existence réelle est un élément de grandeur), l'aspect négatif de l'argument, etc. On éprouvera peut-être le regret que le chapitre XV soit presque passé sous silence ou à peine abordé (p. 11), et que l'auto-suffisance de l'argument reçoive une explication qui nous semble prosaïque en comparaison du reste (p. 16). Des réserves qui n'entament cependant que très superficiellement la troublante justesse de ces "réflexions."

Book Reviews 327

P.M. Van Buren, "Anselm's formula and the logic of God," *Religious Studies*, 9, No. 3, (1973), 279-88.

En vue d'"apprécier pleinement" la formule sur laquelle Anselme construit son *Proslogion* ("ce dont rien de plus grand ne peut être pensé" = X), l'auteur se propose de manifester les deux emplois du verbe cogitare ("to conceive"), dans la mesure où nous pouvons "penser" ce dont rien de plus grand ne peut être "pensé" (p. 279). Apres avoir montré que la formule elle-même est totalement modelée par le langage des Psaumes (p. 280), il résume de façon très succincte l'argument et soumet les deux ambiguïtés qu'il y décèle. La première provient de ce qu'Anselme parait observer un va-et-vient entre l'usage de X comme nom et son usage comme se rapportant au porteur présumé du nom; la seconde est issue d'une certaine confusion de prédication qui naîtrait de ce que X prédique quelque chose quant à nous aussi bien que quant à Dieu. C'est dans le cadre d'une réponse à ces deux difficultés que Van Buren en vient à distinguer deux utilisations du verbe "concevoir," dont Anselme aurait eu conscience sans réaliser pour autant que son argument en utilisait plus d'une. L'analyse, aussi originale que profonde, a pour première qualité de dévoiler une problématique liée au langage, qui ne prend tout son sens que lorsqu'on fait référence à l'ensemble du *Proslogion* et à son point d'articulation, heureusement reconnu, qu'est le chapitre XV (p. 284).

L. Dupré, "The Moral Argument, the Religious Experience, and the Basic Meaning of the Ontological Argument," *Idealistic Studies*, 3 (3), (1973), 266-76.

Le véritable tour de force qu'accomplit l'auteur de ce bref article est d'être parvenu, dans une étude sur l'aspect original de l'argument ontologique par rapport à tout autre argument sur l'existence de Dieu (p. 271), et sans jamais appliquer directement l'adjectif "ontologique" à l'*argumentum* du *Proslogion* dont il ne cite aucun texte, à capter, par le thème de l'"expérience religieuse," quelque chose du ferment de la méditation anselmienne en ce traité. Dupré souligne qu'Anselme a essayé d'atteindre à une intelligence plus profonde de sa foi, et non de la générer ou de la prouver; que son argument, présenté sous la forme d'une prière, accorde nettement la primauté à la foi sur l'intelligence. Il continue cependant par une transition qui n'effectue aucune assimilation franche: dans la perspective anselmienne l'argument ontologique est, en dernière analyse, l'explicitation d'une expérience religieuse (p. 275). Etablissant ensuite un paraléllisme avec l'argument moral de Newman examiné dans la première partie (pp. 266-69), l'auteur observe que l'argument ontologique explicite simplement ce qui était implicitement présent dans l'expérience auto-transcendée du croyant. L'idée et l'expérience sont données simultanément, puisque l'idée n'est autre que l'expérience reconnue (p. 275). L'argument ontologique montre que la notion de Dieu n'est pas une simple construction logique, mais qu'elle est l'expression d'une expérience fondamentale d'auto-transcendance (p. 276).

R. Brecher, "Greatness in Anselm's Ontological Argument," *Philosophical Quarterly*, 24 (95), (1974), 97-105.

L'auteur s'élève contre l'interchangeabilité trop souvent admise des termes "plus grand," "meilleur" et "plus parfait" dans le *Proslogion*. Selon lui, le chapitre V prouve même qu'Anselme les distingue soigneusement, et il montre que la distinction entre la "suprématie ontologique" de Dieu et sa "bonté" se trouve maintenue tout au long du traité (p. 98). Après quoi Brecher s'interroge sur l'énigme que constitue la seule occurrence du *melius* au chapitre III dans l'unité des chapitres II-IV — répondant témérairement que "Anselm allowed the notion of judging to mislead him into writing *melius* instead of *maius*" (ibid.) — puis sur le sens que peut prendre, en ce même chapitre troisième, l'équivalence entre "possédant l'existence" et "existant" — suggérant de l'éclairer par la métaphysique platonicienne et néoplatonicienne, telle qu'Augustin l'avait transmise (pp. 100-01), ainsi que par la notion de degré d'existence du *Monologion* (ibid.). Un jugement synthétise alors sa pensée:

'Plus grand." . . doit être compris en un sens platonicien, non pas comme "meilleur" ou "plus parfait," mais comme "ontologiquement plus grand," bien que pour Anselme, comme pour Platon, ce qui est le plus élevé sur l'échelle ontologique est aussi ce qui est le plus excellent. Toutefois, c'est la grandeur de Dieu, et non son excellence, qui est à la base de l'argument d'Anselme sur son existence (p. 103).

Reste à savoir si cet angle d'approche nouveau et intéressant de l'écrit anselmien n'est point trop dépendant, à certains moments, de la traduction de M.J. Charlesworth (Oxford, 1965) sur laquelle elle se règle.

F. Ulrich, *"Cur non video praesentem?* Zur Implikation der 'griechischen' und 'lateinischen' Denkform bei Anselm und Scotus Erigena," *Freiburger Zeitschrift für Philosophie und Theologie*, 22 (1-2), (1975), 70-170.

Un gros article, presque un livre, où l'auteur, lecteur de Hegel, s'adonne à une spéculation puissamment originale sur l'ensemble du *Proslogion*, pas à consacrer plus de sept pages (101-08) à la différence existant entre le *"quiddam maius"* du chapitre XV et l'*"aliquid quo maius non"* du chapitre II et passim, qu'il justifie par le thème de la vie absolue. Comme l'indique son titre, le point de départ de cette étude est une interrogation formulée par Anselme au début de *Proslogion* I, laquelle conditionne, selon Ulrich, l'aporie fondamentale, la différence cruciale, celle de la présence et de l'absence de Dieu, qui autorise notamment et d'une certaine façon le rapprochement avec le Jean Scot Erigène du *De divisione naturae*. Voici quelques-unes des questions qu'il soulève dans la longue note 2 des pages 70-71. Comment comprendre cette différence quand la lumière absolue est plus intérieure au fini que celui-ci puisse jamais devenir intérieur, et cependant n'est pas vue? Est-ce que la plénitude du présent s'interprète en termes d'"avenir" parce que l'existence de la lumière absolue dépasse tout entendement? Ou bien est-il dû à la forme particulière de l'entendement que la présence soit posée "devant" soi et se transforme pour la pensée en avenir qui se fait attendre? Anselme interroge à partir de la présence pour lui "éclatée" de Dieu, mais en priant. Son *ubi* (dans le même fragment du chapitre I) est le lieu du non-voir; mais justement ce lieu est absolument dépassé et pénétré par l'ubiquité divine. Pourquoi alors cette différence? Comment le lieu de tous les lieux peut-il être en même temps non-lieu, "a-topos"? Quatre parties, divisées et subdivisées, se partagent ce programme et le prolongent: I. "Le Dieu absent et sa présence dans la pensée en prière: voir dans le non-voir"; II. "La présence de Dieu toujours plus grand dans la pensée conceptuelle et dans l'auto-sacrifice de la liberté"; III. "L'unité du voir et du non-voir dans le domaine de la finitude pure"; IV. "Epiphanie de l'amour dans l'acte de concevoir." Le propos de l'auteur — pour autant qu'il se laisse synthétiser — nous semble alors pouvoir se définir, concernant Anselme, par les indications fournies à la note 5 de la p. 74. Il s'agit de montrer que tout le *Proslogion* oscille dans l'unité du voir et du non-voir, de la lumière et de la nuit, et ouvre sur la joie dans laquelle confluent indivisiblement la présence du salve et l'espérance eschatologique. La joie va se révéler (au chapitre XXVI) comme l'unité vivante de la présence et de l'attente où n'est perceptible la moindre rupture entre l'avoir-connu et l'accomplissement, entre la grandeur de la joie ici (dans l'espérance) et la plénitude de la joie là (*in re*). C'est pourquoi, au terme de

son admirable examen, Ulrich constate:
L'avoir-connu se transforme en joie de la présence de Dieu dans
le non-encore. L'illumination conçue ne sépare pas la lumière
du soleil; sans cela l'espérance resterait vaine. Au début du *Proslogion* Anselme prie: "je ne te vois pas."
Mais dans son désespoir, dans l'exil de la faute et du péché il sait ce qu'il en est de l'*imago creata Dei* en lui, de la *spes nostra*. Grâce à cette présence le *cogitare* se déploie en "*aliquid quo maius non*"; il est aveuglé face la surplénitude de la lumière. Anselme fait alors l'expérience de la séparation dans les ténèbres du non-voir, du non-entendre; du voir qui ne *Te* voit, de l'entendre qui ne *T*'entend pas. La vérité connue, à la lumière de laquelle il voit, lui offre la possibilité, dans la nuit, à partir du concevoir (*Begreifen*) dans l'avoir-concu (*Empfangenhaben*: allusion au thème de la *Virgo-Mater*), de parler de et au sujet de Dieu sous la forme du non-encore. A la fin du *Proslogion*, ce non-encore se manifeste comme joie vivante, comme attente " 'comblée' de l'accomplissement" (p. 169). Malgré une lecture assez rude, non pas tant par l'expression que par la pensée qu'elle véhicule, ces pages confèrent au *Proslogion* une dimension unique qui l'embrasse littéralement, son moindre aspect n'étant pas celui que dévoile l'auteur en percevant à l'horizon de l'"*aliquid quo maius cogitari nequit*" les dernières paroles de Plotin, rapportées par son disciple Porphyre (*Vita Plotini* II,26ff.): "Je m'efforce de faire remonter ce qu'il y a de divin en moi à ce qu'il y a de divin dans l'univers" (p. 71, n.).

Scripture Index

Genesis

18:2, 130
22:18, 131

Exodus

3:14, 299

Deuteronomy

6:4, 244

Judges

13:6, 130
13:10, 130
13:16, 130

Job

14:5, 92

Psalms

1 13:1, 206
2:8, 131
22:28, 132
26:8, 209, 279, 280
28:9, 304
68:33, 242, 310
91:16, 129

93:5, 132
107:2-3, 132

Proverbs

22:28, 131

Isaiah

7:9, 309

Matthew

7:7, 234, 280, 309
7:11, 130
13:38, 132
13:47, 132
22:37, 315
24:23, 132-133
28:20, 132

Mark

16:15, 132

Luke

6:36, 130
11:9, 234
11:9-10, 280
11:13, 130

John	Colossians
3:17, 244	2:8, 131
3:29-36, 17	
5:37, 129	**1 Timothy**
6:56, 129	
9:28, 130	1:7, 129
14:21, 129	1:18, 228
14:26, 244	
15:26, 244	**2 Timothy**
17:22, 130	
17:23, 130	3:7, 310

Romans	Hebrews
1:20, 85, 86, 89	1:3, 129
12:3, 131	11:1, 267, 268

1 Corinthians	1 Peter
2:4, 131	3:15, 209
11:29, 129	

2 Corinthians

3:18, 287
5:7, 129

Galatians

4:4, 244
5:24, 131

Philippians

2:5-12, 264
2:7, 129

Citation Index

Ambrose

De fide

I: 268; 321 n. 250
II,v,44: 119; 130 n. 32
IV,x,124: 118; 129 n. 23

De mysteriis

IV: 118; 129 n. 22
VIII,44: 123; 131 n. 63
VIII,47: 123; 131 n. 64
VIII,49: 123; 131 n. 65

De sacramentis

I,x,2: 267; 268; 321 nn. 249-250
IV,iii,10: 124; 131 n. 66
VI,i,2-3: 118; 129 n. 19

Anselm

Cur deus homo

Commendatio operis: 92; 195; 263; 276; 283 n. 22; 284, n. 23; 319 n. 233; 323 n. 262
Praefatio: 229; 235; 305 n. 140; 307 n. 155
I,1: 13; 25 n. 34; 210
I,1: 192; 229; 230; 280 n. 5; 305 n. 141; 306 n. 147
I,2: 231; 305 n. 145; 306 n. 146
I,3: 230; 305 n. 142
I,11: 141; 154 n. 23
II,22: 232; 306 n. 148

De casu diaboli

I: 186; 189 n. 22.; 304 n. 133; 306-307 n. 155
IV: 235; 306 n. 155
V: 270; 323 n. 254
VII: 225; 304 n. 132
X: 256; 317 n. 209
XIII: 235; 306 n. 155
XIV: 235; 306 n. 155
XVII: 235; 307 n. 155
XVIII: 235; 307 n. 155
XX: 235; 307 n. 155
XXVI: 235; 307 n. 155
XXVII: 235; 255; 307 n. 155; 316 n. 205

De conceptu virginali

Praefatio: 8; 23 n. 20; 233; 306 n. 152
I: 232; 233; 306 nn. 149, 150, 151
XIX: 196; 284 n. 22
XXIX: 232; 266; 306 n. 152; 321 n. 244; 246

De concordia

I,1: 234; 306 n. 154
I,6: 235; 307 n. 155
I,7: 235; 307 n. 155
III,3: 235: 306 n. 155
III,6: 5; 22 n. 14; 195; 235; 287 n. 27; 307 n. 155
III,7: 235; 307 n. 155
III,14: 225; 303 n. 130

De grammatico

I: 139; 152 n. 10
I: 302 n. 122
VI: 147; 158 nn. 54, 55
VII: 147; 157 nn. 51, 52, 53
XXI: 224; 260; 263; 302 n. 123; 318 n. 223; 319 n. 231

De libertate arbitrii

I: 225; 303 n. 127

De processione spiritus sancti

VII: 235; 307 n. 155
XIV: 18; 27 n. 44; 235; 306 n. 155

De veritate

Praefatio: 2; 20 n. 2; 223; 224; 225; 302 nn. 117, 120, 121; 303 nn. 125, 131
I: 145; 156 n. 43; 224; 303 n. 124
III: 271; 323 n. 257
X: 145; 156 n. 43
XII: 14-15; 135; 151 n. 3; 224; 303 n. 126
XIII: 137-138; 151 nn. 4-8

Epistolae

1: 2; 21 n. 4
57: 240; 308 n. 174
83: 201; 290 n. 50
97: 255; 256; 316 n. 205; 317 n. 209
117: 11; 23 n. 25
126: 11; 23 n 24
127: 263; 319 n. 232
193: 11; 23 n. 24
206: 11; 23 n. 24
210: 11; 23 n. 24
214: 11; 23 n. 24
217: 11; 23 n. 24
218: 11; 23 n. 24
219: 11; 23 n. 24
220: 11; 23 n. 24
235: 10
264: 11; 23 n. 26
266: 10
317: 12; 24 n. 29
324: 10

Epistola de incarnatione Verbi

I: 201; 226; 227; 228; 258; 260; 261; 290 n. 49; 304 nn. 134, 135; 305 n. 138; 317 n. 215; 318 n. 224
III: 260; 318 n. 226
VI: 217; 218; 300 nn. 104, 106; 297 n. 100; 298 n. 102; 300 nn. 104, 106; 239; 307 n. 155
VII: 217; 299 n. 102

Epistola de sacrificio azimi et fermentati

II: 235; 307 n. 155
III: 7; 22 n. 15
VII: 262; 319 n. 228

Meditationes

III: 264; 320 n. 235

Monologion

Epistola ad Lanfrancum: 262; 319 n. 230
Prologus: 79; 92 n. 2; 115; 128 n. 2; 201; 217; 290 n. 48; 300 n. 103
I: 80; 92 n. 5; 128 nn. 1, 3; 140; 153 nn. 18, 20; 200; 211; 246; 255; 295 n. 75; 312 n. 188; 317 n. 208
II: 140; 153 n. 19
III: 226
V: 226
VIII: 170; 180 n. 36
XV: 140; 141; 154 nn. 21, 22
XVI: 265; 320 n. 242
XVIII: 145; 156 n. 43
XIX: 170; 180 n. 36
XXVII: 215; 297 n. 91
XXVIII: 217; 299 n. 102
XXXI: 86
XXXV: 227
XXXVI: 66; 94 nn. 20, 21
XLV: 85; 94 n. 19
LXIV: 195; 287 n. 26
LXV: 85; 89; 94 nn. 16, 27; 171; 172; 180 n. 41; 195; 285 n. 25; 287 n. 26
LXVI: 269 270; 323 n. 256
LXX: 217; 298 n. 102
LXXIV: 253; 315-316 n. 201
LXXV: 253; 315 n. 201

Proslogion

Prooemium: 82; 93 n. 9; 139; 152 n. 10; 202; 207; 214; 217; 231; 247; 252; 290 n. 52; 292 n. 62; 300 n. 103; 305 n. 145; 313 n. 193
I: 164, 165; 169; 177 n. 15; 179 n. 33; 251; 252; 314 nn. 196, 197, 198, 199; 264; 265; 270; 320 nn. 235, 236; 323 n. 255; 329
II: 81; 139; 141; 143; 148; 152 n. 10; 154 nn. 24, 26; 158 n. 59; 161; 163; 164; 174 n. 1; 176 n. 9; 185; 184; 188 n. 11; 195; 268; 270; 286 n. 25; 322 n. 251; 326
III: 81; 139; 143; 144; 152 n. 12; 154 n. 27; 155 n. 32; 161; 164; 170; 171; 174 n. 1; 180 n. 35; 184; 188 n. 12; 214; 215; 296 n. 85; 297 n. 93
IV: 81; 82; 93 n. 8; 142; 147; 154 n. 25; 157 n. 50; 161; 164; 174 n. 1; 177 n. 16
V: 139; 140; 152 n. 10; 153 n. 14; 213; 296 n. 83
XI: 140; 153 n. 15
XIII: 211; 217; 299 n. 102
XIV: 87; 94 n. 23; 164; 165; 177 n. 17
XV: 83; 86; 87; 88; 93 n. 13; 166; 178 n. 23; 245; 270; 312 n. 187
XVI: 165; 166; 177 n. 18; 178 n. 25
XVIII: 214; 296 n. 84
XX: 254; 316 n. 204
XXII: 170; 171; 180 nn. 36, 37
XXIV: 172; 181 n. 42
XXV: 172; 181 n. 42
XXVI: 172; 181 n. 42; 214

Responsio editoris

I: 144; 155 n. 31; 165; 170; 177 n. 19; 179 n. 34
II: 148; 158 n. 58
III: 150; 159 n. 69
IV: 161; 162; 168; 174 n. 1; 175 n. 3;

179 n. 32
VI: 161; 163; 174 n. 1; 176 nn. 6, 10
VII: 82; 93 n. 10; 165; 166; 168; 177 n. 20; 178 n. 29
VIII: 85; 161; 164; 171; 174 n. 1; 175 n. 1; 176 n. 11; 180 n. 38
IX: 144; 154 n. 30; 161; 174 n. 1
X: 144; 150; 154 n. 29; 159 n. 69

Aristotle

Metaphysica

VII,17: 236

Augustine

Confessiones

I,iv,4: 213; 296 n. 81
I,v,5: 213; 296 n. 83
I,vi,9: 218; 300 n. 105
IV,xvi,28: 241; 309 n. 177
VII,iv,6: 82
VII,xx,26: 89; 95 n. 28
X,ix,16: 212; 295 n. 77
X,x,17: 212; 295 n. 77
X,xxvii,38: 280 n. 6

Contra academicos

I,iii,7: 208; 293 n. 64
I,ix,24: 208; 293 n. 64

De agone christiano

XXIX,31: 125; 132 n. 76

De baptismo

V,viii,9: 118; 129 n. 18

De catechizandis rudibus

IX: 195; 287 n. 26
XXVII: 119; 129 n. 25

De diuersis quaestionibus LXXXIII

XXX: 88; 94 n. 26

De doctrina christiana

I,vi,6: 85; 94 n. 17
I,vii,7: 82

De libero arbitrio

I,ii,2: 277; 323 n. 265
II,ii,5: 80; 81; 92 n. 4
II,ii,6: 82; 92 n. 7; 223; 309 n. 177
II,iii,7: 81; 92 n. 6
II,vi,14: 83; 84; 93 nn. 14-15
II,xiii,35: 85; 94 n. 18
II,xiv,38: 89; 95 n. 29
II,xv,39: 83

De moribus ecclesiae catholicae

II,3: 199; 200; 290 nn. 44, 45

De ordine

I,i,3: 204; 291 n. 56
II,xvi,44: 91; 95 n. 37

De perfectione iustitiae hominis

XIX,41: 83

De praedestinatione sanctorum

II,ii,5: 82; 93 n. 7

De quantitate animae

VII,12: 184; 280 n. 7

De sermone domini in monte

I,xi,32: 122; 131 n. 55
II,vi,21: 120; 130 n. 44

De trinitate

Prooemium: 238; 308 n. 166
I,i,1: 199; 289 n. 43
I,i,1-2: 198; 289 n. 40
II,x,19: 119; 130 n. 36
II,ii,2: 243; 310 nn. 181, 182
III,x,21: 122; 131 n. 56
V,ix,10: 91; 95 n. 36
XV,ii,2: 243; 310 nn. 181, 182
XV,ii,3: 82; 93 n. 7
XV,ix,15: 195; 286 n. 25
XV,ix,16: 195; 286 n. 25
XV,xxvii,49: 244; 311 n. 184
XV,xxviii,51: 244; 311 n. 184

Enarrationes in Psalmos

XXI,ii,26: 124; 132 n. 71
XXXIX,15: 124; 132 n. 72
LXXI,8: 125; 132 n. 84
XCII,8: 126; 132 nn. 85, 87
CI,ii,9: 126; 132 n. 88

CXXXIV,4: 217; 299 n. 102
CXLV,5: 89; 95 n. 30

Epistolae

CXX,3: 214; 296 n. 88
CLX,2: 90; 91; 95 nn. 31, 34
CLX,3: 91; 95 n. 35
CLX,4: 91; 95 n. 38
CLXII,1: 90; 95 n. 32
CLXII,2: 91; 95 n. 33

In Ioannis euangelium tractatus

X: 121; 131 n. 49
XIV,3: 18; 27 n. 42
LXIII,1: 242; 310 n. 180
CX,5: 120; 130 n. 42

Sermones

XXI,2: 214; 296 n. 87
CV(A),2: 83
CCCLXXXIV,1: 214; 296 n. 86

Soliloquia

I,i,3: 224; 303 n. 124
II,ii,2: 145; 156 n. 43
II,vii,14: 208; 231; 293 n. 64; 305 n. 144
II,xiv,28: 145; 156 n. 43

Pseudo-Augustine

Contra Felicianum arianum

II: 131

338 Anselm Studies

Principia dialecticae

VIII: 196; 287 n. 28
V: 216; 297 n. 95

Principia rhetorices

III: 296 n. 77
V: 212; 296 n. 77

Berengarius

Rescriptum contra Lanfrancum

116; 126; 128 nn. 4, 7; 133 n. 92

Bernard of Clairvaux

De consideratione

V,12-14: 216; 297 n. 97

Cicero

De natura deorum

I,1: 212; 296 n. 78
I,19: 218; 297 n. 94

Duns Scotus

Reportatio Cantabrigiensis

I,ii,3, no. 8: 185, 189 n. 17
II,xii,2: 185, 189 n. 16

Opus Oxoniense

II,xii,1, no. 10: 185; 189 n. 16
II,xii,2, nos. 3-7: 185; 189 n. 16

II,ii,2, no. 31: 185; 189 n. 16
I,ii,3, no. 17: 185; 189 n. 19
I,viii,1, no. 15: 185; 189 n. 19
I,iii,2, no. 18: 186; 189 n. 20

Quodlibeta

VII,8: 186; 189 n. 20

Eadmer

Historia novorum

I: 260; 318 n. 225
II: 9; 23 nn. 21, 22

Vita Anselmi

I,4: 194; 281 n. 14
I,5: 194; 281 n. 14
I,7: 5; 15; 22 n. 13; 26 n. 38; 196; 228; 285 n. 25; 305 n. 137
I,8: 194; 281 n. 14
I,12: 194; 281 n. 16
I,16: 194; 281 n. 17
I,19: 203; 291 n. 55
I,22: 9; 23 n. 23
I,26: 194; 281 n. 16
I,29: 196; 288 n. 32
II,2: 194; 281 n. 16
II,8: 194; 281 n. 14
II,9-10: 198; 288 n. 37
II,10: 194; 281 n. 14; 282 n. 19
II,12: 194; 281 n. 14
II,30: 194; 196; 281 n. 14; 288 n. 30
II,31: 255; 316 n. 206
II,33: 194; 281 n. 14; 282 n. 19
II,43: 194; 281 n. 14
II,46: 2; 20 n. 3; 253; 314 n. 200
II,52: 194; 281 n. 14

Citation Index 339

II,64: 194; 281 n. 14
II,65: 196; 288 n. 31
II,210: 197; 288 n. 34
II,211: 197; 288 n. 33
II,213: 197; 288 nn. 35, 36

Gaunilo

Pro insipiente

II: 162; 163; 176 nn. 5, 8
III: 164; 177 n. 14
IV: 162; 164; 167; 175 nn. 3, 4; 177 n. 13; 178 n. 28
V: 163; 176 n. 7
VI: 164; 176 n. 12
VII: 161; 173 n. 1
VIII: 19; 27 n. 45

Gregory I

Dialogorum libri IV

IV,59: 118; 129 n. 17
IV,58-59: 119; 130 n. 29

Homiliae XL in euangelia

II,xxii,7: 119; 130 n. 31
II,xxvi,1: 121; 131 n. 53

Guibert de Nogent

De vita sua sive Monodiarum libri tres

I,16: 194; 281 n. 17

Honoré d'Autun

Elucidarium

I,1: 217; 297 n. 98

Jerome

Commentarii in prophetas minores

119; 120; 130 nn. 33; 40

Siracide

X,9: 119; 130 n. 34

John Scotus Erigena

De divisione naturarum

I,68: 82; 92 n. 7

Lanfranc

De corpore et sanguine domini

IV: 163; 319 n. 232

Oderic Vital

Historia ecclesiastica

IV: 195; 285 n. 25

Plato

Theaetetus

182a-b: 217; 298 n. 102

Porphyry

Vita Plotini

2: 241; 309 n. 177

Seneca the Elder

Naturales quaestiones

I *Praefatio*: 212; 296 n. 79

Thomas Aquinas

In librum Boetii de trinitate expositio

Prologus: 199; 289 n. 41

In Metaphysica

237; 307 nn. 159, 160, 162, 163

Summa contra gentiles

I,i,4: 200

Summa theologiae

Ia-Ia,q.2,a.3: 217

Wharton, Henry

Cartularium

68; 74 n. 8

Index of Names

Adelard of Bath, 72
Alain de Lille, 219
Alexander III, pope, 68-69, 71
Alexander of Hales, 185
Ambrose, St., 118-120, 122
Anscombe, Elizabeth, 326
Aristotle, 191, 212, 215, 236-237, 297
Augustine, St., 13, 17-18, 31, 79-83, 88-91, 118-122, 124-125, 127, 164, 167, 192, 198-201, 203-204, 208-210, 212-216, 231, 234, 236, 241-247, 251, 265-266, 269-270, 276-279, 283, 286-287, 289-290, 292-296, 299-300, 303-305, 309, 319-320, 323
Avicebron (Ibn Gabirol), 185

Bacon, Roger, 185
Barth, Karl, 15, 81, 93, 98, 153, 282, 314, 317
Bautier, Robert-Henri, 2-3
Bäck, Allan, 174
Becket, Thomas à, St., 12, 68-69, 71, 75
Bernard of Clairvaux, St., 71
Bernard, 216
Berengarius of Tours, 123, 128, 237-238
Biffi, I., 74
Boethius, 82, 198-199, 201, 215, 238
Brentano, Franz, 184

Briancesco, Eduardo, 13-14
Brunner, F., 219-220, 222
Buber, Martin, 183
Bultmann, Rudolf, 14
Buridan, John, 300-301

Campbell, Richard, 325
Cantin, André, 6
Charlesworth, M.J., 328
Chibnall, Marjorie, 9
Cicero, 88, 208, 212, 214-216, 231, 293
Corbin, Michel, 5, 13-18, 26, 314

Dahan, Gilbert, 7-9
Davies, Brian, 148-149
De Lubac, Henri, 274, 279, 289, 298
Descartes, 98-99, 104-105, 110, 219
Duméry, Henri, 25, 185
Duns Scotus, John, 92, 185-187
Dupré, Louis, 327
de Montclos, J., 122

Eadmer, 5, 9-10, 15, 20, 22-23, 29, 54, 67, 70, 72, 194-198, 203-205, 207, 210, 228, 244, 280-282, 285, 288, 292, 314-316, 318, 321
Edward the Confessor, St., 69, 71
Engels, Friedrich, 183, 187
Eugene III, pope, 216
Evans, G.R., 29, 153
Evodius, 83, 90-91

Feuerbach, Ludwig, 103, 108-110, 187
Flasch, Kurt, 145, 156
Fliche, Augustin, 2
Foliot, Gilbert, 69
Foreville, Raymonde, 1-2, 12, 21, 30

Gaunilo, 19, 83-84, 103, 161-165, 167-169, 172-174, 218, 222, 272, 277
Gazeau, Véronique, 9
Gibson, Margaret, 214
Gilbert de la Porrée, 238-239
Gilson, Etienne, 145, 183, 310, 314
Grabmann, Martin, 5, 223, 283, 285, 318
Graboïs, Aryeh, 10-11
Grammont, Paul, 2
Gregory I, the Great, St., 118-119, 121-122
Guibert de Nogent, 281
Guillaume le Roux, 4, 9, 12, 23

Hadot, Pierre, 193, 264
Halphen, Louis, 3
Hegel, Georg W.F., 98, 103, 106-110, 183, 329
Heidegger, Martin, 184, 186, 193, 241, 246-247, 257, 275, 308, 312-313
Henry I, king of Englsnd, 53
Henry II, king of England, 69, 71, 75
Henry of Ghent, 186
Henry, Desmond, 30
Herbert of Bosham, 68
Herluin, abbot of Bec, 9, 53, 194
Hopkins, Jasper, 30, 325-326
Hugh of Saint Victor, 193, 267-271, 273, 300, 321, 323

Husik, Isaac, 188

Innocent II, pope, 69

John Scotus Eriugena, 329
Jerome, St., 119-120, 122
John of Salisbury, 10, 67, 70-73

Kant, Immanuel, 14, 98, 191, 205, 241, 245-246, 272-273, 301, 312, 314
Kienzler, Klaus, 148, 156, 219, 314
Kierkegaard, Søren, 15-16
Kohlenberger, Helmut, 30, 289, 294, 322
Koyré, 314

Lanfranc of Pavia, 9, 12, 21, 53, 115, 117, 119, 123, 126-127, 216, 237-238, 262-263, 280-282, 285, 288-289, 308, 319
Levinas, E., 97-100, 104-106, 110-112
Luther, Martin, 269, 321

Madec, Goulven, 13, 92
Marcel, Gabriel, 185
Martin, J., 310
Marx, Karl, 187

Naulin, P., 326
Nietszche, Friedrich, 183-184, 186

Odo of Rouen, 55
Orderic Vital, 285
Origen, 289
Osbern of Gloucester, 72

Pascal, Blaise, 183, 313

Paschal II, pope, 53, 70
Peter Damien, 117
Pierce, C.S., 185
Planieux, J., 13
Plato, 298, 330
Porphyry, 330
Pouchet, Robert, 13, 194, 284, 290, 303, 305
Przywara, Erich, 16

Pseudo-Augustinus, 131, 287

Qimhi, Joseph, 8

Rahner, Karl, 279
Richardson, Herbert, 30
Robert de Melun, 235
Roques, René, 13-14
Roscelin, 201, 226, 228, 259, 261, 280, 282, 284, 305
Röd, Wolfgang, 149

Schmitt, F.S., 2, 29, 31, 81, 149, 215, 325
Schnaubelt, Joseph C., 30
Schurr, Adolf, 145
Seneca, 82, 212-213, 215, 266
Sigerich of Canterbury, 54
Smalley, Beryl, 68
Socrates, 68, 214, 322
Southern, Richard W., 3, 20, 29
Spedalieri, Nicola, 173-174
Spinoza, Baruch, 219
Stone, Richard, 67, 72

Thomas Aquinas, 106, 174, 191, 198-199, 201, 212, 217, 236-237, 240, 279, 287, 303, 306, 310, 317

Thomas II, Archbishop of York, 70

Ulrich, F., 329-330
Urban II, pope, 53, 79, 194, 259-260, 317

Van Fleteren, Frederick, 30
Vanthournhout, Jean-Marie, 1
Vaughn, Sally, 30
Velleius, 216
Victor IV, anti-pope, 69
Vignaux, Paul, 290, 294, 298, 320
Viola, Coloman, 23
Vuillemin, Jules, 26, 219, 222

Waleran, 234
Weil, Simone, 185
Werner, Hans-Joachim, 145-146
Wharton, Henry, 68
William II (Rufus), 53
Wilpaert, André, 29
Witelo, 173

Zobel, Philibert, 1, 20
Zubiri, Xavier, 83-184

TEXTS AND STUDIES IN RELIGION

1. Elizabeth A. Clark, **Clement's Use of Aristotle: The Aristotelian Contribution to Clement of Alexandria's Refutation of Gnosticism**
2. Richard DeMaria, **Communal Love at Oneida: A Perfectionist Vision of Authority, Property and Sexual Order**
3. David F. Kelly, **The Emergence of Roman Catholic Medical Ethics in North America: An Historical-Methodological-Bibliographical Study**
4. David A. Rausch, **Zionism Within Early American Fundamentalism, 1878-1918: A Convergence of Two Traditions**
5. Janine Marie Idziak, **Divine Command Morality: Historical and Contemporary Readings**
6. Marcus Braybrooke, **Inter-Faith Organizations, 1893-1979: An Historical Directory**
7. L. Wm. Countryman, **The Rich Christian in the Church of the Early Empire: Contradictions and Accommodations**
8. Irving Hexham (ed.), **The Irony of Apartheid: The Struggle for National Independence of Afrikaner Calvinism Against British Imperialism**
9. Michael D. Ryan (ed.), **Human Responses to the Holocaust: Perpetrators and Victims, Bystanders and Resisters**
10. G. Stanley Kane, **Anselm's Doctrine of Freedom and the Will**
11. Bruce Bubacz, **St. Augustine's Theory of Knowledge: A Contemporary Analysis**
12. Anne Llewellyn Barstow, **Married Priests and the Reforming Papacy: The Eleventh-Century Debates**
13. Denis Janz (ed.), **Three Reformation Catechisms: Catholic, Anabaptist, Lutheran**
14. David A. Rausch, **Messianic Judaism: Its History, Theology, and Polity**
15. Ernest E. Best, **Religion and Society in Transition: The Church and Social Change in England, 1560-1850**
16. Donald V. Stump et al., ***Hamartia:*** **The Concept of Error in the Western Tradition, Essays in Honor of John M. Crossett**
17. Louis Meyer, **Eminent Hebrew Christians of the Nineteenth Century: Brief Biographical Sketches,** David A. Rausch (ed.)
18. James Jenkins, **The Records and Recollections of James Jenkins,** J. William Frost (ed.)
19. Joseph R. Washington, Jr., **Anti-Blackness in English Religion 1500-1800**
20. Joyce E. Salisbury, **Iberian Popular Religion 600 B.C. to 700 A.D.: Celts, Romans and Visigoths**
21. Longinus, *On the Sublime*, James A. Arieti and John M. Crossett (trans.)
22. James Gollnick, *Flesh* **as Transformation Symbol in the Theology of Anselm of Canterbury: Historical and Transpersonal Perspectives**

23. William Lane Craig, **The Historical Argument for the Resurrection of Jesus During the Deist Controversy**
24. Steven H. Simpler, **Roland H. Bainton: An Examination of His Reformation Historiography**
25. Charles W. Brockwell, Jr., **Bishop Reginald Pecock and the Lancastrian Church: Securing the Foundations of Cultural Authority**
26. Sebastian Franck, **Sebastian Franck: 280 Paradoxes or Wondrous Sayings**, E. J. Furcha (trans.)
27. James Heft, S.M., **John XXII and Papal Teaching Authority**
28. Shelley Baranowski, **The Confessing Church, Conservative Elites, and The Nazi State**
29. Jan Lindhardt, **Martin Luther: Knowledge and Mediation in the Renaissance**
30. Kenneth L. Campbell, **The Intellectual Struggle of the English Papists in the Seventeenth Century: The Catholic Dilemma**
31. William R. Everdell, **Christian Apologetics in France, 1750-1800: The Roots of Romantic Religion**
32. Paul J. Morman, **Noël Aubert de Versé : A Study in the Concept of Toleration**
33. Nigel M. de S. Cameron, **Biblical Higher Criticism and the Defense of Infallibilism in 19th-Century Britain**
34. Samuel J. Rogal, **John Wesley's London: A Guidebook**
35. André Séguenny, **The Christology of Caspar Schwenckfeld: Spirit and Flesh in the Process of Life Transformation**, Peter C. Erb and Simone Nieuwolt (trans.)
36. Donald E. Demaray, **The Innovation of John Newton (1725-1807): Synergism of Word and Music in Eighteenth Century Evangelism**
37. Thomas Chase, **The English Religious Lexis**
38. R. G. Moyles, **A Bibliography of Salvation Army Literature in English (1865-1987)**
39. Vincent A. Lapomarda, **The Jesuits and the Third Reich**
40. Susan Drain, **The Anglican Church in Nineteenth Century Britain: Hymns Ancient and Modern (1860-1875)**
41. Aegidius of Rome, **On Ecclesiastical Power: De Ecclesiastica Potestate**, Arthur P. Monahan (trans.)
42. John R. Eastman, **Papal Abdication in Later Medieval Thought**
43. Paul Badham (ed.), **Religion, State, and Society in Modern Britain**
44. Hans Denck, **Selected Writings of Hans Denck, 1500-1527**, E. J. Furcha (trans.)
45. Dietmar Lage, **Martin Luther's Christology and Ethics**
46. Jean Calvin, **Sermons on Jeremiah by Jean Calvin**, Blair Reynolds (trans.)
47. Jean Calvin, **Sermons on Micah by Jean Calvin**, Blair Reynolds (trans.)

48. Alexander Sándor Unghváry, **The Hungarian Protestant Reformation in the Sixteenth Century Under the Ottoman Impact: Essays and Profiles**
49. Daniel B. Clendenin and W. David Buschart (Eds.), **Scholarship, Sacraments and Service: Historical Studies in Protestant Tradition, Essays in Honor of Bard Thompson**
50. Randle Manwaring, **A Study of Hymn-Writing and Hymn-Singing in the Christian Church**
51. John R. Schneider, **Philip Melanchthon's Rhetorical Construal of Biblical Authority: Oratio Sacra**
52. John R. Eastman (ed.), **Aegidius Romanus, De Renunciatione Pape**
53. J. A. Loubser, **A Critical Review of Racial Theology in South Africa: The Apartheid Bible**
54. Henri Heyer, **Guillaume Farel: An Introduction to His Theology**, Blair Reynolds (trans.)
55. James E. Biechler and H. Lawrence Bond (ed.), **Nicholas of Cusa on Interreligious Harmony: Text, Concordance and Translation of De Pace Fidei**
56. Michael Azkoul, **The Influence of Augustine of Hippo on the Orthodox Church**
57. James C. Dolan, **The *Tractatus Super Psalmum Vicesimum* of Richard Rolle of Hampole**
58. William P. Frost, **Following Joseph Campbell's Lead in the Search for Jesus' Father**
59. Frederick Hale, **Norwegian Religious Pluralism: A Trans-Atlantic Comparison**
60. Frank H. Wallis, **Popular Anti-Catholicism in Mid-Victorian Britain**
61. Blair Reynolds, **The Relationship of Calvin to Process Theology as Seen Through His Sermons**
62. Philip G. Kreyenbroek, **Yezidism - Its Background, Observances and Textual Tradition**
63. Michael Azkoul, **St. Gregory of Nyssa and the Tradition of the Fathers**
64. John Fulton and Peter Gee (editors), **Religion in Contemporary Europe**
65. Robert J. Forman, **Augustine and the Making of a Christian Literature: Classical Tradition and Augustinian Aesthetics**
66. Ann Matheson, **Theories of Rhetoric in the 18th-Century Scottish Sermon**
67. Raoul Mortley, **The Idea of Universal History from Hellenistic Philosophy to Early Christian Historiography**
68. Oliver Logan, **The Venetian Upper Clergy in the 16th and 17th Centuries**
69. Anthony Blasi, **A Sociology of Johannine Christianity**
70. Helmut Kohlenberger, **Twenty-five Years (1969-1994) of Anselm Studies**